KB194431

東洋古典譯註叢書 32

譯註 通鑑節要 7

成百曉 譯註

傳統文化研究會

東洋古典譯註叢書를 발간하면서

　우리의 古典國譯事業은 민족문화 진흥의 기초사업으로 1960년대부터 政府 支援으로 古文獻 現代化 작업을 추진하여 많은 成果를 거두었다. 당시 이 사업 추진의 先行課題로 東洋古典이라 일컬어지는 중국의 基本古典을 먼저 飜譯하여야 한다는 學界의 주장이 있어 왔음에도 불구하고 우리 고전이 아니라는 일부의 偏狹한 視覺과 財政 事情 등으로 인하여 배제되어 왔다.

　전통적으로 중국의 기본고전은 우리 歷史와 함께 숨쉬며 각종 교육기관의 教科書로 활용됨은 물론이고 지식인들의 必讀書가 되어 왔으며, 우리 文化의 基底에 자리잡고 거의 모든 방면의 體系와 根幹을 형성하여 왔다. 그래서 학문연구의 기본서 역할을 해 왔을 뿐만 아니라 오늘날에도 우리의 國學徒 및 東洋學 研究者들에게 같은 역할을 하고 있음은 주지의 사실이다. 그럼에도 불구하고 中國古典은 우리 것이 아니라 하여 專門機關의 飜譯對象에 포함하지 않음으로써 대부분 原典에서의 직접 번역이 아닌 重譯이나 拔萃譯의 방식이 주를 이루면서 教養水準으로 出版되어 왔다.

　오늘날 東洋三國 중에서 우리의 東洋學 연구가 가장 부진한 이유는 東洋基本古典에 대한 폭넓은 이해의 부족과 漢文古典 讀解力의 저하에 기인함을 우리는 솔직히 인정하여야 한다. 따라서 이들 중국고전에 대한 신뢰할 만한 國譯이 이루어지는 것이 한국학 연구를 촉진시키는 시급한 先行課題라 할 수 있다.

　이에 韓國學 및 東洋學의 연구와 古典現代化의 基盤構築을 위해서는 전문기관으로 하여금 동양고전을 단기간에 각 분야의 專門 研究者와 漢學者가 상호협동하여 연구번역하여 飜譯의 傳統性과 效率性, 研究의 專門性을 높일 수 있도록 政策的 配慮가 있어야 한다.

　이에 本會에서는 元老 및 中堅 漢學者와 斯界의 專攻者로 하여금 協同研究飜譯하여 공부하는 사람들이 믿고 引用하거나 깊이 있는 註釋 등을 활용할 수 있게 하고, 知識人들의 教養을 증진시켜 줄 수 있는 東洋古典의 國譯書 간행을 지속적으로 추진해 왔다. 근래에 다행히 이 사업에 대하여 각계 지도층의 폭넓은 이해와 지원에

힘입어 2001년도부터 國庫補助를 받아 東洋古典譯註叢書를 간행하게 되었다. 이를 계기로 우리 先學의 註釋과 見解를 반영하는 등 국역사업의 內實을 기하게 되었음을 이 자리를 빌어 衷心으로 감사드리며, 아울러 國譯에 參與하신 관계자 여러분의 勞苦에 깊은 謝意를 표한다.

끝으로 우리의 이러한 작업은 오랜 역사 위에 축적된 先賢들의 業績과 現代學問을 이어주는 튼튼한 架橋와 礎石이 되어 진정한 韓國學과 東洋學 발전에 기여할 것을 굳게 믿으며, 21세기를 우리 文化의 世紀로 열어 가는 밑거름이 되도록 우리의 力量을 本 事業에 경주하고자 한다. 江湖諸賢의 부단한 관심과 지원을 기대해 마지 않는다.

社團法人 傳統文化硏究會 會長 李 啓 晃

凡 例

1. 本書는 東洋古典譯註叢書 《通鑑節要》 중 제7책이다.

2. 本書는 眉山 史炤가 音釋하고 鄱陽 王逢이 輯義하고 京兆 劉剡이 增校한 甲寅字
   本 《少微家塾點校附音通鑑節要》(國立中央圖書館 所藏本, 刊年未詳)를 底本
   으로 하되, 원문 교감을 위하여 木版本 《少微家塾點校附音通鑑節要》(高麗大
   學校 圖書館 所藏本 및 서울大學校 奎章閣 所藏本)를 참고하였다.

3. 春坊本 《通鑑節要》가 流行되고 있음을 감안하여 溫公의 史評은 本文과 같이
   大字로 표기하고 기타 史論은 글자 크기를 약간 줄였다. 그리고 底本의 史評 外
   에 《二十史略》의 史評을 추가하여 '〔史略 史評〕'이라고 표시하였다.

4. 本書에서는 干支를 別行하고 괄호 속에 西紀 연도를 표시하였다.

5. 原文은 이해를 돕기 위해 懸吐하고 특별한 音이나 어려운 한자는 ( ) 안에 音을
   병기하였다.

6. 飜譯은 原義에 充實하도록 노력하였다. 다만 難解한 부분은 意譯, 또는 補充譯을
   하였다.

7. 《資治通鑑》은 원래 司馬光이 황제의 명령을 받고 지어 올린 것이므로 論評에
   자신의 의견을 아뢰면서 모두 '臣光曰'이라고 하였으나 本 譯書에서는 특별한 경
   우를 제외하고는 대부분 '臣'이라 하지 않고 '나'라고 해석하였으며, 기타 史家의
   論評 역시 이와 같이 하였다.

8. 註釋은 原註와 釋義 및 附註를 현토하고 해석하되 글자의 간단한 訓이나 音은 모
   두 싣지 않았다. 頭註는 底本의 상단에, 原註와 釋義는 原文의 중간에 小字雙行
   으로, 附註는 卷末에 실려 있는데, 본서에서는 이를 모두 문단이 끝나는 곳에 함
   께 실었으며, 아울러 《通鑑要解》도 참고하여 실었음을 밝혀둔다.

9. 오늘날 흔히 사용하는 成語나 故事는 《通鑑節要》에서 유래한 것이 많다. 이에

독자들이 이용하기에 편리하도록 成語와 故事를 뽑아 책의 말미에 해설과 함께 부록하였고, 原文에는 字句 위에 강조점을 찍어 표시하였다.

10. 本書는 독자의 이해를 돕기 위해 圖表를 첨부하였는바, 歷代帝王傳授總圖는 江鎔의 序文 앞에 싣고 각 시대에 해당하는 世系圖와 地圖는 책의 말미에 부록하였다.

11. 본서에 사용된 주요 符號는 다음과 같다.

　“ ” : 對話, 각종 引用

　‘ ’ : 再引用, 强調

　「 」 : ‘ ’ 안에서 再引用

　( ) : 原文 중의 괄호는 漢字의 音, 同字(통용자), 俗字의 正字.
　　　　번역문 중의 괄호는 간단한 註釋

　≪ ≫ : 書名, 出典

　〈 〉 : 篇章節名, 作品名, 補充譯, 원문의 補充字

　〔 〕 : 원문의 倂記, 音이 다른 漢字, 註釋 표시

　{ } : 원문의 衍文　例) 非{吏而得與}吏比者

　＊) : 補註

　※ : 題目註

　( )〔 〕 : (誤字)〔正字〕　例) 然(則)〔而〕餓死臺城

　　　　단 史論이나 註釋 등에는 誤字가 많은 바, 이를 모두 표시할 경우 보기에 불편하므로 일부는 별도로 표시하지 않고 곧바로 수정하였음을 밝혀둔다.

參考圖書

〔原 典〕

≪文白對照 資治通鑑輯覽≫ 1-36冊 文白對照御批歷代通鑑輯覽編委會 編 馬建石 主編
國際文化出版公司 2002

≪文白對照全譯 資治通鑑≫ 全3冊 張宏儒 沈志華 主編 改革出版社 1991

≪詳密註釋 通鑑諺解≫ 學民文化社 1992

≪集註 通鑑節要1·2≫ 金都鍊 編註 亞細亞文化史 1982·1986

≪標點索引 少微通鑑節要≫ 뿌리문화사 1999

≪綱目續麟≫ 文淵閣四庫全書 第323冊 史部81 臺灣商務印書館 1984

≪綱目訂誤≫ 文淵閣四庫全書 第323冊 史部81 臺灣商務印書館 1984

≪大事記≫ 呂祖謙 撰 文淵閣四庫全書 第324冊 史部82 臺灣商務印書館 1984

≪少微家塾點校附音通鑑節要≫ 高麗大學校 圖書館 所藏本

≪少微家塾點校附音通鑑節要≫ 서울大學校 奎章閣 所藏本

≪御批資治通鑑綱目≫ 朱熹 撰 聖祖 批 文淵閣四庫全書 第689-692冊 史部447-450
臺灣商務印書館 1984

≪二十史略≫ 民昌文化社 1990

≪資治通鑑≫ 胡三省 音注 中華書局 1992〔제5판〕

≪資治通鑑綱目≫ 朱熹 撰 國立中央圖書館 所藏本

≪資治通鑑綱目集覽鐫誤≫ 瞿佑 撰 韓國學中央研究院 1980

≪資治通鑑綱目訓義≫ 思政殿 訓義 國立中央圖書館 所藏本

≪資治通鑑釋文≫ 史炤 撰 臺灣商務印書館 1980

≪資治通鑑地理今釋≫ 吳熙載 撰 江蘇書局 1882

≪資治通鑑訓義≫ 思政殿 訓義 國立中央圖書館 所藏本

≪通鑑釋文辯誤≫ 胡三省 撰 文淵閣四庫全書 第312冊 史部70 臺灣商務印書館 1984

≪通鑑五十卷詳節要解≫ 九淵禪師 著 國立中央圖書館 所藏本

≪通鑑地理通釋≫ 王應麟 撰 文淵閣四庫全書 第312冊 史部70 臺灣商務印書館 1984

≪晉書≫ 房玄齡 撰 中華書局 2002

≪南史≫ 李延壽 撰 中華書局 2003
≪北史≫ 李延壽 撰 中華書局 2003
≪隋書≫ 魏徵 撰 中華書局 2002
≪舊唐書≫ 劉昫 撰 中華書局 2002
≪新唐書≫ 歐陽脩 撰 中華書局 2002

〔譯　書〕

≪國譯 資治通鑑≫ 加藤繁·公田連太 共譯註 景仁文化社 1996
≪資治通鑑全譯≫ 李國祥 等 主編 貴州人民出版社 1994
≪通鑑節要 天·地·人≫ 金忠烈 譯解 三省出版社 1987

〔辭　典〕

≪資治通鑑大辭典 上·下≫ 施丁·沈志華 共譯 吉林人民出版社 1994
≪中國歷史大辭典·歷史地理≫ 編纂委員會 上海辭書出版社 1996
≪中國歷代官制大辭典≫ 呂宗力 主編 北京出版社 1994
≪中國歷代人名大辭典 上·下≫ 沈起煒 上海古籍出版社 1999
≪中國歷代人名大辭典 한글音訓索引≫ 頭流古典硏究會編 景仁文化社 2002
≪二十四史人名索引 上·下≫ 中華書局 1998
≪漢語大詞典≫ 羅竹風 上海辭書出版社 1986
≪晉書辭典≫ 劉乃和 山東教育出版社 2001
≪南朝五史辭典≫ 袁英光 山東教育出版社 2005
≪北朝五史辭典 上·下≫ 簡修煒 山東教育出版社 2000
≪兩唐書辭典≫ 趙文潤·趙吉惠 山東教育出版社 2004

目　次

通鑑節要 卷之三十七

唐 紀

太宗皇帝 中

【辛卯】貞觀五年이라

貞觀 5년(신묘 631)

河內人李好德이 得心疾하야 妄爲妖言이어늘 詔按其事한대 大理丞張蘊古奏호
되 好德이 被疾有徵[1]하니 法不當坐니이다 治書侍御史權萬紀劾奏호되 蘊古貫[2]
在相州하고 好德之兄厚德이 爲其刺史하니 情在阿縱하야 按事不實이니이다 上
怒하야 命斬之於市러니 旣而悔之하야 因詔호되 自今有死罪어든 雖令卽決이라도
仍三覆奏[3]하고 乃行刑하라하다 〈出刑法志〉

河內 사람 李好德이 心疾(정신병)에 걸려 요망한 말을 함부로 하였다. 황
제가 명하여 그 일을 조사하게 하였는데, 大理寺 丞 張蘊古가 아뢰기를 "李
好德이 병을 앓는 징후가 있으니 법률에 비추어 보건대 법률상 벌을 처벌하
는 것은 온당치 않습니다." 하였다. 治書侍御史 權萬紀가 탄핵하여 아뢰기를
"張蘊古는 貫鄕(本籍)이 相州에 있고 李好德의 형인 李厚德은 相州의 刺史이
니, 아첨하여 놓아주려는 데에 마음이 있어서 일을 조사함이 진실하지 않습
니다." 하였다. 上이 노하여 李好德을 시장에서 斬刑에 처하도록 명하였는
데, 이윽고 후회하고 인하여 詔命을 내리기를 "지금부터 사형에 처해야 할
죄가 있거든 비록 즉시 처리하게 했더라도 이어서 세 번 覆奏한 다음에 비로

소 형을 집행하도록 하라." 하였다. - ≪新唐書 刑法志≫에 나옴 -

1) 〔頭註〕徵 : 徵은 證也, 驗也라
　　徵은 증거요, 징험이다.
2) 〔頭註〕貫 : 貫은 鄕籍也라
　　貫은 鄕籍(本籍)이다.
3) 〔頭註〕覆奏^{*)} : 覆은 審也라
　　覆은 심리하는 것이다.
*) 覆奏 : 공문을 검토하여 임금에게 아룀을 이른다.

○ 初에 上이 令群臣으로 議封建한대 魏徵은 議以爲若封建諸侯면 則卿大夫咸
資俸祿하야 必致厚斂이니이다 李百藥은 以爲使勳戚子孫이 皆有民有社면 易
世之後에 將驕淫自恣하야 攻戰相殘하야 害民尤深하리니 不若守令之迭居也니
이다 顔師古는 以爲不若分王宗子¹⁾호되 勿令過大하고 間以州縣하야 雜錯而居
하야 互相維持하니 使各守其境하야 協力同心이면 足扶京室이리이다 十一月에 詔호
되 皇家宗室及勳賢之臣을 宜令作鎭藩部하야 貽厥子孫호되 非有大故면 無
或黜免이니 所司明爲條例하야 定等級以聞하라 〈出唐策〉²⁾

　처음에 上이 여러 신하들로 하여금 封建에 대해 의논하게 하니, 魏徵은 의
논하여 아뢰기를 "만일 諸侯를 封建하면 卿大夫가 모두 俸祿에 의지하여 반
드시 백성들에게 많은 세금을 거두게 될 것입니다." 하였고, 李百藥은 아뢰
기를 "만일 勳戚의 子孫들이 諸侯에 봉해져 모두 백성을 소유하고 社稷을 소
유하게 되면 世代가 바뀐 뒤에는 장차 교만하고 방탕하며 스스로 방자해져
서, 공격하고 싸우며 서로 해쳐서 백성을 해침이 더욱 심해질 것이니, 守令
을 차례대로 관직에 있게 하는 것만 못합니다." 하였으며, 顔師古는 아뢰기
를 "宗子들을 나누어 王을 시키되 너무 크게 하지 말고 州縣을 뒤섞여 있게
하여 서로 유지(견제)하게 하는 것만 못하니, 그들로 하여금 각각 자기 境內
를 지키면서 힘을 모으고 마음을 합하게 하면 황실을 충분히 보호할 수 있습
니다." 하였다.

11월에 詔命을 내리기를 "皇家의 宗室 및 공로가 있고 어진 신하들에게는 마땅히 鎭藩部를 만들어서 그 자손들에게 물려주되, 큰 연고가 있지 않으면 혹시라도 내치거나 파면하지 말 것이니, 이를 맡은 관서에서는 분명히 조례를 만들어서 등급을 정하여 보고하라." 하였다. - ≪唐策≫에 나옴 -

1) 〔頭註〕宗子 : 同姓也라
   宗子는 同姓이다.
2) 〔譯註〕出唐策 : ≪唐策≫과 ≪增注唐策≫에 나온다고 하였으나, 실제로는 范祖禹의 ≪唐鑑≫에 나온다.

致堂管見曰 封建은 與天下共其利하니 天道之公也요 郡縣은 以天下奉一人하니 人欲之私也라 太宗이 慨然議復古制어늘 而魏徵諸臣이 不能詳考하야 卒使聖人之制로 不復見於後世하니 誠可惜矣라 而蜀人蘇子 講之不詳하야 乃以宗元之論爲是하고 而以封建爲爭之端[1]하니 不知聖人正所以息爭也라 果以爲爭者인댄 夏有天下數百年하니 苟無桀則商不得而取也요 商有天下數百年하니 苟無紂則周亦不得而取也니 豈非息爭之效乎아 若以爲不足以息爭인댄 則秦建郡縣不二十年에 而漢爭之하고 漢纔二百年에 而王莽爭之하고 又二百年에 而三國爭之하고 三國各不數十年에 而晉爭之하고 晉不數十年에 而夷狄爭之라 是後로 爭者益衆하고 分裂益多하야 享國益促하니 唐最久矣로되 不三百年에 而爭者四起하야 未及中葉[2]에 而失天下之牛이라 是郡縣已後에 崇殖大利하야 揭示爭端이니 皆不如三代千(七)〔八〕百年에 纔三姓也라 安得以封建爲爭之端而亂之首歟아

致堂(胡寅)의 ≪讀史管見≫에 말하였다.

"봉건제도는 천하와 그 이익을 함께 하니 공정한 天道이고, 군현제도는 천하로써 군주 한 사람을 받드니 사사로운 人慾이다. 太宗이 개연히 옛 제도를 회복할 것을 의논하였는데, 魏徵 등 여러 신하가 자세히 상고하지 못해서 마침내 聖人의 제도로 하여금 다시 후세에 보지 못하게 하였으니, 참으로 애석하다.

그런데 蜀 땅 사람 蘇子(蘇軾)가 자세히 講하지 못하고서 마침내 柳宗元의

의논을 옳다 하고 봉건제도를 분쟁의 단서라고 하였으니, 聖人이 바로 봉건제도로써 분쟁을 그치게 하였음을 알지 못한 것이다. 봉건제도가 과연 분쟁의 단서라고 한다면 夏나라가 천하를 소유한 지가 수백 년이었으니 만약 桀王이 없었으면 商나라가 천하를 취하지 못했을 것이요, 商나라가 천하를 소유한 지가 수백 년이었으니 만일 紂王이 없었으면 周나라 또한 천하를 취하지 못했을 것이다. 이 어찌 봉건제도로써 분쟁을 그치게 한 효험이 아니겠는가.

만약 봉건제도로써 분쟁을 그치게 할 수 없다고 말한다면, 秦나라는 군현을 세운 지 20년이 못 되어 漢나라가 천하를 다투었고, 漢나라는 겨우 200년 만에 王莽이 천하를 다투었고 또 200년 만에 三國이 천하를 다투었으며, 三國은 각각 수십 년이 못 되어 晉나라가 천하를 다투었고, 晉나라는 수십 년이 못 되어 오랑캐들이 천하를 다투었다. 이후로 천하를 다투는 자들이 더욱 많아지고 분열됨이 더욱 많아져서 나라를 소유한 햇수가 더욱 짧아졌다. 唐나라가 가장 오래 천하를 소유하였으나 300년이 못 되어 천하를 다투는 자들이 사방에서 일어나 중엽이 되기도 전에 천하의 반을 잃었다.

이는 군현제도를 시행한 뒤에 큰 이익을 숭상하고 장려해서 분쟁의 단서를 제시한 것이니, 모두 1800년 동안 겨우 세 성씨뿐이었던 三代時代만 못한 것이다. 어찌 봉건제도를 분쟁의 단서이며 난의 시작이라 할 수 있겠는가.”

1) 〔譯註〕以宗元之論爲是 而以封建爲爭之端 : 柳宗元은 일찍이 〈封建論〉을 지어 봉건제도의 불합리함을 논하였는 바, ≪東坡全集≫〈志林 論古〉에 다음과 같은 내용이 보인다. “柳宗元의 封建論이 나오자 뭇사람들의 의론이 폐지되었으니, 聖人이 다시 나온다 해도 바꾸지 못할 것이다. 그러므로 나는 그의 說을 취하고 덧붙여 다음과 같이 말한다. ‘무릇 血氣가 있는 것은 반드시 다투니, 다툼은 반드시 이익 때문이다. 이익은 封建보다 더 큰 것이 없으니, 封建은 다툼의 단서이고 난의 시초이다.’〔宗元之論出 而諸子之論廢矣 雖聖人復起 不能易也 故吾取其說而附益之曰 凡有血氣必爭 爭必以利 利莫大於封建 封建者 爭之端而亂之始也〕”

2) 〔頭註〕中葉 : 葉은 世也라
   葉은 세기이다.

〔新增〕論封建은 見秦紀罷侯置守處하고 又見貞觀十三年하니라

봉건에 대해 논한 것은 〈秦紀〉庚辰年條(221)에 列國의 諸侯를 혁파하고 새로 설치한 36개 郡에 守를 둔 곳에 보이고, 또 貞觀 13년조(639)에 보인다.

上이 謂侍臣曰 朕以死刑至重이라 故로 令三覆奏하니 蓋欲思之詳熟故也어늘 而有司須臾之間에 三覆已訖이라 又古刑人에 君爲之徹樂減膳하니 朕庭에 無常設之樂이나 然當爲之不啖[1]酒肉이어늘 但未有著(저)令[2]이라 又有司斷獄에 唯據律文하야 雖情在可矜이나 而不敢違法하니 其間에 豈能盡無冤乎아 丁亥에 制(제)되 決死囚者는 二日中五覆奏하고 下諸州者[3]는 三覆奏하며 行刑之日에 尙食[4]은 勿進酒肉하고 內敎坊[5]及太常[6]은 不擧樂하며 皆令門下覆視하야 有據法當死而情可矜者어든 錄狀以聞하라하니 由是로 全活이 甚衆이라 其五覆奏者는 以決前一二日하고 至決日하야 又三覆奏하고 惟犯惡逆者는 一覆奏而已라 〈出刑法志及政要〉

上이 侍臣에게 이르기를 "朕은 死刑을 지극히 중대한 것이라고 여기기 때문에 세 번 覆奏하게 한 것이니, 이는 자세하고 익숙하게 생각하고자 해서였다. 그런데 有司가 잠깐 사이에 세 번의 覆奏를 마치고 만다. 또 옛날에는 사람을 형벌할 적에 君主가 이를 위하여 음악을 폐하고 반찬 수를 줄였으니, 朕의 뜻에 항상 설치하는 음악은 없으나 마땅히 이를 위하여 술과 고기를 먹지 않아야 하는데, 다만 법령에 드러내지 않았을 뿐이다. 또 有司가 獄事를 결단할 때에 오직 법조문에만 근거하여 비록 정상이 가련하더라도 감히 법을 어기지 못하니, 그 사이에 어찌 다 억울함이 없다고 할 수 있겠는가." 하였다.

丁亥日(12월 2일)에 황제가 制書를 내리기를 "사형수를 판결할 때에는 이틀 동안 다섯 번 覆奏하고, 사형 죄를 판결하여 여러 州에 회부하는 것은 세 번 覆奏하라. 刑을 집행하는 날 尙食局은 군주에게 술과 고기를 올리지 말고 內敎坊과 太常寺는 음악을 연주하지 말며, 모두 門下省으로 하여금 다시 살펴보게 하여 법에 근거해 보면 마땅히 죽어야 하나 情理로 볼 때 가련한 자가 있거든 정상을 기록하여 보고하라." 하니, 이로 말미암아 온전히 살아난 자가 매우 많았다. 다섯 번 覆奏한다는 것은 판결을 내리기 하루나 이틀 전에 覆奏하고 판결하는 날에 이르러서 또다시 세 번 覆奏하며, 오직 惡逆을 범한 자만 한 번 覆奏할 뿐이었다. - 《新唐書 刑法志》와 《貞觀政要》에 나옴 -

1) 〔通鑑要解〕 不啖 : 啖은 音談이니 食也라
   啖은 音이 담이니, 먹음이다.
2) 〔釋義〕 著令 : 著在法令中也라
   著令은 法令 가운데에 드러내어 있는 것이다.
3) 〔頭註〕 下諸州者 : 諸州死罪라
   諸州의 死罪이다.
4) 〔通鑑要解〕 尙食 : 唐尙食局은 屬殿中監하니 掌御膳이라
   唐나라의 尙食局은 殿中監에 속하니, 御膳을 관장한다.
5) 〔通鑑要解〕 內教坊^{*)} : 武德中에 置內教坊于禁中하야 有內教博士하니라
   高祖 武德 연간에 內教坊을 禁中에 설치하고 內教博士를 두었다.
*) 內教坊 : 궁중에서 춤과 음악을 교습하는 곳이다.
6) 〔譯註〕 太常 : 太常寺이다. 장관은 太常寺 卿이며 아래에 太樂署와 鼓吹署가 있다. 종묘사직의 예악과 박사의 선발을 관장한다.

○ 上謂執政曰 朕이 常恐因喜怒하야 妄行賞罰이라 故로 欲公等極諫하노니 公等이 亦宜受人諫하야 不可以己之所欲으로 惡(오)人違之니 苟自不能受諫이면 安能諫人이리오 〈出政要〉

上이 執政大臣에게 이르기를 "朕은 항상 기뻐하고 노여워하는 감정에 따라 賞과 罰을 함부로 행할까 두렵다. 그러므로 公들이 〈朕의 잘못된 일이나 행동을 고치도록〉 지극히 간해 주기를 바라니, 公들 또한 마땅히 남이 간해 주는 말을 받아들여서, 자기가 원하는 바를 남이 어기는 것을 싫어하지 말아야 한다. 만일 자신이 남의 간언을 받아들이지 못한다면 어떻게 군주에게 간할 수 있겠는가." 하였다. - 《貞觀政要》에 나옴 -

○ 康國¹⁾이 求內附²⁾어늘 上曰 前代帝王이 好招來絶域하야 以求服遠之名하니 無益於用이요 而靡弊百姓이라 今康國內附인댄 儻有急難이면 於義에 不得不救니 師行萬里면 豈不疲勞리오 勞百姓以取虛名을 朕不爲也라하고 遂不受하다 〈出政要〉

康國이 內附할 것을 청하자, 上이 이르기를 "前代의 帝王들이 멀리 떨어져 있는 지역의 사람들을 불러와서 먼 나라를 복종시켰다는 명성을 구하기를 좋아하니, 실용에는 유익함이 없고 백성들만 피폐하게 하였다. 지금 康國이 內附한다면 혹시라도 위급하거나 어려움이 있을 경우 의리상 구원하지 않을 수가 없으니, 군대가 만 리를 행군한다면 어찌 피로하지 않겠는가. 백성들을 수고롭게 하여 헛된 명성을 취하는 것을 朕은 하지 않겠다."하고, 마침내 받아들이지 않았다. - ≪貞觀政要≫에 나옴 -

1) 〔頭註〕康國:卽漢康居國이니 其長은 姓溫이요 名屈木支라 依在葱嶺하니 本月支人이라
   康國은 바로 漢나라 때의 康居國이니, 그 君長은 姓이 溫이고 이름이 屈木支이다. 葱嶺에 의지해 있었으니, 본래 月支人이다.
2) 〔譯註〕內附:한 나라가 다른 나라 안으로 들어가 붙음을 이른다.

○ 上謂侍臣曰 治國이 如治病하야 病雖愈나 尤宜將護¹⁾하니 儻遽自放縱하야 病復作이면 則不可救矣라 今中國幸安하고 四夷俱服하니 誠自古所希(稀)나 然朕日愼一日하야 唯懼不終이라 故로 欲數(삭)聞卿輩諫爭也로라 魏徵曰 內外治安을 臣不以爲喜요 唯喜陛下居安思危²⁾耳니이다 〈出政要〉

上이 侍臣에게 이르기를 "나라를 다스림은 병을 치료하는 것과 같아서 병이 비록 나았더라도 더욱 몸을 調理해야 하니, 혹시라도 대번에 몸을 함부로 하여 병이 재발하면 구원할 수가 없다. 지금 中國이 다행히 평안하고 사방의 오랑캐들이 모두 복종하니, 진실로 예로부터 드문 일이다. 그러나 朕은 날로 더욱 삼가서 끝마치지 못할까 두려워한다. 그러므로 卿들의 諫諍하는 말을

자주 듣고자 하는 것이다." 하였다.

魏徵이 아뢰기를 "나라 안팎이 다스려지고 편안함을 신은 기뻐하지 않고, 오직 陛下께서 편안한 데에 계시면서도 위태로움을 생각하시는 것을 기뻐할 뿐입니다." 하였다. - ≪貞觀政要≫에 나옴 -

1) 〔頭註〕將護*) : 將은 養也, 持也라
   將은 기름이요 扶持함이다.
*) 將護 : 건강이 회복되도록 몸을 보살피고 병을 다스리는 것을 이른다.
2) 〔譯註〕居安思危 : 편안히 거처할 때에 위태로운 상황을 미리 생각해야 한다는 뜻으로, ≪春秋左傳≫ 襄公 11년조에 "≪書經≫에 이르기를 '편안히 거처할 때에 위태로운 상황을 미리 생각해야 한다.'라고 하였으니, 미리 생각하면 대비를 하게 되고, 대비를 하면 환란을 당하지 않게 된다.〔書曰 居安思危 思則有備 有備無患〕"라고 보인다.

〔新增〕范氏曰 太宗이 知招來絶域之弊而不爲나 然以兵克者는 則郡縣置之하야 其疲勞百姓也 亦多矣니 豈先行其言而後從之¹⁾者與아 然其不受康國은 則足以爲後世法이니 使其行事每如此면 其盛德을 可少貶哉아

范氏(范祖禹)가 말하였다.

"太宗이 멀리 떨어져 있는 지역 사람들을 불러오는 폐단을 알고서 이러한 일을 하지 않았으나 군대를 동원하여 승리한 곳에는 郡縣을 설치하여, 이 또한 백성들을 피로하게 함이 많았으니, 어찌 먼저 말할 것을 행하고 그런 뒤에 말이 행동을 따르는 자이겠는가. 그러나 康國을 받아들이지 않은 것은 후세의 법이 될 만하니, 만일 일을 시행할 때마다 매번 이와 같이 했다면 거룩한 덕을 하찮게 여기고 폄하할 수 있겠는가."

1) 〔譯註〕先行其言而後從之 : ≪論語≫〈爲政〉에 子貢이 君子에 대해서 묻자 공자께서 "군자는 먼저 말할 것을 행하고 그런 뒤에 말이 행동을 따르게 한다.〔先行其言 而後從之〕"라고 말씀한 내용이 보인다.

【壬辰】六年이라

貞觀 6년(임진 632)

正月에 文武官이 復請封禪한대 上曰 卿輩皆以封禪爲帝王盛事나 朕意不然하니 若天下乂安하고 家給人足이면 雖不封禪이나 庸何傷乎아 昔에 秦始皇은 封禪하고 而漢文帝는 不封禪하니 後世에 豈以文帝之賢이 不及始皇耶아 且事天인댄 掃地而祭[1]니 何必登泰山之巓하야 封數尺之土然後에 可以展其誠敬乎아 群臣이 猶請之不已어늘 上亦欲從之러니 魏徵이 獨以爲不可라 上曰 公不欲朕封禪者는 以功未高耶아 曰 高矣니이다 德未厚耶아 曰 厚矣니이다 中國未安耶아 曰 安矣니이다 四夷未服耶아 曰 服矣니이다 年穀未豐耶아 曰 豐矣니이다 符瑞未至耶아 曰 至矣니이다 然則何爲不可封禪고 對曰 陛下雖有此六者나 然承隋末大亂之後하야 戶口未復하고 倉廩尙虛어늘 而車駕東巡이면 其供頓[2] 勞費를 未易任也니이다 且陛下封禪이면 則萬國咸集하고 遠夷君長이 皆當扈從[3]하리니 自今伊, 洛以東으로 至于海, 岱히 煙火尙希하야 崔莽(환무)[4]極目하니 此는 乃引戎狄入腹中하야 示之以虛弱也니이다 況賞賚不貲[5]라도 未厭[6]遠人之望이오 給復[7]連年이라도 不償百姓之勞하야 崇虛名而受實害하리니 陛下將焉用之리잇고 會河南北數州에 大水하야 事遂寢[8]하다 〈出諫錄〉

　正月에 文武의 관원들이 다시 封禪할 것을 請하자, 上이 이르기를 "卿들은 모두 封禪을 帝王의 거룩한 일이라 하나 朕의 생각에는 그렇지 않다. 만약 天下가 편안히 다스려지며 집집마다 넉넉하고 사람들마다 풍족하다면 비록 封禪을 하지 않는다 한들 어찌 나쁠 것이 있겠는가. 옛날 秦나라 始皇은 封禪하였고 漢나라 文帝는 封禪하지 않았으나 後世에 어찌 文帝의 어짊이 始皇만 못하다고 여기겠는가. 또 하늘을 섬기려면 땅을 쓸고 제사하면 되니, 하필 泰山의 정상에 올라서 몇 자가 되도록 흙을 높이 쌓은 뒤에야 정성과 공경을 펼 수 있겠는가." 하였다. 여러 신하들이 여전히 간청하여 마지않자 上도 이를 따르려 하였는데, 魏徵이 홀로 불가하다고 하였다.

上이 묻기를 "公이 朕의 封禪을 바라지 않는 것은 功이 아직 높지 않아서인가?" 하니, 魏徵이 대답하기를 "높습니다." 하였다. 上이 "德이 아직 두텁지 않아서인가?" 하니, 魏徵이 "두텁습니다." 하였다. 上이 "中國이 아직 편안하지 않아서인가?" 하니, 魏徵이 "편안합니다." 하였다. 上이 "사방의 오랑캐가 아직 복종하지 않아서인가?" 하니, 魏徵이 "복종합니다." 하였다. 上이 "농사가 풍년들지 않아서인가?" 하니, 魏徵이 "풍년입니다." 하였다. 上이 "符瑞가 아직 나오지 않아서인가?" 하니, 魏徵이 "나왔습니다." 하였다. 上이 "그렇다면 어째서 封禪하는 것이 불가하다고 하는가?" 하니, 魏徵이 대답하였다.

"폐하께서는 이 여섯 가지를 간직하고 계시지만, 크게 혼란한 隋나라의 뒤를 이어서 戶口가 아직 회복되지 못하였고 倉廩이 아직 비어 있는데 御駕가 동쪽 지방을 巡幸하신다면 숙식을 구비할 인력과 비용을 감당하기가 쉽지 않을 것입니다. 또 폐하께서 封禪을 하시게 되면 萬國이 다 모이고 먼 오랑캐의 君長들이 모두 扈從할 것입니다. 지금 伊水와 洛水 以東으로부터 東海와 岱山(泰山)에 이르기까지는 불을 지펴 밥을 해 먹는 집이 아직 드물어서 시야 가득히 갈대가 자라고 풀이 우거져 있으니, 이는 오랑캐를 인도하여 뱃속까지 들어오게 해서 허약함을 저들에게 보이는 것입니다. 더구나 賞을 헤아릴 수 없이 많이 주어도 멀리서 온 사람들의 바람을 만족시킬 수 없고, 부역을 수년간 면제해 주어도 백성들의 수고를 보상할 수 없어, 헛된 명성만 높이고 실질적인 손해를 입게 될 것이니, 폐하께서는 어찌하여 이것을 따르려 하십니까."

마침 河南과 河北 몇 고을에 큰 홍수가 나서 封禪하는 일이 마침내 중지되었다. - ≪魏鄭公諫錄≫에 나옴 -

1) 〔頭註〕掃地而祭 : 記郊特牲曰 郊之祭也는 大報天也니 兆於南郊는 就陽位也요 掃地而祭는 於其質也라하니라

   ≪禮記≫〈郊特牲〉에 이르기를 "郊제사를 지내는 것은 하늘에 크게 보답하는 것이니, 南郊에서 단을 만들고 제사함은 陽의 자리에 나아가는 것이요, 땅을 쓸고 제사함은 그 질박함을 따르는 것이다." 하였다.

2) 〔頭註〕供頓 : 供은 具也요 頓은 宿食所라

供은 구비함이요, 頓은 숙식하는 곳이다.

3) 〔通鑑要解〕扈從 : 扈衛侍從也라

扈從은 호위하며 모시고 따라가는 것이다.

4) 〔頭註〕萑莽 : 萑은 葦屬이라 莽는 音姆니 宿草也니 謂冬生不凋者요 又草深茂曰
莽라

萑은 갈대 종류이고, 莽는 음이 무이니 두해살이풀이다. 겨울에 살아있고 시들
지 않는 것을 이르고, 또 풀이 매우 우거진 것을 莽라 한다.

5) 〔頭註〕不貲 : 貲는 量也라

貲는 헤아림이다.

6) 〔頭註〕未厭 : 厭은 平聲이니 足也라

厭은 平聲이니, 만족함이다.

7) 〔頭註〕給復 : 復은 除也니 除免徭役也요 給은 與也니 謂與免徭役也라

復은 제함이니 徭役을 면제하는 것이요, 給은 줌이니 徭役을 면제해줌을 이른다.

8) 〔通鑑要解〕遂寢 : 寢은 息也라

寢은 중지함이다.

〔新增〕范氏曰 古者天子巡守(狩)에 至于方嶽하야 必告祭柴望[1]하니 所以尊
天而懷柔[2]百神也라 後世學禮者 失其傳하고 而諸儒之諂諛者 爲說以希世主하
야 謂之封禪이라하니 實自秦始요 古無有也라 人主不法三代而法秦하니 亦已
謬矣라 太宗方明하고 朝多賢臣이로되 而佞者猶倡其議하고 獨魏徵이 以爲時
未可라하나 而亦不以其事爲非也하야 後議其禮에 徵亦預焉[3]이라 高宗, 明皇
이 遂踵而行之하야 終唐之世토록 唯柳宗元이 以封禪爲非하니 嗚呼라 禮之失
也 久矣라 世俗之惑을 可勝救哉아

范氏가 말하였다.

"옛날 천자가 巡狩할 적에 方嶽에 이르러 반드시 제사를 올리고 나무를 태
워 하늘에 柴제사를 지내고 山川을 멀리서 바라보며 望제사를 지냈으니, 이
는 하늘을 높이고 온갖 神을 회유하기 위한 것이다. 후세에 禮를 배우는 자
가 그 전해옴을 잃고 여러 아첨하는 유학자들이 말을 지어내어 세상의 군주
의 비위를 맞추어서 이를 封禪이라 하였으니, 실로 秦나라 때부터 시작되었
고 옛날에는 없던 것이다. 人君이 三代를 본받지 않고 秦나라를 본받았으니,

또한 이미 잘못되었다.

太宗은 대단히 현명하였고 조정에 어진 신하가 많았으나 아첨하는 자들
이 오히려 封禪하자는 의논을 제창하였고, 유독 魏徵만 시기가 적절하지
않다고 하였으나 또한 이 일을 잘못이라고 여기지 않아서 그 뒤에 이 禮를
의논할 때에 魏徵 또한 참여하였다. 高宗과 明皇(玄宗)이 마침내 이를 뒤
따라 행해서 唐나라가 끝날 때까지 오직 柳宗元만이 封禪을 그르다고 하였
으니, 아! 禮를 벗어난 지가 오래되었다. 세속의 미혹됨을 이루 바로잡을
수가 있겠는가."

1) 〔原註〕告祭[*]柴望 : 燔柴祭天은 告至也라 爾雅曰 祭天曰燔柴라하니 謂天高不可
   達이라 故로 燔柴以祭之하야 庶高煙上通也라 馬氏曰 祭時에 積柴하고 加牲其上
   而燔之라하니 先登于位하야 告于天也라 書舜典에 望于山川이라하니 註에 名山
   大川이라하니라 五嶽四瀆之屬을 不必至其處하고 皆一時遙望其方而祭之라
     섶을 태워 하늘에 제사함은 이곳에 이르렀음을 아뢰는 것이다. ≪爾雅≫에 이
   르기를 "하늘에 제사하는 것을 燔柴라 한다." 하였으니, 하늘이 높아 도달할 수가
   없으므로 섶을 태워 제사하여 높이 피어오르는 연기가 위로 하늘에 도달하기를
   바람을 이른다. 馬融이 말하기를 "제사할 때에 섶을 쌓아 놓고 그 위에 희생을
   올려 굽는다." 하였으니, 먼저 자리에 올라가 하늘에 고하는 것이다. ≪書經≫
   〈舜典〉에 "산천에 望제사를 지낸다." 하였는데, 註에 "名山大川이다." 하였다. 五
   嶽과 四瀆 등은 굳이 그곳에 가지 않고 그 방면을 멀리서 바라보고 모두 한꺼번
   에 제사한다.

   *) 告祭 : 天子가 巡狩할 때에 제사함을 이른다.

2) 〔頭註〕懷柔 : 懷는 來요 柔는 安也라
     懷는 오게 하는 것이요, 柔는 편안히 하는 것이다.

3) 〔譯註〕後議其禮 徵亦預焉 : ≪新唐書≫ 〈禮樂志〉에 "唐 太宗이 突厥을 평정한
   뒤에 풍년이 여러 번 드니, 신하들 중에 封禪하자고 말하는 자들이 많았다. 太宗
   이 마침내 顔師古에게 명하여 名儒博士들을 모아놓고 함께 의논하게 하였는데,
   결론이 나지 않자, 이에 房玄齡과 魏徵이 여러 사람의 의논들을 널리 채집하여
   上奏하였다.〔唐太宗 已平突厥 年穀屢豐 群臣言封禪者多 乃命顔師古 集當時名儒
   博士雜議 不能決 於是 房玄齡魏徵 博採衆議 奏上之〕" 하였다.

上이 嘗罷朝에 怒曰 會須[1]殺此田舍翁이라하야늘 后[2]問爲誰잇고 上曰 魏徵이 每廷辱我로라 后退하야 具朝服하고 立于庭이어늘 上이 驚하야 問其故한대 后曰 妾聞主明臣直이라하니 今魏徵直은 由陛下之明故也라 妾敢不賀리잇고 上이 乃悅하다 〈出諫錄〉[3]

上이 일찍이 조회를 파하고 노하여 이르기를 "반드시 이 시골 영감을 죽이고 말겠다." 하였다. 長孫皇后가 "누구 말입니까?" 하고 묻자, 上이 이르기를 "魏徵이 매번 조정에서 나를 욕보인다." 하였다. 황후가 물러가 朝服을 갖추어 입고 뜰에 서 있자, 上이 놀라서 그 이유를 물었다. 황후가 대답하기를 "첩이 들으니, '군주가 현명하면 신하가 정직하다.'고 하였습니다. 지금 魏徵이 직언하는 것은 폐하가 현명하기 때문입니다. 妾이 감히 축하하지 않을 수 있겠습니까." 하니, 上이 마침내 기뻐하였다. - ≪魏鄭公諫錄≫에 나옴 -

1) 〔頭註〕 會須 : 會는 要也라
    會는 반드시이다.
2) 〔頭註〕 后 : 長孫無忌弟也라
    長孫皇后는 長孫無忌의 동생이다.
3) 〔譯註〕 出諫錄 : 諫錄은 唐나라 王方慶의 ≪魏鄭公諫錄≫을 가리키나, 이 내용은 元나라 翟思忠의 ≪魏鄭公諫續錄≫에 보인다.

○ 宴三品以上於丹霄殿할새 上이 從容言曰 中外乂安은 皆公卿之力이나 然隋煬帝는 威加夷, 夏하고 頡利는 跨有北荒하고 統葉(섭)護[1]는 雄據西域이러니 今皆覆亡하니 此乃朕與公等所親見이라 勿矜彊盛以自滿也하라 〈出政要〉[2]

3품 이상의 관원에게 丹霄殿에서 宴會를 베풀 적에 上이 조용히 이르기를 "中外가 다스려지고 편안함은 다 公卿의 덕분이다. 그러나 隋나라 煬帝는 위엄이 오랑캐와 中夏에 진동하였고 頡利可汗은 먼 북쪽 지방을 점령하였으며 統葉護可汗은 서역에 웅거하였는데, 지금은 모두 전복되어 멸망하였으니, 이는 바로 朕이 公들과 함께 직접 눈으로 본 바이다. 강성함을 자랑하여 자만하지 말라." 하였다. - ≪貞觀政要≫에 나옴 -

1) 〔頭註〕統葉護^{*)} : 回紇太子之號也라 亦以爲突厥大臣之稱也니 統은 其名也라
　　葉護는 回紇(위구르) 太子의 칭호이다. 또 突厥 大臣의 칭호라 하기도 하니, 統
　　은 그 이름이다.

*) 葉護 : 突厥의 관직명이다. 可汗에 다음가는 지위로, 大部族 중의 部分部長으로
　　唐나라 때의 大都督에 해당한다. 세습직이며 可汗의 子弟나 宗族 중의 强者가
　　이 직임을 맡았다. 그러나 여기서는 統葉護可汗을 가리킨 것으로, 처음에 統葉
　　護로 호칭하였기 때문에 可汗(칸)이 된 뒤에도 이렇게 칭한 것으로 보인다.

2) 〔譯註〕出政要 : 이 내용은 唐나라 王方慶의 ≪魏鄭公諫錄≫에 보인다.

○ 上이 宴近臣於丹霄殿할새 長孫無忌曰 王珪, 魏徵이 昔爲仇讐¹⁾하니 不
謂今日得同此宴이니이다 上曰 徵, 珪盡心所事라 故로 我用之라 然이나 徵每諫
에 我不從하고 我與之言에 輒不應은 何也오 魏徵對曰 臣以事爲不可라 故로
諫이니 若陛下不從而臣應之면 則事遂施行이라 故로 不敢應이니이다 上曰 且應
而復諫이면 庸何傷이리오 對曰 昔에 舜戒群臣호되 爾無面從하고 退有後言이라하시
니 臣이 心知其非하고 而口應陛下면 乃面從也니 豈稷, 契(설)事舜之意耶잇가
上大笑曰 人言魏徵擧止疎慢이라호되 我視之에 更覺嫵(무)媚²⁾는 正爲此耳로
다 徵起拜謝曰 陛下開臣使言이라 故로 臣이 得盡其愚하니 若陛下拒而不受하
시면 臣何敢數犯顔色乎잇가 〈出本傳〉

　上이 가까운 신하들에게 丹霄殿에서 연회를 베풀 적에 長孫無忌가 아뢰기
를 "王珪와 魏徵은 옛날 원수였으니, 오늘 이 연회를 함께 하리라고는 생각
지 못했습니다." 하였다. 上이 이르기를 "魏徵과 王珪는 자신이 섬기던 主君
에게 마음을 다하였기 때문에 내가 등용한 것이다. 그런데 魏徵이 간할 때마
다 내가 그의 말을 들어주지 않고, 내가 그와 더불어 말할 때마다 나의 말에
호응하지 않음은 어째서인가?" 하니, 魏徵이 대답하기를 "신의 생각에 그 일
이 불가하다고 여기기 때문에 간하는 것이니, 만약 폐하께서 간언을 따라주
지 않으시는데 신이 그 말에 호응한다면 그 일이 마침내 시행될 것입니다.
그러므로 감히 호응하지 못하는 것입니다." 하였다.

上이 이르기를 "우선 호응하고 나중에 다시 간한다면 무슨 상관이 있겠는가." 하니, 魏徵이 대답하기를 "옛날에 舜임금이 여러 신하들에게 '너희들은 면전에서 복종하는 체하고 물러가서 뒷말하지 말라.'고 경계하였습니다. 신이 마음속으로 그릇됨을 알면서 입으로 폐하에게 호응한다면 이것이 바로 면전에서 복종하는 체하는 것이니, 어찌 后稷과 契이 舜임금을 섬긴 뜻이겠습니까." 하였다.

上이 크게 웃으며 이르기를 "사람들이 말하기를 '魏徵의 행동거지가 설면하고 거만하다'고 하지만 내가 그를 보고는 더욱 기쁘다고 여기는 것은 바로 이 때문이다." 하였다. 魏徵이 일어나 절하고 사례하여 아뢰기를 "폐하께서 신을 開導하여 하고 싶은 말을 할 수 있게 해주셨기에 신이 어리석은 忠心을 다 바칠 수 있었던 것이니, 만약 폐하께서 거절하고 받아들이지 않으셨다면 신이 어찌 감히 폐하의 안색을 자주 범할 수 있겠습니까." 하였다. - ≪新唐書 魏徵傳≫에 나옴 -

1) 〔通鑑要解〕 昔爲仇讐 : 謂其事隱太子할새 勸之圖帝也라
   王珪와 魏徵이 隱太子(李建成)를 섬길 적에 太宗을 도모할 것을 권했던 일을 이른다.

2) 〔頭註〕 娬媚 : 娬亦媚也니 亦作嫵라 娬媚는 悅也라
   娬 또한 媚의 뜻이니 嫵로도 쓴다. 娬媚는 기뻐함이다.

○ 秘書少監虞世南이 上聖德論이어늘 上이 賜手詔하야 稱호되 卿論太高라 朕何敢擬上古리오 但比近世差勝耳라 然이나 卿이 適覩其始하고 未知其終하니 若朕이 能愼終如始면 則此論을 可傳이어니와 如或不然이면 恐徒使後世笑卿也하노라

秘書少監 虞世南이 '聖德論'을 올리자, 上이 손수 쓴 詔書를 내려 칭하기를 "卿의 의론이 너무 높다. 朕이 어찌 上古時代에 비견될 수 있겠는가. 다만 근세의 帝王들에 견주어 조금 나을 뿐이다. 그러나 卿은 다만 시작만 보고 아직 그 종말은 보지 못하였으니, 만약 朕이 끝을 삼가 시작과 같이 한다면 이 의론을 후세에 전할 수 있겠지만 만일 그렇게 하지 못한다면 단지 후세 사람

들로 하여금 卿을 비웃게 할까 두렵다." 하였다.

○ 九月己酉에 幸慶善宮하니 上生時故宅也[1]라 因與貴臣宴하고 賦詩한대 起居郎呂才 被之管絃하야 命曰 功成慶善樂[2]이라하고 使童子로 八佾[3]爲九功之舞하야 大宴會할새 與破陳舞로 皆奏於庭하니라 同州刺史尉遲敬德이 預宴이러니 有班在其上者어늘 敬德怒曰 汝何功이완대 在我上고 任城王道宗[4]이 次其下라 諭解之한대 敬德이 拳歐[5]道宗하야 目幾眇라 上不懌(역)[6]而罷하고 謂敬德曰 朕見漢高祖誅滅功臣하고 意常尤之라 故로 欲與卿等으로 共保富貴하야 令子孫不絶이로라 然이나 卿居官에 數犯法하니 乃知韓, 彭葅醢[7] 非高祖之罪也라 國家綱紀는 唯賞與罰이니 非分之恩은 不可數(삭)得이라 勉自修飭하야 無貽後悔케하라 敬德이 由是로 始懼而自戢[8]이러라 〈出敬德傳〉

9월 己酉日(29일)에 上이 慶善宮에 행차하니, 慶善宮은 上이 태어난 집이다. 上이 인하여 貴臣들과 연회하고 시를 지었는데, 起居郎 呂才가 이것을 管絃樂에 실어 '功成慶善樂'이라 명명하고는 童子들로 하여금 八佾로 九功舞를 추게 해서 크게 연회할 적에 '破陳樂'과 함께 모두 뜰에서 연주하였다.

同州刺史 尉遲敬德이 연회에 참여하였는데, 班列이 그의 위에 있는 자가 있자, 尉遲敬德이 노하여 말하기를 "네가 무슨 功이 있기에 내 위에 있는가." 하였다. 任城王 李道宗이 그 아래에 있다가 알아듣도록 해명하였는데, 尉遲敬德이 李道宗을 주먹으로 쳐서 눈이 거의 애꾸가 될 뻔하였다.

上이 흥이 깨져 잔치를 파하고 尉遲敬德에게 이르기를 "朕은 漢나라 高祖가 功臣들을 죽이고 멸망시킨 것을 보고 마음속으로 항상 이를 허물하였다. 그러므로 〈이를 경계하여〉卿들과 함께 부귀를 보전하여 자손들로 하여금 끊어지지 않게 하기를 바랐다. 그런데 卿이 관직에 있으면서 자주 法을 범하니, 나는 이제서야 韓信과 彭越이 김치 담가지고 젓 담가진 것이 高祖의 죄가 아님을 알게 되었다. 國家의 紀綱은 오직 賞과 罰에 있으니, 분수에 맞지 않은 은혜는 자주 얻을 수 없는 것이다. 힘써 자신을 닦고 삼가서 후회를 남기는 일이 없도록 하라.” 하니, 尉遲敬德이 이로 말미암아 비로소 두려워하고 스스로 단속하였다. - ≪新唐書 尉遲敬德傳≫에 나옴 -

1) 〔頭註〕上生時故宅也 : 宮在武功縣하니 太宗生於武功之別館이라

　　慶善宮은 陝西省 武功縣에 있으니, 太宗은 武功縣의 別館에서 태어났다.

2) 〔釋義〕功成慶善樂 : 王氏曰 以童兒(八)〔六〕十四人으로 冠進賢冠*1)하고 紫袴褶長袖로 漆髻展履而舞하니 進蹈安徐하야 以象文德이라 後更號九功舞하니 取尙書九功惟敍*2)之義라

　　王氏가 말하였다. “童子 64명에게 進賢冠을 쓰고 자주색 바지와 긴 소매 차림에 검은 머리를 틀어올리고 짚신을 끌고 춤을 추게 하니, 전진하고 뛰는 것이 조용하고 느려서 文德을 상징하였다. 功成慶善樂은 뒤에 이름을 고쳐 九功舞라고 하였으니, ≪尙書≫〈大禹謨〉의 ‘아홉 가지 공이 펴졌다.〔九功惟敍〕’는 뜻을 취한 것이다.”

*1) 進賢冠 : 황제를 朝見할 때 썼던 禮帽의 하나로, 원래는 儒者만이 썼었는데 唐나라 때에는 百官이 모두 착용하였다.

*2) 九功惟敍 : 九功은 六府와 三事를 합한 것으로, 六府는 水·火·金·木·土·穀이요, 三事는 正德·利用·厚生이다. 敍는 아홉 가지가 각각 이치에 순하여, 어지럽게 베풀어져서 그 떳떳함을 어지럽히지 않는 것이다.

3) 〔釋義〕八佾 : 行列曰佾이니 一列八人이라 天子八佾이니 八八六十四人이요 諸侯六佾이요 大夫四佾이요 士二佾이니 有命之舞也라

　　항렬을 佾이라고 하니, 1열은 8명이다. 天子는 8佾이니 8명씩 8佾이어서 64명이요, 諸侯는 6佾이요, 大夫는 4佾이요, 士는 2佾이니, 命數(관원의 품계)에 따른 춤이다.

4) 〔頭註〕道宗 : 高祖之祖太祖虎之子也라 後에 改封江夏王하니라

　　道宗은 高祖의 祖父인 太祖 李虎의 아들이다. 뒤에 江夏王에 改封되었다.

5) 〔原註〕歐 : 擊也라

　　歐는 때림이다.

6) 〔原註〕懌 : 悅也라

　　懌은 기뻐함이다.

7) 〔釋義〕韓, 彭葅醢 : 韓信, 彭越을 漢高帝誅之라 故로 云葅醢也라 切之四寸爲葅요 塗肉爲醢라

　　韓信과 彭越을 漢나라 高帝가 죽였다. 그러므로 김치와 젓갈을 담았다고 이른

것이다. 4寸 길이로 자른 것을 菹라 하고 고기를 잘게 썬 것을 醢라 한다.

8) 〔頭註〕戢 : 斂藏也라

　戢은 거두어 감추는 것이다.

○ 以左光祿大夫陳叔達로 爲禮部尙書하다 帝謂叔達曰 卿이 武德¹⁾中에 有讜(당)言²⁾이라 故로 以此官相報로라 對曰 臣見隋室이 父子相殘하야 以取亂亡하니 當日之言은 非爲陛下요 乃社稷之計耳니이다 〈出政要〉

　左光祿大夫 陳叔達을 禮部尙書로 삼았다. 황제가 陳叔達에게 이르기를 "卿이 武德 연간에 충직한 말이 있었기 때문에 이 관직으로 보답하는 것이다." 하였다. 陳叔達이 대답하기를 "신이 보건대 隋나라 황실은 부자간에 서로 해쳐서 혼란과 멸망을 취하였으니, 당시에 올렸던 말씀은 폐하를 위한 것이 아니라 바로 社稷을 위한 계책일 뿐이었습니다." 하였다. - ≪貞觀政要≫에 나옴 -

1) 〔通鑑要解〕武德 : 高祖年號이니 武德九年中에 建成, 元吉謀害世民事라

　武德은 高祖의 연호이니, 武德 9年(626)에 李建成과 李元吉이 李世民(太宗)을 해치려던 일을 가리킨다.

2) 〔原註〕讜言^{*)} : 讜은 善言也라

　讜은 좋은 말이다.

*) 讜言 : 武德 9年에 李建成과 李元吉이 후궁들과 함께 밤낮으로 李世民을 참소하자 高祖는 李世民을 죄주려 하였는데, 陳叔達이 秦王(李世民)은 천하에 큰 공이 있으니 내쫓아서는 안 된다고 간하여 결국 李世民을 죄주지 않았다.

帝與侍臣으로 論安危之本할새 中書令溫彦博曰 伏願陛下常如貞觀初하시면 則善矣리이다 帝曰 朕이 比來에 怠於爲政乎아 魏徵曰 貞觀之初엔 陛下志在節儉하고 求諫不倦이러시니 比來에 營繕微多하고 諫者頗有忤旨¹⁾하니 此其所以異耳니이다 帝拊掌大笑曰 誠有是事로라 〈出諫錄〉

　황제가 侍臣들과 安危의 근본을 논할 적에 中書令 溫彦博이 아뢰기를 "엎

드려 바라건대 폐하께서 항상 貞觀 초년과 같이 하신다면 좋을 것입니다."
하였다. 황제가 이르기를 "朕이 근래에 정사에 태만하였는가?" 하니, 魏徵이
아뢰기를 "貞觀 초년에는 폐하께서 절약하고 검소함에 뜻이 있고 諫言을 구
하기를 게을리 하지 않으셨는데, 근래에는 營繕(궁궐을 새로 짓고 수리함)하
는 일이 약간 많아지고 간언하는 자들이 자못 상의 뜻에 거슬리니, 이것이
다른 것입니다." 하였다. 황제가 손뼉을 치고 크게 웃으며 말하기를 "참으로
이러한 일이 있었다." 하였다. - ≪魏鄭公諫錄≫에 나옴 -

1) 〔原註〕忤旨 : 忤는 逆也라
　　忤는 거슬림이다.

○ 上謂侍臣曰 朕이 比來決事에 或不能皆如律令이어늘 公輩以爲事小라하야
不復執奏하니 夫事는 無不由小以致大니 此乃危亡之端也라 昔에 關龍逢(방)[1]
이 忠諫而死하니 朕每痛之하노라 煬帝驕暴而亡하니 公輩所親見也라 公輩는 常
宜爲朕하야 思煬帝之亡하고 朕은 常爲公輩하야 念關龍逢之死면 何患君臣不相
保乎아 〈出政要〉

　上이 侍臣에게 이르기를 "朕이 요사이 일을 결단할 적에 간혹 모두 율령대로
하지 않는 경우가 있는데도 公들은 작은 일이라 하여 다시 論執하여 아뢰지
않는다. 일은 작은 일로부터 큰 일이 되지 않는 경우가 없으니, 이것이 바로
위태롭고 멸망하게 되는 단서이다. 옛날에 關龍逢이 충성으로 간하다가 죽었
으니, 朕은 매양 이를 애통하게 여기노라. 煬帝는 교만하고 포악하여 망하였
으니 公들이 직접 본 바이다. 公들은 항상 朕을 위하여 煬帝가 멸망한 것을 생
각하고, 朕은 항상 公들을 위하여 關龍逢이 죽은 것을 생각한다면, 군주와 신
하가 서로 보존하지 못함을 어찌 근심할 것이 있겠는가." 하였다. - ≪貞觀政
要≫에 나옴 -

1) 〔頭註〕關龍逢 : 關은 姓也니 夏之忠臣이라
　　關은 姓이니, 夏나라 桀王의 충신이다.

○ 上이 謂魏徵曰 爲官擇人을 不可造次니 用一君子면 則君子皆至요 用一
小人이면 則小人競進矣니라 對曰 然이나 天下未定이면 則專取其才하고 不考其
行하며 喪亂既平이면 則非才行兼備면 不可用也니이다 〈出諫錄〉[1]

上이 魏徵에게 이르기를 "官職을 위하여 인재를 선택하는 것을 대충대충
할 수 없으니, 한 君子를 등용하면 君子가 다 이르고 한 小人을 등용하면 小
人이 다투어 나오기 때문이다." 하니, 魏徵이 대답하기를 "그렇기는 하나 천
하가 아직 안정되기 전에는 오로지 그의 재능만 취하고 그의 행실은 상고하
지 않으며, 喪亂이 이미 평정된 뒤에는 재주와 행실을 겸비한 자가 아니면
쓸 수 없습니다." 하였다. - ≪魏鄭公諫錄≫에 나옴 -

1) 〔譯註〕出諫錄 : 이 내용은 ≪唐鑑≫과 ≪貞觀政要≫에 보인다.

范祖禹曰 太宗이 以治亂在庶官이라하야 欲進君子, 退小人하니 此王者之言也
니 而魏徵之所謂才行者는 不亦異乎아 夫才는 有君子之才하고 有小人之才하
니 古之所謂才者는 君子之才也요 後世之所謂才者는 小人之才也라 高陽氏有
子八人에 天下以爲才하니 其所以爲才者는 曰忠肅恭懿宣慈[1]惠和요 周公制禮
作樂에 孔子以爲才하시니 然則古之所謂才者는 兼德行而言也라 後世之所謂才
者는 辯給[2]以禦人하고 詭詐以用兵하며 僻邪險陂[3]하야 趨利就事라 是以로
天下多亂은 職[4]斯人之用於世也일새라 在易師之上六曰 開國承家에 小人勿用
이라한대 象曰 小人勿用은 必亂邦也라하고 既濟曰 高宗伐鬼方하야 三年克之
하니 小人勿用이라하니라 王者創業垂統에 敷[5]求哲人하야 以遺後嗣라 故能
長世也니 豈其以天下未定이라하야 而可專用小人之才歟아 夫有才無行之小人
은 無時而可用이라 退之라도 猶懼其或進也니 豈可先用而後廢하고 乃取才行
兼備之人乎아 徵之學이 駁而不純이라 故所以輔導其君者 卒不至於三王之治也
하니라

范祖禹가 말하였다.

"太宗은 국가의 治亂이 百官에 달려있다 하여 군자를 등용하고 소인을 물
리치고자 하였으니, 이것은 王者의 말이다. 그런데 魏徵의 이른바 재주와 행

실이라는 것은 또한 괴이하지 않은가. 재주는 군자의 재주가 있고 소인의 재주가 있으니, 옛날의 이른바 재주라는 것은 군자의 재주이고, 후세의 이른바 재주라는 것은 소인의 재주이다. 高陽氏는 아들 8명이 있었는데 천하 사람들이 이들을 인재라고 여겼으니 인재라고 여긴 이유는 충성스럽고 엄숙하고 공손하고 아름답고 밝고 인자하고 은혜롭고 온화하기 때문이었으며, 周公이 禮를 정하고 음악을 만들자 孔子가 인재라고 하셨으니, 그렇다면 옛날의 이른바 재주라는 것은 덕과 행실을 겸하여 말한 것이다. 후세의 이른바 재주는 口辯으로 남의 말을 막고 속임수로 군대를 동원하며, 편벽되고 간사하고 음험하고 이익을 쫓아서 일을 이루는 것을 말한다. 그러므로 천하가 혼란할 때가 많은 것은 이들이 세상에 쓰여지기 때문이다.

≪周易≫ 師卦 上六爻辭에 '諸侯를 봉하고 卿大夫를 삼을 적에 소인을 쓰지 말아야 한다.' 하였는데, 〈象傳〉에 '소인을 쓰지 말라는 것은 반드시 나라를 어지럽히기 때문이다.' 하였고, 旣濟卦 九三爻辭에 '高宗이 鬼方을 정벌하여 3년 만에 이겼으니, 소인을 쓰지 말아야 한다.' 하였다. 王者가 王朝를 창업하여 전통을 자손에게 남겨줄 적에 명철한 사람을 널리 구하여 후사에게 물려주기 때문에 세대를 영구히 이어갈 수 있었던 것이니, 어찌 천하가 아직 평정되지 않았다 하여 오로지 소인의 재주를 쓴단 말인가. 재주만 있고 행실이 없는 소인은 어느 때고 쓸 수 있을 때가 없다. 이들을 물리치더라도 혹시라도 나올까 두려운데, 어찌 이들을 먼저는 등용했다가 뒤에는 폐하고 마침내 재주와 행실을 겸비한 사람을 취한단 말인가. 魏徵의 학문이 잡박하고 순수하지 못하였다. 그러므로 군주를 輔導한 것이 끝내 三王의 다스려짐에는 이르지 못한 것이다."

1) 〔頭註〕宣慈 : 宣은 通明也라
   宣은 通明함이다.
2) 〔頭註〕辯給 : 給은 捷也라
   給은 민첩함이다.
3) 〔頭註〕險陂[*] : 不正也라
   險陂는 바르지 않은 것이다.

*〕 險陂 : ≪唐鑑≫에 陂가 詖로 되어 있는 바, 뜻은 크게 다르지 않다.

4)〔頭註〕職 : 主也라

職은 주장함이다.

5)〔頭註〕敷 : 廣也라

敷는 넓음이다.

【癸巳】七年이라

貞觀 7년(계사 633)

正月에 更名破陳樂¹⁾하야 曰七德舞²⁾라하다 癸巳에 宴三品已上及州牧蠻夷酋長於玄武門할새 奏七德, 九功之舞하다 魏徵이 欲上偃武修文하야 每侍宴에 見七德舞하면 輒俛(俯)首不視라가 見九功舞하면 則諦觀之³⁾러라〈出本傳〉

正月에 破陳樂을 고쳐서 七德舞라 이름하였다. 癸巳日(15일)에 3품 이상의 관원과 州牧과 蠻夷의 추장들에게 玄武門에서 연회를 베풀 적에 七德舞와 九功舞를 연주하였다. 魏徵은 上이 武備를 그치고 文敎를 닦게 하고자 하여 上을 모시고 잔치할 때마다 七德舞를 보면 번번이 머리를 숙이고 보지 않고 九功舞를 보면 자세히 살펴보았다. - ≪新唐書 魏徵傳≫에 나옴 -

1)〔譯註〕破陳樂 : 唐 太宗 때 만들어진 樂舞이다. 원래 이름은 秦王破陣樂으로, 太宗이 秦王으로 있을 때 劉武周를 평정한 공을 기리기 위하여 軍中에서 만든 樂曲인데, 太宗이 즉위한 뒤 呂才에게 音律을 맞추고 李百藥, 虞世南, 褚亮, 魏徵 등에게 歌辭를 만들도록 하여 완성한 악곡이다.

2)〔附註〕七德舞 : 蕭瑀以爲 破陣樂은 形容未盡이라하야 請并鳴劉武周, 薛仁杲, 竇建德, 王世充擒獲之狀하야 改爲七德舞하니 蓋取左傳武有七德^{*)}之義라 劉武周는 見上卷破陣樂注라 仁杲는 稱秦帝하고 建德은 稱夏王하고 王世充은 稱鄭帝하니라

蕭瑀가 "破陣樂은 성상의 武功을 형용함에 미진한 곳이 있다." 하여 劉武周·薛仁杲·竇建德·王世充 등이 사로잡힌 情狀을 아울러 연주하고 이름을 고쳐 七德舞라고 할 것을 청하였으니, 이는 ≪春秋左傳≫에 "武에는 일곱 가지 德이 있다." 는 뜻을 취한 것이다. 劉武周에 대해서는 해설이 上卷의 破陣樂 註에 보인다. 薛

仁杲는 秦帝라 칭하고 竇建德은 夏王이라 칭하고 王世充은 鄭帝라 칭하였다.

＊) 武有七德 : ≪春秋左傳≫ 宣公 12년조에 "武라는 것은, 포악함을 금하고 전쟁을 그치게 하고 높은 자리를 보전하고 공업을 세우고 백성을 편안히 하고 무리를 화합하게 하고 재물을 풍성하게 하기 위한 것이다.〔夫武 禁暴 戢兵 保大 定功 安民 和衆 豐財者也〕"하였고, 그 註에 "이것을 武의 七德이라 한다."하였다.

3)〔原註〕諦觀之 : 諦는 丁計反이니 審也라

諦는 丁計反(체)이니, 자세히 살펴보는 것이다.

○ 去歲에 帝親錄繫囚할새 見應死者하고 閔之하야 縱使歸家라가 期以來秋來就死하고 仍勅天下死囚하야 皆縱遣하야 至期來詣京師러니 至是九月에 去歲所縱天下死囚凡三百九十人이 無人督帥(솔)호되 皆如期自詣朝堂하고 無一人亡匿者어늘 上이 皆赦之하다

지난해에 황제가 갇혀 있는 죄수를 직접 기록할 적에 마땅히 사형에 처해야 할 자들을 보고 가엾게 여겨 그들을 풀어주어 집에 돌아가게 했다가 다음해 가을에 와서 사형당하기로 약속하고는 인하여 명령을 내려 천하의 사형수를 다 석방하여 보냈다가 기한이 되면 京師로 오게 하였다. 이해 9월에 지난해 석방하여 보냈던 천하의 사형수 390명이 독려하고 인솔하는 사람이 없었으나 모두 기약과 같이 제 발로 朝堂에 나오고 한 사람도 도망하여 숨은 자가 없자, 上이 이들을 모두 사면하였다.

歐陽公曰 信義는 行於君子하고 而刑戮은 施於小人하나니 刑入於死는 乃罪大惡極이니 此又小人之尤者也요 寧以義死언정 不苟幸生은 此又君子之尤難者也라 太宗이 錄大辟囚三百餘人하여 縱使還家라가 約其自歸以就死하니 是는 以君子之難能으로 責小人之尤者以必能也라 其囚及期而卒自歸하여 無後者하니 是는 君子之所難이요 而小人所易也니 此豈近於人情이리오 太宗之爲此는 所以求爲此名이니 安知其縱之而去也에 不意其必來以冀免하야 而縱之乎며 又安知夫被縱而去也에 不意其自歸而必獲免하여 所以復來乎아 夫意其必來而縱之면 是는 上賊下之情也요 意其必免而復來면 是는 下賊上之心也니 吾見其上下

交相賊하여 以成此名也로니 烏有所謂信義者哉리오 不然이면 太宗施德於天下
於玆六年矣어늘 不能使小人으로 不爲極惡大罪하고 而一日之恩으로 能使之視
死如歸而存信義라하면 此는 又不通之論也니라 然則何爲而可오 日 縱之來歸어
든 殺之無赦하고 而又縱之而又來면 則可知其信義爾라 然이나 此는 必無之事
也라 若夫縱而來歸而赦之는 可偶一爲之爾니 若屢爲之면 則殺人者皆不死하리
니 是可以爲天下之常法乎아 不可爲常者 其聖人之法乎아 是以로 堯, 舜, 三王
之治는 必本於人情하여 不立異以爲高하며 不逆情以干譽하니 蓋謂此也[1]니라

歐陽公이 말하였다.

"信義는 君子에게 행해지고 刑罰은 小人에게 베푼다. 형벌이 사형에 처하
는 데 해당하는 자는 죄가 크고 惡이 極에 이른 것이니 이는 또 소인 중에 더
욱 심한 자이고, 차라리 義에 따라 죽을지언정 구차히 요행으로 살려고 하지
않음은 이는 또 君子로서도 더더욱 어려운 것이다. 唐 太宗이 사형수 3백여
명을 기록하여, 석방하여 집으로 돌아가게 하였다가 그들이 스스로 돌아와
죽음에 나아가도록 약속하였으니, 이는 君子도 하기 어려운 것을 소인 중에
서도 특히 심한 자에게 반드시 해내라고 요구한 것이다. 그런데 그 죄수들이
期日에 미쳐 마침내 스스로 돌아와서 뒤처진 자가 없었으니, 이는 君子는 하
기 어려운 바이고 小人은 하기 쉬운 바이다. 이 어찌 인정에 가깝겠는가.

太宗이 이런 일을 한 것은 이러한 은덕을 베풀었다는 아름다운 이름을 구
하려고 한 것이다. 그러나 태종이 석방하여 보낼 때에 그들이 반드시 돌아와
서 사면되기를 바랄 것이라고 생각하여 이 때문에 그들을 풀어준 것이 아님
을 어찌 알겠으며, 또 죄수들이 석방되어 떠나갈 때에 스스로 돌아오면 반드
시 사면함을 얻을 것이라고 생각하여 이 때문에 다시 온 것이 아님을 어찌
알겠는가. 반드시 그들이 올 것이라고 생각하여 놓아주었다면 이는 윗사람이
아랫사람의 정을 해친 것이요, 반드시 돌아가면 사형을 사면할 것이라고 생
각하여 다시 왔다면 이는 아랫사람이 윗사람의 마음을 해친 것이다. 나는 윗
사람과 아랫사람이 서로 해쳐서 이러한 美名을 이룬 것을 보았을 뿐이니, 어
디에 이른바 신의라는 것이 있는가. 그렇지 않다면, 太宗이 천하에 은덕을
베푼 지가 이때에 6년이었다. 그런데 小人으로 하여금 극악한 大罪를 짓지

않게 하지 못하고, 하루아침의 은혜로 죽음을 보기를 집으로 돌아가는 것처럼 여기게 하여 信義를 보존하였다고 하면, 이는 또 통하지 않는 議論이다.

그렇다면 어찌해야 하겠는가. 사형수를 석방했다가 돌아오거든 죽이고 용서하지 말며, 그 후에 또다시 석방해도 다시 온다면 그 신의를 알 수 있다. 그러나 이는 반드시 있을 수 없는 일이다. 석방했다가 돌아옴에 죄를 용서해주는 것으로 말하면 우연히 어쩌다 한 번 할 뿐이다. 만일 여러 번 이렇게 한다면 사람을 죽인 자가 모두 죽지 않을 것이니, 이것이 天下의 떳떳한 법이 될 수 있겠는가. 떳떳한 법이 될 수 없는 것이 어찌 聖賢의 법이겠는가. 그러므로 堯·舜과 三王의 政治는 반드시 人情에 근본하여 특이한 것을 내세워 높은 체하지 않고 人情을 미리 헤아려 명예를 구하지 않았으니, 이 때문일 것이다."

1) 〔譯註〕 蓋謂此也 : '謂'는 '爲'를 가차하여 쓴 것으로 보인다. 만일 謂로 訓한다면 '不逆情以干譽라하니'로 懸吐해야 하며, 또 이 내용이 다른 글에 보여야 하는데, 보이지 않는다. 이 때문에 《古文眞寶》 등에는 이 句를 삭제하였다.

十一月에 以開府儀同三司長孫無忌로 爲司空한대 無忌固辭曰 臣이 忝預外戚[1]하니 恐天下謂陛下爲私하노이다 上이 不許曰 吾爲官擇人하야 惟才是與하노니 苟或不才면 雖親이나 不用하니 襄邑王神符[2] 是也요 如其有才면 雖讎나 不棄하니 魏徵等이 是也니 今日之擧는 非私親也니라 〈出無忌傳〉

11월에 開府 儀同三司 長孫無忌를 司空으로 삼자, 長孫無忌가 굳이 사양하며 아뢰기를 "신이 외람되이 外戚의 반열에 끼어 있으니, 천하 사람들이 폐하더러 私情을 둔다고 할까 두렵습니다." 하였다. 上이 허락하지 않으며 이르기를 "나는 官職을 위하여 사람을 선택해서 오직 재주 있는 자에게 준다. 만일 재주가 없으면 비록 친척이라도 등용하지 않으니 襄邑王 李神符가 바로 그러한 경우이고, 만일 재주가 있으면 비록 원수지간이라도 버리지 않으니 魏徵 등이 바로 그러한 경우이다. 오늘의 그대를 천거하여 司空으로 삼은 것은 친척을 편애한 것이 아니다." 하였다. - 《新唐書 長孫無忌

傳≫에 나옴 -

1) 〔頭註〕忝預外戚：無忌는 太宗后之兄이라

　　長孫無忌는 太宗의 后妃인 長孫皇后의 오빠이다.

2) 〔頭註〕神符：神通之弟니 乃高祖之從兄이라

　　李神符는 李神通의 아우이니, 바로 高祖의 從兄이다.

○ 十二月에 帝從上皇하야 置酒故漢未央宮할새 上皇이 命突厥頡(힐)利可汗하야 起舞하고 又命南蠻酋長馮智戴[1]하야 詠詩하고 旣而요 笑曰 胡, 越一家[2]는 自古未有也로다 帝奉觴上壽曰 今四夷入臣은 皆陛下敎誨요 非臣智力所及이니이다 昔에 漢高祖 亦從太上皇하야 置酒此宮할새 妄自矜大[3]하니 臣所不取也니이다 上皇이 大悅하고 殿上이 皆呼萬歲러라

　　12월에 황제가 上皇을 따라 옛날 漢나라 未央宮에서 주연을 베풀 적에, 上皇이 突厥의 頡利可汗에게 명하여 일어나 춤을 추게 하고 또 南蠻의 酋長인 馮智戴에게 명하여 詩를 읊게 하였다. 이윽고 웃으며 말하기를 "북쪽의 胡와 남쪽의 越나라가 한 집안이 된 것은 예로부터 일찍이 있지 않았던 일이다." 하였다. 上이 술잔을 받들어 上皇을 위해 축수하며 이르기를 "지금 사방 오랑캐들이 들어와 신하 노릇 하는 것은 모두 폐하께서 가르친 결과이고, 신의 지혜와 힘으로 미칠 수 있었던 것이 아닙니다. 옛날 漢 高祖 또한 太上皇을 따라 이 宮에서 주연을 베풀 적에 망령되이 스스로 자랑하고 잘난 체하였으니, 이는 신이 취하지 않는 바입니다." 하였다. 上皇이 크게 기뻐하고 대궐에 있던 신하들이 모두 만세를 불렀다.

1) 〔釋義〕馮智戴：智戴는 酋長馮盎之子名也라 先盎遣入侍라 故로 亦侍宴이라

　　馮智戴는 酋長인 馮盎의 아들 이름이다. 예전에 馮盎이 馮智戴를 보내어 入侍하게 하였으므로 또한 황제를 모시고 잔치한 것이다.

2) 〔譯註〕胡, 越一家：胡는 突厥의 頡利可汗을, 越은 南蠻의 馮智戴를 가리킨다.

3) 〔通鑑要解〕漢高祖……妄自矜大：漢高祖九年에 置酒未央宮할새 奉玉巵爲太上皇 壽曰 始大人이 常以臣無賴하야 不能治産業하야 不如仲[*]力이라하더시니 今某之

業所就 孰與仲多잇가하니라

　漢 高祖 9년(B.C. 198)에 未央宮에서 주연을 베풀 적에 上이 옥술잔을 들어 太上皇을 위하여 축수하고 이르기를 "예전에 大人(부친)께서 항상 저더러 無賴하여 家産을 다스리지 못해서 仲의 힘(노력)만 못하다고 하시더니, 지금 제가 성취한 功業이 仲과 더불어 누가 낫습니까?" 하였다.

＊) 仲：劉仲은 高祖의 형의 이름이다.

○ 帝謂左庶子于志寧과 右庶子杜正倫曰 朕年十八에 猶在民間하여 民之疾苦情僞를 無不知之로되 及居大位하여 區處世務에 猶有差失이어든 況太子生長深宮하여 百姓艱難을 耳目所未涉이니 能無驕逸乎아 卿等이 不可不極諫이니라 太子好嬉戲[1]하여 頗虧禮法이어늘 志寧이 與右庶子孔穎達로 數直諫하니 上이 聞而嘉之하여 各賜金一斤, 帛五百匹하다 〈出政要〉

　황제가 左庶子 于志寧과 右庶子 杜正倫에게 이르기를 "朕이 18세 때까지도 民間에 있어서 백성들의 고통과 眞僞를 알지 못하는 것이 없으나, 황제의 지위에 거하여 세상일을 조처함에 오히려 잘못하는 것이 있다. 더구나 太子는 깊은 궁궐에서 生長하여 백성들의 어려움을 귀로 듣고 눈으로 보지 못하였으니, 교만함과 안일함이 없을 수 있겠는가. 卿들이 지극히 간하지 않으면 안 된다." 하였다. 太子가 놀고 희롱하기를 좋아하여 매우 禮法에 결함이 있자 于志寧이 右庶子 孔穎達과 함께 자주 직간하니, 上이 이 말을 듣고 가상히 여겨 각각 황금 1근과 비단 500필을 하사하였다. - ≪貞觀政要≫에 나옴 -

1)〔通鑑要解〕嬉戲：嬉亦戲也라
　嬉 역시 희롱한다는 뜻이다.

○ 上問魏徵曰 群臣이 上書에 可采나 及召對에 多失次는 何也오 對曰 臣觀百司奏事하니 常數日思之라가 及至上前하여는 三分에 不能道一이니이다 況諫者는 怵意觸忌하니 非陛下借之辭色이면 豈敢盡其情哉릿가 上이 由是로 接群臣에 辭色愈溫하다 嘗曰 煬帝는 多猜忌하여 臨朝對群臣에 多不語나 朕則不然하여

與群臣相親_{하야} 如一體耳_{라하더라}〈出諫錄〉

上이 魏徵에게 묻기를 "여러 신하들이 上書할 때에는 채택할 만하나 召對할 때에는 대부분 말의 차서를 잃음은 어째서인가?" 하니, 대답하기를 "신이 百官들이 일을 아뢰는 것을 보니, 항상 며칠 동안 생각하였다가 上의 앞에 이르러서는 3분의 1도 말하지 못합니다. 더구나 간쟁함은 임금의 뜻을 거스르고 꺼리는 일을 저촉하니, 폐하께서 그들에게 말씀과 얼굴빛을 온화하게 하지 않으신다면 어찌 감히 실정을 다 아뢸 수 있겠습니까." 하였다. 上이 이로 말미암아 여러 신하들을 접견할 때에 말씀과 얼굴빛을 더욱 온화하게 하였다.

일찍이 말하기를 "隋 煬帝는 시기심이 많아서 조정에 임하여 여러 신하를 대할 적에 말하지 않는 자가 많았으나 朕은 그렇지 않아서 신하들과 서로 친근하여 한 몸과 같다." 하였다. - ≪魏鄭公諫錄≫에 나옴 -

【甲午】八年_{이라}

貞觀 8년(갑오 634)

正月_에 上欲分遣大臣_{하야} 爲諸道黜陟大使_{호되} 未得其人_{이러니} 李靖이 薦魏徵_{한대} 上曰 徵은 箴規朕失_{하니} 不可一日離左右_{라하고} 乃命靖_{하야} 與太常卿蕭瑀等凡十三人_{으로} 分行[1]天下_{하야} 察長吏[2]賢不肖_{하고} 問民間疾苦_{하며} 禮高年, 賑窮乏_{하고} 褒善良, 起滯淹_{하야} 俾使者所至_에 如朕親覩_{하라}

正月에 上이 大臣들을 나누어 보내서 諸道의 黜陟大使로 삼고자 하였으나 그 합당한 사람을 얻지 못하였는데, 李靖이 魏徵을 천거하였다. 上이 이르기를 "魏徵은 朕의 과실을 경계하고 바로잡으니, 하루라도 짐의 곁을 떠날 수 없다." 하고, 마침내 李靖에게 명하여 太常卿 蕭瑀 등 13인과 함께 천하를 나누어 巡行해서 "長吏들의 어짊과 불초함을 살피고 민간의 고통을 물으며, 나이 많은 노인을 예우하고 궁핍한 자들을 구휼하며, 선량한 자를 포창하고 침체된 자들을 일으켜서, 使者가 이른 곳에는 朕이 직접 본 것처럼 하라." 하였다.

1) 〔頭註〕分行 : 分은 去聲이니 巡視也라
   分은 去聲이니, 分行은 순시함이다.

2) 〔譯註〕長吏 : 州縣을 맡은 長官을 가리키는 바, 각 고을을 맡아 다스리던 지방 관들을 통틀어 이른다.

○ 中牟丞皇甫德參이 上言호되 修洛陽宮하야 勞人하고 收地租厚斂하며 俗好高髻(계)하니 蓋宮中所化[1]니이다 上怒하야 謂房玄齡等曰 德參이 欲國家不役一人하고 不收斗租하고 宮人皆無髮이라야 乃可其意耶아하고 欲治其謗訕之罪한대 魏徵이 諫曰 賈誼當漢文帝時하야 上書云호되 可爲痛哭者一이요 可爲流涕者二[2]라하니 自古로 上書不激切이면 不能動人主之心이니이다 所謂狂夫之言도 聖人擇焉이니 惟陛下裁察하소서 上曰 朕罪斯人이면 則誰敢復言이리오하고 乃賜絹二十匹하다 他日에 徵이 奏言호되 陛下近日에 不好直言하고 雖勉彊含容이나 非曩時之豁如니이다 上이 乃更加優賜하고 拜監察御史하다 〈竝出徵本傳〉

中牟縣의 丞 皇甫德參이 上言하기를 "洛陽의 궁궐을 수리하여 백성들을 수고롭게 하고 조세를 많이 거두어 들이며 세속의 풍속이 높게 틀어 올린 상투를 좋아하니, 이는 宮中에서 교화시킨 것입니다." 하니, 上이 노하여 房玄齡 등에게 이르기를 "皇甫德參은 國家에서 한 사람도 부역시키지 말고 한 말의 조세도 거두지 말고 宮人들이 모두 머리를 틀어 올리지 말아야 그의 뜻에 만족스럽단 말인가." 하였다.

그가 조정을 비방하고 꾸짖는 죄를 다스리려고 하자, 魏徵이 간하기를 "賈誼가 漢나라 文帝 때 올린 上書에 '통곡할 만한 것이 한 가지요, 눈물을 흘릴 만한 것이 두 가지입니다.' 하였으니, 예로부터 글을 올릴 적에 격렬하고 간절하지 않으면 군주의 마음을 감동시킬 수가 없습니다. 이른바 狂夫의 말도 聖人은 선택한다는 것이니, 폐하께서는 裁量하여 살피소서." 하니, 上이 이르기를 "朕이 이 사람을 죄준다면 누가 감히 다시 말을 하겠는가." 하고는 마침내 그에게 비단 20필을 하사하였다.

후일에 魏徵이 아뢰기를 "폐하께서는 근래에 直言을 좋아하지 않으십니다. 억지로 포용하시나 에전처럼 활달하지는 않습니다." 하니, 上이 마침내 皇甫德參을 다시 더 우대하여 물건을 하사하고 監察御史를 제수하였다. - 모두 ≪新唐書 魏徵傳≫에 나옴 -

1) 〔譯註〕俗好高髻(계) 蓋宮中所化 : 윗사람이 무엇을 좋아하면 아랫사람들이 무조건적으로 그것을 흉내 내어 나쁜 풍속이 이뤄짐을 이르는 바, ≪後漢書≫〈馬廖傳〉에 "도성 안에서 높게 틀어 올린 상투를 좋아하자 사방(지방)에서 덩달아 흉내 내어 상투 높이가 한 자나 되었고, 도성 안에서 눈썹이 넓은 것을 좋아하자 사방에서는 눈썹이 이마의 거의 절반이나 되었고, 도성 안에서 소매가 넓은 옷을 좋아하자 사방에서는 비단 한 필을 온전히 다 썼다.〔城中好高髻 四方高一尺 城中好廣眉 四方且半額 城中好大袖 四方全匹帛〕"라고 보인다. 馬廖는 馬援의 아들이다.

2) 〔譯註〕賈誼當漢文帝時……可爲流涕者二 : 이는 漢나라 文帝 6년(B.C. 174)에 賈誼가 文帝에게 상소한 내용으로, ≪前漢書≫〈賈誼傳〉과 ≪通鑑節要≫〈漢紀〉 文帝條에 보인다.

【乙未】九年이라

貞觀 9년(을미 635)

上謂魏徵曰 齊後主, 周天元[1]이 皆重斂百姓하야 厚自奉養이라가 力竭而亡이라 譬如饞(참)人[2]이 自噉其肉이라가 肉盡而斃하니 何其愚也오 然이나 二主孰爲優劣고 對曰 齊後主는 懦弱하야 政出多門하고 周天元은 驕暴하야 威福在己하니 雖同爲亡國이나 齊主尤劣也니이다 〈出諫錄〉

上이 魏徵에게 이르기를 "北齊의 後主와 北周의 天元이 모두 백성들에게 세금을 무겁게 거두어서 자신을 후하게 봉양하다가 힘이 다하자 망하였다. 비유하면 음식을 탐하는 사람이 스스로 자신의 살을 먹다가 살점이 다하면 죽는 것과 같으니, 어쩌면 그리도 어리석은가. 그러나 두 군주 중에 누가 낫고 못한가?"하니, 魏徵이 대답하기를 "北齊의 後主는 나약하여 정사가 여러 門에서 나왔고 北周의 天元은 교만하고 포악하여 위엄과 복이 자신의 손아귀에 있었으니, 비록 똑같이 나라를 멸망시켰지만 北齊의 군주가 더욱 용렬합니다." 하였다. − ≪魏鄭公諫錄≫에 나옴 −

1) 〔頭註〕 齊後主, 周天元^{*)} : 後主는 高緯요 天元은 宣帝宇文贇이라

후주는 高緯이고, 천원은 宣帝인 宇文贇이다.

*) 天元 : 宇文贇은 재위 1년 만에 皇位를 태자에게 전하고 자칭 天元皇帝라 칭하였다.

2) 〔頭註〕 饞人 : 饞(참)은 饕(도)也니 貪嗜飲食曰饕也라

饞은 饕이니, 음식을 탐내어 즐기는 것을 饕라 한다.

○ 四月庚子¹⁾에 上皇崩하다

4월 庚子日에 上皇이 崩御하였다.

1) 〔譯註〕 四月庚子 : ≪資治通鑑≫에는 5월 庚子日(6일)로 되어 있다.

○ 以光祿大夫蕭瑀로 爲特進하고 復令參預政事하다 上曰 武德六年以後로 高祖有廢立之心而未定하고 我不爲兄弟所容하니 實有功高不賞之懼라 斯人也 不可以利誘하고 不可以死脅하니 眞社稷臣也라하고 因賜瑀詩曰 疾風知勁草¹⁾요 板蕩識誠臣²⁾이라하다 又謂瑀曰 卿之忠直은 古人不過나 然善惡太明하야 亦有時而失이니라 瑀再拜謝하니 魏徵曰 瑀違衆孤立이어늘 唯陛下知其忠勁하시니 曏不遇聖明이면 求免難矣리이다 〈出瑀本傳〉

光祿大夫 蕭瑀를 特進으로 삼고 다시 政事에 참여하게 하였다. 上이 이르기를 "武德 6년(623) 이후로 高祖께서 太子를 폐하고 새로 세울 마음이 있었으나 결정하지 못하였고 나는 형제간에 용납받지 못하니, 실로 공이 높으나 상을 받지 못하는 두려움이 있었다. 그런데 蕭瑀 이 사람은 이익으로 유인할 수 없고 죽음으로 위협할 수 없었으니, 진실로 社稷의 신하이다." 하고, 인하여 蕭瑀에게 지어준 詩에 이르기를 "빠른(세찬) 바람에 굳센 풀을 알고

세상이 혼란할 때 충성스러운 신하를 안다." 하였다.

또 蕭瑀에게 이르기를 "卿의 충직함은 옛사람도 이보다 더하지 못할 것이다. 그러나 善惡이 너무 분명하여 또한 때로 잘못할 때가 있다." 하니, 蕭瑀가 再拜하고 사례하였다. 魏徵이 아뢰기를 "蕭瑀가 여러 사람들의 뜻을 어겨 혼자서 고립되었는데 오직 폐하께서 그의 충성스럽고 꿋꿋함을 아시니, 만일 聖明한 군주를 만나지 못했다면 화를 면하기를 구하나 어려웠을 것입니다." 하였다. - ≪新唐書 蕭瑀傳≫에 나옴 -

1) 〔釋義〕 疾風知勁草 : 疾은 急也라 勁健之草는 雖被疾風이라도 亦不隨之而靡라
   疾은 급함이다. 굳세고 강한 풀은 비록 빠른 바람을 맞더라도 따라서 쓰러지지 않는다.

2) 〔釋義〕 板蕩^{*)} 識誠臣 : 詩에 上帝板板과 (上帝蕩蕩)〔蕩蕩上帝〕 註에 上帝는 稱君王也요 板板은 反也라하니 王爲政에 反先王與天之道也라 蕩蕩은 法度廢壞貌니 言誠臣不以板蕩而易其介也라
   ≪詩經≫ 〈大雅 板〉에 "上帝가 常道를 뒤집는다.〔上帝板板〕"라 하고, 〈大雅 蕩〉에 "상제가 법도를 파괴한다.〔蕩蕩上帝〕"라 하였는데, 註에 "上帝는 君王을 칭한 것이요, 板板은 뒤집는 것이다." 하였으니, 王이 정사를 함에 先王과 하늘의 道를 뒤집은(위반하는) 것이다. 蕩蕩은 법도가 파괴된 모습이니, 충성스러운 신하는 나라가 어지럽다 하여 절개를 바꾸지 않음을 말한다.

*) 板蕩 : 정치를 잘못하여 나라가 어지러워짐을 이르는 말로, ≪詩經≫ 〈大雅〉의 〈板〉과 〈蕩〉 두 篇이 모두 周나라 厲王의 無道함으로 인하여 정사가 어지러워짐을 읊은 데서 유래하였다.

○ 長孫皇后 性仁孝儉素¹⁾하고 好讀書라 常與上으로 從容商略古事할새 因而獻替²⁾하야 裨益³⁾ 弘多라 上이 或以非罪로 譴怒宮人이면 后亦陽怒하야 請自推鞫⁴⁾하고 因命囚繫라가 俟上怒息하야 徐爲申理하니 由是로 宮壼(곤)⁵⁾之中에 刑無枉濫이러라 及疾篤에 與上訣⁶⁾할새 時에 房玄齡以譴歸第라 后言於上曰 玄齡이 事陛下久하고 小心愼密하야 奇謀秘計를 未嘗宣泄하니 苟無大故어든 願勿棄之하소서 仍願陛下親君子, 遠小人하고 納忠諫, 屛讒慝⁷⁾하며 省(생)徭

役, 止遊畋(전)하시면 妾雖沒於九泉이나 誠無所恨이라하고 崩于立政殿하다 后嘗
采自古婦人得失事하야 爲女則三十卷[8]이러니 及崩에 宮司[9] 奏之한대 上이 覽
之悲慟하야 以示近臣曰 皇后此書 足以爲範百世로라 朕이 非不知天命하야
而爲無益之悲라 但入宮에 不復聞規諫[10]之言하야 失一良佐라 故로 不能忘
懷耳로라 乃召房玄齡하야 使復其位하다 〈出后本傳〉

長孫皇后는 성품이 인자하고 효성스럽고 검소하였으며 독서하기를 좋아하
였다. 항상 上과 조용히 옛날 일을 상의할 적이면 인하여 행해야 할 일은 과
감하게 건의하고 행해서는 안 될 일은 그만두도록 간해서 보익함이 매우 많
았다. 上이 혹 죄가 아닌 것으로 宮人들을 견책하고 성내면 后도 거짓으로
노한 체하여 자신이 직접 推考하여 鞫問할 것을 청하고 인하여 가두어 두라
고 명하였다가 上의 노여움이 그치기를 기다려 서서히 그 이유를 진술하니,
이로 말미암아 궁중에 억울하거나 형벌을 남용하는 일이 없었다.

황후가 병이 위독해져 上과 결별할 적에, 이때 房玄齡이 견책을 받아 집에
돌아가 있었다. 황후가 上에게 아뢰기를 "房玄齡은 폐하를 오랫동안 섬겼고,
조심하고 愼密해서 기이한 모책과 비밀스런 계책을 일찍이 누설한 적이 없으
니, 만일 큰 연고가 없거든 버리지 마소서. 그리고 폐하께서 군자를 가까이
하고 소인을 멀리하시며 충성스러운 간언을 받아들이고 간사한 말을 물리치
시며 부역을 줄이고 유람과 사냥을 그치신다면 妾은 비록 죽어 九泉에 묻히
더라도 진실로 여한이 없겠습니다." 하고는 立政殿에서 승하하였다.

황후는 일찍이 예로부터 내려오는 婦人들의 得失에 관한 일을 채집하여
≪女則≫ 30권을 만들었다. 황후가 승하하자 宮司가 아뢰니, 上이 이 책을
보고 비통해하며 가까운 신하에게 보여주고 이르기를 "皇后의 이 책은 충분
히 百世의 모범이 될 만하다. 朕이 天命을 알지 못하여 아무 소용이 없는데
슬퍼하는 것이 아니라, 다만 宮中에 들어와도 다시는 規諫하는 말을 들을 수
없게 되어 한 어진 보좌를 잃었기 때문에 가슴속에 잊지 못하는 것이다." 하
였다. 마침내 房玄齡을 불러서 다시 그의 地位를 회복시켰다. - ≪新唐書 后
妃傳 太宗文德皇后長孫氏≫에 나옴 -

1) 〔譯註〕長孫皇后性仁孝儉素 : 이 이하의 내용이 ≪資治通鑑綱目≫에는 貞觀 10
년조(병신 636)에 보인다. ≪舊唐書≫에도 長孫皇后가 貞觀 10년 6월 기묘일
(21일)에 立政殿에서 승하하였다는 내용이 보인다.

2) 〔譯註〕獻替 : 獻可替否의 준말로, 임금이 마땅히 행해야 할 일은 과감하게 건의
하고 행하면 안 될 일에 대해서는 그만두도록 간하는 것인바, ≪春秋左傳≫ 昭
公 20년조에 보인다.

3) 〔通鑑要解〕裨益 : 裨亦益也라
裨도 돕는 것이다.

4) 〔通鑑要解〕推鞫 : 鞫은 與鞠同하니 推窮也라
鞫은 鞠과 같으니, 推鞫은 추궁하는 것이다.

5) 〔通鑑要解〕宮壼 : 壼은 音困이니 爾雅에 宮中衖(巷)이라하니라
壼은 음이 곤이니, ≪爾雅≫〈釋宮〉에 "壼은 궁궐의 길이다." 하였다.

6) 〔頭註〕與上訣 : 訣은 別也니 與死者辭曰訣이라
訣은 이별함이니, 죽은 사람과 헤어지는 것을 訣이라 한다.

7) 〔頭註〕屛讒慝 : 屛은 斥也라
屛은 물리침이다.

8) 〔譯註〕女則三十卷 : ≪女則≫ 30권이라고 하였으나 ≪舊唐書≫에 "文德皇后가
≪女則要錄≫ 10권을 撰하였다." 하였고, ≪新唐書≫에 "后가 ≪女則≫ 10편을
지었다." 하였고, ≪通志≫〈藝文略〉에도 "≪女則要錄≫ 10권을 唐나라 長孫皇
后가 撰하였다."라고 하였는 바, 10권인 듯하다.

9) 〔譯註〕宮司 : 후궁의 일을 관장하는 관원을 이른다.

10) 〔頭註〕規諫 : 正君曰規라
임금을 바로잡는 것을 規라 한다.

○ 葬文德皇后於昭陵하고 上이 念后不已하야 乃於苑中에 作層觀[1)]하야 以望
昭陵하다 嘗引魏徵同登하야 使視之한대 徵이 熟視之하고 曰 臣昏眊[2)]하야 不能
見이니이다 上이 指示之한대 徵曰 臣以爲陛下望獻陵[3)]이니이다 若昭陵則臣固見
之矣니이다 上이 泣하고 爲之毁觀하다 〈出徵本傳〉

文德皇后를 昭陵에 장례하고, 上이 황후를 그리워하여 마지않아서 마침내

동산 안에 층층으로 된 觀을 지어 昭陵을 바라보았다. 일찍이 魏徵을 데리고 함께 層觀에 올라가 昭陵을 바라보게 하였는데, 魏徵이 눈여겨 자세히 보고는 아뢰기를 "臣은 눈이 침침해서 볼 수가 없습니다." 하였다. 上이 손가락으로 가리켜 보여주자, 魏徵이 아뢰기를 "신은 폐하께서 獻陵을 바라보시는 줄 알았습니다. 만약 昭陵이라면 臣이 진즉에 보았습니다." 하니, 上이 눈물을 흘리고 이로 인하여 層觀을 부수었다. - ≪新唐書 魏徵傳≫에 나옴 -

1) 〔通鑑要解〕 層觀 : 層은 重屋也라 觀은 去聲이니 登之則可遠觀故也라
   層은 지붕을 겹으로 하여 지은 집이다. 觀(高樓)은 去聲이니, 여기에 올라가면 멀리까지 바라볼 수 있기 때문이다.
2) 〔通鑑要解〕 昏眊 : 徵이 屢以目疾辭位라
   魏徵은 자주 눈병으로 지위를 사양했었다.
3) 〔原註〕 獻陵 : 高祖陵이라
   獻陵은 高祖의 陵이다.

○ 朱俱波, 甘棠[1]이 遣使入貢하다 朱俱波는 在蔥嶺之北하야 去瓜州三千八百里요 甘棠은 在大海南이라 上曰 中國旣安에 四夷自服이라 然이나 朕不能無懼者는 秦始皇이 威振胡, 越이로되 二世而亡하니 惟諸公은 匡其不逮耳니라

朱俱波와 甘棠이 사신을 보내어 들어와 공물을 바쳤다. 朱俱波는 蔥嶺의 북쪽에 있어 瓜州와 3800리 떨어져 있었고 甘棠은 大海의 남쪽에 있었다. 上이 이르기를 "中國이 이미 안정되자 사방 오랑캐들이 자연히 복종하는 것이다. 그러나 朕이 두려운 마음이 없지 못한 것은 예전에 秦始皇이 胡와 越에 위엄을 떨쳤으나 2대 만에 망하였으니, 諸公들은 朕의 미치지 못하는 점을 바로잡아 주기 바란다." 하였다.

1) 〔通鑑要解〕 朱俱波甘棠 : 幷西域國名이라
   朱俱波와 甘棠은 모두 西域의 나라 이름이다.

○ 治書侍御史權萬紀上言호되 宣, 饒二州[1]銀을 大發采之면 歲可得數百萬緡이니이다 上曰 朕이 貴爲天子하니 所乏者는 非財也요 但恨無嘉言可以利

民耳라 與其多得數百萬緡으론 何如得一賢才리오 卿이 未嘗進一賢, 退不肖하고 而專言稅銀之利로다 昔에 堯, 舜은 抵璧於山하고 投珠於谷[2]이러니 漢之桓, 靈은 乃聚錢爲私藏하니 卿이 欲以桓, 靈侔我耶아하고 是日에 黜萬紀하야 使還家하다 〈出萬紀傳〉

治書侍御史 權萬紀가 上言하기를 "宣州와 饒州 두 州의 銀鑛을 많이 채굴하면 1년에 수백만 꿰미를 얻을 수 있습니다." 하였다. 上이 이르기를 "朕은 귀함이 天子가 되었으니 부족한 것은 재물이 아니요, 다만 백성을 이롭게 할 수 있는 아름다운 말이 없음을 한할 뿐이다. 수백만 꿰미의 은을 많이 얻는 것이 어찌 한 어진 이와 재주 있는 이를 얻는 것만 하겠는가. 卿은 일찍이 한 명의 현자를 등용하거나 한 명의 불초한 자를 물리친 적은 없고, 오로지 銀을 채굴하면 거둘 세금의 이익만을 말하는구나. 옛날 堯임금과 舜임금은 璧玉을 산에 던져버리고 진주를 골짝에 던졌는데, 漢나라의 桓帝와 靈帝는 마침내 돈을 모아 사사로운 창고를 만들었으니, 卿은 桓帝와 靈帝로 나를 대하고자 하는가." 하고는 이날로 權萬紀를 내쳐서 집으로 돌아가게 하였다. - 《新唐書 權萬紀傳》에 나옴 -

1) 〔釋義〕 宣饒二州 : 宣, 饒는 二州名이니 在江東이라 宣은 本漢丹陽郡이요 饒는 本漢鄱(파)陽郡이라

   宣州와 饒州는 두 州의 이름이니, 江東에 있다. 宣州는 본래 漢나라 丹陽郡이요, 饒州는 본래 漢나라 鄱陽郡이다.

2) 〔附註〕 抵璧於山 投珠於谷 : 陸賈新語曰 聖人은 不用珠玉而寶其身이라 故로 舜棄黃金於巉巖之山하고 捐珠玉於五湖之川하야 以杜淫邪之欲也라하니라

   陸賈의 《新語》에 이르기를 "聖人은 珠玉을 사용하지 않고 자기 몸을 보배롭게 여겼다. 그러므로 舜임금은 黃金을 깎아지른 듯한 험한 산에 버리고 珠玉을 五湖의 냇물에 버려서 자신의 음란하고 간사한 욕심을 막았다." 하였다.

○ 是歲에 更(경)命統軍[1]하야 爲折衝都尉하고 別將爲果毅都尉하다 凡十道[2]에 置府六百三十四호되 而關內二百六十一은 皆隷諸衛[3]라 凡當宿衛者番

上⁴⁾을 兵部以遠近給番하야 遠疎近數(삭)⁵⁾하니 皆一月而更이러라 〈出兵志〉

이해에 統軍을 고쳐서 命名하여 折衝都尉라 하고 別將을 果毅都尉라 하였다. 모두 10道에 634府를 설치하였는데, 關內의 261府는 모두 여러 衛에 소속되었다. 무릇 宿衛해야 할 자들이 番上하는 차례를 兵部에서 京師와의 遠近에 따라 番을 정해 주어서, 먼 자는 드물게 하고 가까운 자들은 자주하되 모두 한 달이면 바꾸게 하였다. - ≪新唐書 兵志≫에 나옴 -

1) 〔譯註〕統軍 : 관직명이다. 唐나라 때 禁軍의 左龍武軍과 右龍武軍, 左神武軍과 右神武軍, 左神策軍과 右神策軍에는 각각 統軍 1명을 두었으니, 지위가 大將軍의 다음이었다. 高祖 武德 6년(623)에 驃騎를 고쳐 統軍이라 하고 車騎를 고쳐 別將이라 하였는데, 이때에 다시 隋나라 제도를 따라 統軍을 折衝都尉라 하고 別將을 果毅都尉라 한 것이다.

2) 〔譯註〕十道 : 唐나라 貞觀 元年(627)에 全國을 關內·河南·河東·河北·山南·淮南·江南·隴右·劍南·嶺南 등의 10도로 나누었다.

3) 〔譯註〕皆隸諸衛 : ≪資治通鑑≫에 "諸衛 및 東宮六率에 예속시켰다.〔皆隸諸衛及東宮六率〕"라고 하였는데, 諸衛는 12衛로 左·右衛, 左·右武衛, 左·右武侯衛, 左·右監門衛, 左·右領軍衛, 左·右率府衛를 가리키고, 東宮 六率은 左·右衛率, 左·右宗衛率, 左·右監門率을 가리킨다.

4) 〔譯註〕番上 : 唐나라 때 軍府에 소속된 병사들로 하여금 정기적으로 돌아가며 京師에 와서 宿衛를 담당하게 함을 이른다.

5) 〔附註〕遠疎近數 : 兵志에 五百里爲五番하고 千里七番하고 (二)〔一〕千五百里八番하고 (三)〔二〕千里十番하고 外爲十二番호되 皆一月上이라하니라
≪新唐書≫ 〈兵志〉에 "1개 折衝府의 병사를 500리는 5番으로, 1000리는 7番으로, 1500리는 8番으로, 2000리는 10番으로, 그 밖은 12番으로 나누어 번갈아 上番하게 하되, 모두 1개월을 기한으로 上番하게 했다." 하였다.

〔史略 史評〕鄱陽石氏曰 府兵之制¹⁾는 無事則耕於野하고 有事則命將以出師라가 還則兵散于府하고 將歸于衛하니 國無養兵之費하고 臣無專兵之患이라 故로 先儒謂三代而下兵制之善이 惟唐之府兵耳라하니 以爲猶得寓兵於農之意니 蓋近古之良法也어늘 惜其子孫이 不能守爾로다

鄱陽石氏가 말하였다.

"府兵의 제도는 일이 없으면 들에서 농사짓고 일이 있으면 장수에게 명하여 군대를 출동하였다가 돌아오면 군사들은 府로 해산하고 장수들은 衛로 돌아가니, 국가에서는 군대를 기르는 비용이 없고 신하들은 병권을 독점할 근심이 없다. 그러므로 先儒가 이르기를 '三代 이후로 兵制 중에 좋은 것은 오직 唐나라의 府兵制뿐이다.'라고 하였으니, 이는 오히려 군대를 농사에 붙여 두는 뜻을 얻었다고 여긴 것이다. 近古의 좋은 법인데 애석하게도 그 자손들이 제대로 지키지 못하였다."

1) 〔譯註〕府兵之制 : 府兵制는 唐나라 때에 만들어진 兵農一致의 兵制를 이른다. 均田 농민 중에 20세 이상의 남자를 뽑아 府兵이라 하였는데, 府兵은 종신토록 복역하였으며 징발할 때 스스로 병기와 식량을 준비하여 정기적으로 京師를 宿衛하고 변경의 수자리를 섰다. 10개 道에 634개 府를 설치했는데 折衝府라 했고, 折衝都尉·果毅都尉 등을 두어 그들을 거느리게 하였다.

〔史略 史評〕愚按 唐以遠近分番하야 皆一月而更하니 恐太紛擾하야 不若漢以一歲更代者爲善也로다

"내가 살펴보건대 唐나라는 遠近에 따라 番을 나누어서 모두 한 달 만에 番을 바꾸었으니, 너무 분분하여 漢나라가 1년 만에 番을 교대한 것만 못하다."

【丁酉】十一年이라

貞觀 11년(정유 637)

房玄齡等이 受詔하야 定律令할새 比古에 死刑을 除其太半하니 天下稱賴라 由是로 斷獄이 平允이러라 〈出刑法志〉

房玄齡 등이 詔命을 받아 律令을 정할 적에 옛날에 비해 死刑을 반수 이상 없애니, 천하 사람들이 칭찬하고 신뢰하였다. 이로 말미암아 옥사를 결단하는 것이 공평하고 진실해졌다. - ≪新唐書 刑法志≫에 나옴 -

○ 三月에 上이 宴洛陽宮西苑하고 泛積翠池할새 顧謂侍臣曰 煬帝作此宮苑¹⁾하고 結怨於民하야 今悉爲我有하니 正由宇文述²⁾, 虞世基, 裴蘊之徒 內爲諂諛하고 外蔽聰明故也니 可不戒哉아

3월에 上이 洛陽宮의 西苑에서 연회하고 積翠池에 배를 띄워 놀 적에 모시는 신하를 돌아보고 이르기를 "煬帝가 이 궁궐과 동산을 만들고는 백성들에게 원망을 사서 지금 전부 나의 소유가 되었으니, 이는 바로 宇文述·虞世基·裴蘊의 무리가 안으로 아첨하고 밖으로 君主의 총명을 가렸기 때문이다. 경계하지 않을 수 있겠는가." 하였다.

1) 〔譯註〕 煬帝作此宮苑 : 西苑은 隋나라 煬帝 大業 元年(605)에 만든 동산으로 둘레가 300리나 되며, 이 안에 둘레 10여 리의 연못을 파서 蓬萊·方丈·瀛洲 등의 산을 만들었는데 높이가 백여 尺이나 되었으며, 산 위에는 臺觀과 殿閣을 화려하게 세우고 온갖 花木을 심었다. 그리고 가을이 되어 꽃이 지면 사람들을 시켜서 채색 비단을 잘라 꽃과 잎을 만들어서 나뭇가지에 붙이게 하였다.

2) 〔通鑑要解〕 宇文述 : 述字는 當作愷也^{*)}라
　宇文述의 述字는 마땅히 愷가 되어야 한다.

*) 述字當作愷也 : 이는 胡三省의 註에 근거한 것으로, 宇文述과 宇文愷는 모두 隋나라의 대신이다. 宇文述은 탐욕스러웠으며, 宇文愷는 당시 工部尙書로서 궁궐을 화려하게 짓고 황제가 순행할 때 의식을 사치스럽게 하여 황제의 환심을 산 인물이다.

○ 魏徵이 上疏하야 以爲人主善始者多하고 克終者寡하니 豈取之易而守之難乎잇가 蓋以殷(隱)憂¹⁾則竭誠以盡下하고 安逸則驕恣而輕物이니 盡下則胡, 越同心하고 輕物則六親²⁾離德하야 雖震之以威怒나 亦皆貌從而心不服故也니이다 人主誠能見可欲則思知足하고 將興繕則思知止하고 處高危則思謙降하고 臨滿盈則思挹損³⁾하고 遇逸樂則思撙(준)節⁴⁾하고 在宴安則思後患하고 防壅蔽則思延納하고 疾讒邪則思正己하고 行賞爵則思因喜而僭하고 施

刑罰則思因怒而濫이니 兼是十思하야 而選賢任能이면 固可以無爲而治하리니
又何必勞神苦體하야 以代百司之任哉잇가〈出本傳〉

魏徵이 上疏하여 다음과 같이 아뢰었다.

"人主가 시작을 잘하는 자는 많지만 끝을 잘하는 자는 적으니, 어찌 천하를
취하기가 쉽고 지키기가 어려운 것이 아니겠습니까. 이는 측은해 하고 걱정
이 심할 때에는 정성을 다하여 아랫사람들을 대하고, 안락할 때에는 교만하
고 방자하여 사물을 경시하기 때문이니, 정성을 다하여 아랫사람을 대하면
北胡와 南越이 한마음이 되지만 사물을 경시하면 六親들이 마음이 떠나서,
비록 위엄과 노여움으로 두려워 떨게 하더라도 모두 겉으로만 따르고 마음속
으로는 복종하지 않기 때문입니다. 군주가 진실로 욕심낼 만한 것을 보았을
때에는 만족할 줄 알아야 함을 생각하고, 건물을 새로 짓거나 수리하려 할
때에는 그칠 줄 알아야 함을 생각하고, 높은 자리에 처했을 때에는 겸손하게
낮출 것을 생각하고, 가득함에 임했을 때에는 덜어낼 것을 생각하고, 안일함
과 즐거움을 만났을 때에는 절제할 것을 생각하고, 안락하고 편안할 때에는
後患을 생각하고, 총명이 가려지는 것을 막으려 할 때에는 천하 사람들의 의
견을 받아들일 것을 생각하고, 讒訴하는 자와 간사한 자를 미워할 때에는 자
기 몸을 바로잡을 것을 생각하고, 賞과 官爵을 내려 줄 때에는 기쁨으로 인
하여 넘칠까 생각하고, 刑罰을 시행할 때에는 노여움으로 인하여 지나칠까
생각해야 합니다. 이 열 가지 생각을 겸하고서 어진 이를 선발하고 유능한 자
에게 맡기면 진실로 함이 없이 다스려질 것이니, 또 어찌 굳이 정신을 수고롭
게 하고 육체를 괴롭게 하여 百司의 직임을 대신할 것이 있겠습니까." - ≪新
唐書 魏徵傳≫에 나옴 -

1)〔頭註〕殷憂：殷은 讀曰隱이니 痛也라
　　殷은 隱으로 읽으니, 가슴 아파하는 것이다.
2)〔頭註〕六親：父母兄弟妻子라
　　六親은 父·母·兄·弟·妻·子이다.
3)〔頭註〕挹損：挹은 貶也라

挹은 덜어내는 것이다.

4) 〔釋義〕撙節：撙은 子本反이니 裁抑也라 記曲禮에 恭敬撙節退讓以明禮註에 撙
은 猶趨也*)라하니라

撙은 子本反(존)이니 제재하여 억제하는 것이다. ≪禮記≫〈曲禮〉의 "공경하고
절제하고 겸양하여 禮를 밝힌다."는 내용의 註에 "撙은 趨와 같다." 하였다.

*) 撙猶趨也：孔穎達의 疏에 "撙은 따름이요 節은 법도이니, 撙節은 항상 法度를
따름을 말한다." 하였다.

○ 五月에 魏徵이 上疏하야 以爲陛下欲善之志 不及於昔時하고 聞過必改 少
虧於曩日하며 譴罰積多하고 威怒微厲하시니 乃知貴不期驕, 富不期侈1) 非
虛言也니이다 昔隋之未亂也에 自謂必無亂이라하고 其未亡也에 自謂必無亡이라
故로 賦役無窮하고 征伐不息하야 以至禍將及身호되 而尙未之寤也니이다 夫鑑
(鑑)形은 莫如止水요 鑑敗는 莫如亡國이니 伏願取鑑於隋하야 去奢從約하고
親忠遠佞하야 以當今之無事로 行疇昔之恭儉이면 則盡善盡美를 固無得而
稱焉이리이다 夫取之實難이요 守之甚易어늘 陛下能得其所難하시니 豈不能保其
所易乎잇가〈出本傳〉

5월에 魏徵이 상소하여 다음과 같이 아뢰었다.

"폐하께서 善을 따르고자 하는 의지가 옛날에 미치지 못하고 허물을 들으
면 반드시 고치려는 노력도 다소 예전만 못하며, 견책과 형벌이 많이 쌓이
고 위엄과 노여움이 점점 엄해지시니, '귀하면 교만하기를 기약하지 않아도
교만해지고 부유하면 사치하기를 기약하지 않아도 사치스러워진다.'는 것
이 빈 말이 아님을 이제서야 알겠습니다. 옛날 隋나라가 혼란해지기 전에
는 스스로 반드시 혼란함이 없을 것이라고 생각하였고, 망하기 전에는 스
스로 반드시 망하지 않을 것이라고 생각하였습니다. 그러므로 부역이 끝이
없고 정벌을 쉬지 않아서 禍가 장차 몸에 이르게 되었으나 오히려 깨닫지
못했던 것입니다.

모습을 비춰보는 것은 잔잔한 물만 한 것이 없고 실패를 비춰보는 것은 망

한 나라만 한 것이 없습니다. 엎드려 바라건대 隋나라에서 거울을 취하여 사치를 버리고 검약을 따르시며 충신을 가까이하고 간신을 멀리해서 지금의 태평무사함으로 예전의 공손하고 검소함을 행하신다면 盡善盡美한 경지에 이를 것임은 진실로 말할 것이 없습니다. 천하를 취하기는 실로 어렵고 천하를 지키기는 매우 쉬운데, 폐하께서는 이미 그 어려운 것을 얻으셨으니, 어찌 그 쉬운 것을 보전하지 못하시겠습니까."- ≪新唐書 魏徵傳≫에 나옴 -

1) 〔通鑑要解〕貴不期驕 富不期侈 : 書曰 位不期驕하고 祿不期侈라한대 孔註에 貴不與驕期而驕自至하고 富不與侈期而侈自來라하니라
   ≪書經≫〈周官〉에 "지위는 교만함을 기약하지 않아도 교만해지고 祿은 사치함을 기약하지 않아도 사치해진다."하였는데, 孔穎達의 註에 "귀함은 교만함과 기약하지 않아도 교만함이 저절로 이르고, 부유함은 사치함과 기약하지 않아도 사치함이 저절로 이른다."하였다.

○ 魏徵이 上疏하야 以爲文子[1]曰 同言而信은 信在言前이요 同令而行은 誠在令外[2]라하니 自王道休明으로 十有餘年이나 然而德化未洽者는 由待下之情이 未盡誠信故也니이다 今에 立政致治는 必委之君子하고 事有得失은 或訪之小人하야 其待君子也에 敬而疎하고 遇小人也에 輕而狎하시니 狎則言無不盡이요 疎則情不上通이니이다 夫中智之人이 豈無小慧리오 然이나 才非經國이요 慮不及遠이면 雖竭力盡誠이라도 猶未免有敗어든 況內懷姦宄(궤)면 其禍豈不深乎잇가 夫雖君子라도 不能無小過니 苟不害於正道면 斯可略矣니이다 旣謂之君子하고 而復疑其不信이면 何異立直木而疑其影之曲乎잇가 陛下誠能愼選君子하야 以禮信用之하시면 何憂不治릿고 不然이면 危亡之期를 未可保也니이다 上이 賜手詔褒美曰 昔에 晉武帝平吳之後에 志意驕怠한대 何曾이 位極台司[3]하야 不能直諫하고 乃私語子孫하야 自矜明智하니 此는 不忠之大者라 得公之諫하니 朕知過矣라 當置之几案하야 以比弦韋[4]호리라

魏徵이 상소하여 다음과 같이 아뢰었다.

"≪文子≫에 '똑같은 말을 하는데도 믿어주는 것은 믿음이 말하기 전에 있기 때문이요, 똑같은 명령을 하는데도 행해지는 것은 정성이 명령 밖에 있기 때문이다.' 하였습니다. 王道가 아름답고 밝은 지가 10여 년이 되었지만 德化가 아직 흡족하지 못한 것은 폐하께서 아랫사람을 대하는 심정이 정성과 믿음을 다하지 않으셨기 때문입니다. 지금 정책을 세우고 다스림을 지극히 하는 것은 반드시 군자에게 맡기고 일에 득실이 있는 것은 간혹 소인에게 물으시어, 군자를 대할 적에는 공경하여 소원하고 소인을 대할 적에는 경시하여 친압하시니, 친압하면 말을 다하지 않음이 없고 소원하면 情이 위에 이르지 못합니다.

中等의 지혜를 가진 사람인들 어찌 작은 지혜가 없겠습니까. 그러나 재주가 국가를 경영할 만하지 못하고 생각이 심원한 데에 미치지 못하면 비록 힘을 다하고 정성을 다하더라도 실패함을 면치 못하는데, 더구나 안에 간사한 마음을 품는다면 그 화가 어찌 깊지 않겠습니까. 비록 군자라도 작은 허물이 없을 수 없으니, 만일 正道에 해롭지 않다면 생략하고 따지지 않을 수 있는 것입니다. 그런데 이미 그를 일러 군자라 칭하고서 다시 진실하지 않음을 의심한다면 곧은 나무를 세워놓고 그 그림자가 굽었다고 의심하는 것과 무엇이 다르겠습니까. 폐하께서 진실로 군자를 신중히 선발해서 그들을 禮로써 믿고 등용하신다면 어찌 다스려지지 않음을 걱정할 것이 있겠습니까. 그렇지 않으면 위태롭고 멸망하는 시기를 보증할 수 없을 것입니다."

上이 손수 쓴 詔書를 내리고 칭찬하기를 "옛날 晉나라 武帝가 吳나라를 평정한 뒤에 의지가 교만하고 태만해지자, 何曾은 지위가 台司의 최고 자리에 이르렀으면서도 직간하지 못하고, 도리어 자손들에게 은밀히 말하여 스스로 밝은 지혜를 자랑하였으니, 이는 크게 불충한 것이다. 公의 간언을 얻고 朕은 나의 잘못을 알았으니, 마땅히 이것을 几와 책상 위에 두어서 가죽과 활줄에 견주겠다." 하였다.

1) 〔通鑑要解〕 文子[*] : 老子弟子요 范蠡師라
老子의 제자이고 范蠡의 스승이다.
*) 文子 : 老聃의 제자라고 하며 혹자는 이름이 計然이라고 한다. ≪文子≫는 老子

의 《道德經》을 부연한 책으로 周나라 辛鈃이 지었다고 전해오며 唐나라 때에
는 《通玄眞經》으로 존칭되었다.

2) 〔譯註〕同言而信……誠在令外 : 이 내용은 《文子》〈道原〉에 보인다.

3) 〔附註〕台司 : 漢天文志에 斗魁[*1]下三台[*2]星이 兩兩而居하니 在人에 爲三公이
요 在天에 爲三台라 三台色齊하면 君臣和라하고 大宗伯疏에 上台司命爲太尉요
中台司中爲司徒요 下台司祿爲司空이라하니라

　　《前漢書》〈天文志〉에 "북두성의 斗魁 아래에 三台星이 둘씩 짝지어 있으니,
사람에 있어서는 三公이 되고 하늘에 있어서는 三台星이 된다. 三台星의 색깔이
같으면 君臣間이 화목하다."하였고, 《周禮》〈大宗伯〉의 疏에 "上台는 司命으
로 太尉가 되고, 中台는 司中으로 司徒가 되고, 下台는 司祿으로 司空이 된다."
하였다.

*1) 斗魁 : 북두칠성 가운데 첫 번째에서 네 번째까지의 별인 天樞・天璇・天璣・
　　天權을 가리킨다.

*2) 三台 : 上台・中台・下台의 세 별로 삼정승을 의미한다. 서쪽으로 文昌星과 가
　　까운 두 개의 별을 上台라 하니 司命으로 수명을 주관하고, 가운데 두 개를 中
　　台라 하니 司中으로 宗室을 주관하고, 동쪽으로 있는 두 개를 下台라 하니 司
　　祿으로 군대를 주관한다.

4) 〔釋義〕比弦韋章 : 三國魏劉廙(이)曰 韋弦이 非能言之物이나 而聖賢이 引以自匡하
니 臣願自比於韋弦하리이다 韓子曰 西門豹性急이라 故佩韋以自緩하고 董安于性
緩이라 故佩弦以自急이라하니라

　　三國時代 魏나라 劉廙가 말하기를 "부드러운 가죽과 활줄은 말할 만한 물건은
아니지만 聖賢이 이것을 끌어다 자신을 바로잡았으니, 신은 저를 부드러운 가죽
과 활줄에 견주기를 바랍니다."하였고, 《韓非子》에 말하기를 "西門豹는 성질
이 급하였으므로 부드러운 가죽을 몸에 차서 스스로 느긋해지게 하였고, 董安于
는 성질이 느긋하였으므로 활줄을 차서 스스로 급해지게 했다."하였다.

○ 侍御史馬周上疏하야 以爲三代及漢은 歷年이 多者八百이요 少者不減四
百은 良以恩結人心하야 人不能忘故也니이다 自是以降으로 多者六十年이요 少
者纔二十餘年은 皆無恩於人하야 本根不固故也니이다 陛下當隆禹, 湯, 文,
武之業하야 爲子孫하야 立萬代之基니 豈得但恃當年而已랏가 今之戶口 不

及隋之什一이어늘 而給役¹⁾者 兄去弟還하야 道路相繼라 陛下雖加恩詔하야
使之裁損이나 然營繕不休하니 民安得息이랏가 臣觀自古以來로 百姓愁怨하야
聚爲盜賊이면 其國이 未有不亡者하니 蓋幽, 厲嘗笑桀, 紂矣요 煬帝亦笑周,
齊²⁾矣니 不可使後之笑今을 如今之笑煬帝也니이다 貞觀之初에 天下飢歉
(겸)³⁾하야 斗米直(値)匹絹이로되 而百姓不怨者는 知陛下憂念不忘故也요 今
에 比年豐穰⁴⁾하야 匹絹에 得粟十餘斛이로되 而百姓怨咨者는 知陛下不復念
之하고 多營不急之務故也니이다 自古以來로 國之興亡이 不以畜積多少하고
在於百姓苦樂하나이다 且以近事驗之컨대 隋貯洛口倉而李密因之하고 東都
積布帛而世充資之하고 西京府庫 亦爲國家之用하야 至今未盡하니 夫畜積이
固不可無나 要當人有餘力然後에 收之요 不可彊斂以資寇敵也니이다 夫儉
以息人은 陛下已於貞觀之初에 親所履行하시니 在於今日하야 爲之固不難也
니이다 陛下必欲爲長久之計인댄 不必遠求上古요 但如貞觀之初면 則天下幸
甚이리이다 又百姓所以治安은 唯在刺史, 縣令하니 苟選用得人이면 則陛下可
以端拱無爲하리이다 今朝廷이 唯重內官하고 而輕州縣之選하야 刺史를 多用武
人하고 或京官不稱職이면 始補外任하며 邊遠之處엔 用人更輕하니 所以百姓
未安은 殆由於此니이다 疏奏에 上稱善久之하고 謂侍臣曰 刺史는 朕當自選이요
縣令은 宜詔京官五品已上하야 各擧一人하라 〈出周本傳〉

侍御史 馬周가 상소하여 다음과 같이 아뢰었다.

"三代와 漢나라가 歷年이 많은 경우에는 800년이었고 적은 경우에도 400
년보다 적지 않았던 것은 진실로 은혜가 사람들 마음에 맺혀서 사람들이 잊
지 못하였기 때문입니다. 이 이후로는 歷年이 많은 경우에는 60년이었고 적
은 경우에는 겨우 20여 년이었으니, 이는 모두 백성들에게 은혜가 없어서 국
가의 근본이 견고하지 못하였기 때문입니다.

폐하께서는 마땅히 禹王・湯王・文王・武王의 功業을 높여서 자손을 위하
여 萬代의 基業을 세우셔야 할 것이니, 어찌 단지 當年의 功業만을 믿을 수

있겠습니까. 지금의 戶口는 隋나라의 10분의 1에도 미치지 못하는데, 賦役을 하는 자들이 형이 떠나면 아우가 돌아와서 도로에 서로 이어지고 있습니다. 폐하께서 비록 은혜로운 詔命을 내려 賦役을 줄이게 하시나 營繕하는 일이 그치지 않으니 백성들이 어떻게 편안히 쉴 수 있겠습니까.

신이 보건대 예로부터 백성들이 근심하고 원망하여 모여서 도적이 되면 그 나라가 망하지 않은 적이 없습니다. 幽王과 厲王은 일찍이 桀王과 紂王을 비웃었고 隋나라 煬帝 또한 北周와 北齊의 군주를 비웃었으니, 後代로 하여금 지금의 우리를 비웃기를 지금의 우리가 煬帝를 비웃는 것과 같게 해서는 안 될 것입니다. 貞觀 초기에 천하에 흉년이 들어서 쌀 한 말 값이 비단 한 필이었는데도 백성들이 원망하지 않았던 것은 폐하께서 백성들을 근심하고 염려하여 잊지 않으심을 알았기 때문입니다. 지금은 해마다 풍년이 들어서 비단 한 필에 곡식 10여 斛을 얻을 수 있는데도 백성들이 원망하는 것은 폐하께서 다시는 그들을 염려하지 않고 급하지 않은 일을 많이 경영하심을 알기 때문입니다.

예로부터 국가의 흥망은 저축의 많고 적음을 따르지 않고 백성들의 괴로움과 즐거움에 달려 있었습니다. 또 근래의 일을 가지고 징험하건대, 隋나라가 洛口倉에 곡식을 많이 저축하였으나 李密이 이것을 이용하였고, 東都에 베와 비단을 많이 쌓아두었으나 王世充이 이용하였고, 西京의 府庫 역시 우리나라에 이용당하여 지금까지도 다 없어지지 않았습니다. 저축은 진실로 없을 수 없으나 요컨대 백성들이 餘力이 있은 뒤에 거두어야 할 것이요, 강제로 거두어서 寇敵에게 이용당하게 해서는 안 될 것입니다.

절약하여 백성들을 쉽게 하는 것은 폐하께서 이미 貞觀 초기에 몸소 실천하셨으니, 오늘날에 행하시는 것은 진실로 어렵지 않습니다. 폐하께서 반드시 장구한 계책을 세우고자 하신다면 굳이 멀리 上古時代에서 찾을 것 없이 다만 貞觀의 초기처럼만 하신다면 천하가 매우 다행일 것입니다.

또 백성들이 다스려지고 편안함은 오직 刺史와 縣令에게 달려 있으니, 만일 刺史와 縣令을 선발하여 등용할 때에 적임자를 얻는다면 폐하께서는 단정히 앉아서 팔짱을 끼고 함이 없어도 천하가 다스려짐을 이룰 수 있을 것입니다. 그런데 지금 조정에서는 오직 內官의 선발을 중히 여기고 州縣의 선발을 가볍게 여겨서, 刺史에 대부분 武人들을 등용하고 혹 京官이 직책을 제대로 수행하지 못하면 비로소 外任을 맡기며, 변방의 먼 곳에는 사람을 등용하는 것을 더욱 가볍게 여기니, 백성들이 편안하지 않은 것은 거의 이 때문입니다."

馬周가 상소를 아뢰자, 上이 칭찬하기를 마지않고 侍臣에게 이르기를 "刺史는 朕이 직접 선발할 것이요, 縣令은 京官 5품 이상에게 명해서 각각 한 사람씩 천거하게 하도록 하라." 하였다. - ≪新唐書 馬周傳≫에 나옴 -

1) 〔頭註〕給役 : 給은 謂供給이라
　　給은 공급함을 이른다.
2) 〔頭註〕周齊 : 周는 宇文氏요 齊는 高氏이니 皆北朝라
　　周는 宇文氏이고 齊는 高氏이니, 모두 北朝이다.
3) 〔釋義〕飢歉 : 歉은 苦簟反이니 食不滿也라
　　歉은 苦簟反(겸)이니, 음식이 양에 차지 않는 것이다.
4) 〔釋義〕豐穰 : 穰은 如羊反이니 豐也라
　　穰은 如羊反(양)이니, 풍년이다.

【戊戌】十二年이라

貞觀 12년(무술 638)

二月에 詔曰 隋故擊鷹郞將¹⁾ 堯君素는 雖桀犬吠(폐)堯²⁾하야 有乖倒戈之志³⁾나 而疾風勁草⁴⁾는 實表歲寒之心⁵⁾이라 可贈蒲州刺史하고 仍訪其子孫하야 以聞하라

2월에 詔命을 내리기를 "隋나라의 故 鷹擊郞將 堯君素는 비록 桀王의 개가 堯임금을 향하여 짖는 것처럼 자신의 주인에게 충성을 다하여 창을 거꾸로 향하고 투항하는 뜻에는 위배됨이 있으나 빠른 바람 앞에서도 쏠리지 않는 풀처럼 지조가 굳셈은 실로 날씨가 추워도 변치 않는 마음을 나타내었다. 蒲州刺史에 추증하고, 인하여 그 자손을 찾아내어 보고하라." 하였다.

1)〔頭註〕擊鷹郞將 : 擊鷹은 本傳及資治에 並作鷹擊이라

　擊鷹은 ≪隋書≫〈堯君素傳〉과 ≪資治通鑑≫에 모두 鷹擊으로 되어 있다.

2)〔譯註〕桀犬吠堯 : 걸왕의 개가 요임금을 향하여 짖는다는 뜻으로, 각자 자기의
주인에게 충성을 다함을 비유하는 말이다. 악인의 앞잡이가 선량한 사람을 공격
함을 비유하기도 한다.

3)〔釋義〕倒戈之志 : 紂之衆이 服周仁政하야 無有戰心하야 前徒倒戈하야 自攻于後
也라

　紂王의 군대가 周나라의 어진 정사에 감복하여 싸울 마음이 없어서 군대의 선
두에 있는 군사들이 창을 거꾸로 들고 스스로 후미를 공격하였다.

4)〔譯註〕疾風勁草 : 거센 바람 앞에서도 굽히지 않는 억센 풀로 志節이 높은 사람
을 비유한다.

5)〔譯註〕歲寒之心 : 歲寒은 해가 저물어 추워지는 것으로, 孔子는 "해가 저물어 추
워진 뒤에야 소나무와 잣나무가 뒤늦게 마름을 안다.〔歲寒然後知松柏之後凋也〕"
하여, 곤궁함을 당하여도 변치 않는 志士의 지조에 비유하였다.

○ 三月에 著作佐郞鄧世隆이 表請集上文章한대 上曰 朕之辭令이 有益於
民者는 史皆書之하니 足爲不朽요 若其無益이면 集之何用이리오 梁武帝父子와
陳後主, 隋煬帝가 皆有文集行於世나 何救於亡이리오 爲人主하야는 患無德政
이니 文章을 何爲리오하고 遂不許하다 〈出政要〉

　3월에 著作佐郞 鄧世隆이 表文을 올려 上의 文章을 수집하여 간행할 것을
청하자, 上이 이르기를 "朕의 文辭와 詔令 중에 백성들에게 유익한 것은 史
官이 모두 기록하였으니 충분히 不朽의 文字가 될 것이요, 만일 유익함이 없
다면 모아서 어디에 쓰겠는가. 梁나라 武帝 父子, 陳나라 後主, 隋나라 煬帝
가 모두 文集이 있어 세상에 행해지고 있으나 나라가 멸망함을 어찌 구원할
수 있었는가. 군주가 되어서는 덕스런 정사가 없음을 근심할 뿐이니 文章을
어디에 쓰겠는가." 하고, 마침내 허락하지 않았다. - ≪貞觀政要≫에 나옴 -

○ 皇孫生이어늘 宴五品以上於東宮할새 上曰 貞觀之前에 從朕經營天下는

玄齡之功也요 貞觀以來로 繩愆糾繆는 魏徵之功也라하고 皆賜之佩刀¹⁾하다

　皇孫이 출생하자, 5품 이상의 관원에게 東宮에서 연회를 베풀 적에 上이 이르기를 "貞觀 이전에 朕을 따라 천하를 경영한 것은 房玄齡의 공이요, 貞觀 이후에 잘못을 바로잡고 그릇됨을 규찰한 것은 魏徵의 공이다." 하고, 모두 이들에게 佩刀를 하사하였다.

1)〔通鑑要解〕佩刀 : 上親所佩者也라
　　佩刀는 上이 친히 찼던 것이다.

○ 上謂徵曰 朕政事何如往年고 對曰 威德所加는 比貞觀之初則遠矣나 人悅服則不逮也니이다 上曰 遠方이 畏威慕德이라 故로 來服이니 若其不逮면 何以致之오 對曰 陛下往以未治爲憂라 故로 德義日新이러니 今以旣治爲安이라 故로 不逮니이다 上曰 今所爲猶往年也니 何以異리오 對曰 陛下貞觀之初엔 恐人不諫하야 常導之使言하고 中間엔 悅而從之러시니 今則不然하야 雖勉從之나 猶有難色하시니 所以異也니이다 上曰 其事可聞歟아 對曰 陛下昔欲殺元律師라가 孫伏伽以爲法不當死어늘 陛下賜以蘭陵公主¹⁾園하시니 直(値)百萬이라 或云賞太厚어늘 陛下云 朕卽位以來로 未有諫者라 故로 賞之라하시니 此는 導之使言也요 司戶柳雄이 妄訴隋資²⁾어늘 陛下欲誅之라가 納戴冑之諫而止하시니 是는 悅而從之也요 近에 皇甫德參이 上書諫修洛陽宮이어늘 陛下恚(에)之하시니 雖以臣言而罷³⁾나 勉從之也니이다 上曰 非公이면 不能及此니 人苦不自知耳로다〈出徵本傳〉

　上이 魏徵에게 이르기를 "朕의 정사가 지난해에 비하여 어떠한가?" 하자, 魏徵이 대답하기를 "위엄과 德이 가해지는 것은 貞觀 초기에 비해 월등하나 人心이 기뻐하고 복종하는 것은 미치지 못합니다." 하였다.
　上이 이르기를 "먼 지방 사람들이 위엄을 두려워하고 德을 사모하기 때문에 와서 복종하는 것이니, 만일 미치지 못한다면 어떻게 이를 이루었겠는

가." 하니, 魏徵이 대답하기를 "폐하께서 예전에는 나라가 다스려지지 않음을 걱정하셨기 때문에 德義가 날로 새로웠는데, 지금은 이미 다스려졌다고 생각하여 편안히 여기시기 때문에 미치지 못하는 것입니다." 하였다.

上이 이르기를 "지금 하는 바가 지난해와 같은데, 무엇이 다르단 말인가?" 하니, 魏徵이 대답하기를 "폐하께서 貞觀 초기에는 사람들이 간하지 않을까 두려워하여 항상 사람들을 인도해서 간하게 하셨고 중간에는 간하는 것을 기뻐하여 따르셨는데, 지금은 그렇지 않아서 비록 억지로 따르시나 오히려 꺼려하는 기색이 있으시니, 이 때문에 다른 것입니다." 하였다.

上이 이르기를 "이 일에 대해서 들려 주겠는가?" 하니, 魏徵이 대답하기를 "폐하께서 옛날에 元律師를 죽이려고 하시다가 孫伏伽가 법률에 비추어 보건대 死刑에 해당하지 않는다고 말하자, 폐하께서는 그에게 蘭陵公主의 동산을 하사하셨으니 값어치가 백만이었습니다. 혹자가 상이 너무 지나치다고 아뢰자, 폐하께서는 '朕이 즉위한 이래로 간하는 자가 없었기 때문에 그에게 상을 준 것이다.'라고 말씀하셨으니, 이는 사람들을 인도하여 말하게 한 것입니다. 司戶 柳雄이 隋나라에서 받은 품계를 사칭하자 폐하께서 그를 죽이려고 하시다가 戴冑의 간언을 받아들여 중지하셨으니, 이는 기뻐하여 따르신 것입니다. 근년에 皇甫德參이 글을 올려 洛陽宮을 수리하는 것을 간하자 폐하께서 노하셨다가 비록 신의 말을 따라 그만두셨으나 이는 억지로 따르신 것입니다." 하였다.

上이 이르기를 "公이 아니면 이에 미칠 수가 없다. 사람이 가장 괴로운 것은 스스로 자기 자신을 알지 못하는 것이다." 하였다. - 《新唐書 魏徵傳》에 나옴 -

1) 〔頭註〕蘭陵公主 : 上之女也라
   蘭陵公主는 上(太宗)의 딸이다.

2) 〔釋義〕隋資 : 王氏曰 隋資는 仕於隋朝之資級也라 時에 選者盛集하야 有詭資蔭*) 冒牒取調者어늘 詔許自首하고 不首者罪死하니라
   王氏가 말하였다. "隋資는 隋나라 조정에서 벼슬한 資級이다. 이때에 선발된 자가 한꺼번에 모여들어 資蔭을 속이고 몰래 문서를 위조하여 調用된 자가 있으므

로 詔命을 내려 自首하도록 허락해 주고 自首하지 않은 자는 사형에 처하였다."
*) 資蔭 : 조상의 공덕으로 자손이 과거 시험을 치르지 않고 벼슬이나 품계를 받음
 을 이른다.
3) 〔頭註〕臣言而罷 : 右上甲午年이라
 앞의 甲午年條(634)에 보인다.

○ 上이 問侍臣호되 帝王創業¹⁾與守成이 孰難고 房玄齡曰 草昧之初²⁾엔 與
群雄竝起하야 角力而後臣之³⁾하니 創業이 難矣니이다 魏徵曰 自古帝王이 莫
不得之於艱難하야 失之於安逸하니 守成이 難矣니이다 上曰 玄齡은 與吾共取
天下하야 出百死하야 得一生이라 故로 知創業之難이요 魏徵은 與吾共安天下하야
常恐驕奢生於富貴하고 禍亂生於所忽이라 故로 知守成之難이라 然創業之難
은 旣已往矣어니와 守成之難은 方當與諸公愼之하리라 玄齡等이 拜曰 陛下及
此言하시니 四海之福也니이다 〈出玄齡傳〉

 上이 侍臣에게 묻기를 "帝王이 創業(基業을 創建)하는 것과 功業을 守成하
는 것은 어느 것이 어려운가?"하니, 房玄齡은 아뢰기를 "창업하는 초기에는
여러 英雄들과 함께 일어나서 힘을 겨룬 뒤에 그들을 신하로 삼으니, 창업하
는 것이 어렵습니다."하였고, 魏徵은 아뢰기를 "예로부터 帝王들이 험난한
가운데에서 천하를 얻어 안일한 가운데에서 천하를 잃지 않은 자가 없으니,
수성하는 것이 어렵습니다."하였다.
 上이 이르기를 "房玄齡은 나와 함께 천하를 취하여 백 번 죽을 고비를 넘기
고 한 번 살아났다. 그러므로 創業의 어려움을 아는 것이요, 魏徵은 나와 함
께 천하를 편안히 하여 항상 교만함과 사치가 富貴에서 생겨나고 禍와 亂이
소홀히 여기는 바에서 생길까 두려워하였다. 그러므로 守成의 어려움을 아는
것이다. 그러나 創業의 어려움은 이미 지나갔거니와 守成의 어려움은 내 이
제 諸公들과 함께 삼가겠다."하였다. 房玄齡 등이 절하고 아뢰기를 "폐하께
서 이에 대해 언급하시니 이는 四海의 福입니다."하였다. - ≪新唐書 房玄齡
傳≫에 나옴 -

1) 〔頭註〕 創業 : 創은 與剏通하니 始也, 造也라

　　創은 剏과 통하니, 처음이며 만듦이다.

2) 〔釋義〕 草昧之初 : 王氏曰 草昧之初는 謂開創之始也라 〔通鑑要解〕 草는 雜亂也
요 昧는 晦冥也니 謂天下未定하여 名分未明之時也라

　　〔釋義〕 王氏가 말하였다. "草昧의 초기는 王朝를 創建하는 초기를 이른다." 〔通
鑑要解〕 草는 혼란함이고 昧는 어두움이니, 草昧는 천하가 아직 정해지지 않아
서 명분이 분명하지 않은 때를 이른다.

3) 〔釋義〕 角力而後臣之 : 角은 校也니 校其材力也라 前賈誼傳云 非親角材而臣之라
하니라

　　角은 겨루는 것이니, 재주와 힘을 겨루는 것이다. 《前漢書》〈賈誼傳〉에 "직접
재주를 겨루어 그들을 신하로 삼은 것이 아니다." 하였다.

○ 以給事中馬周로 爲中書舍人하다 周有機辯하니 中書侍郎岑(잠)文本이 常
稱호되 馬君論事에 援引事類하여 揚搉(각)[1] 古今하고 擧要刪煩하여 會文切理하
니 一字不可增이요 亦不可減이라 聽之靡靡[2]하야 令人忘倦이라하더라 〈出周本傳〉

　　給事中 馬周를 中書舍人으로 삼았다. 馬周는 機智와 口辯이 있으니, 中書
侍郎 岑文本이 항상 칭찬하기를 "馬君은 일을 논할 때에 같은 종류의 일을
인용해서 古今의 事例를 들고, 요점을 들고 번잡한 것을 삭제하여 모아서 문
장을 이루고 이치에 절실하니, 한 글자를 더할 수도 없고 한 글자를 뺄 수도
없다. 들으면 마음이 쏠려서 사람으로 하여금 권태감을 잊게 한다." 하였다.
– 《新唐書 馬周傳》에 나옴 –

1) 〔頭註〕 揚搉 : 揚은 擧也요 搉은 引也라

　　揚은 드는 것이고, 搉은 인용하는 것이다.

2) 〔頭註〕 靡靡 : 亹亹通하니 不厭之意라

　　靡靡는 亹亹와 통하니, 싫증내지 않는다는 뜻이다.

贊曰 周之遇太宗이 顧不異哉아 由一介草茅로 言天下事에 若素宦于朝하야 明
智憲章하니 非王佐才면 疇[1]以及玆며 其自視與築巖釣渭[2]로 亦何以異迹이리

오 夫帝銳于立事어늘 而周所建이 皆切一時하야 以明佐聖이라 故로 君宰不膠漆而固하야 恨相得晚이 宜矣라 然周才不逮傅說[3], 呂望[4]하야 使後世未有述焉하니 惜乎라

≪新唐書≫〈馬周傳〉의 贊에 말하였다.

"馬周가 太宗을 만난 것이 돌아보건대 기이하지 않은가. 일개 초야의 선비로 천하의 일을 말할 적에 마치 평소 조정에서 벼슬하여 典章과 制度를 밝게 익힌 것처럼 하였으니, 王者를 보필할 만한 재주가 아니라면 누가 여기에 미칠 수 있겠으며, 자신을 보기를 傅巖에서 담장을 쌓은 傅說이나 渭水 가에서 낚시질한 呂望과 또한 어찌 다른 자취라고 여기겠는가. 황제가 일을 세움에 銳意하였는데, 馬周가 건의한 것이 모두 한때에 간절하여 현명함으로써 聖君을 보좌하였다. 그러므로 군주와 재상이 아교로 붙이지 않아도 견고하여 서로 늦게 만남을 한하는 것이 당연하다. 그러나 馬周는 재주가 傅說과 呂望에게 미치지 못하여 후세로 하여금 칭술하지 못하게 하였으니, 애석하다."

1) 〔頭註〕 疇 : 誰也라
   疇는 누구이다.

2) 〔頭註〕 築巖釣渭 : 築巖은 傅說이요 釣渭는 太公이라
   傅巖에서 담장을 쌓은 것은 傅說이고, 渭水 가에서 낚시질한 것은 太公이다.

3) 〔附註〕 傅說 : 傅氏之巖에 有(間)〔澗〕水壞道면 常使胥靡築之러니 說이 賢而隱하야 代築以供食이라 孟子亦云 傅說이 舉於版築之間이어늘 而蔡氏不取하고 又以築爲卜築하니라 胥靡는 拘縛之也라 胥는 相이요 靡는 隨也니 輕刑之名이라
   傅巖에서 골짜기에 흐르는 물이 길을 무너뜨리면 항상 죄수들로 하여금 제방을 쌓게 하였는데, 傅說이 賢者로서 은둔하여 제방을 쌓는 일을 대신하고 먹을 것을 마련하였다. 孟子 또한 이르기를 "傅說이 版築의 사이에서 등용되었다." 하였는데, 蔡氏(蔡沈)는 孟子의 說을 취하지 않고, 또 築을 卜築(살 곳을 가려서 정함)이라고 하였다. 胥靡는 구금하여 속박하는 것이다. 胥는 서로이고 靡는 따름이니, 가벼운 형벌의 명칭이다.

4) 〔附註〕 呂望 : 姓姜이요 名牙라 或曰 牙是字요 而尙名也라 其先祖封呂하니 從其姓曰呂라 文王出獵이라가 遇之하야 歸立爲師하고 言吾先君太公이 望子久矣라하야 因號太公望하니라

呂望은 姓이 姜이고 이름이 牙이다. 혹자는 이르기를 "牙는 字이고 尙이 이름이다."라고 한다. 그 先祖가 呂 땅에 봉해지자 이를 따라 姓(氏)을 呂라고 하였다. 文王이 사냥하러 나갔다가 만나 데리고 돌아와서 그를 세워 스승으로 삼고, 말하기를 '우리 先君인 太公께서 그대를 기다린 지가 오래이다.'라고 하여, 인하여 太公望이라 이름하였다.

通鑑節要 卷之三十八

唐 紀

太宗皇帝 下

【己亥】十三年이라

　貞觀 13년(기해 639)

正月에 加左僕射房玄齡太子少師하다 玄齡이 以度(탁)支¹⁾繫天下利害라하야 嘗有闕에 求其人未得이어늘 乃自領之하다 〈出玄齡傳〉

　정월에 左僕射 房玄齡를 加封하여 太子少師로 삼았다. 房玄齡은 度支郎中이 천하 백성들의 利害에 관계된다고 하여 일찍이 빈자리가 있어 적임자를 구하였으나 얻지 못하자, 마침내 자신이 겸임하였다. - ≪新唐書 房玄齡傳≫에 나옴 -

1) 〔釋義〕度支^{*)}：戶部屬官이니 掌天下租賦, 物產하야 歲計所出而支調之하니라
　　度支는 戶部의 屬官이니, 天下의 租賦와 物產을 관장하여 해마다 소출을 계산하여 조달하였다.

*) 度支：度支郎中을 가리킨다. 戶部에는 度支司·民部司·金部司·倉部司 등 네 개의 司가 있는데, 度支司는 郎中과 員外郎이 正·副官이다.

○ 上이 旣詔宗室, 群臣하야 襲封刺史한대 左庶子于志寧이 以爲古今事殊하니 恐非久安之道라하야 上疏爭之¹⁾하고 侍御史馬周亦上疏하야 以爲堯, 舜之

父로도 猶有朱, 均之子²⁾하니 儻有孩童嗣職하야 萬一驕愚면 兆庶被其殃하고 而國家受其敗하리니 正欲絶之也인댄 則子文之治猶在³⁾요 正欲留之也인댄 而欒黶(암)之惡已彰⁴⁾이라 與其毒害於見(현)存之百姓으론 則寧使割恩於已亡之一臣이니이다 然則向所謂愛之者는 乃適所以傷之也니이다 會에 長孫無忌等이 皆不願之國하야 上表固讓이어늘 上曰 割地以封功臣은 古今通義라 意欲公之後嗣 輔朕子孫하야 共傳永久어늘 而公等이 乃復發言怨望하니 朕이 豈彊公等以茅土⁵⁾耶아하고 詔停世封刺史하다 〈出政要〉

　上이 이미 詔命을 내려 宗室과 여러 신하의 자손들에게 刺史를 襲封하게 하였는데, 左庶子 于志寧이 '옛날과 지금은 사정이 다르니 장구하게 천하를 안정시킬 수 있는 방도가 아닐 듯하다.' 하여 상소하여 이를 간하였다. 侍御史 馬周 또한 상소하여 아뢰기를 "堯와 舜 같은 聖明한 부친에게도 오히려 丹朱와 商均과 같은 어리석은 아들이 있었으니, 혹시라도 어린아이가 부친의 지위를 계승하였을 경우 만에 하나라도 교만하고 어리석으면 수많은 백성들이 그 화를 입고 국가 또한 이 때문에 패망하게 될 것입니다. 만일 襲封을 곧바로 없애고자 한다면 子文의 정치가 아직 남아 있고, 만일 남겨 두고자(살려 두고자) 한다면 欒黶의 죄악이 이미 세상에 드러났으니, 현재 살아 있는 백성들에게 해독을 끼치는 것보다는 차라리 이미 죽은 한 신하에게 은혜를 베풀지 않는 것이 나을 것입니다. 그렇다면 예전에 이른바 그들을 사랑한다는 것은 바로 단지 그들을 해치는 것이 될 뿐입니다." 하였다.

　마침 長孫無忌 등이 모두 봉해진 나라로 가기를 원하지 아니하여 表文을 올려 굳이 사양하니, 上이 이르기를 "땅을 떼어 공신을 봉해주는 것은 고금에 공통된 의리이다. 나는 내심으로 공의 후대 자손들이 짐의 자손을 보필하여 함께 영구히 전할 것을 생각하였는데, 공들은 도리어 다시 말하면서 원망하니, 짐이 어찌 공들에게 諸侯의 직임을 강요할 수 있겠는가." 하고는, 대대로 刺史를 襲封하는 것을 중지하도록 명하였다. - ≪貞觀政要≫에 나옴 -

1)〔頭註〕上疏爭之 : 爭은 與諍同이라

爭은 諍과 같다.

2) 〔釋義〕堯, 舜之父 猶有朱, 均之子 : 堯封子朱於丹淵이라 故號丹朱요 舜子均於商이라 故號商均이라

　堯임금이 아들 朱를 丹淵에 봉하였기 때문에 丹朱라 부르고, 舜임금이 아들 均을 商에 봉하였기 때문에 商均이라 부른다.

3) 〔附註〕子文之治猶在 : 左宣四年에 若敖氏作亂이어늘 王滅之하고 拘(藏)〔箴〕尹克黃於司敗러니 王思子文之治楚國也하야 曰 子文이 無後면 何以勸善이리오하고 使復其所하고 改命曰生이라하니 言其更生也라 楚는 顓頊之裔니 熊繹이 當周成王時하야 始受封焉하고 至十四世熊儀하니 是爲若敖氏也라 若敖生鬪伯比하니 其後에 鬪爲氏라 伯比生子(産)〔文〕하고 子(産)〔文〕弟子良^{*)}之子鬪椒作亂하니라

　≪春秋左傳≫ 宣公 4년조에 若敖氏가 난을 일으키자, 楚王이 이를 멸하고 箴尹克黃을 司敗에게 구속하게 하였는데, 楚王은 子文이 楚나라를 다스린 공을 생각하여 이르기를 "子文에게 후손이 없다면 어떻게 사람들에게 善을 권면할 수 있겠는가." 하고는 克黃으로 하여금 箴尹의 직임을 그대로 맡게 하고 이름을 고쳐 生이라 하였으니, 그가 다시 살아났음을 말한 것이다. 楚나라는 顓頊의 후예이니, 熊繹이 周나라 成王 때에 비로소 봉함을 받았고, 14代인 熊儀에 이르니 이가 바로 若敖氏이다. 若敖가 鬪伯比를 낳으니, 그 후에는 鬪를 姓氏로 삼았다. 伯比가 子文을 낳았고, 子文의 아우인 子良의 아들 鬪椒가 난을 일으켰다.

*) 子文弟子良 : 子文은 子良의 兄이다.

4) 〔釋義〕欒黶之惡已彰 : 黶은 乙減反이라 左傳晉士鞅曰 欒黶汰虐已甚이나 猶可以免하니 其在盈乎인저 黶死에 武子所施沒矣니 而黶之怨寔彰이라하더니 後에 盈見逐하니라 〔通鑑要解〕士鞅은 晉人이라 武子는 卽欒黶之父也요 盈은 黶之子也라

　〔釋義〕黶은 乙減反(암)이다. ≪春秋左傳≫ 襄公 14년조에 〈秦伯이 士鞅에게 "晉나라 大夫 중 누가 먼저 망하겠느냐?"고 묻자,〉晉나라 士鞅이 말하기를 "欒黶의 포학함이 매우 심한데도 오히려 화를 면하였으니, 아마도 그 아들인 欒盈 때에 망할 것입니다. 欒黶이 죽으면 武子(欒書)가 베풀었던 은택이 다 없어질 것이니, 欒黶에 대한 원한이 실로 드러나게 될 것입니다." 하였는데, 뒤에 欒盈이 축출당하였다. 〔通鑑要解〕士鞅은 晉나라 사람이다. 武子는 바로 欒黶의 아버지이고, 欒盈은 欒黶의 아들이다.

5) 〔釋義〕茅土^{*)} : 古者에 天子以五色土爲壇하야 封諸侯호되 取其方面土하야 苴以

白茅授之하야 使立社於其國也라

  옛날에 天子가 五色土로 壇을 만들어서 諸侯를 봉해주되 각각 해당하는 方面의
흙을 취하여 흰 띠풀로 싸서 諸侯에게 주어 封國에 社를 세우게 하였다.
*) 茅土 : 띠풀과 흙으로 고대에 제후왕을 봉하게 되면 封地가 있는 방향에 따라 흙
  을 띠풀에 싸서 주었는 바, 곧 제후로 봉해짐을 이른다. 흙은 방향에 따라 동쪽
  은 청색, 서쪽은 백색, 남쪽은 적색, 북쪽은 흑색이며, 이 흙으로 壇을 쌓되 위
  에는 황토를 덮었다.

〔新增〕胡氏曰 太宗이 嘗讀周官書의 辨方正位¹⁾하고 體國經野²⁾하고 設官分
職³⁾하야 以爲民極之言⁴⁾하고 慨然歎曰 不井田⁵⁾하고 不封建⁶⁾이면 不足以法
三代之治라하고 詔群臣하야 議封建하니 其本於此乎인저 夫封建은 與天下共
其利하니 天道之公也요 郡縣은 以天下奉一人하니 人欲之私也라 魏徵이 蓋未
嘗詳考古制하야 鹵莽(노무)⁷⁾甚矣어늘 而近世范, 蘇二公⁸⁾이 亦謂封建不可行이
니 始皇, 李斯, 柳宗元⁹⁾之論은 聖人不能易也라하니 嗚呼라 豈其然乎아 宗元
之言曰 封建은 非聖人意也요 勢也라하니 誠使上古諸侯 已爲民害어늘 聖人이
不得已而存之면 則唐, 虞之際에 洪水懷襄¹⁰⁾하야 民無所定하고 武王, 周公이
誅紂伐奄하야 滅國五十하니 皆天下之大變也어늘 此數聖人이 不能因時之變하
야 更立制度하야 以爲郡縣하고 乃畫壞裂土하야 修明侯, 甸之法¹¹⁾은 何哉아
宗元이 又曰 德在人者死면 必奉其嗣라 故封建은 非聖人意也요 勢也라하니
夫爲其德之不可忘이라 是以로 憫其絶이니 此는 仁之至요 義之盡하야 而出於
人心之固然者니 固非聖人之私意어늘 而歸之勢可乎아 宗元이 又曰 諸侯國亂
이라도 天子不得變其君이라하니 夫孟子所言貶爵, 削地, 六師移之之法은 皆
先王之制也니 烏在其不敢變乎아 漢不能制侯王未萌之惡이라가 及大逆不道然
後에 勒兵而夷之¹²⁾하니 此非三代故事요 自漢之失이니 袁盎이 固言之¹³⁾矣라
豈可擧此하야 以例禹, 湯, 文, 武所爲哉아 方三代盛時하야 諸侯或自其國으로
入爲三公하고 王室有難이면 諸侯或釋位以間王政¹⁴⁾하고 至其衰也하야 五伯
(霸)¹⁵⁾雖强大라도 猶且攘夷狄하야 以尊戴天下之共主¹⁶⁾라 凡若此類를 宗元
이 皆略而不稱하고 乃摘取衰微禍亂之一二하야 欲擧封建而廢之하니 是猶見跀
者而欲廢天下之屨(구)也라

胡氏가 말하였다.

"太宗이 일찍이 ≪周禮≫에 '〈왕이 國都를 세울 때에〉 방위를 분별하여 궁궐과 사당의 자리를 정하고 都城과 郊外의 경계를 구획하며 관직을 나누어 설치하여 民極(백성의 준칙)을 삼는다.'는 글을 읽고는, 개연히 탄식하기를 '井田法을 행하지 않고 封建制度를 쓰지 않으면 三代의 정치를 본받을 수 없다.' 하고 여러 신하들에게 명하여 봉건제도를 의논하게 하였으니, 이 ≪周禮≫에서 근본한 것이다.

封建制度는 천하와 이익을 함께 하니 공정한 天道이고, 郡縣制度는 천하를 가지고 군주 한 사람을 받드니 사사로운 人慾이다. 魏徵은 일찍이 옛 제도를 자세히 고찰하지 아니하여 매우 엉성하고 거칠었는데, 근세에 范公(范祖禹)과 蘇公(蘇軾) 두 분 또한 말하기를 '봉건제를 행할 수 없으니, 秦始皇·李斯·柳宗元의 의론은 聖人도 바꿀 수가 없다.'라고 하였으니, 아! 어찌 그러하겠는가.

柳宗元의 말에 이르기를 '봉건제도는 聖人의 뜻이 아니요, 형편상 그렇게 했던 것이다.' 하였으니, 진실로 上古時代의 諸侯가 백성들의 폐해가 되었는데, 聖人이 부득이해서 이 봉건제도를 보존한 것이라면 堯임금과 舜임금 때에 홍수가 산을 에워싸고 언덕으로 올라가서 백성들이 안정할 곳이 없었고, 武王과 周公이 紂王을 죽이고 奄나라를 정벌해서 50개 국을 멸망시킨 것은 모두 천하의 큰 변고이다. 이에 이 몇 聖人들이 때의 변고를 계기로 봉건제도를 바꾸어 군현제도로 만들지 못하고, 마침내 땅을 구획하고 땅을 떼어 주어 侯服과 甸服의 법을 닦아서 밝힌 것은 어째서인가.

柳宗元이 또 말하기를 '은덕이 백성에게 남아 있는 자(聖王)가 죽으면 반드시 그 후사를 받든다. 그러므로 봉건제도는 聖人의 뜻이 아니요, 형편상 그렇게 했던 것이다.' 하였다. 그(聖王)의 은덕을 잊을 수가 없기 때문에 그 대가 끊어짐을 민망히 여긴 것이니, 이는 仁의 지극함이고 義의 극진함으로서 人心의 당연한 데에서 나온 것이다. 진실로 聖人의 사사로운 뜻이 아닌데, 이것을 형편으로 귀결시킴이 옳겠는가.

柳宗元이 또 말하기를 '諸侯의 나라가 혼란하더라도 天子가 그 군주를 바

꿀 수 없다.'고 하였으니, 孟子께서 말씀하셨던 '爵位를 깎아내리고 땅을 떼
어내며 六軍을 출동하여 군주를 바꾸는 법'이 모두 先王의 제도이니, '감히
비꿀 수 없다.'는 것이 어디에 있는가. 漢나리기 諸侯工의 惡이 싹트기 전에
제어하지 못하고 대역무도한 짓을 저지른 뒤에야 군대를 무장하여 諸侯를 멸
망하였으니, 이는 三代의 故事가 아니고 본래 漢나라가 잘못한 것으로 袁盎
이 진실로 이 점에 대해서 말을 하였다. 그런데 어찌 이에 대해 거론하면서
禹王·湯王·文王·武王이 행한 일을 예로 든단 말인가.

三代가 융성할 때에는 제후가 혹 자기 나라로부터 천자의 조정에 들어와
三公이 되고, 王室에 난리가 있으면 제후가 혹 자기 지위를 내놓고 王政에
관여하였으며, 三代가 쇠퇴할 때에는 五霸가 비록 강대하였지만 오히려 夷狄
을 물리치고 천하가 함께 宗主로 삼는 周나라를 높이 받들었다. 무릇 이와
같은 종류를 柳宗元은 다 생략하여 말하지 않고, 마침내 쇠미했을 때 禍亂이
일어난 한두 가지의 경우를 들추어내면서 봉건제도를 거론하여 폐지하고자
하였으니, 이것은 刖刑(발을 베는 형벌)을 당한 자를 보고서 천하의 신발을
없애고자 하는 것과 같다.

1) 〔原註〕辨方正位:辨別四方하야 正君臣之位하니 君南面하고 臣北面之屬이라 又
　考工에 匠人建國에 (求)〔水〕地以縣(懸)*1)하고 置槷(얼)以縣*2)하야 視以景(影)
　하며 爲(視)〔規〕하야 識(지)日出之景與日入之景하며 晝參諸日中之景하고 夜考之
　極星하야 以正朝夕이라하니 是別四方也라 召誥曰 越三日戊申에 太保朝至于雒
　(洛)하야 卜宅하야 旣得卜則經營하니라 越三日에 太保乃以庶殷으로 攻位於雒汭
　하니 越五日甲寅에 位成이라하니라 正位는 謂此定宮廟라
　辨方正位는 사방을 변별하여 군주와 신하의 자리를 바로잡는 것이니, 군주는
　남면하고 신하는 북면하는 따위이다. 또 ≪周禮≫〈考工記〉에 "匠人이 도성을 세
　울 때에 기둥을 세우고 물을 매다는 법으로써 땅이 평평한지 측량하며, 끈을 매
　다는 방법으로 수직의 말뚝을 설치하고 해그림자를 관찰하며, 規(그림쇠)를 만
　들어 해가 뜰 때의 그림자와 해가 질 때의 그림자를 표시한다. 낮에는 日中(正
　午)의 해그림자를 참고하고 밤에는 북극성을 참고하여 朝夕(東西)을 바로잡는
　다."라고 하였으니, 사방을 분별하는 것이다. ≪書經≫〈召誥〉에 이르기를 "3일
　이 지난 戊申日에 太保(召公 奭)가 아침에 雒邑에 이르러 살 곳을 점쳐 이미 길

점을 얻고는 경영하였다. 3일이 지나 太保가 마침내 여러 殷나라 백성을 데리고 雒汭에서 자리를 다스리니, 5일이 지난 甲寅日에 자리가 이루어졌다." 하였다. '자리를 정하였다.'는 것은 여기에 궁궐과 사당의 자리를 정함을 이른다.

* 1) 水地以縣 : 水準器의 원리를 이용하여 지면이 평평한가 아닌가를 재거나 기울기를 측량하는 것으로, 鄭玄의 注에 "땅의 사방 모퉁이에 네 개의 기둥을 세우고 물을 매달아 高下를 바라보는데, 高下가 이미 정해지면 마침내 자리를 만들고 땅을 평평하게 한다.〔於四角立植而縣以水 望其高下 高下旣定 乃爲位而平地〕" 하였다.

* 2) 置槷以縣 : 置槷은 해그림자를 관찰하기 위하여 세우는 말뚝인데, 기둥의 四角과 四中에 줄을 매달아 8개의 줄이 모두 기둥에 붙으면 그 기둥이 바른 것이다. 鄭玄의 注에 "槷은 古文의 臬이니 假借字이다. 평평하게 한 땅 중앙에 8尺의 말뚝을 세우고 줄을 매달아 말뚝을 똑바로 세우고 말뚝의 그림자를 관찰한다.〔槷 古文臬 假借字 於所平之地中央 樹八尺之臬 以縣正之 眠之以其景〕"라고 하였다.

2)〔原註〕體國經野 : 體는 猶分也요 經은 謂爲之里數라 鄭氏曰 營國方九里니 國中에 九經九緯요 左祖右社하고 面朝後市라 野則九夫爲井하고 四井爲邑之屬이 是也라

體는 分과 같고 經은 里數를 만듦을 이른다. 鄭氏(鄭衆)가 말하기를 "匠人이 도성을 경영할 때 사방이 9里이니, 도성 안에는 9개의 남북으로 난 큰길과 9개의 동서로 난 큰길이 있으며, 왼쪽에는 종묘가 있고 오른쪽에는 사직이 있으며, 앞에는 朝가 있고 뒤에는 시장이 있으며, 들은 9夫가 1井(사방 1里)이고 4井이 邑이라고 한 따위가 이것이다." 하였다.

3)〔原註〕設官分職 : 置冢宰, 司徒, 宗伯, 司馬, 司寇, 司空하야 各有所職하야 而百事擧라

冢宰·司徒·宗伯·司馬·司寇·司空을 두어 각각 맡은 직책이 있어서 여러 가지 일이 거행되는 것이다.

4)〔原註〕以爲民極之言 : 群書考索曰 極者는 至極之義요 標準之名이니 嘗在物之中央하야 而四外望之以取正焉者也라 故로 皇極爲在中之至則可커니와 而直謂極爲中則不可라 若北辰之爲天極과 屋棟之爲屋極이 其義皆然이라

宋나라 章如愚의 ≪群書考索≫에 이르기를 "極은 지극하다는 뜻이요 표준의 이름이니, 항상 물건의 중앙에 있어서 사방에서 바라보고서 바름을 취하는 것이다.

그러므로 皇極을 중앙에 있는 표준이라고 하는 것은 가하지만 다만 極을 일러 中
이라고 하는 것은 불가하다. 北極星을 天極이라 하고 지붕의 대들보를 屋極이라
하는 것은 그 뜻이 모두 이와 같다.” 하였다.

5) 〔原註〕 井田 : 井田之制는 見孟子文公註라

　　井田制는 ≪孟子≫ 〈滕文公〉의 註에 보인다.

6) 〔原註〕 封建 : 記王制에 公, 侯는 田方百里요 伯은 七十里요 子, 男은 五十里之類가
是也라 禮地官에 封人이 凡封國에 設其社稷之壝(유)하고 封其四疆이라

　　封建은 ≪禮記≫ 〈王制〉에 “公과 侯는 田地가 사방 100리이고, 伯은 70리이고, 子
와 男은 50리이다.”라고 한 따위가 이것이다. ≪周禮≫ 〈地官 司徒〉에 “封人이 무릇
5등의 제후를 봉할 적에 社稷壇을 설치하고 사방의 境內를 봉하였다.” 하였다.

7) 〔原註〕 鹵莽 : 鹵는 音魯요 莽는 莫古反이라 莊子云 君爲政에 勿鹵莽라한대 註에
不用心也라하니라

　　鹵는 음이 노이고, 莽는 莫古反(모)이다. ≪莊子≫ 〈則陽〉에 이르기를 “군주가
정사를 할 때에는 鹵莽하지 말아야 한다.” 하였는데, 註에 “마음을 쓰지 않는 것
이다.” 하였다.

8) 〔附註〕 范蘇二公 : 范氏曰 宗元有言曰 封建은 非聖人意也요 勢也라 蓋自上古以
來有之하니 聖人不得而廢也라 周室旣衰에 幷爲十二하고 列爲六七하야 而封建之
禮已亡이요 秦滅六國爲郡縣하야 三代之制를 不可復矣라 必欲法上古而封之인댄
弱則不得以藩屛이요 强則必至於僭亂이라 況諸侯之後嗣 或不肖어늘 而必使之繼
世면 是는 以一人害一國也라 然則如之何오 記曰 禮는 時爲大하고 順次之라하니
三代封國하고 後世郡縣은 時也요 因時制宜하야 以便其民은 順也라 古之法이 不
可用於今은 猶今之法이 不可用於古也라 後世에 如有王者하야 親親而尊賢하고
務德而愛民하고 愼擇守令하야 以治郡縣이면 亦足以致太平而興禮樂矣리니 何必
如古封建이라야 乃爲盛哉아 東坡曰 聖人은 不能爲時요 亦不失時하나니 時는 非
聖人之所得爲요 能不失時而已라 三代之興에 諸侯無罪면 不可奪削하야 因而君之
하니 雖欲罷侯置守나 可得乎아 此所謂不能爲時者也라 始皇이 旣幷天下에 分郡
邑하고 置守宰는 理固當然하니 如冬裘夏葛하야 時之所宜라 非人之私智獨見也니
所謂不失時者라 柳宗元曰 封建은 非聖人意也요 勢也라하니 吾取其說而附益之하
노라 曰 凡有血氣면 必爭이요 爭必以(理)〔利〕니 封建者는 爭之端而亂之始也라
自書契以來로 臣弑其君하고 子弑其父하며 父子兄弟相賊殺이 有不出於襲封而爭
位者乎아 其餘卿大夫不世襲者는 蓋未嘗有也라 近世에 無復封建에 則此禍幾絶하

니 仁人君子 忍復開之歟아 故로 吾以爲李斯, 始皇之言과 柳宗元之論이 當爲萬世法也라하노라

范氏(范祖禹)가 말하였다. "柳宗元이 말하기를 '封建은 聖人의 뜻이 아니요 형편상 그렇게 했던 것이니, 上古時代 이래로 봉건제도가 있었으므로 聖人이 폐지하지 못한 것이다. 周나라 王室이 쇠약해진 뒤에는 제후국이 합하여 열둘이 되고 나뉘어 예닐곱이 되어 封建하는 禮가 이미 대부분 없어졌고, 秦나라가 六國을 멸망시키고 郡縣으로 만들자 三代의 제도가 회복할 수 없게 되었다. 반드시 上古時代를 본받아 봉건하고자 할 경우 제후국이 약하면 藩屛이 될 수 없고, 제후국이 강하면 반드시 참람하여 난을 일으킬 것이다. 더구나 諸侯의 後嗣가 혹 불초한데도 반드시 그로 하여금 대를 잇게 한다면 이는 한 사람으로 한 나라를 해치는 것이다. 그렇다면 어찌해야 하는가? ≪禮記≫ 〈禮器〉에 이르기를 「禮는 때에 맞음이 중요하고 順함이 그 다음이 된다.」 하였으니, 三代時代에 封國을 하고 후세에 郡縣으로 만든 것은 때에 맞게 한 것이요, 때에 따라 마땅함을 따라서 백성들을 편리하게 한 것은 順함이다. 옛날의 법을 지금 사용할 수 없는 것은 오늘날의 법을 옛날에 사용할 수 없는 것과 같다. 후세에 만약 王者가 나와 친척을 친애하고 현인을 존경하며 덕행을 힘쓰고 백성을 사랑하며 수령을 신중하게 선발하여 郡縣을 다스린다면 또한 충분히 태평을 이룩하고 禮樂을 일으킬 수 있을 것이니, 어찌 군이 옛날의 봉건제도와 같이 하여야만 성대함이 되겠는가.' 하였다.

東坡 蘇軾이 말하기를 '聖人은 때를 만들 수 없지만 또한 때를 놓치지도 않는다. 때는 聖人이 만들 수 있는 것이 아니요 때를 놓치지 않을 뿐이다. 三代가 흥할 때에 제후에게 죄가 없으면 관작을 삭탈할 수 없어서 그대로 세습하여 군주를 삼았으니, 비록 제후를 파하고 수령을 두고자 한들 될 수 있었겠는가. 이것이 이른바 「때를 만들 수 없다.」는 것이다. 始皇이 천하를 겸병한 뒤에 郡과 邑으로 나누어 守令과 邑宰를 둔 것은 이치에 진실로 당연한 것이다. 마치 겨울에 두꺼운 갖옷을 입고 여름에 시원한 갈옷을 입는 것과 같아서 때에 따라 마땅함을 따른 것이요 사람의 私智와 獨見이 아니었다. 이것이 이른바 「때를 놓치지 않는다.」는 것이다. 柳宗元이 말하기를 「封建은 聖人의 뜻이 아니요 형편상 그렇게 했던 것이다.」라고 하였으니, 내 그 말을 취하여 다음과 같이 附會한다. 모든 血氣가 있는 것들은 반드시 다투며 다투는 것은 반드시 이익 때문이다. 〈이익은 封建하는 것보다 더 큰 것이 없으니〉 封建은 다툼의 단서이고 亂의 시초이다. 伏羲氏가 書契를 만든 이래로 신하가 군주를 시해하고 자식이 부모를 죽이며 부자

간과 형제간이 서로 해치고 죽이는 것이 襲封하여 지위를 다투는 데서 비롯되지 않은 경우가 있었는가. 그 나머지 卿大夫가 세습하지 않은 것은 일찍이 〈이러한 제도가〉 없었기 때문이다. 近世에 더이상 封建 제도를 시행하지 않게 되자 이러한 禍가 거의 끊어졌으니, 仁人 君子가 어찌 차마 다시 화의 근원을 열어놓을 수 있겠는가. 그러므로 나는 李斯와 始皇의 말과 柳宗元의 의론이 萬世의 法이 된다고 생각한다.' 하였다."

9) 〔頭註〕柳宗元 : 憲宗十年에 以永川司馬로 爲柳州刺史라
柳宗元은 憲宗 10년(815)에 永川司馬로 柳州刺史가 되었다.

10) 〔原註〕洪水懷襄 : 書堯典에 湯湯洪水方割하야 蕩蕩懷山襄陵이라한대 蔡傳에 割은 害也요 懷는 包其四面也요 襄은 駕出其上也라하니 言其水勢如此라
≪書經≫〈堯典〉에 "넘실넘실 흐르는 홍수가 막 해를 끼쳐서 탕탕하게 산을 감싸고 언덕으로 넘어간다." 하였는데, 蔡沈의 傳에 "割은 해침이요, 懷는 사면을 에워싸는 것이요, 襄은 높이 그 위로 나오는 것이다." 하였으니, 물의 형세가 이와 같음을 말한 것이다.

11) 〔原註〕侯甸*)之法 : 見書禹貢하니라
侯服과 甸服의 法은 ≪書經≫〈禹貢〉에 보인다.

*) 侯甸 : 五服 중의 侯服과 甸服으로 五服은 甸服·侯服·綏服·要服·荒服으로 천자가 직접 통치하는 畿內를 전복이라 하고, 500리씩 점점 멀어져 황복에 이른다. 〈禹貢〉의 五服은 畿內까지 통틀은 것이고, 周나라 제도의 五服은 王畿의 밖에 있었다.

12) 〔頭註〕夷之 : 滅也, 芟也라
夷는 멸하고 베어서 제거하는 것이다.

13) 〔頭註〕袁盎固言之 : 見八卷丁亥年하니라
袁盎이 말한 것은 8권 丁亥年條(B.C.154)에 보인다.

14) 〔原註〕諸侯或釋位以間王政 : 左昭二十六年에 厲王戾虐하니 萬民弗忍하야 居王于彘한대 諸侯釋位하야 以間王政이라한대 註에 周人이 不忍害王하야 乃流王于彘地라 間은 猶與也니 諸侯去其位하고 與治王之政事라 間은 間厠之間이니 一音如字요 與는 音預라
≪春秋左傳≫ 昭公 26년조에 "厲王이 포학하니 만민이 포학함을 견디지 못하여 王을 彘 땅으로 보내어 거하게 하자, 諸侯들이 지위를 버리고 王政에 간여했다." 하였는데, 註에 "周나라 사람들이 차마 王을 해치지 못하여 마침내 王을 彘 땅으

로 보낸 것이다." 하였다. 間은 與와 같으니, 諸侯들이 지위를 버리고 王의 정사
에 간예한 것이다. 間은 間厠의 間과 같으니, 다른 음은 本字와 같고 與는 음이
예이다.

15)〔頭註〕五伯(霸) : 齊桓, 晉文, 秦穆, 宋襄, 楚莊이라

　　五霸는 齊나라 桓公・晉나라 文公・秦나라 穆公・宋나라 襄公・楚나라 莊王
이다.

16)〔原註〕共主 : 周爲天下共所宗主라

　　周나라가 천하가 함께 宗主로 높이는 바가 되었다.

宗元이 又曰 湯資三千諸侯以黜夏하고 武資八百諸侯以勝商이라 故不敢變易也
라하니 是는 聖人이 於未擧兵之前엔 要結衆力하고 及成功之後엔 姑息苟安이
니 此十六國[1]五代[2]庸主之所行이어늘 而謂湯, 武爲之乎아 宗元이 又曰 封建
은 非公之大者니 公天下는 自秦始라하니 夫謂三代聖王이 無公心하야 以封建
自私라하면 是伯夷而爲盜跖[3]之事也요 謂秦無私意하야 以郡縣公天下라하면
是飛廉[4]而有比干之忠也니 一何不類之甚與아 宗元이 又曰 諸侯繼世而立하고
又有世大夫食祿菜(采)地[5]하야 以盡其封域이면 雖聖賢生于其時라도 無以立
于天下라하니 天子聖明이면 公卿必得其人하고 諸侯不敢越亂法度하야 世固多
賢也요 而又有鄕擧里選之法하야 有明明側陋之揚[6]하리니 何患乎材之不用也
리오 若上無明君하고 下無賢臣하야 如周之衰하고 如秦之季하고 如漢, 魏,
隋, 唐之時하야 在位者無非小人이요 而興邦之良佐 悉沈乎民伍하야 不見庸
(用)[7]也하면 雖守宰徧宇內나 將何救於此리오 故로 凡宗元封建論은 皆無稽
而不可信也라 夫爲君이 如堯, 舜, 禹, 湯이면 亦足矣요 帝王之治 至於唐, 虞,
三代면 亦無以加矣라 井天下之田하야 使民各有以養其生하고 經天下之國하야
使賢才皆得以施其用하며 人主自治 不過千里하야 大小相維하고 輕重相制하야
外無强暴侵陵微弱不立之患하고　內無廣土衆民奢泰(汰)[8]恣肆之失이면　是는
以義處利하야 均天下之施라 故曰封建之法은 天道之公也라하노라 若秦則妬民
之兼幷하야 而自爲兼幷하고 筦(管)天下之利[9]하야 以自奉이라 故曰郡縣之制
는 人欲之私也라하노라

　　柳宗元이 또 말하기를 '湯임금은 3천의 제후들에게 의지하여 夏나라를 내

쳤고, 武王은 8백의 제후들에게 의지하여 商나라를 무찔렀기 때문에 감히 봉건제도를 바꾸지 못했다.' 하였으니, 〈그렇다면 이는〉聖人이 군대를 일으키기 전에는 여러 사람의 힘을 결속시키고, 성공한 뒤에는 당장의 안락함을 위해서 구차히 편안히 한 것이니, 이는 五胡十六國과 五代時代의 용렬한 군주가 행한 것인데, 湯王과 武王이 이런 일을 했다고 말한단 말인가.

柳宗元이 또 말하기를 '봉건제도는 공정한 것 중에 매우 공정한 것이 아니니, 천하를 공정하게 한 것은 秦나라로부터 시작되었다.' 하였다. 三代의 聖王이 공정한 마음이 없어서 封建制度를 가지고 사사로이 했다고 말한다면 이는 伯夷가 盜跖의 일을 행한 것이요, 秦나라가 사사로운 마음이 없어서 郡縣制度를 가지고 천하를 공정하게 했다고 말한다면 이는 飛廉이 比干의 忠心을 품은 것이니, 한결같이 어쩌면 그리도 서로 유사하지 않음이 심하단 말인가.

柳宗元이 또 말하기를 '諸侯가 대를 이어 즉위하고 또 대대로 大夫가 采地를 받아 녹봉을 먹어서 封地가 다한다면 비록 聖賢이 그 시대에 태어난다 해도 천하에 설 수가 없을 것이다.' 하였다. 天子가 聖明하면 公卿은 반드시 그 적임자를 얻고 諸侯는 감히 법도를 넘거나 어지럽히지 못해서 세상에 진실로 현자가 많을 것이요, 또 鄕에서 천거하고 里에서 선발하는 법이 있어서 현달한 자를 밝히고 미천한 자를 천거할 수 있을 것이니, 인재가 등용되지 못함을 어찌 근심할 것이 있겠는가.

만약 위에는 현명한 군주가 없고 아래에는 어진 신하가 없어서 周나라의 쇠할 때와 같고 秦나라의 말기와 같으며, 漢·魏·隋·唐나라 때와 같아서 지위에 있는 자는 소인이 아님이 없고 나라를 일으킬 수 있는 어진 보좌는 모두 백성들 속에 매몰되어서 등용되지 못한다면 비록 郡縣의 수령들이 천하에 두루 있더라도 장차 어떻게 이것을 바로잡을 수 있겠는가. 그러므로 柳宗元의 封建論은 모두 터무니 없는 말이어서 믿을 수가 없는 것이다.

군주 노릇 하는 것은 堯·舜과 禹王·湯王과 같이 하면 또한 충분하고, 帝王의 다스림은 唐·虞와 三代의 다스림에 이르면 또한 더할 나위가 없다. 천하의 토지를 井田으로 만들어서 백성들로 하여금 각각 그 생명을 기를 수 있게 하고 천하의 나라를 다스려서 어진 이와 유능한 자들로 하여금 모두 쓰여질 수 있게 하며, 군주가 스스로 다스리는 것은 천 리를 넘지 않아 크고 작은 나라가 서로 유지하며 강하고 약한 나라가 서로 견제해서 밖으로는 강포한 나라가 약소국을 침략하고 능멸하여 미약한 나라가 자립하지 못하는 폐해가 없고, 안으로는 영토를 넓히고 백성을 많게 하며 사치하고 放肆한 잘못이 없게 한다면 이는 의리로써 이로움에 대처하여 천하에 균등하게 베푸는 것이다. 그러므로 '봉건의 법은 공정한 天道'라고 말한 것이다.

秦나라로 말하면 백성들이 겸병하는 것을 질투하여 스스로 겸병하였고 천하의 이익을 관장하여 자신을 받들게 하였다. 그러므로 '군현의 제도는 사사로운 인욕'이라고 말한 것이다.

1) 〔附註〕十六國 : 晉室十六國이니 前趙劉淵, 後趙石勒, 前燕慕容廆, 後燕慕容垂, 南燕慕容德, 北燕馮跋, 前秦苻洪, 後秦姚萇, 西秦乞伏國仁, 前涼張軌, 後涼呂光, 南涼禿髮烏孤, 北涼沮渠蒙遜, 西涼李暠, 後蜀李特, 大夏赫連勃勃이라

十六國은 晉나라 때 五胡가 세운 16개의 나라이니, 前趙의 劉淵, 後趙의 石勒, 前燕의 慕容廆, 後燕의 慕容垂, 南燕의 慕容德, 北燕의 馮跋, 前秦의 苻洪, 後秦의 姚萇, 西秦의 乞伏國仁, 前涼의 張軌, 後涼의 呂光, 南涼의 禿髮烏孤, 北涼의 沮渠蒙遜, 西涼의 李暠, 後蜀의 李特, 大夏의 赫連勃勃이다.

2) 〔頭註〕五代 : 後梁朱氏晃, 後唐李氏存勗, 後晉石氏敬塘, 後漢劉氏暠, 後周郭氏威라

五代는 後梁의 朱晃, 後唐의 李存勗, 後晉의 石敬塘, 後漢의 劉暠(知遠), 後周의 郭威이다.

3) 〔頭註〕盜跖 : 柳下惠之弟라 跖은 本黃帝時大盜名이니 以下惠弟로 爲天下大盜라 故로 云盜跖이라

盜跖은 柳下惠의 아우이다. 跖은 본래 黃帝 때 大盜의 이름이니, 柳下惠의 아우가 천하의 大盜가 되었기 때문에 盜跖이라 이른 것이다.

4) 〔頭註〕飛廉 : 紂臣이라

飛廉은 紂王의 신하이다.

5) 〔頭註〕菜地 : 菜는 與采通하니 官也라 因官食之라 故로 曰菜地라

菜는 采와 통용되니, 벼슬이다. 벼슬로 인하여 먹기 때문에 菜地라고 한 것이다.

6) 〔原註〕有明明側陋之揚 : 書堯典篇에 明明揚側陋라한대 註에 明擧明人在側陋者니 廣求賢也라 側陋는 謂微賤之人이라

≪書經≫〈堯典〉에 "현달한 자를 밝히며 미천한 자를 천거한다." 하였는데, 註
에 "현달한 사람과 미천한 사람을 밝히고 천거하는 것이니, 賢者를 널리 구한 것
이다." 하였다. 側陋는 미천한 사람을 이른다.

7) 〔頭註〕庸 : 用也라
   庸은 등용함이다.

8) 〔頭註〕奢泰 : 泰는 與汰通하니 亦奢也라
   泰는 汰와 통용되니, 또한 사치함이다.

9) 〔原註〕筦天下之利 : 筦은 與管通이라
   筦은 管과 통용된다.

蘇氏講之不詳하고 乃以封建으로 爲爭之端하니 不知聖人所以息爭也라 果以爲
爭者인댄 何三代封建之長이며 而秦, 漢以來로 不封建之短也오 蘇氏又曰 漢
唐以來로 卿大夫不世襲하니 則無簒弑之禍라하니라 夫襲封之大者 莫過於帝王
矣니 劉劭, 楊廣[1]이 皆襲封者也라 設欲救此하야 其必如唐, 虞官天下[2]而後可
인댄 則王莽, 董卓, 曹操, 劉裕之徒를 又將何以止之며 而三代之君은 一姓多
者 至三十餘君하고 其諸侯簒弑도 亦不聞出於文, 武, 成康之時하니 安得以封
建으로 爲爭之端而亂之始歟아 或曰 然則封建을 今可行乎아 曰 何獨封建也리
오 二帝三王之法이 孰不可行者리오 在人而已矣라 然欲行封建인댄 先自井田
始라 范氏亦惑於宗元하야 謂今之法不可用於古는 猶古之法不可用於今이라하
니 夫後世之法은 私意妄爲하니 固不可行於古어니와 而爲天下者 不以二帝三
王善政良法爲則이면 則又何貴於稽古而建事哉아

蘇氏가 이것을 자세히 강구하지 않고 마침내 봉건제도를 분쟁의 단서라고
하였으니, 聖人이 봉건제도로 분쟁을 종식시켰음을 알지 못한 것이다. 과연
봉건제도가 분쟁의 단서라면 어째서 봉건한 三代는 歷年이 장구하였고, 秦·
漢 이래로 봉건하지 않은 나라는 歷年이 짧았는가.

蘇氏가 또 말하기를 '漢·唐 이래로 卿大夫가 先代의 封爵을 세습하지 않
으니 簒弑하는 화가 없어지게 되었다.' 하였다. 封爵을 세습하는 것 중에 큰
것은 帝王보다 더한 것이 없으니, 劉劭와 楊廣이 모두 封爵을 세습한 자이
다. 설령 이를 바로잡고자 하여 반드시 堯·舜이 천하를 관청으로 삼은 것처

럼 한 뒤에야 가하다고 한다면 王莽·董卓·曹操·劉裕의 무리를 또 장차 어
떻게 그치게 할 수 있겠으며, 三代의 군주는 한 姓이 많을 경우에는 30여 명
의 군주에 이르렀고 제후가 천자를 찬탈하고 시해한 것도 文王·武王·成
王·康王의 때에는 나왔다는 말을 듣지 못하였으니, 어떻게 봉건제도를 분쟁
의 발단이며 난의 시초라 할 수 있겠는가.

　혹자는 '그렇다면 봉건제도를 지금 시행할 수 있느냐?'고 한다. 어찌 다만
봉건제도뿐이겠는가. 二帝와 三王의 법 중에 어느 것인들 행할 수 없겠는가.
사람에게 달려 있을 뿐이다. 그러나 봉건제도를 행하고자 한다면 먼저 井田
制度부터 시작되어야 한다.

　范氏 또한 柳宗元의 말에 혹하여 이르기를 '지금의 법을 옛날에 쓸 수 없음
은 옛날의 법을 지금에 쓸 수 없는 것과 같다.' 하였다. 후세의 법은 사사로
운 뜻으로 함부로 만들었으니 진실로 옛날에 행해질 수 없거니와, 천하를 다
스리는 자가 二帝와 三王의 선한 정사와 좋은 법을 법칙으로 삼지 않는다면
또 어찌 옛날을 상고하여 일을 세우는 것을 귀하게 여길 것이 있겠는가."

1)〔頭註〕劉劭楊廣 : 劉劭는 宋太子也라 弑其君義隆하니 在三十一卷癸巳年이라 楊
　廣은 隋煬帝也니 見三十四卷帝崩於大寶殿注라
　　劉劭는 宋나라 太子이다. 군주 劉義隆을 시해하였으니, 이에 대한 일은 31권
　癸巳年條(453)에 있다. 楊廣은 隋나라 煬帝이니, 34권〈604년〉'帝崩於大寶殿'
　의 注에 보인다.
2)〔譯註〕唐虞官天下 : 天下를 子孫에게 물려주지 않고 賢者에게 禪讓함을 이른다.
　이에 상대되는 것을 '三代家天下'라 하는 바, 夏·殷·周 三代는 天下를 자기 집
　처럼 子孫에게 세습함을 이른다. 官은 관청과 같아서 자신이 근무하다가 떠나가
　면 다른 사람이 와서 근무하는 반면 집은 대대로 자손에게 물려주기 때문이다.

五月에 旱이어늘 詔五品以上하야 上封事한대 魏徵이 上疏하야 以爲陛下志業이
比貞觀初에 漸不克終者 凡十條니이다 上이 深加獎歎하고 賜黃金十斤, 廐馬
十匹1)하다〈出諫錄〉

　5월에 가뭄이 들자 5품 이상의 관원에게 명하여 封事를 올리게 하였는데,

魏徵이 상소하여 아뢰기를 "폐하의 뜻과 공업이 貞觀 초기에 비하여 점점 잘 마치지 못할 것이 모두 열 조항입니다." 하였다. 上이 깊이 장려하고 감탄하고는 黃金 10근과 마구간에 있는 말 10필을 하사하였다. - ≪魏鄭公諫錄≫에 나옴 -

1) 〔譯註〕廐馬十匹:≪資治通鑑≫에는 '廐馬二匹'로 되어 있다.

本傳曰 徵이 上疏極言曰 臣奉侍幃幄十餘年에 陛下許臣以仁義之道를 守而勿失하고 儉約朴素를 終始弗渝라하시니 德音在耳하야 不敢忘也니이다 頃年以來로 寢不克終[1]일새 謹用條陳하야 裨萬分一하노이다 陛下在貞觀初엔 淸靜寡欲하야 化被方外러니 今엔 萬里遣使하야 市索駿馬하고 幷訪珍怪하시니이다 昔에 漢文帝는 却千里馬[2]하고 晉武帝는 焚雉頭裘[3]하니 陛下居常議論이 遠輩堯, 舜이러시니 今所爲 更欲處漢文, 晉武下乎잇가 此不克終이 一漸也니이다 陛下在貞觀初엔 護民之勞하야 呴(후)[4]之如子하야 不輕營爲러시니 頃旣奢肆하야 思用人力하사 乃曰 百姓이 無事則爲驕하고 勞役則易使라하시니 自古로 未有百姓逸樂而致傾敗者니 何有逆畏其驕而爲勞役哉잇가 此不克終이 二漸也니이다 陛下在貞觀初엔 役己以利物이러시니 比來엔 縱欲以勞人하야 雖憂人之言이 不絶於口나 而樂身之事 實切諸心하시니 此不克終이 三漸也니이다 在貞觀初엔 親君子, 斥小人이러시니 比來엔 輕褻[5]小人하고 禮重君子하시니 重君子也엔 恭而遠之하고 輕小人也엔 狎而近之라 近之면 莫見其非요 遠之면 莫見其是니 莫見其是면 則不待間而疎요 莫見其非면 則有時而昵이니 此不克終이 四漸也니이다 在貞觀初엔 不貴異物하고 不作無益이러시니 而今엔 難得之貨 雜然竝進하고 玩好之作이 無時而息하시니 此不克終이 五漸也니이다

≪新唐書≫〈魏徵傳〉에 魏徵이 상소하여 다음과 같이 極言하였다.

"신이 幃幄(內庭)에서 받들어 모신 지 10여 년에 폐하께서 신에게 仁義의 道를 지켜 잃지 않고, 검약하고 질박함을 시종 변치 않을 것을 허락하셨으

니, 덕스러운 말씀이 귀에 남아 있어서 감히 잊을 수가 없습니다. 지난해 이후로 점점 끝을 잘 마치지 못하시겠기에 삼가 조목조목 아뢰어서 만분의 일이나마 도울까 합니다.

폐하께서 貞觀 초기에는 淸靜하여 욕심을 적게 하여 교화가 方外에까지 입혀졌는데, 지금에는 멀리 만리에 사신을 보내어 駿馬를 사오고 아울러 진귀한 물건을 찾고 계십니다. 옛날 漢나라 文帝는 千里馬를 물리쳤고 晉나라 武帝는 雉頭裘를 불태웠으니, 폐하께서 평소의 의론이 멀리 堯·舜을 짝하셨는데, 지금 행하시는 것은 다시 漢나라 文帝와 晉나라 武帝 아래에 처하고자 하신단 말입니까. 이는 끝을 잘 마치지 못할 첫 번째 조짐입니다.

폐하께서 貞觀 초기에는 백성들의 수고로움을 위로하여 자식처럼 따뜻하게 감싸주어 토목공사를 가볍게 일으키지 않으셨는데, 근년에는 이미 사치하고 放肆해서 백성들의 힘을 쓸 것을 생각하여 마침내 말씀하기를 '백성들은 일이 없으면 교만해지고 힘들게 일하면 부리기가 쉽다.' 하셨습니다. 예로부터 백성들이 편안하고 즐거워하면서 국가가 기울어 패망함을 초래한 적은 있지 않습니다. 어찌 백성들이 교만해질 것을 미리 두려워하여 노역을 시킨단 말입니까. 이는 끝을 잘 마치지 못할 두 번째 조짐입니다.

폐하께서 貞觀 초기에는 자신을 수고롭게 하여 남을 이롭게 하셨는데, 근래에는 욕심을 부려 백성들을 수고롭게 해서 비록 백성을 걱정하는 말씀이 입에서 끊이지 않으나 몸을 즐겁게 하는 일이 실로 마음에 간절하시니, 이는 끝을 잘 마치지 못할 세 번째 조짐입니다.

貞觀 초기에는 군자를 가까이하고 소인을 배척하셨는데, 근래에는 소인들을 경시하여 하찮게 여기고 군자를 예우하여 중시하십니다. 군자를 중시하면 공경하여 멀리하게 되고 소인을 경시하면 친압하여 가까이하게 되니, 가까이하면 그의 잘못을 보지 못하고 멀리하면 그의 옳음을 보지 못하게 됩니다. 그의 옳음을 보지 못하면 이간질하기를 기다리지 않아도 소원해지고 그의 잘못을 보지 못하면 때로 친할 수가 있으니, 이는 끝을 잘 마치지 못할 네 번째 조짐입니다.

貞觀 초기에는 기이한 물건을 귀하게 여기지 않으시고 무익한 일을 하지

않으셨는데, 지금은 얻기 어려운 寶貨를 이것저것 함께 올리고 玩好物을 만들어 어느 때고 쉴 때가 없으니, 이는 끝을 잘 마치지 못할 다섯 번째 조짐입니다.

1) 〔通鑑要解〕 寢不克終 : 寢은 與浸通하니 漸進也라
   寢(寢)은 浸과 통하니 점차 나아가는 것이다.

2) 〔譯註〕 漢文帝却千里馬 : 漢나라 文帝 元年(B.C.179)에 어떤 사람이 千里馬를 獻上하자 황제가 말하기를 "鸞旗가 앞에 있고 屬車가 뒤에 있으며, 吉行은 하루 50리를 가고 師行(군대의 행군)은 30리를 간다. 내가 천리마를 타고 혼자 앞서서 어디를 가겠는가.〔鸞旗在前 屬車在後 吉行日五十里 師行三十里 朕乘千里之馬 獨先安之〕"하고 물리쳤다.

3) 〔譯註〕 晉武帝焚雉頭裘 : 雉頭裘는 꿩 머리털로 짜서 만든 갖옷을 이른다. 晉나라 武帝 4년(278)에 太醫인 司馬程據가 雉頭裘를 바치자, 武帝는 기이한 재주와 의복은 典禮에서 금하는 것이라고 하여 궁전 앞에서 이것을 불태웠다.

4) 〔頭註〕 呴 : 吹氣以溫之也라
   呴는 입김을 불어 따뜻하게 하는 것이다.

5) 〔通鑑要解〕 輕褻 : 褻은 狎也라
   褻은 친압함이다.

貞觀之初엔 求士如渴하야 賢者所擧를 卽信而任之하야 取其所長호되 常恐不及이러시니 比來엔 由心好惡하야 以衆賢擧而用이라가 以一人毀而棄하고 雖積年任而信이라도 或一朝疑而斥하야 使讒佞得行하고 守道疏間하시니 此不克終이 六漸也니이다 在貞觀初엔 高居深拱[1]하야 無田獵畢弋[2]之好러시니 數年之後엔 志不克固하야 鷹犬之貢이 遠及四夷하고 晨出夕返하야 馳騁爲樂하시니 變起不測이면 其及救乎잇가 此不克終이 七漸也니이다 在貞觀初엔 遇下有禮하야 群情上達이러시니 今外官奏事에 顏色不接하고 間因所短하야 詰其細過하사 雖有忠款이나 而不得伸케하시니 此不克終이 八漸也니이다 在貞觀初엔 孜孜治道하야 常若不足이러시니 比恃功業之大하고 負聖智之明하야 長傲縱欲하고 無事興兵하야 問罪遠裔하시니 此不克終이 九漸也니이다 貞觀初엔 頻年霜旱하야 畿內戶口 竝

就關外하야 携老扶幼하야 來往數年호되 卒無一戶亡去하니 此는 由陛下徐育撫寧이라 故로 死不携貳³⁾也러니 比者엔 疲於徭役하야 關中之人이 勞弊尤甚하니 脫⁴⁾有一穀不收면 百姓之心이 恐不如前日之帖泰⁵⁾하리니 此不克終이 十漸也니이다

貞觀 초기에는 목마를 때 물을 구하듯이 인재를 구하여 賢者가 천거한 사람을 곧바로 믿고 맡겨서 장점을 취하되 항상 미치지 못할 듯이 하셨는데, 근래에는 좋아하고 싫어하는 감정을 따라서 여러 賢者들의 천거로 인해 등용했다가 한 사람의 훼방으로 인해 버리고, 비록 여러 해 동안 맡기고 믿었더라도 혹 하루아침에 의심하고 배척해서, 참소하는 자와 간사한 자로 하여금 뜻이 행해지게 하고 道를 지키는 자로 하여금 소원하고 틈이 벌어지게 하시니, 이는 끝을 잘 마치지 못할 여섯 번째 조짐입니다.

貞觀 초기에는 帝位에 높이 앉아 팔짱을 끼고 가만히 앉아 있고 田獵과 토끼그물과 주살질을 좋아하는 일이 없으셨는데, 몇 년 뒤에는 뜻이 견고하지 못하여 사냥하는 매와 개를 공물로 바치는 것이 멀리 사방 오랑캐에까지 미치고, 아침에 사냥을 나갔다가 저녁에 돌아와서 말을 달리는 것을 즐거움으로 삼으시니, 變亂이 예측하지 못한 데에서 일어나면 어떻게 미처 구원할 수 있겠습니까. 이는 끝을 잘 마치지 못할 일곱 번째 조짐입니다.

貞觀 초기에는 아랫사람을 대우함에 禮가 있어서 여러 사람들의 마음이 위로 도달하였는데, 지금은 지방관들이 일을 아뢸 적에 上의 얼굴빛을 대면하지 못하고, 간혹 단점으로 인해서 하찮은 잘못을 힐책하여 비록 忠心이 있으나 펼 수 없게 하시니, 이는 끝을 잘 마치지 못할 여덟 번째 조짐입니다.

貞觀 초기에는 다스리는 道에 부지런히 힘써서 항상 부족한 듯이 여기셨는데, 근래에는 功業의 큼을 믿고 聖智의 밝음을 자부하시어 오만한 마음을 자라게 하고 욕심을 부리며, 일이 없이 군대를 일으켜 멀리 변방에 있는 나라에게 죄를 물으시니, 이는 끝을 잘 마치지 못할 아홉 번째 조짐입니다.

貞觀 초기에는 서리가 자주 내리고 가뭄이 들어 畿內의 戶口가 모두 關外로 옮겨가서 노인을 부축하고 어린아이를 끌고 몇 년 동안 오고 갔으나 끝내

한 戶口도 도망간 자가 없었으니, 이는 폐하께서 편안히 길러주고 어루만져 돌봐주셨기 때문에 죽어도 배반하지 않은 것입니다. 그런데 근래에는 徭役에 시달려 關中의 백성들이 지치고 폐해를 입음이 더욱 심합니다. 혹시라도 만에 하나 흉년이 들어 곡식을 수확하지 못한다면 백성들의 마음이 예전처럼 편안하지 못할까 두려우니, 이는 끝을 잘 마치지 못할 열 번째 조짐입니다.

1) 〔譯註〕高居深拱 : 《書經》〈武成〉에 "의상만 드리우고 팔짱을 끼고 가만히 앉아 있어도 천하가 잘 다스려진다.〔垂拱而天下治〕"라고 보이는 바, 뒤에 제왕이 하는 일이 없어도 천하가 잘 다스려짐〔无爲而治〕을 일컫는 말로 쓰인다.

2) 〔通鑑要解〕畢弋 : 長柄小網으로 用以掩兎曰畢이라 弋은 音益이니 繳射曰弋이라 자루가 긴 작은 그물로 토끼를 잡는 것을 畢이라 한다. 弋은 음이 익이니, 줄을 맨 화살을 弋이라 한다.

3) 〔通鑑要解〕携貳 : 携는 離也라 携는 떠남이다.

4) 〔頭註〕脫 : 或然之辭라 脫은 혹 그럴지도 모른다는 말이다.

5) 〔頭註〕帖泰 : 帖은 安也라 帖은 편안함이다.

夫禍福無門[1]이요 惟人所召니 人無釁焉이면 妖不妄作이어늘 今旱熯(한)[2]之災 遠被郡國하고 凶醜之擘이 起於轂下[3]하니 此는 上天示戒라 乃陛下恐懼憂勤之日也니이다 千載休期는 時難再得이어늘 明主可爲而不爲하시니 臣所以鬱結長嘆者也로소이다 疏奏에 帝曰朕이 今聞過矣니 願改之하야 以終善道하노라 有違此言이면 當何施顔面하야 與公相見哉아하고 乃以所上疏로 列爲屛幛하야 庶朝夕見之하고 兼錄付史官하야 使萬世知君臣之義하다

禍와 福은 문이 따로 없고 오직 사람이 부르는 바이니, 사람에게 잘못이 없으면 요망함이 함부로 일어나지 않습니다. 그런데 이제 비가 오지 않아 날이 가무는 재앙이 멀리 郡國에 미치고 흉악한 무리들이 轂下(도성) 아래에서 일어나니, 이는 上天이 위엄을 보인 것으로 바로 폐하께서 두려워하고 근심

하여 부지런히 힘쓰셔야 할 때입니다. 천년 만에 얻는 좋은 시기는 다시 얻기 어려운데 明主께서는 할 수 있는데도 하지 않으시니, 신이 이 때문에 가슴이 답답하여 길이 한탄하는 것입니다."

이 상소문을 아뢰자, 황제가 이르기를 "朕이 이제 잘못을 듣고 알았으니, 잘못을 고쳐 善道로써 끝마치기를 원한다. 이 말을 어긴다면 어떻게 얼굴을 들고서 公과 서로 만나 볼 수 있겠는가." 하고, 마침내 올린 상소문을 나열하여 병풍으로 만들어서 거의 아침저녁으로 보고 반성하게 하였으며, 겸하여 史官에게 錄付하여 먼 후대로 하여금 君臣間의 의리를 알게 하였다.

1) 〔譯註〕禍福無門 : 화복은 운명적인 것이 아니라 사람이 선한 일을 하거나 악한 일을 함에 따라서 각각 받음을 이른다.

2) 〔頭註〕旱熯 : 熯은 燥也라
　　熯은 건조함이다.

3) 〔附註〕凶醜之孼 起於轂下 : 突(厥)〔利〕可汗之弟結(性)〔社〕率이 入朝하야 爲中郎將이러니 久不進秩한대 陰結故部落四十餘人하야 作亂襲御營이어늘 折衝孫武開 等이 獲斬之하니라
　　突利可汗의 아우인 阿史那結社率이 入朝하여 中郎將이 되었는데, 오랫동안 품계를 올려주지 않자 남몰래 옛 부락 사람 40여 명과 결탁하여 난을 일으켜 御營을 습격하였는데, 折衝都尉 孫武開 등이 사로잡아 목을 베었다.

【庚子】十四年이라

貞觀 14년(경자 640)

二月에 上幸國子監하야 觀釋奠[1]할새 命祭酒孔穎達하야 講孝經하고 賜祭酒以下至諸生高第히 帛有差하다 是時에 上이 大徵天下名儒하야 爲學官하고 數幸國子監하야 使之講論하야 學生이 能明一大經[2]已上이면 皆得補官하고 增築學舍千二百間하고 增學生하야 滿三千二百六十員이라 自屯營飛騎[3]로 亦給博士하야 使授以經하고 有能通經者면 聽得貢擧하니 於是에 四方學者 雲集京師하고 乃至高麗, 百濟[4], 新羅, 高昌[5], 吐蕃諸酋長히 亦遣子弟하야 請入國

學하니 升講筵者 至八千餘人이러라 上이 以師說多門하고 章句繁雜이라하야 命孔
穎達하야 與諸儒로 撰定五經疏하고 謂之正義라하야 令學者習之하다 〈出選擧志
及儒學傳序〉⁶⁾

2월에 上이 國子監에 행차하여 釋奠祭를 살펴볼 적에 祭酒 孔穎達에게 명
하여 ≪孝經≫을 강하게 하고 祭酒 이하로부터 國子監의 諸生 중 성적이 우
수한 자에 이르기까지 〈차등을 두어〉 비단을 하사하였다. 이때 上이 천하에
이름난 儒者를 크게 불러 學官으로 삼고 자주 國子監에 행차해서 그들로 하
여금 經學을 강론하게 하여, 학생 중에 大經 한 가지 이상을 통달하면 모두
관직에 補任하게 하였다. 學舍 1200칸을 增築하였으며 학생 3260명을 증원
하였다.

屯營의 飛騎에게도 博士를 파견해서 그들로 하여금 經傳을 전수해 주게 하
였고, 그 중에 경전을 통달한 자가 있으면 貢擧(科擧)를 볼 수 있도록 허락
하였다. 이에 사방의 배우는 자들이 京師로 떼 지어 모여들고, 급기야는 高
句麗·百濟·新羅·高昌·吐蕃의 여러 酋長에 이르기까지 또한 子弟를 보내
어서 國學에 들어올 것을 청하니, 講席에 오른 자가 8천여 명에 이르렀다.
上은 師門의 학설이 많고 章句가 번잡하다 하여 孔穎達에게 명해서 여러 학
자들과 五經의 疏註를 撰定하게 하고 이를 일러 ≪正義≫라 이름하여 배우는
자로 하여금 이것을 익히게 하였다. - ≪新唐書≫의 〈選擧志〉와 〈儒學傳〉序
에 나옴 -

1)〔附註〕釋奠 : 周禮大胥舍菜注에 舞者 皆執芬香之菜라 舍는 讀曰釋이라 或曰 見
於師에 以菜(物)〔爲〕贄하니 卽菜羹之菜로 蘋蘩之屬이라 學記曰 皮弁祭菜 亦敬道
也라한대 注에 菜는 芹藻之屬이라 五禮新儀曰 釋奠者는 設祭饌酌奠也라 賈公彦
曰 奠之爲言은 停也니 停饌具也라 古釋奠은 山川, 廟社, 學宮에 統言之러니 自
宋으로 獨先聖之祭曰 釋奠이라하니 所以別群祀也라 陳祥道云 釋奠(曰)〔日〕用上
丁者는 丁은 陰火也니 火象文教宣明이라 曲禮曰 內事以柔日^{*)}이라하니 故로 取
陰火也라 鄭玄曰 始入學에 止舍菜는 禮先師也라 〔通鑑要解〕按唐國子監은 在安
上門西라 唐制에 仲春, 仲秋에 釋奠于文宣王호되 皆以上丁, 上戊하고 以祭酒,
司業, 博士三獻이라

〔附註〕≪周禮≫〈大胥〉의 '舍菜' 注에 "춤을 추는 자들이 모두 향기로운 채소를 손에 쥔다. 舍는 釋으로 읽는다. 혹자는 이르기를 '스승을 뵐 적에 채소를 폐백으로 삼으니, 곧 菜羹의 菜로 개구리밥과 마름 따위이다." 하였다. ≪禮記≫〈學記〉에 이르기를 "皮弁服을 입고 나물로 제사함은 道藝를 공경함을 보이는 것이다."라고 하였는데, 注에 "菜는 미나리와 마름 따위이다." 하였다. ≪五禮新儀≫에 이르기를 "釋奠은 祭饌을 진설하고 술을 따라 奠을 올리는 것이다." 하였고, 賈公彦은 말하기를 "奠이라는 말은 차려놓는 것이니, 〈尸童을 세우지 않고〉 제수만 차려 놓는 것이다." 하였다. 옛날에 釋奠은 山川과 廟社와 學宮에 지내는 것을 통틀어 말하였는데, 宋나라 때부터 오직 先聖에게 올리는 제사만을 釋奠이라 하였으니, 다른 제사와 구별하기 위해서이다. 陳祥道가 이르기를 "釋奠祭를 지내는 날짜는 上丁日을 쓰니, 丁은 陰火이니 火는 文敎가 베풀어져 밝음을 상징하는 것이다." 하였다. ≪禮記≫〈曲禮〉에 이르기를 "內事는 柔日을 쓴다." 하였다. 그러므로 陰火를 취한 것이다. 鄭玄이 말하기를 "처음에 太學에 들어갈 때에 단지 舍菜에 그치는 것은 先師를 예우하는 것이다." 하였다. 〔通鑑要解〕 살펴보건대 唐나라의 國子監은 安上門 서쪽에 있다. 唐나라 제도에는 仲春과 仲秋에 文宣王(孔子의 시호)에게 釋奠을 올리되 모두 上丁과 上戊日에 하고 祭酒·司業·博士가 三獻을 한다.

＊) 內事以柔日 : 內事는 宗廟의 제사와 冠禮, 昏禮 등을 이른다. 柔日은 日辰의 天干이 乙·丁·己·辛·癸인 날인데, 陰에 해당하므로 柔日에는 집안일을 하는 것이 좋고, 剛日은 日辰의 天干이 甲·丙·戊·庚·壬인 날인데, 陽에 해당하므로 剛日에는 바깥일을 하는 것이 좋다고 한다.

2) 〔附註〕一大經 : 唐取士에 以禮記, 春秋左氏傳爲大經하고 詩, 儀禮, 周禮爲中經하고 易, 尙書, 春秋公羊, 穀梁傳爲小經하니라

　唐나라 때 선비를 뽑을 적에 ≪禮記≫와 ≪春秋左氏傳≫을 大經으로 삼고, ≪詩≫·≪儀禮≫·≪周禮≫를 中經으로 삼고, ≪易≫·≪尙書≫·≪春秋公羊傳≫·≪春秋穀梁傳≫을 小經으로 삼았다.

3) 〔譯註〕飛騎 : 唐나라 때 궁궐을 지키던 禁軍의 명칭이다. 太宗은 貞觀 12년 (638)에 左右屯營을 玄武門에 설치하고 이를 飛騎라 이름하였다.

4) 〔釋義〕百濟 : 百濟之國은 馬韓之屬 ＊)也니 本扶餘王東明之後라 有仇台者 篤於仁信이러니 始立國於帶方故地하야 遂爲東夷强國하니 初以百家濟〈海〉라하야 因號焉이라 其國이 東極新羅, 高麗하고 西南俱限大海라 其都曰居拔城이요 亦曰固麻

城이니 東夷傳云 三韓凡七十八國에 百濟其一也라하니라

百濟國은 馬韓의 하나이니, 본래 扶餘王 東明의 후손이다. 뒤에 仇台라는 자가 仁와 信을 돈독히 힘썼는데, 처음으로 帶方의 옛 땅에 나라를 세워 마침내 東夷의 强國이 되었다. 처음에 百家가 바다를 건너왔다 하여 이로써 호칭하였다. 이 나라는 동쪽으로는 新羅와 高句麗에 이르고, 서쪽과 남쪽은 모두 큰 바다와 경계하였다. 도읍을 居拔城이라 하고 또한 固麻城이라고도 하니, ≪後漢書≫〈東夷傳〉에 이르기를 "三韓이 모두 78개국이니 百濟는 그 중의 하나이다." 하였다.

＊）馬韓之屬：≪資治通鑑≫〈晉紀〉注에 "東夷에는 세 韓國이 있으니, 첫째는 馬韓, 둘째는 辰韓, 셋째는 弁韓이다. 馬韓은 54개국을 소유하였으니, 百濟는 그 중의 하나이다.〔東夷有三韓國 一曰馬韓, 二曰辰韓, 三曰弁韓. 馬韓有五十四國, 百濟其一也〕"라고 하였다.

5)〔頭註〕高昌：西域小國이니 都交河城이라
高昌은 西域의 작은 나라이니, 交河城에 도읍하였다.

6)〔譯註〕出選擧志及儒學傳序：≪新唐書≫〈選擧志〉와 ≪新唐書≫〈儒學傳〉의 〈孔穎達傳〉에 나온다.

○ 侯君集[1]이 滅高昌하니 以其地로 爲西州하다 於是에 唐地東極于海하고 西至焉耆[2]하고 南盡林邑[3]하고 北抵大漠하야 皆爲州縣하니 東西九千五百一十里요 南北一萬九百一十八里러라

侯君集이 高昌을 멸망시키니, 그곳을 西州로 만들었다. 이에 唐나라 영지가 동쪽으로는 동해에 이르고 서쪽으로는 焉耆에 이르고 남쪽으로는 林邑에 다하고 북쪽으로는 大漠에 이르렀다. 그리하여 모두 州縣을 만드니, 동서가 9510리요 남북이 1만 918리였다.

1)〔頭註〕侯君集：交河行軍大摠管이라
侯君集은 交河行軍大摠管이다.

2)〔譯註〕焉耆：옛날 西域에 있었던 나라 이름이다.

3)〔譯註〕林邑：중국 南海에 있었던 옛 나라 이름으로 옛터가 지금의 越南 中南部에 있다. 처음에는 林邑이라 불렸는데, 唐나라 至德 이후로는 環王, 9세기 말부터는 占城이라 불렸다.

【辛丑】十五年이라

貞觀 15년(신축 641)

正月[1]에 上이 指殿屋하야 謂侍臣曰 治天下如建此屋하야 營構旣成이면 勿數
(삭)改移니 苟易一椽(최)[2], 正一瓦면 踐履動搖에 必有所損이라 若慕奇功하야
變法度하고 不恒其德이면 勞擾實多니라

　正月에 上이 궁전의 지붕을 가리키면서 侍臣에게 이르기를 "천하를 다스림
은 이 집을 세우는 것과 같아서 경영하여 구조가 이루어진 뒤에는 자주 고치
거나 옮기지 말아야 하니, 만일 한 개의 서까래를 갈고 한 장의 기와를 바로
잡으면 밟고 동요함에 반드시 파손하는 바가 있게 된다. 만약 기이한 功을
사모하여 마음대로 法度를 바꾸고 그 덕(마음)을 일정하게 지키지 않으면 수
고롭고 번거로운 일이 실로 많아지게 된다." 하였다.

1) 〔譯註〕 正月 : 《資治通鑑》에는 7월 병자일(17일)로 되어 있다.
2) 〔通鑑要解〕 一椽 : 椽은 音催니 秦謂之椽하고 周謂之椽하고 齊謂之榱이라
　　椽는 음이 최이니, 秦나라는 椽이라 하고 周나라는 椽라 하고 齊나라는 榱이라
　　하였다.

○ 上謂侍臣曰 朕有二喜一懼하니 比年豐稔(임)하야 長安斗粟이 直(値)三
四錢하니 一喜也요 北虜久服하야 邊鄙無虞하니 二喜也요 治安則驕侈易生하고
驕侈則危亡立至하니 此一懼也니라

　上이 侍臣에게 말하기를 "朕은 두 가지 기쁜 일과 한 가지 두려운 일이 있
다. 근년에 풍년이 들어서 長安의 곡식 한 말의 값이 3, 4전이니 이것이 첫
번째 기쁜 일이요, 북쪽의 오랑캐들이 오랫동안 복종하여 변방에 근심이 없
으니 이것이 두 번째 기쁜 일이다. 나라가 다스려지고 편안하면 교만함과 사
치함이 쉽게 생겨나고, 교만하고 사치하면 위태로움과 멸망이 당장 이르니,
이것이 한 가지 두려운 일이다." 하였다.

○ 幷州大都督長史李世勣[1]이 在州十六年에 令行禁止하니 夷民懷服이라
上曰 隋煬帝勞百姓하야 築長城[2]하야 以備突厥호되 卒無所益이러니 朕이 唯置
李世勣於晉陽하야 而邊塵不驚하니 其爲長城이 豈不壯哉아하고 乃以世勣으로
爲兵部尙書하다 〈出李世勣傳〉

　幷州大都督長史 李世勣이 幷州에 있는 16년 동안 명령하는 것이 행해지고
금하는 것이 중지되니, 오랑캐 백성들이 마음으로 복종하였다. 上이 이르기
를 "隋나라 煬帝는 백성을 노역시켜 長城을 쌓아서 突厥을 방비하였으나 끝
내 유익한 바가 없었다. 朕은 오직 李世勣을 晉陽에 두었을 뿐인데 변방이
안정되어 동요가 없으니 그 長城이 됨이 어찌 장대하지 않겠는가." 하고는
마침내 李世勣을 兵部尙書로 삼았다. - 《新唐書 李勣傳》에 나옴 -

1) 〔譯註〕李世勣 : 본래 姓은 徐인데 唐 高祖에게 李氏姓을 하사받아 李世勣이라
　　하고, 또 太宗(李世民)의 諱를 피하여 '世'자를 빼고 李勣이라 하였다.
2) 〔頭註〕築長城 : 見三十四卷丁卯年이라
　　長城을 쌓은 일은 34권 丁卯年條(607)에 보인다.

○ 上問魏徵호되 比來에 朝臣이 何殊[1]不論事오 對曰 陛下虛心采納하시면 必
有言者하리이다 凡臣이 徇國者寡하고 愛身者多하니 彼畏罪故로 不言이니이다 上曰
然하다 人臣이 開說忤旨면 動及刑誅하니 與夫蹈湯火, 冒白刃者로 亦何異哉
아 是以로 禹拜昌言[2]하시니 良爲此也로다 〈出諫錄〉

　上이 魏徵에게 묻기를 "근래에 조정의 신하들이 어찌하여 국가의 일을 전
혀 논하지 않는가?" 하니, 魏徵이 대답하기를 "폐하께서 마음을 비우고 신하
들의 말을 採納하시면 반드시 말하는 자가 있을 것입니다. 무릇 신하들이 국
가를 위해 희생하려는 자는 적고 자기 몸을 아끼는 자는 많으니, 저들이 죄
를 범할까 두려워하기 때문에 간언하지 않는 것입니다." 하였다. 上이 이르
기를 "그러하다. 신하가 정사를 의논하다가 군주의 뜻을 거스르면 번번이 형

벌과 죽음에 이르니, 끓는 물과 타오르는 불을 밟고 시퍼런 칼날을 무릅쓰는 것과 또한 무엇이 다르겠는가. 그러므로 禹임금이 昌言에 절하신 것이니, 진실로 이 때문이다." 하였다. - ≪魏鄭公諫錄≫에 나옴 -

1) 〔頭註〕何殊 : 殊는 絶也라
   殊는 절대로이다.

2) 〔譯註〕禹拜昌言 : 昌言은 善言으로, ≪書經≫ 〈皐陶謨〉에 "禹가 昌言에 절하며 '너의 말이 옳다.' 했다.〔禹拜昌言 曰兪〕"하였고, ≪孟子≫ 〈公孫丑 上〉에는 "禹임금은 善言을 들으면 절하셨다.〔禹聞善言則拜〕" 하였다.

○ 上이 嘗臨朝에 謂侍臣曰 朕爲人主하야 常兼行將相之事로라 給事中張行成이 退而上書하야 以爲禹不矜伐[1]이나 而天下莫與之爭[2]하니이다 陛下撥亂反正하시니 群臣이 誠不足望淸光이나 然不必臨朝言之하야 以萬乘之尊으로 乃與群臣校功爭能이니 臣은 竊爲陛下不取하노이다 上이 甚善之라 〈出行成傳〉

上이 일찍이 조정에 임어하여 侍臣에게 이르기를 "朕이 비록 군주이지만 항상 將相의 일을 겸하여 행하였다." 하니, 給事中 張行成이 물러가 글을 올려서 아뢰기를 "禹임금은 자신의 재능과 공로를 자랑하지 않았으나 천하에 禹임금과 재능과 공로를 다툴 자가 없었습니다. 폐하께서 난을 평정하여 바른 데로 돌아오게 하시니, 여러 신하들이 진실로 淸光(임금의 얼굴)을 우러러볼 수 없으나 굳이 조회에 임하여 이것을 말씀하시어 萬乘의 존귀한 군주로서 마침내 여러 신하들과 功을 비교하고 능력을 다툴 필요는 없으니, 신은 삼가 폐하를 위하여 취하지 않습니다." 하였다. 上이 그의 말을 매우 좋게 여겼다. - ≪新唐書 張行成傳≫에 나옴 -

1) 〔頭註〕矜伐 : 矜은 誇其能이요 伐은 誇其功也라
   矜은 재능을 자랑하는 것이고, 伐은 공을 자랑하는 것이다.

2) 〔譯註〕禹不矜伐 而天下莫與之爭 : ≪書經≫ 〈大禹謨〉에 舜임금이 말씀하기를 "이리 오라, 禹야! 홍수가 나를 경계하였는데 믿음을 이루고 공을 이루니 너의 어짊이며, 나랏일에 부지런하고 집안에 검소하여 자만하고 큰 체하지 않으니 너의 어짊이다. 네가 자랑하지 않으나 천하에 너와 능함을 다툴 자가 없으며, 네

가 과시하지 않으나 천하에 너와 공을 다툴 자가 없다.〔來 禹 洚水儆予 成允成 功 惟汝賢 克勤于邦 克儉于家 不自滿假 惟汝賢 汝惟不矜 天下莫與汝爭能 汝惟 不伐 天下莫與汝爭功〕" 하였다.

○ 上이 以近世陰陽雜書 訛僞尤多라하야 命太常博士呂才하야 刊定¹⁾上之하 니 才皆爲之敍하고 質以經史하다 其序宅經曰 近世에 巫覡(격)²⁾이 妄分五姓³⁾ 하니 如張王爲商하고 武庚爲羽는 似取諧韻이어니와 至於以柳爲宮하고 以趙爲 角하야는 又復不類요 或同出一姓이나 分屬宮, 商하고 或複姓數字에 莫辨徵 (치), 羽⁴⁾하니 此則事不稽古하고 義理乖僻⁵⁾者也라 敍祿命⁶⁾曰 祿命之書 多言或中하야 人乃信之나 然長平坑卒⁷⁾이 未聞共犯三刑⁸⁾이요 南陽貴士⁹⁾ 何必俱當六合¹⁰⁾이리오 今亦有同年同(錄)〔祿〕이나 而貴賤懸殊하고 共命共 胎나 而夭壽更異하니 此皆祿命不驗之著明者也라 其敍葬曰 古者에 卜葬은 蓋以朝市遷變하고 泉石交侵하야 不可前知라 故로 謀之龜筮러니 近代엔 或選 年月하고 或相墓田하야 以爲窮達壽夭 皆因卜葬所致라 按禮에 天子, 諸侯, 大夫 葬皆有月數¹¹⁾하니 是는 古人不擇年月也요 春秋에 九月丁巳에 葬定公 할새 雨하야 不克葬하고 戊午에 日下昃할새 乃克葬이라하니 是는 不擇日也요 鄭葬簡 公할새 司墓之室¹²⁾이 當路라 毁之則朝而窆이요 不毁則日中而窆¹³⁾이어늘 子 産不毁하니 是는 不擇時也요 古之葬者 皆於國都之北하야 兆域¹⁴⁾有常處하니 是는 不擇地也라 今에 以妖巫妄言으로 遂於擗踊之際에 擇地選時하야 以希富 貴하며 或云辰日不可哭泣이라하야 遂(筦)〔莞〕爾¹⁵⁾而對弔客하며 或云同屬忌 於臨壙¹⁶⁾이라하야 遂吉服으로 不送其親하니 傷敎敗禮 莫斯爲甚이라하니 識者以 爲確論¹⁷⁾이러라

上이 근세에 陰陽에 관한 雜書가 거짓됨이 특히 많다고 해서 太常博士 呂 才에게 명해서 세상에 유행하는 서적을 刊定하여 올리게 하니, 呂才가 부문 별로 모두 서문을 짓고 經書와 史書로써 질정하였다. ≪宅經≫에 서문을 쓰

기를 "근세에 무당들이 함부로 五姓을 나누는데, 예를 들면 張氏와 王氏를 商이라 하고 武氏와 庾氏를 羽라 한 것은 韻이 맞음을 취한 듯하나, 柳氏를 宮이라 하고 趙氏를 角이라 함에 있어서는 또 유사하지 않으며, 혹은 똑같이 한 姓에서 나왔는데 나누어서 宮과 商에 속하게 하고, 혹은 複姓이라서 몇 자가 되는 것은 徵에 속하는지 羽에 속하는지 구분하지 못하니, 이것은 일이 옛것에 부합하지 않고 의리에도 어긋난다." 하였다.

《祿命》에 서문을 쓰기를 "祿命(사람이 타고난 운명)에 관한 책은 말을 많이 하여 간혹 맞을 때가 있으므로 사람들이 마침내 믿고 있으나 長平에 매장당한 병사들이 모두 三刑을 범했다는 말을 듣지 못하였으며, 南陽의 귀한 선비들이 어찌 반드시 모두 六合의 운명을 타고났겠는가. 지금 또한 같은 해에 태어나 福祿이 같은데도 貴賤이 크게 다르고, 命運이 같고 한 어머니의 뱃속에서 태어났는데도 夭壽가 다시 다른 경우가 있으니, 이는 모두 祿命이 증명되지 않음이 분명한 것이다." 하였다.

《葬經》에 서문을 쓰기를 "옛날 葬禮할 때에 묏자리를 점치는 것은 朝市가 변천하고 泉石이 서로 침식하는 것을 미리 알 수 없기 때문에 거북껍질과 시초로 길흉을 점쳤는데, 근래에는 혹 術士를 불러다 매장할 年月을 가리고 혹은 묏자리를 보고는 곤궁하고 영달하고 장수하고 요절함이 모두 葬地와 葬日을 점친 소치라고 한다. 《禮》를 살펴보면 천자와 제후와 대부의 장례가 모두 정해진 개월 수가 있었으니 이는 옛사람이 장례할 때에 年月을 가리지 않은 것이요, 《春秋》 定公 15년조에 '9월 丁巳日(9일)에 定公을 장례할 적에 비가 내려 장례할 수가 없어서 戊午日(10일) 해가 기울 때에야 비로소 장례하였다.' 하였으니 이는 날짜를 가리지 않은 것이요, 鄭나라 簡公을 장례할 적에 司墓의 집이 장례하러 가는 길을 막고 있어서 이 집을 헐면 아침에 묘를 쓸 수 있고 헐지 않으면 정오에 묘를 쓸 수 있었는데 子産이 헐지 않았으니 이는 때를 가리지 않은 것이요, 옛날에 장례하는 자들은 모두 도성의 북쪽에 매장하여 묘역이 일정한 곳이 있었으니 이는 장소를 가리지 않은 것이다. 지금은 요망한 무당의 말을 따라 마침내 상주들이 슬퍼서 가슴을 치고 발을 구를 때에 땅을 고르고 時日을 가려서 부귀하게 되기를 바란다. 혹은 辰日에 곡하고 울어서는 안 된다 하여 마침내 빙그레 웃으면서 조문객을 대하며, 혹은 같은 띠는 壙中에 임하는 것을 꺼린다 하여 마침내 吉服을 입고서 그 어버이를 장송하지 않으니, 教化를 손상시키고 禮俗을 무너뜨림이 이보다 더 심한 것이 없다." 하니, 識者들이 확고한 의론이라고 하였다.

1) 〔頭註〕 刊定 : 刊은 削也라
    刊은 깎아냄이다.

2) 〔通鑑要解〕 巫覡 : 覡은 音檄이라 在男曰覡이요 在女曰巫라
    覡은 음이 격이다. 남자는 覡이라 하고 여자는 巫라 한다.

3) 〔譯註〕 五姓 : 옛날에 術士들이 宮·商·角·徵·羽를 各姓에 分屬시켜 五姓으로 만들어서 當年의 길흉을 판단하였다.

4) 〔通鑑要解〕 徵羽 : 徵音은 火音[*]也라
    徵音은 火音이다.

[*] 火音 : 宮·商·角·徵·羽 五音을 金·木·水·火·土 五行에 배합시키면 宮音은 가장 濁하여 土에 속하고, 商音은 宮音 다음으로 濁하여 金에 속하고, 角音은 淸濁의 중간에 있어 木에 속하고, 徵音은 소리가 맑아 火에 속하고, 羽音은 가장 맑아 水에 속한다.

5) 〔通鑑要解〕 義理乖僻 : 近世相傳에 以字學分五音하야 只在脣舌齒調之하니 舌居中者爲宮이요 口開張者爲商이요 舌縮却者爲角이요 舌拄齒者爲徵요 脣撮聚者爲羽라 陰陽家以五姓分屬五音[*]이 說正如此라
    근세에 서로 전해오는 설에 字學으로 五音을 나누어 단지 입술과 혀와 이로 조절하는 데에 달려 있으니, 혀가 가운데 있게 발음하는 것을 宮이라 하고, 입을 벌려 발음하는 것을 商이라 하고, 혀를 오므려 말고 발음하는 것을 角이라 하고, 혀가 이를 떠받치고 발음하는 것을 徵라 하고, 입술을 오므린 채 발음하는 것을 羽라고 한다. 陰陽家가 五姓을 五音에 분속시킨 것도 그 說이 이와 같다.

[*] 五姓分屬五音 : 五姓은 術士들이 姓氏를 宮·商·角·徵·羽 五音에 따라 분류한 것이다. ≪舊唐書≫〈呂才傳〉에 "근대에 이르러서 巫師들이 다시 五姓의 說을 덧붙였으니, 五姓이란 宮·商·角·徵·羽 등을 이르니, 천하 만물을 모두 여기에 배속시키고 行事의 吉凶을 이에 따라 법으로 삼는다.……또 ≪春秋≫를 징험해 보건대 陳·衛·秦은 모두 똑같이 水姓이고 齊·鄭·宋은 모두 火姓이라 하여, 혹은 붙어나온 조상을 이어받기도 하고 혹은 소속한 별(二十八宿)의 分野를

취하기도 하고 혹은 사는 지역을 취하기도 하였다. 그리하여 또한 宮·商·角·徵가 아닌데, 서로 관섭시켰으니, 이는 옛일을 상고하지 않은 것이며 의리가 어긋나는 것이다.〔至於近代 師巫更加五姓之說 言五姓者 謂宮商角徵羽等 天下萬物 悉配屬之 行事吉凶 依此爲法……又檢春秋 以陳衛及秦 竝同水姓 齊鄭及宋 皆爲火姓 或承所出之祖 或繫所屬之星 或取所居之地 亦非宮商角徵 共相管攝 此則事不稽古 義理乖僻者也〕"는 내용이 보인다.

6)〔譯註〕祿命 : 福祿의 운명으로, 인생의 盛衰·禍福·壽夭·貴賤 등을 모두 하늘이 정해준다고 생각하는 宿命論을 말한다.

7)〔釋義〕長平坑卒 : 秦將白起攻趙할새 時에 趙軍長平이러니 秦殺其將趙括하고 坑其降卒四十萬하니 事在周赧王五十五年이라

　　秦나라 장수 白起가 趙나라를 공격했을 때에 趙나라 군대가 長平에 주둔하고 있었는데, 秦나라가 趙나라 장수 趙括을 죽이고 항복한 병졸 40만 명을 묻어 죽였으니, 이 일은 周나라 赧王 55年(B.C.260)에 있었다.

8)〔附註〕三刑 *) : 十二辰有無恩之刑, 無禮之刑, (時)〔恃〕勢之刑하니 卽子刑卯하고 卯刑子하고 寅刑巳하고 巳刑申之類라 太歲若與生月相刑이면 主非命而死라 五行精記에 丑未戌刑名恃勢요 寅申巳位是無恩이요 (丁)〔子〕與卯刑曰無禮라 辰午酉亥自相刑이라하니 辰刑辰하고 午刑午하고 酉刑酉하고 亥刑亥也라

　　12支에는 無恩殺과 無禮殺과 恃勢殺이 있으니, 곧 子는 卯를 刑殺하고 卯는 子를 형살하고 寅은 巳를 형살하고 巳는 申을 형살하는 따위이다. 太歲가 만약 生月과 서로 형살이 되면 비명횡사하게 된다. 《五行精記》에 "丑·未·戌의 刑殺을 恃勢라 이름하고, 寅·申·巳의 자리는 無恩이며, 子와 卯의 형살을 無禮라 한다. 辰·午·酉·亥는 자기들끼리 서로 형살하니, 辰이 辰을 형살하고 午가 午를 형살하고 酉가 酉를 형살하고 亥가 亥를 형살한다." 하였다.

*) 三刑 : 고대에 占術家들이 12支를 가지고 10으로 逆推하거나 順推하여 吉凶을 헤아린 것이다. 子刑卯·卯刑子를 互刑이라 하고, 寅刑巳·巳刑申·申刑寅·未刑丑·丑刑戌·戌刑未를 遞刑이라 하고, 辰刑辰·午刑午·酉刑酉·亥刑亥를 自刑이라 한다. 互刑은 서로 刑殺하는 것이고, 自刑은 같은 地支를 刑殺하는 것이다. 儲華子가 이르기를 "子·卯가 一刑, 寅·巳·申이 二刑이고, 丑·戌·未가 三刑이다. 卯로부터 順으로 子에 이르고 子로부터 逆으로 卯에 이르면 10수를 다하여 無禮之刑이 되고, 寅으로부터 順으로 巳에 이르고 巳로부터 逆으로 申에 이르면 10수를 다하여 無恩之刑이 되고, 丑으로부터 順으로 戌에 이르고 戌로부

터 逆으로 未에 이르면 10수를 다하여 恃勢之刑이 되니, 皇極 가운데에는 10을 刑殺의 數로 삼기 때문이다." 하였다.

9)〔釋義〕南陽貴士：漢光武時에 彭寵, 李通, 鄧晨, 來歙, 鄧禹, 岑彭, 賈復, 吳漢, 陳俊, 任光, 朱祜, 杜茂, 馬成, 馬武, 劉隆, 韓歆, 趙熹, 張堪, 馮鮪, 蔡少公, 李軼, 李守, 尹敏等이 皆南陽人이니 竝貴士也라

　　漢나라 光武帝 때에 彭寵·李通·鄧晨·來歙·鄧禹·岑彭·賈復·吳漢·陳俊·任光·朱祜·杜茂·馬成·馬武·劉隆·韓歆·趙熹·張堪·馮鮪·蔡少公·李軼·李守·尹敏 등이 모두 南陽 사람이었으니, 모두 귀한 선비들이었다.

10)〔譯註〕六合：陰陽家는 月建과 日辰의 地支가 서로 합하는 것을 吉日로 여긴다. 즉 子는 丑과 합하고, 寅은 亥와 합하고, 卯는 戌과 합하고, 辰은 酉와 합하고, 巳는 申과 합하고, 午는 未와 합한다 하여 총칭하여 六合이라 한다.

11)〔譯註〕皆有月數：《禮記》〈王制〉에 "天子는 7일에 殯하고 7개월에 장사 지내며, 諸侯는 5일에 殯하고 5개월에 장사 지내며, 大夫와 士·庶人은 3일에 殯하고 3개월에 장사 지낸다.〔天子七日而殯 七月而葬 諸侯五日而殯 五月而葬 大夫士庶人三日而殯 三月而葬〕"는 내용이 보인다.

12)〔釋義〕司墓之室：鄭掌公墓大夫니 徒屬之家라

　　鄭나라의 公墓를 관장하는 大夫의 徒屬이 사는 집이다.

13)〔頭註〕毀之則朝而窆 不毀則日中而窆：窆은 陂驗切이니 葬下棺也라 左昭十二年에 毀之則道直이라 故早朝而下棺하고 不毀則道迂라 故日中而下棺이라하니라 迂는 曲也라

　　窆은 陂驗切(폄)이니, 장사 지낼 때 下棺하는 것이다. 《春秋左傳》 昭公 12년에 "〈鄭나라 簡公을 장례할 적에 司墓의 집이 길을 막고 있었다.〉 이 집을 헐면 길이 곧기 때문에 아침에 下棺할 수 있고, 헐지 않으면 길이 돌아가기 때문에 정오에 下棺할 수 있었다." 하였다. 迂는 굽은 것이다.

14)〔通鑑要解〕兆域：兆는 與垗(조)同하니 塋(영)域也라

　　兆는 垗와 같으니, 묘역이다.

15)〔頭註〕莞爾：莞은 音晥이니 小笑貌라

　　莞은 음이 환(완)이니, 조금 웃는 모습이다.

16)〔通鑑要解〕臨壙：壙은 音曠이니 墓穴也라

　　壙은 음이 광이니, 무덤의 구덩이이다.

17)〔頭註〕確論：確은 堅也라

確은 확고함이다.

【壬寅】十六年이라

貞觀 16년(임인 642)

上謂諫議大夫褚遂良曰 卿이 猶知起居注[1]하니 所書를 可得觀乎아 對曰 史官이 書人君言動하야 備記善惡은 庶幾人君不敢爲非니 未聞自取而觀之也니이다 上曰 朕有不善이면 卿亦記之邪아 對曰 臣職當載筆[2]하니 不敢不記니이다 黃門侍郞劉洎(계)曰 借使遂良不記라도 天下亦皆記之니이다 上曰 朕行有三하니 一은 監前代하야 以爲元龜요 二는 進善人하야 共成政道요 三은 斥遠群小하야 不受讒言이라 朕이 能守而勿失하니 亦欲史氏不能書吾惡也로라 〈出遂良傳〉

上이 諫議大夫 褚遂良에게 이르기를 "卿이 아직도 起居注를 맡고 있으니 기록한 내용을 내가 볼 수 있겠는가?" 하니, 褚遂良이 대답하기를 "史官이 군주의 말씀과 행동을 써서 선과 악을 자세히 기록하는 것은 군주가 감히 그른 일을 하지 못하게 하려고 해서이니, 군주가 직접 가져다가 보았다는 말은 듣지 못했습니다." 하였다. 上이 이르기를 "짐이 잘못한 것이 있으면 卿 또한 기록했는가?" 하니, 褚遂良이 대답하기를 "신은 직책이 붓으로 기록하는 일을 담당하였으니, 감히 기록하지 않을 수 없습니다." 하였다. 黃門侍郞 劉洎가 아뢰기를 "설령 褚遂良이 기록하지 않는다 하더라도 천하 사람들이 또한 다 기록합니다." 하였다.

上이 이르기를 "짐의 행실이 세 가지가 있으니, 첫 번째는 前代를 거울삼아 龜鑑으로 삼는 것이요, 두 번째는 善人을 등용하여 함께 治道를 이루는 것이요, 세 번째는 여러 소인들을 멀리 배척하여 참소하는 말을 받아들이지 않는 것이다. 짐이 이것을 지키고 잃지 않는 것은 또한 史官들이 나의 악을 쓰지 못하게 하려 해서이다." 하였다. - ≪新唐書 褚遂良傳≫에 나옴 -

1) 〔頭註〕起居注 : 官名이니 掌錄天子起居法度라 郞居左하고 舍人居右[*]하야 有命

이어든 俯陛而聽之하고 退而書之하야 季終以授史官하니라

　起居注는 관직의 이름이니, 天子의 起居와 法度를 기록하는 일을 관장한다. 起居
　郞은 왼쪽에 거하고 起居舍人은 오른쪽에 거하여 황제의 명이 있으면 계단에 엎드
　려서 이것을 듣고 물러나 이것을 기록하여 四時의 마지막 달에 史官에게 준다.
*) 郞居左 舍人居右 : 起居郞은 門下省에 속하고 起居舍人은 中書省에 속하였다.
2)〔釋義〕當載筆 : 當은 主也니 主執記載之筆이라

　　當은 주관(담당)하는 것이니, 기재하는 붓을 잡는 일을 주관하는 것이다.

○ 特進魏徵이 有疾이어늘 上이 手詔問之하고 且言호되 不見數日하니 朕過多矣
라 今欲自往이나 恐益爲勞니 若有聞見이어든 可封狀進來하라 徵이 上言호되 陛
下臨朝에 嘗(常)以至公爲言이나 退而行之에 未免私僻하시고 或畏人知하야
橫加威怒하야 欲蓋彌彰하시니 竟有何益이리잇고 徵宅無堂이어늘 上이 命輟小殿
之材하야 以構之하니 五日而成이라 仍賜以素屛風, 素褥, 几, 杖等하야 以遂
其所尙하다 〈出諫錄〉

　特進官 魏徵이 병이 있자, 上이 손수 쓴 조서를 내려 그를 위문하고, 또 이
르기를 "그대를 보지 못한 지가 여러 날이니, 朕이 과실이 많을 것이다. 지금
내가 직접 찾아가고 싶으나 그대를 더욱 수고롭게 할까 두려우니, 만약 보고
들은 일이 있거든 封緘한 書狀을 올려 보내도록 하라." 하였다. 魏徵이 上言
하기를 "폐하께서 조회에 臨御하여 항상 지극히 공정하게 일을 처리할 것을
말씀하시나 조정에서 물러나 행하실 때에는 사사로움과 편벽됨을 면치 못하
시고, 혹은 사람들이 알까 두려워하여 멋대로 위엄과 노여움을 가해서 허물
을 덮고자 하시나 더욱 드러나니 끝내 무슨 유익함이 있겠습니까." 하였다.
　魏徵의 집에 堂이 없었는데, 上이 작은 궁전의 재목을 거두어다가 魏徵의
堂을 지어주게 하니, 5일 만에 완성되었다. 인하여 흰 병풍, 흰 요, 안석과
지팡이 등을 하사하여 그가 숭상한 검소한 뜻을 이루게 하였다. - ≪魏鄭公
諫錄≫에 나옴 -

○ 八月에 上曰 當今國家에 何事最急고 諫議大夫褚遂良曰 今四方無虞하

니 惟太子, 諸王宜有定分[1]이 最急이니이다 上曰 此言이 是也로다 〈出政要〉

8월에 上이 이르기를 "현재 국가에 어떤 일이 가장 급한가?" 하니, 諫議大夫 褚遂良이 아뢰기를 "지금 사방에 근심이 없으니, 오직 太子와 諸王에게 定分(일정한 명분과 신분)을 두게 하는 것이 가장 급합니다." 하였다. 上이 이르기를 "이 말이 옳다." 하였다. - ≪貞觀政要≫에 나옴 -

1) 〔頭註〕定分 : 時에 太子承乾이 失德하고 魏王泰寵하야 群臣이 日有疑議라 故로 遂良之對에 及之하니라 事見下癸卯年이라

당시에 太子 李承乾이 덕을 잃고 魏王 李泰가 총애를 받아 여러 신하들 사이에 날마다 의심하는 말이 분분하였기 때문에 褚遂良이 대답할 때 이를 언급한 것이다. 이 일은 뒤에 癸卯年條(643)에 보인다.

○ 西突厥이 遣兵寇伊州하다 初에 高昌旣平에 歲發千餘人하야 戍守其地하니 褚遂良이 上疏諫호되 上弗聽하다 及西突厥入寇에 上悔之曰 魏徵, 褚遂良이 勸我復立高昌호되 吾不用其言이러니 今方自咎耳로다 〈出西域高昌傳〉

西突厥이 군대를 보내어 伊州를 침략하였다. 처음에 高昌이 이미 평정된 뒤에 해마다 천여 명을 징발하여 그 지역을 지키게 하니, 褚遂良이 상소하여 간하였으나 上이 따르지 않았다. 西突厥이 쳐들어와 침략하자, 上이 뉘우치며 이르기를 "魏徵과 褚遂良이 나에게 高昌의 國君을 다시 세워주라고 권하였으나 내가 그 말을 따르지 않았는데, 이제야 비로소 자신을 탓한다." 하였다. - ≪新唐書 西域傳≫의 高昌條에 나옴 -

○ 十月에 宇文士及이 卒하다 上이 嘗止樹下하야 愛之한대 士及이 從而譽之不已어늘 上이 正色曰 魏徵이 嘗勸我遠佞人이라호되 我不知佞人爲誰하야 意疑是汝러니 今果不謬로다 士及이 叩頭謝하다 〈出士及本傳〉

10월에 宇文士及이 죽었다. 上이 일찍이 나무 아래에 쉬면서 나무를 사랑하자, 宇文士及이 이로 인해 나무를 칭찬해 마지않았다. 上이 얼굴빛을 엄정

하게 하고 이르기를 "魏徵이 일찍이 나에게 아첨하는 사람을 멀리하라고 권하였으나 나는 아첨하는 사람이 누구인지 알지 못하여 속으로 네가 아닌가 의심하였는데, 지금 과연 틀리지 않았다." 하니, 宇文士及이 머리를 조아려 사죄하였다. ‒ ≪新唐書 宇文士及傳≫에 나옴 ‒

〔新增〕 范氏曰 大禹曰 何畏乎巧言令色孔壬[1]이리오하시고 孔子曰 佞人殆[2]라 하시니 夫佞人者는 止於諛悅順從而已로되 而近之면 必至於殆는 何也오 彼佞人者는 不知義之所在하고 而惟利之從故也라 利在君父則從君父하고 利在權臣則附權臣하고 利在敵國則交敵國하고 利在戎狄則親戎狄이라 忠臣則不然하야 從義而不從君하고 從道而不從父하야 使君不陷(以)〔於〕非義하고 父不入於非道라 故로 雖有所不從이나 將以處君父於安也라 君有不義하면 不從也하니 而況於權臣乎아 父有不義하면 不從也하니 而況於他人乎아 (古)〔臣〕之佞者는 其始에 未必有悖逆之心이로되 及其患失하얀 則無所不至라 故로 終至於弑君而亡國이라 是故로 堯, 舜畏之하시고 而孔子以爲殆하시니 人君이 可不遠之乎아

范氏(范祖禹)가 말하였다.

"大禹가 말씀하기를 '말을 듣기 좋게 하고 얼굴빛을 보기 좋게 꾸미면서 크게 간악한 마음을 품은 자를 어찌 두려워하겠는가.' 하였고, 孔子가 말씀하기를 '말 잘하는 사람은 위태롭다.'라고 하셨으니, 말 잘하는 자는 아첨하여 남을 기쁘게 하고 순종하는 데 그칠 뿐인데 이들을 가까이하면 반드시 위태로움에 이르는 것은 어째서인가? 저 말 잘하는 자는 義가 있는 바를 알지 못하고 오직 이익을 따르기 때문이다. 이익이 君父에게 있으면 君父를 따르고, 이익이 權臣에게 있으면 權臣을 따르고, 이익이 敵國에게 있으면 敵國과 내통하고, 이익이 戎狄에게 있으면 戎狄을 가까이한다. 충신은 그렇지 않아서 義를 따르고 군주를 따르지 않으며 道를 따르고 아버지를 따르지 않아서, 군주로 하여금 義가 아닌 곳에 빠지지 않게 하고 아버지로 하여금 道가 아닌 곳에 들어가지 않게 한다. 그러므로 비록 따르지 않는 바가 있으나 이는 장차 군주와 부모를 편안한 곳에 처하게 하려는 것이다. 군주가 의롭지 않음이 있으면 따르지 않으니 하물며 권신에 있어서겠는가. 아버지가 의롭지 않음이

있으면 따르지 않으니 하물며 타인에 있어서겠는가. 신하로서 말 잘하는 자가 처음부터 반드시 悖逆하려는 마음이 있었던 것은 아니지만 부귀를 잃을까 근심함에 이르게 되면 못하는 짓이 없다. 그러므로 끝내는 군주를 시해하고 나라를 멸망시키는 데에까지 이르는 것이다. 이 때문에 堯임금과 舜임금이 두려워하셨고 孔子께서 위태롭다고 하신 것이니, 군주가 이들을 멀리하지 않을 수 있겠는가."

1) 〔頭註〕何畏乎巧言令色孔壬^{*)} : 孔은 太요 壬은 佞也니 好其言하고 善其色이나 而大包藏凶德之人也라

　　孔은 심함이고 壬은 아첨함이니, 孔壬은 말을 듣기 좋게 하고 안색을 보기 좋게 하나 가슴속에 크게 흉악한 德(마음)을 숨기고 있는 사람이다.

*) 何畏乎巧言令色孔壬 : ≪書經≫〈皐陶謨〉에 禹가 말씀하기를 "사람을 알면 명철하여 훌륭한 사람을 벼슬시키며 백성을 편안히 하면 은혜로워 모든 백성들이 그리워할 것이니, 군주가 명철하고 은혜로우면 어찌 驩兜를 걱정하며 어찌 有苗의 군주를 귀양 보내며 어찌 말을 듣기 좋게 하고 얼굴빛을 보기 좋게 꾸미면서 크게 간악한 마음을 품은 자를 두려워하겠는가.〔知人則哲 能官人 安民則惠 黎民懷之 能哲而惠 何憂乎驩兜 何遷乎有苗 何畏乎巧言令色孔壬〕"라고 보인다.

2) 〔譯註〕佞人殆 : ≪論語≫〈衛靈公〉에 孔子가 말씀하기를 "鄭나라 음악을 추방해야 하며 말재주 있는 사람을 멀리해야 하니, 鄭나라 음악은 음탕하고 말 잘하는 사람은 위태롭다.〔放鄭聲 遠佞人 鄭聲淫 佞人殆〕"라고 보인다.

上謂侍臣曰 薛延陀(타)屈(倔)彊¹⁾漠北이라 今御之인댄 止有二策하니 苟非發兵殄滅之면 則與之婚姻以撫之耳니 二者何從고 房玄齡對曰 中國新定하고 兵凶戰危하니 臣以爲和親便이라하노이다 上曰 然하다 朕이 爲民父母하니 苟可利之인댄 何愛一女리오하고 以新興公主²⁾妻之하다

上이 侍臣에게 이르기를 "薛延陀가 漠北(사막 북쪽)에서 강성하다. 지금 이들을 어거하려면 다만 두 가지 계책이 있으니, 만일 出兵하여 이들을 섬멸시키는 것이 아니라면 이들과 혼인하여 어루만지는 것일 뿐이다. 두 가지 중에 무엇을 따라야 하겠는가?" 하니, 房玄齡이 대답하기를 "중국이 새로 안정

되었으며 병기는 흉하고 전쟁은 위험하니, 신은 화친하는 것이 편리하다고
여깁니다." 하였다. 上이 이르기를 "그대의 말이 옳다. 朕이 백성의 부모가
되었으니, 만일 백성을 이롭게 할 수 있다면 어찌 딸 하나를 아끼겠는가." 하
고 新興公主를 시집보내었다.

1) 〔頭註〕屈彊 : 梗戾貌라
　　屈彊은 강하고 사나운 모양이다.
2) 〔頭註〕新興公主 : 皇女라
　　新興公主는 황제의 딸이다.

○ 上曰 朕爲兆民之主하야 皆欲使之富貴하노니 若敎以禮義하야 使之少敬
長, 婦敬夫면 則皆貴矣요 輕徭薄賦하야 使之各治生業이면 則皆富矣리니 若
家給人足이면 朕雖不聽管絃이나 樂在其中矣니라 〈出貞觀政要〉

　　上이 이르기를 "朕은 만백성의 주인이 되어 모든 백성들로 하여금 부귀하
게 하고자 하노니, 만약 禮義를 가르쳐서 젊은이가 어른을 공경하고 부인이
남편을 공경하게 한다면 모두 귀해질 것이요, 세금을 적게 거두고 賦役을 줄
여서 각기 생업을 다스리게 한다면 모두 부유해질 것이다. 만약 집안이 넉넉
하고 사람이 풍족하다면 朕이 비록 관현악을 듣지 않더라도 즐거움이 이 안
에 있다." 하였다. - ≪貞觀政要≫에 나옴 -

【癸卯】十七年이라

　　貞觀 17년(계묘 643)

正月에 魏徵이 寢疾[1]이어늘 上이 遣使者問訊하고 賜以藥餌[2]하야 相望於道하다
又遣中郞將李安儼하야 宿其第하야 動靜以聞케하고 上이 復與太子로 同至其
第하야 指衡山公主[3]하야 欲以妻其子叔玉이러라 戊辰에 徵薨이어늘 上이 自製碑
文하고 幷爲書石하다 上이 思徵不已하야 謂侍臣曰 人以銅爲鑑이면 可正衣冠이
요 以古爲鑑이면 可知興替요 以人爲鑑이면 可明得失이니 朕이 嘗保此三鑑하야

以防己過러니 今魏徵歿하니 朕亡一鑑矣로다〈出本傳이라 此改用本傳文하야 通鑑多不同이라〉

正月에 魏徵이 병이 깊어지자, 上이 使者를 보내어 위문하고 약물을 하사하여 서로 길에 이어졌다. 또 中郞將 李安儼을 보내어 魏徵의 집에 유숙하면서 동정을 살펴 아뢰게 하고, 上이 다시 태자와 함께 魏徵의 집에 가서 衡山公主를 가리키며 魏徵의 아들 叔玉의 아내로 삼게 하고자 하였다. 戊辰日(1월 17일)에 魏徵이 죽자, 上은 직접 碑文을 짓고 아울러 이것을 비석에 썼다.

上이 魏徵을 그리워하기를 마지않으며 侍臣에게 이르기를 "사람이 구리로 거울을 삼으면 衣冠을 단정하게 할 수 있고, 옛 역사로 거울을 삼으면 흥망을 알 수 있고, 사람으로 거울을 삼으면 자신의 得失을 알 수 있다. 朕은 일찍이 이 세 거울을 보유하여 자신의 잘못을 방비했었는데, 이제 魏徵이 죽었으니 짐은 거울 하나를 잃었다." 하였다. - ≪新唐書 魏徵傳≫에 나옴. 여기서는 本傳의 내용을 고쳐 써서 ≪資治通鑑≫과 다른 내용이 많다. -

1) 〔頭註〕寢疾 : 寢은 益也라
   寢은 더욱이다.
2) 〔頭註〕藥餌 : 餌는 米餠也라
   餌는 쌀떡이다.
3) 〔通鑑要解〕衡山公主 : 皇女也라
   衡山公主는 황제의 딸이다.

○ 二月에 上이 問諫議大夫褚遂良曰 舜造漆器에 諫者十餘人이라하니 此何足諫고 對曰 奢侈者는 危亡之本이라 漆器不已면 將以金玉爲之하리니 忠臣愛君에 必防其漸하나니 若禍亂已成이면 無所復諫矣니이다 上曰 然하다 朕有過어든 卿亦當諫其漸하라 朕見前世帝王拒諫者하니 多云業已爲之라하고 或云業已許之라하야 終不爲改하니 如此면 欲無危亡이나 得乎아〈遂良傳〉

2월에 上이 諫議大夫 褚遂良에게 묻기를 "舜임금이 漆器를 만들자, 이를 간하는 자가 10여 명이었다 하니, 이것이 어째서 간할 만한가?" 하니, 褚遂

良이 대답하기를 "사치라는 것은 국가가 위태롭고 멸망하게 되는 근본입니다. 漆器에 그치지 않으면 장차 金玉으로 器物을 만들 것입니다. 忠臣은 君主를 사랑함에 반드시 그 조짐을 막으니, 만약 禍亂이 이미 이루어지면 다시 간할 수가 없게 됩니다." 하였다. 上이 이르기를 "그러하다. 朕이 과실이 있거든 卿은 또한 禍亂이 싹트기 전에 간하라. 朕이 보건대 前世의 帝王 중에 간언을 거절한 자들이 대부분 말하기를 '이미 했다.' 하고 혹은 '이미 허락했다.' 하여 끝내 과실을 고치지 않았으니, 이와 같이 한다면 위태롭고 멸망하지 않기를 바라나 될 수 있겠는가." 하였다. - ≪新唐書 褚遂良傳≫에 나옴 -

○ 上曰 人主惟有一心이어늘 而攻之者甚衆하야 或以勇力하며 或以辯口하며 或以諂諛하며 或以奸詐하며 或以嗜慾하야 輻湊攻之하야 各求自售하야 以取寵祿하나니 人主少懈而受其一이면 則危亡隨之니 此其所以難也니라

上이 이르기를 "군주는 오직 한 마음이 있을 뿐인데 마음을 공략하는 자는 매우 많아서, 혹은 勇力으로, 혹은 말재주로, 혹은 아첨으로, 혹은 간사함으로, 혹은 嗜慾으로 공략하여 사면에서 모여들어 공략함으로써 각각 자신의 계책이 팔리기를 구하여 은총과 복록을 취하려 한다. 군주가 조금 해이해져 그 중 하나라도 받아들이게 되면 국가의 위태롭고 멸망함이 뒤따르게 되니, 이 때문에 군주 노릇 하기가 어려운 것이다." 하였다.

○ 上이 命圖畫功臣趙公長孫無忌, 趙郡元王孝恭, (萊)〔蔡〕成公[1]杜如晦, 鄭文貞公魏徵[2], 梁公房玄齡, 申公高士廉, 鄂公尉(울)遲敬德, 衛公李靖, 宋公蕭瑀, 褒忠壯公段志玄, 夔公劉弘基, 蔣忠公屈突通[3], 鄖(운)節公殷開山, 譙襄公柴紹, 邳襄公長孫順德, 鄖公張亮, 陳公侯君集, 郯(담)襄公張公謹, 盧公程知節, 永興文懿公虞世南, 渝(유)襄公劉政會, 莒公唐儉, 英公李世勣, 胡壯公秦叔寶等於凌煙閣[4]하다 〈出本紀及忠義傳〉

上이 功臣인 趙公 長孫無忌, 趙郡 元王 李孝恭, 蔡國 成公 杜如晦, 鄭國 文貞公 魏徵, 梁公 房玄齡, 申公 高士廉, 鄂公 尉遲敬德, 衛公 李靖, 宋公 蕭瑀, 褒國 忠壯公 段志玄, 夔公 劉弘基, 蔣國 忠公 屈突通, 鄖國 節公 殷開山, 譙國 襄公 柴紹, 邳國 襄公 長孫順德, 鄖公 張亮, 陳公 侯君集, 郯國 襄公 張公謹, 盧公 程知節, 永興國 文懿公 虞世南, 渝國 襄公 劉政會, 莒公 唐儉, 英公 李世勣, 胡國 壯公 秦叔寶 등을 凌煙閣에 그리도록 명하였다. -《新唐書》의〈太宗本紀〉와〈忠義傳〉에 나옴 -

1)〔頭註〕蔡成公云云 : 蔡, 褒, 蔣, 鄖, 譙, 邳, 郯, 永興, 渝, 胡는 幷國名이라 書爵不書諡者는 其人存이요 書爵書諡者는 其人已死라

　　蔡・褒・蔣・鄖・譙・邳・郯・永興・渝・胡는 모두 封國의 이름이다. 작위를 쓰고 시호를 쓰지 않은 것은 그 사람이 살아 있는 것이고, 작위를 쓰고 시호를 쓴 것은 그 사람이 이미 죽은 것이다.

2)〔譯註〕鄭文貞公魏徵 : 鄭 역시 封國의 이름으로, 梁公과 申公 등도 모두 梁國公과 申國公을 줄여서 쓴 것이다. 王과 公은 爵位이고, 文貞은 시호이다.

3)〔頭註〕屈突通 : 屈突은 複姓이라

　　屈突은 複姓이다.

4)〔頭註〕凌煙閣 : 在西內라 閣中에 凡設三隔하야 內一層엔 畫功高宰輔하고 外一層엔〈寫功高侯王하고 又外一層엔〉次第功臣호되 皆北面하야 臣禮也라

　　凌煙閣은 황궁 서쪽에 있다. 閣 안에 세 개의 칸막이를 설치하여 안쪽의 한 층에는 공이 높은 재상을 그리고, 그 밖의 한 층에는 공이 높은 제후를 그리고, 또 그 밖의 한 층에는 공신들을 차례대로 그렸는데, 모두 북쪽을 향하여 신하의 예를 갖추었다.

〔史略 史評〕考索曰 唐凌煙功臣이 凡二十有四人焉이라 夫長孫無忌는 非以其肺腑之恩也라 以其數從征伐平大難하야 討突厥之功而預焉이요 趙郡王孝恭은 非以其宗室之故也라 以其徇巴蜀, 破夷陵하야 有方面之功而預焉이요 房, 杜之謀謨帷幄하야 共定社稷은 足以爲元功之首요 英, 衛之料敵制勝하야 共平紛亂은 足以爲元勳之次요 魏徵之忠謇(건)貴重과 世南之議論懇誠과 蕭瑀之抑過繩違하야 曾無所憚은 此皆以文而有功於社稷者也요 屈突通之擧兵圍洛과 張公

謹之副李靖破虜와 秦瓊之先鋒鏖(오)戰하야 前無堅對는 此皆以武而有功於社稷
者也요 其他如尉遲敬德等은 亦皆崎嶇兵間하고 戮力王室하야 有功於開創大業
者也요 至於侯君集, 張亮하야는 雖不克終이나 而其初에 亦豈無一戰之功焉이
리오 唐初功臣이 可謂盛矣로다

≪群書考索≫에 말하였다.

"唐나라 凌煙閣에 초상이 걸린 功臣은 모두 24명이다. 長孫無忌는 외척의
은혜 때문이 아니라 임금을 따라 자주 출정하여 큰 난리를 평정해서 突厥을
토벌한 공으로 참여되었고, 趙郡王 李孝恭은 宗室이기 때문이 아니라 巴蜀을
순행하고 夷陵을 격파하여 方面을 맡은 공이 있었기 때문에 참여되었다. 房
玄齡과 杜如晦가 帷幄에서 계책을 세워 함께 社稷을 안정시킨 것은 충분히
元勳의 우두머리가 될 만하고, 英公(李勣)과 衛公(李靖)이 적을 헤아려 勝機
를 잡아서 함께 紛亂을 평정한 것은 元勳의 다음이 될 만하다. 魏徵의 忠謇
(直諫)의 貴重함과 虞世南의 議論의 간곡함과 蕭瑀가 군주의 과실을 억제하
고 잘못을 바로잡아 일찍이 꺼리는 바가 없음은 이는 모두 文臣으로서 社稷
에 공이 있는 자요, 屈突通이 군대를 모두 동원하여 洛陽을 포위한 것과 張
公謹이 李靖의 부사령관이 되어 오랑캐를 격파한 것과 秦瓊이 先鋒에 서서
싸워 앞에 강한 적수가 없었던 것은 이는 모두 武臣으로서 社稷에 공이 있는
자이다. 기타 尉遲敬德 같은 자들은 또한 모두 전쟁터에서 험난함을 겪고 王
室에 힘을 다하여 創業하는 큰 일에 공이 있는 자요, 侯君集과 張亮에 이르
러서는 비록 끝을 잘 마치지 못하였으나 처음에 또한 어찌 한 번 싸운 공이
없겠는가. 唐나라 초기의 功臣은 거룩하다고 이를 만하다."

○ 初에 太子承乾은 喜聲色及畋獵하고 所爲奢靡하며 魏王泰는 多藝能하야 有
寵於上하야 潛有奪嫡之志라 上意浸不懌이어늘 太子亦知之하고 陰養刺客紇
干承基[1]等及壯士百餘人하야 謀殺魏王泰러니 會에 承基坐事繫獄[2]하야 上
變告[3]太子謀反이어늘 勅中書, 門下하야 參鞫之[4]하니 反形已具라 廢爲庶人
하고 侯君集等이 皆伏誅하다 承乾旣獲罪에 魏王泰日入侍奉하니 上이 面許立

爲太子하고 岑文本, 劉洎亦勸之호되 長孫無忌 固請立晉王治[5]라라 上이 御
兩儀殿하니 群臣이 俱出하고 獨留長孫無忌, 房玄齡, 李世勣, 褚遂良이라 謂
曰 我三子一弟[6] 所爲如是하니 我心이 誠無聊賴라하고 因自投于牀이어늘 無
忌等이 爭前扶抱라 上이 又抽佩刀하야 欲自刺(척)이어늘 遂良이 奪刀하야 以授晉
王治하다 無忌等이 請上所欲한대 上曰 我欲立晉王이로라 無忌曰 謹奉詔호리이다
上悅하야 立晉王治하야 爲皇太子하다 上謂侍臣曰 我若立泰면 則是太子之
位를 可經營而得이니 自今으로 太子失道에 藩王窺伺者는 皆兩棄之호되 傳諸
子孫하야 永爲後法하리라하다

처음에 태자 李承乾은 음악과 여색 및 사냥을 좋아하고 하는 일이 사치하
였으며, 魏王 李泰는 기예와 재능이 많아 上에게 총애를 받자 嫡子의 자리를
빼앗으려는 마음을 몰래 품었다. 上의 뜻이 점점 태자를 탐탁해하지 않자,
태자 또한 이것을 알고 은밀히 자객 紇干承基 등과 壯士 100여 명을 길러
魏王 李泰를 죽일 것을 도모하였다. 마침 紇干承基가 역모 사건에 연루되어
옥에 갇혔는데, 태자가 모반하려 한다고 조정에 고변하니, 上이 中書省과 門
下省에 칙령을 내려 鞫問에 참여하게 하였다. 모반의 형상이 이미 갖춰져 있
었으므로 태자를 폐하여 庶人으로 삼고 侯君集 등이 모두 죄를 받아 죽었다.

李承乾이 죄를 받은 뒤에 魏王 李泰가 날마다 들어가 모시고 받드니, 上이
면전에서 그를 세워 태자를 삼기로 허락하였고, 岑文本과 劉洎 또한 이를 권
하였으나 長孫無忌는 굳이 晉王 李治를 세울 것을 청하였다. 上이 兩儀殿에
납시니, 여러 신하들이 모두 물러 나가고 오직 長孫無忌·房玄齡·李世勣·
褚遂良만 남아있었다. 上이 이들에게 이르기를 "나의 세 아들과 한 아우의
소행이 이와 같으니, 나의 마음이 실로 의지할 곳이 없다." 하고는, 인하여
스스로 침상에 몸을 던지자 長孫無忌 등이 다투어 上의 앞으로 나아가 부축
하였다. 上이 또다시 佩刀를 뽑아 스스로 목을 찌르려고 하니, 褚遂良이 칼
을 빼앗아 晉王 李治에게 주었다.

長孫無忌 등이 上이 하고자 하는 바를 묻자, 上이 이르기를 "나는 晉王을

세우고자 한다." 하였다. 長孫無忌가 아뢰기를 "삼가 명령을 받들겠습니다."
하니, 上이 기뻐하여 晉王 李治를 세워 황태자로 삼았다.

上이 侍臣에게 이르기를 "내가 만약 魏王 李泰를 세운다면 이는 태자의 지
위를 경영하여 얻을 수 있는 것이 된다. 지금부터는 가령 태자가 덕망을 잃
음에 藩王으로서 태자의 자리를 넘본 경우에는 둘 다 모두 버리고 세우지 않
되 이를 자손에게 전하여 영원히 후세의 법칙으로 삼게 하라." 하였다.

1) 〔附註〕紇干承基 : 紇干은 複姓也라 乞伏國仁이 其先遇一神龜하니 大如陵阜라
   殺馬祭之러니 俄不見이요 一小兒在焉이라 因養爲子하고 自以有所依憑이라하야
   字曰紇干이라하고 遂以爲氏하니 紇干者는 言依倚也라

   紇干은 複姓이다. 乞伏國仁이 예전에 神龜 한 마리를 만났는데, 크기가 丘陵만 하
   였다. 말을 잡아서 제사하였는데 갑자기 사라져서 보이지 않고 어린아이 한 명이 그
   곳에 있었다. 인하여 아이를 길러 아들로 삼고는 스스로 의지할 곳이 있다 하여 字
   를 紇干이라 하고 마침내 이를 姓氏로 삼았으니, 紇干은 의지한다는 뜻이다.

2) 〔頭註〕承基坐事繫獄*) : 齊王祐反事에 連承基繫獄이라

   齊王 李祐의 역모 사건에 紇干承基가 연루되어 大理獄에 갇혔다.

*) 承基坐事繫獄 : 태자는 齊王 李祐가 齊州에서 반란을 일으켰다는 말을 듣고 紇
   干承基 등에게 이르기를 "우리 궁은 서쪽에 있어 大內와는 20보 거리에 불과하
   다. 경들과 함께 擧事를 도모한다면 어찌 齊王에 비하겠는가." 하였다. 마침 李
   祐의 역모 사건을 다스리고 있었는데 紇干承基에게까지 연루되어 紇干承基가
   大理獄에 갇혀 처형되었다.

3) 〔釋義〕上變告 : 見漢高皇帝九年註*)라

   '上變告'는 《資治通鑑》 漢紀 高皇帝 9년의 '貫高怨家知其謀 上變告之'의 註에
   보인다.

*) 漢高皇帝九年註 : 《資治通鑑》의 胡三省 註에 "變은 비상사태이니, 비상사태를
   조정에 고발함을 이른다.〔變 非常也 謂上告非常之事〕" 하였다.

4) 〔譯註〕勅中書門下參鞫之 : 唐나라 제도에 국가의 큰 옥사는 三司가 심리하여 판
   결하였는데, 三司는 御史大夫 · 中書省 · 門下省이다. 三省을 국문에 참여하게 한
   것은 그 일을 중시한 것이다.

5) 〔附註〕固請立晉王治 : 上謂侍臣曰 昨에 泰投我懷云 今日에 始得爲陛下子로소이
   다 臣有一子하니 臣死之日에 當爲陛下殺之하고 傳位晉王하리이다하니 朕甚憐之

하노라 褚遂良諫曰 陛下萬歲後에 魏王이 據天下면 肯殺其愛子하야 以授晉王哉 잇가 願先措置晉王이라야 始得安全耳니이다

上이 侍臣에게 이르기를 "어제 李泰가 내 품속으로 뛰어들며 말하기를 '오늘에 야 비로소 폐하의 아들이 되었습니다. 신은 아들 한 명이 있으니, 신이 죽는 날 에 마땅히 폐하를 위하여 그를 죽이고 晉王에게 傳位할 것입니다.' 하므로, 朕이 매우 가엾게 여겼노라." 하니, 褚遂良이 간하기를 "폐하께서 돌아가신 뒤에 魏王 (李泰)이 천하를 차지한다면 기꺼이 자신의 사랑하는 아들을 죽이고 晉王(李治) 에게 천하를 주겠습니까. 바라건대 먼저 晉王을 조처하셔야만 비로소 안전할 수 있습니다." 하였다.

6) 〔頭註〕三子一弟 : 三子는 承乾, 魏王泰, 齊王祐요 一弟는 漢王元昌也라 元昌所 爲多不法이어늘 上數譴責之하니 由是起怨이라 皇太子與之親善이러니 賜元昌自 盡하니라

세 아들은 太子 李承乾·魏王 李泰·齊王 李祐이며, 한 아우는 漢王 李元昌이 다. 李元昌이 하는 일이 법에 어긋난 것이 많아 上이 자주 견책하니, 이로 말미 암아 원망하게 되었다. 황태자가 그와 친하게 지냈는데 〈함께 반역을 도모하다 발각되자〉 李元昌에게 〈死罪를 면하고〉 自盡하도록 명하였다.

○ 詔以長孫無忌爲太子太師[1]하고 房玄齡爲太傅하고 蕭瑀爲太保[2]하고 李 世勣爲詹事하다 瑀, 世勣이 竝同中書門下三品[3]하니 同中書門下三品이 自 此始라 〈出本傳〉

上이 명하여 長孫無忌를 太子太師로 삼고 房玄齡을 太子太傅로 삼고 蕭瑀 를 太子太保로 삼고 李世勣을 太子詹事로 삼았다. 蕭瑀와 李世勣이 모두 同 中書門下三品이 되었으니, 同中書門下三品이 이때부터 시작되었다. - ≪新 唐書 長孫無忌傳≫에 나옴 -

1) 〔譯註〕太子太師 : 태자를 보좌하는 관직으로, 太子太師·太子太傅·太子太保를 총칭하여 東宮三師라 한다.
2) 〔頭註〕太子太師……太保 : 保者는 保其身體요 傅者는 傅之德義요 師者는 導之 敎訓이라

保는 신체를 보호하는 것이고, 傅는 德義로써 가르치는 것이고, 師는 교훈으로

써 인도하는 것이다.

3) 〔附註〕同中書門下三品 : 百官志에 謂同侍中, (之)〔中〕書令也라 高宗已後에 爲宰相
者는 必加同中書門下三品하고 雖品高者라도 亦然이로되 惟三公, 中書令則否라

同中書門下三品은 ≪新唐書≫〈百官志〉에 "同侍中(門下省의 長)이나 同中書令
(中書省의 長)을 이른다. 高宗 이후에 재상이 된 자는 반드시 同中書門下三品을
가하고 비록 품계가 높은 자라도 이와 같이 하였으나 오직 三公과 〈三師와〉中書
令만은 그렇지 않았다." 하였다.

○ 李世勣이 嘗得暴疾하니 方云鬚灰可療라 上이 自翦鬚하야 爲之和藥이어늘 世
勣이 頓首出血泣謝한대 上曰 爲社稷이요 非爲卿也니 何謝之有리오 世勣이 常
(嘗)侍宴할새 上이 從容謂曰 朕求群臣可託幼孤者호되 無以踰公이라 公이 往
不負李密[1]하니 豈負朕哉아 世勣이 流涕辭謝하고 齧(설)指出血이라 因飲沈醉
어늘 上解御服以覆(부)之하다〈出勣本傳〉

李世勣이 일찍이 暴疾(갑작스럽게 앓는 급한 병)에 걸렸는데, 약방문에 이
르기를 "수염을 태워 재를 만들어 먹으면 치료할 수 있다." 하였다. 上이 직
접 자기 수염을 잘라 그를 위하여 약을 만들자, 李世勣이 피가 나도록 머리
를 조아리고 울면서 사례하였는데, 上이 이르기를 "社稷을 위한 것이요 卿을
위한 것이 아니니, 무슨 사례할 것이 있겠는가." 하였다.

李世勣이 일찍이 上을 모시고 잔치할 적에 上이 조용히 이르기를 "朕이 여러
신하 중에 어린 고아를 의탁할 만한 자를 찾아보니 公보다 나은 자가 없다. 公
이 지난번 李密을 저버리지 않았으니, 어찌 朕을 저버리겠는가." 하니, 李世勣
이 눈물을 흘리며 사례하고 손가락을 깨물어 피를 내어 이로써 맹세하였다.
인하여 술을 마시고 크게 취하니, 上이 御衣를 벗어서 덮어 주었다. - ≪新唐
書 李勣傳≫에 나옴 -

1) 〔頭註〕往不負李密[*] : 往은 往日也니 事在三十五卷戊寅年이라

往은 지난날이니, 이 일은 앞의 35권 戊寅年條(618)에 보인다.

*) 往不負李密 : 徐世勣이 唐나라에 귀순하려 할 적에 郭孝恪에게 이르기를 "이 민
중과 토지는 모두 魏公(李密)의 소유이다. 내가 만약 表文을 올려 이것을 바친

다면 이는 主君(李密)의 실패를 이용하여 자신의 공으로 삼아 富貴를 바라는 것이니, 내 실로 부끄럽게 여긴다. 이제 마땅히 郡縣의 戶口와 군사와 말의 숫자를 장부에 적어 魏公에게 아뢰어 그로 하여금 스스로 바치게 하겠다." 하고는 마침내 郭孝恪을 보내어 長安에 이르러 李密로 하여금 바치게 하였다.

○ 上謂侍臣曰 朕自立太子로 遇物則誨之로라 見其飯이면 則曰 汝知稼穡之艱難이면 則常有斯飯矣라하고 見其乘馬면 則曰 汝知其勞하야 不竭其力이면 則常得乘之[1]矣라하고 見其乘舟면 則曰 水는 所以載舟요 亦所以覆舟니 民은 猶水也요 君은 猶舟也[2]라하고 見其息於木下면 則曰 木從繩則正하고 君從諫則聖[3]이라호라 〈出政要〉

上이 侍臣에게 이르기를 "朕은 太子를 세운 뒤로 일을 만날 때마다 가르친다. 태자가 밥을 먹는 것을 보게 되면 태자를 가르치기를 '네가 농사의 어려움을 알면 항상 이 밥을 먹을 수 있다.' 하고, 말을 타는 것을 보게 되면 가르치기를 '네가 말의 수고로움을 알아서 말의 힘을 다 소모하지 않으면 항상 말을 탈 수 있다.' 하고, 배를 타는 것을 보게 되면 가르치기를 '물은 배를 실어주는 것이지만 또한 배를 뒤엎기도 하니, 백성은 물과 같고 임금은 배와 같다.' 하고, 나무 아래에서 쉬는 것을 보게 되면 가르치기를 '나무는 먹줄을 따르면 바르게 되고 군주는 간언을 따르면 聖君이 된다.' 했다." 하였다. - 《貞觀政要》에 나옴 -

1) 〔頭註〕 不竭其力 則常得乘之 : 顏淵曰 昔에 造父(보)巧於使馬하야 不窮其馬力하니 是造父無佚馬也[*]니라
   顏淵이 말하기를 "옛날에 造父는 말을 부리기를 잘하여 말의 힘을 다 고갈시키지 않았으니, 이것이 造父가 달아난 말이 없는 이유입니다." 하였다.

*) 顏淵曰……是造父無佚馬也 : 《孔子家語》〈顏淵〉에 다음과 같은 내용이 보인다. 魯나라 定公이 顏回에게 묻기를 "전일에 과인이 그대에게 東野畢의 말 모는 법에 대해 묻자, 그대가 말하기를 '좋기는 좋으나 그 말이 장차 달아날 것입니다.'라고 하였는데, 알지 못하겠으나 그대는 어떻게 그것을 알았는가?" 하니, 顏回가 대답하기를 "정사를 가지고 알았습니다. 옛날에 舜임금은 백성을 부리

기를 잘하였고 造父는 말을 부리기를 잘하였으니, 舜임금은 백성들의 힘을 고 갈시키지 않았고 造父는 말의 힘을 고갈시키지 않았습니다. 이 때문에 舜임금 은 달아난 백성이 없고 造父는 달아난 말이 없었습니다.〔以政知之 昔者帝舜巧 於使民 造父巧於使馬 舜不窮其民力 造父不窮其馬力 是以舜無佚民 造父無佚馬〕" 하였다.

2)〔譯註〕水所以載舟……君猶舟也:≪荀子≫〈王制〉에 "임금은 배이고 庶人은 물 이니, 물은 배를 싣기도 하고 배를 엎기도 한다.〔君者舟也 庶人者水也 水則載舟 水則覆舟〕"라고 보인다.

3)〔譯註〕木從繩則正 君從諫則聖 : 이 내용은 ≪書經≫〈說命 上〉에 보인다.

○ 初에 魏徵이 嘗薦杜正倫及侯君集이 有宰相材라하야 請以君集爲僕射러니 及正倫以罪黜¹⁾하고 君集謀反誅하야는 上이 始疑徵阿黨하고 又有言徵自錄 前後諫辭하야 以示起居郎褚遂良者라하야늘 愈不悅하야 乃罷叔玉尙主²⁾하고 而踣(부)³⁾所撰碑하다〈出徵本傳〉

처음에 魏徵이 일찍이 杜正倫과 侯君集이 宰相의 재주가 있다 하여 천거하 고 侯君集을 僕射로 삼을 것을 청하였는데, 杜正倫이 죄로 쫓겨나고 侯君集 이 모반하다가 죽임을 당함에 이르자, 上이 비로소 魏徵이 아당하였는가 하 고 의심하였다. 또 魏徵이 전후로 간쟁한 말을 스스로 기록하여 起居郎 褚遂 良에게 보여주었다고 말하는 자가 있자, 더욱 탐탁하지 않게 여겨 마침내 魏 徵의 아들 叔玉에게 공주를 시집보내려던 일을 파하고 자신이 직접 지은 魏 徵의 墓碑를 쓰러뜨렸다. - ≪新唐書 魏徵傳≫에 나옴 -

1)〔譯註〕正倫以罪黜 : 太子 李承乾이 덕망을 잃자, 上이 조용히 太子左庶子인 杜 正倫에게 말하기를 "내 자식이 발병이 있어 잘 걷지 못하는 것은 괜찮지만 어진 이를 멀리하고 소인을 가까이하니, 경이 잘 살펴보라." 하였다. 杜正倫이 누차 간하여도 太子가 듣지 않자, 杜正倫이 上이 했던 말을 그대로 고해 주었다. 太子 가 곧 항의하는 表文을 올리자 上은 杜正倫이 기밀을 누설했다 하여 穀州刺史로 내쫓고, 뒤에 李承乾의 역모 사건이 일어나자 다시 交州都督으로 좌천시켰다.

2)〔頭註〕罷叔玉尙主 : 見上正月하니 先嘗許之라가 而今罷休之라〔通鑑要解〕叔玉 은 徵子也라

〔頭註〕 앞의 正月 기사에 보이니, 먼저는 허락했다가 지금 중지한 것이다.〔通鑑要解〕 叔玉은 魏徵의 아들이다.

3)〔通鑑要解〕 踣 : 仆也라

　　踣는 넘어뜨림이다.

贊曰[1] 君臣之際 固不難哉아 以徵之忠而太宗之睿[2]로 身歿未幾에 猜譖遽行이라 始에 徵之諫이 累數十餘萬言이요 至君子小人하얀 未嘗不反復하야 爲帝言之하니 以佞邪之亂忠也어늘 身猶不免이라 故曰 皓皓者易汚요 嶢(요)嶢者難全이라하니 自古所嘆云이라 唐柳芳이 稱徵死에 知與不知 莫不恨惜하야 以爲三代遺直이라하니 諒哉로다

《新唐書》〈魏徵列傳〉의 贊에 말하였다.

"君臣間은 진실로 어렵지 않은가. 魏徵의 충성과 太宗의 밝음으로도 魏徵이 죽은 지 얼마 안 되어 시기와 참언이 대번에 행해졌다. 처음에 魏徵이 간언한 것이 수십 여만 字였고, 군자와 소인에 대해서는 일찍이 황제를 위하여 반복해서 말하지 않은 적이 없었으니, 이는 간사한 자들이 충신을 어지럽히기 때문이었으나 자신도 오히려 화를 면치 못하였다. 그러므로 말하기를 '깨끗한 자는 더럽혀지기가 쉽고, 높고 강직한 자는 온전하기가 어렵다.'라고 한 것이니, 이는 예로부터 탄식한 바이다. 唐나라 柳芳이 이르기를 '魏徵이 죽자, 魏徵을 아는 자와 魏徵을 알지 못하는 자들이 한하고 애석히 여겨서 三代의 遺直(옛사람의 풍도가 있는 곧은 사람)이라고 말하지 않는 이가 없었다.' 하였으니, 참으로 옳은 말이다."

1)〔頭註〕 贊曰 : 贊은 贊美니 贊述之辭라

　　贊은 찬미함이니, 찬미하여 기술하는 말이다.

2)〔頭註〕 太宗之睿 : 睿는 深明也라

　　睿는 깊이 밝은 것이다.

初에 上謂監修國史房玄齡曰 前世에 史官所記를 皆不令人主見之는 何也오 對曰 史官은 不虛美하고 不隱惡하나니 若人主見之면 必怒라 故로 不敢獻也니

이다 上曰 朕之爲心은 異於前世라 帝王이 欲自觀國史는 知前日之惡하야 爲後
來之戒니 公可撰次以聞하라 玄齡이 乃與給事中許敬宗等으로 刪爲高祖, 今
上實錄하야 書成에 上之하다 上이 見書六月四日事[1]하니 語多微隱이어늘 謂玄
齡曰 昔에 周公은 誅管, 蔡以安周[2]하고 季友는 鴆叔牙以存魯[3]하니 朕之所
爲도 亦類是矣어늘 史官何諱焉고하고 卽命削去浮辭하고 直書其事케하다

처음에 上이 國史를 監修하는 房玄齡에게 이르기를 "前代에 史官들이 기록
한 내용을 군주로 하여금 모두 보지 못하게 하는 것은 어째서인가?" 하니,
대답하기를 "史官은 헛되이 칭찬하지 않고 악을 숨기지 않으니, 만일 군주가
이것을 보게 되면 반드시 노여워할 것이기 때문에 감히 바치지 못하는 것입
니다." 하였다. 上이 이르기를 "朕의 마음은 前代의 군주와 다르다. 帝王이
스스로 國史를 보고자 하는 것은 전일의 악함을 알아 후일의 경계로 삼기 위
해서이니, 公은 편찬이 끝나면 아뢰도록 하라." 하였다.

房玄齡이 이에 給事中 許敬宗 등과 함께 ≪高祖實錄≫과 ≪今上實錄≫을
刪削하여 책을 만들어, 책이 완성되자 올렸다. 上이 武德 9년 6월 4일자의
일을 기록한 것을 보니 내용이 은미한 것이 많았다. 房玄齡에게 이르기를
"옛날에 周公은 管叔과 蔡叔을 죽여 周나라를 안정시켰고, 季友는 叔牙에게
鴆毒을 먹여 魯나라를 보존하였으니, 朕이 행한 것도 이와 같거늘 史官은 어
찌하여 숨겼는가?" 하고, 즉시 불필요한 말을 삭제해 버리고 곧바로 그 일을
쓰도록 명하였다.

1) 〔頭註〕六月四日事 : 殺建成事也니 見三十五卷丙戌年이라
  6월 4일의 일은 李建成을 죽인 일을 말하니, 앞의 35권 丙戌年條(626)에 보
  인다.
2) 〔譯註〕周公誅管蔡以安周 : 西周 初에 周公이 섭정할 때 周公의 아우인 管叔과
  蔡叔이 紂王의 아들 武庚을 끼고 반란을 일으키자, 周公이 이들을 죽여서 周나
  라 왕실을 안정시켰다.
3) 〔附註〕季友鴆叔牙以存魯 : 魯莊公有疾하야 問後於叔牙한대 對曰 慶父(林)〔材〕니
  이다 問於季友한대 對曰 臣以死奉般하리이다 莊公薨에 般卽位한대 慶父弑之하

다 季友奔陳이어늘 魯人立閔公한대 慶父又弑之하다 季友以僖公適邾러니 慶父奔
莒어늘 友乃以僖公入하야 立之하고 求慶父於莒하야 遂殺慶父而鴆叔牙하니라

　魯나라 莊公이 병이 있어 叔牙(莊公의 아우)에게 후사를 묻자, "慶父(莊公의 庶
兄)가 임금 재목입니다." 하고 대답하였고, 季友(莊公의 아우)에게 묻자, "臣은
죽음으로써 般(莊公의 서자)을 받들 것입니다." 하고 대답하였다. 莊公이 죽자
般이 즉위하였는데, 慶父가 그를 시해하였다. 季友가 陳나라로 달아나자 魯나라
사람들이 閔公(莊公의 아들)을 세웠는데 慶父가 또다시 그를 시해하였다. 季友
가 僖公(閔公의 庶兄)을 모시고 邾나라로 갔는데 慶父가 〈閔公을 시해하고〉 莒
나라로 달아나니, 季友가 마침내 僖公을 모시고 魯나라로 들어가 그를 세우고,
莒나라에 慶父를 내놓으라고 요구하여 마침내 慶父를 죽이고 叔牙를 짐독을 먹
여 죽였다.

○ 九月에 新羅[1]遣使하야 言百濟與高麗連兵하야 謀絶新羅入朝之路라하고
乞兵救援하다

　9월에 新羅가 사신을 보내어 百濟가 高句麗와 군대를 연합하여 新羅가 당
나라에 들어와 조회하는 길을 끊을 것을 도모한다고 말하고, 군대를 보내어
구원해줄 것을 청하였다.

1) 〔釋義〕新羅 : 東夷國이니 其先은 辰韓種也라 在高句麗東南하니라
　　新羅는 東夷國이니, 그 선조는 辰韓 종족이다. 高句麗 동남쪽에 있었다.

【甲辰】十八年이라

　貞觀 18년(갑진 644)

上曰 蓋(합)蘇文[1]이 弑其君[2]하고 殘虐其民이러니 今又違詔命하니 不可不討라
한대 褚遂良曰 陛下指麾[3]則中原淸晏하고 顧眄(반)則四夷讋(섭)服[4]하야 威
望大矣어늘 今乃渡海하야 遠征小夷라가 萬一蹉跌이면 傷威損望이요 更興忿兵
이면 則安危難測矣리이다 李世勣이 勸上伐之하니 上欲自征高麗[5]라 褚遂良이
上疏諫호되 上不聽하다 〈出政要〉

上이 이르기를 "蓋蘇文이 군주를 시해하고 백성을 잔인하게 학대하였는데 지금 또다시 나의 詔命을 어기니 토벌하지 않을 수 없다." 하니, 褚遂良이 아뢰기를 "폐하께서 지휘하시면 중국이 깨끗이 평안하고, 돌아보시면 사방 오랑캐들이 두려워하고 복종해서 위엄과 명망이 큽니다. 그런데 이제 마침내 바다를 건너가서 멀리 작은 오랑캐를 정벌하시다가 만일 차질이 있게 되면 위엄과 명망을 손상하게 될 것이요, 작은 일을 참지 못하여 분노하여 군대를 출동하신다면 국가의 安危를 측량하기 어렵게 됩니다." 하였다. 李世勣이 上에게 정벌할 것을 권하니, 上이 직접 고구려를 정벌하고자 하였다. 褚遂良이 상소하여 간하였으나 上이 듣지 않았다. – 《貞觀政要》에 나옴 –

1) 〔附註〕蓋蘇文*﹞: 蓋는 音盍이니 高麗東部大人이라 或號蓋金하니 自云生水中이라하야 以惑人이라 故로 姓泉氏라 凶暴多不法이어늘 其主及大臣이 議誅之한대 蓋蘇文이 知之하고 勒兵盡殺諸大臣하고 手弑其主하다 立王弟子藏爲王하고 自爲莫離支하니 其官은 如中國吏部尙書也라

　　蓋는 음이 盍이니 高句麗 東部大人이다. 혹은 蓋金이라고 이름하니, 스스로 물 속에서 나왔다고 말하여 사람들을 의혹시켰다. 그러므로 姓을 泉氏라 하였다. 흉포하여 불법을 많이 저지르자 군주(榮留王 建武)와 대신들이 그를 주벌할 것을 모의하였는데, 蓋蘇文이 이것을 알고 병력을 동원하여 여러 大臣들을 다 죽이고 직접 군주를 시해하였다. 아우(太陽王)의 아들 藏(또는 寶藏)을 세워 王으로 삼고 자신은 莫離支가 되니, 그 관직이 中國의 吏部尙書와 같다.

*﹞ 蓋蘇文 : 附註에는 東部大人이라고 하였으나 《舊唐書》〈高麗傳〉에는 西部大人이라고 되어 있다. 또한 姓은 淵・泉・錢 등으로 기록되어 있는 바, 唐 高祖의 이름이 淵이므로 淵을 泉이라 고치고 음을 취하여 錢이라 하였다. 莫離支는 《舊唐書》와 《新唐書》에 모두 兵部尙書와 같다고 하였다.

2) 〔譯註〕弑其君 : 唐나라 太宗 貞觀 16년(642)의 일이다.

3) 〔頭註〕指麾 : 麾는 與揮通이라 示意曰指요 誡勅曰揮라
　　麾는 揮와 통한다. 뜻을 보이는 것을 指라 하고, 경계하여 타이르는 것을 揮라 한다.

4) 〔頭註〕讋服 : 讋은 之涉切이니 失氣也라
　　讋은 之涉切(접)이니, 용기를 잃은 것이다.

5) 〔譯註〕高麗 : 《資治通鑑》의 胡三省 註에 "麗의 음은 力知翻(리)이다." 하였다.

○ 上嘗謂侍臣曰 於今에 名將은 惟世勣, 道宗, 萬徹¹⁾三人而已니 世勣, 道宗은 不能大勝이요 亦不大敗어니와 萬徹은 非大勝이면 則大敗矣라하더라 〈出萬徹傳〉

上이 일찍이 侍臣에게 이르기를 "지금에 名將은 오직 李世勣·李道宗·薛萬徹 세 사람뿐이니, 李世勣과 李道宗은 크게 이기지도 못하고 또한 크게 패하지도 않지만, 薛萬徹은 크게 이기지 않으면 크게 패한다." 하였다. - ≪新唐書 薛萬徹傳≫에 나옴 -

1) 〔頭註〕道宗萬徹 : 道宗은 江夏王也니 高祖從兄之子요 萬徹은 薛萬徹이라
    李道宗은 江夏王이니 高祖의 종형의 아들이요, 萬徹은 薛萬徹이다.

○ 上이 好文學而辯敏하야 群臣言事者를 上引古今以折之하니 多不能對라 劉洎上書諫曰 帝王之與凡庶와 聖哲之與庸愚는 上下懸絶하니 是知以至愚而對至聖하고 以極卑而對極尊하야 徒¹⁾思自彊이나 不可得也라 陛下降恩旨, 假慈顏하야 凝旒²⁾以聽其言하고 虛襟³⁾以納其說이라도 猶恐群下未敢對敭⁴⁾이어든 況動神機, 縱天辯하야 飾辭以折其理하고 引古以排其議하시니 欲令凡庶로 何階應答이니잇고 且多記則損心하고 多語則損氣하니 心氣內損하고 形神外勞면 初雖不覺이나 後必爲累리이다 上이 飛白⁵⁾答之曰 非慮면 無以臨下요 非言이면 無以述慮나 比有談論하야 遂致煩多하니 輕物驕人이 恐由茲道라 形神心氣 非此爲勞나 今聞讜言하니 虛懷以改호리라 〈出本傳及政要〉

上이 文學을 좋아하며 말을 잘하고 민첩해서 여러 신하 중에 上書하여 일을 아뢰는 자를 上이 古今의 일을 인용하여 꺾으니, 대답하지 못하는 자가 많았다. 劉洎가 상소하여 간하기를 "帝王과 일반 서민, 聖哲과 용렬하고 어리석은 자는 상하가 현격하니, 이로 말미암아 지극히 어리석은 몸으로 지극히 성스러운 분을 대하고 지극히 비천한 몸으로 지극히 높은 분을 대함에 비록 스스로 힘쓸 것을 생각하나 될 수 없음을 알 수 있습니다. 폐하께서 은혜

로운 말씀을 내리고 안색을 온화하게 하여 면류관의 술을 움직이지 않고 그
들의 간언하는 말을 경청하시며 흉금을 비우고 그들의 말을 받아들이시더라
도 행여 아랫사람들이 감히 황제에게 제대로 응대하지 못할까 두려운데, 더
구나 上께서 神機를 발동하고 뛰어난 언변을 구사하여 말을 꾸며서 그 논리
를 꺾고 옛것을 인용하여 그 의론을 배척하시면서, 어떻게 일반 서민들로 하
여금 응답하게 하고자 하십니까. 또 기억을 많이 하면 마음을 손상시키고 말
을 많이 하면 기운을 손상시키니, 마음과 기운이 안에서 손상되고 형체와 정
신이 밖에서 수고로우면 처음에는 비록 깨닫지 못하나 뒤에는 반드시 해가
될 것입니다." 하였다.

上이 飛白體로 답하기를 "생각하지 않으면 아랫사람에게 임할 수가 없고
말하지 않으면 생각을 펼 수 없으나 근래에 국사를 담론할 때에 마침내 번다
함을 초래하였으니, 사물(사람)을 경시하고 남들에게 교만함이 이 道 때문인
듯하다. 형체와 정신과 마음과 기운이 이 때문에 수고로워지는 것은 아니나
이제 그대의 충성스러운 말을 들었으니, 朕이 마음을 비워 고치겠다." 하였
다. - 《新唐書 劉洎傳》과 《貞觀政要》에 나옴 -

1) 〔頭註〕徒 : 本傳에 作雛라

　　徒는 《新唐書》〈劉洎傳〉에 '雛'로 되어 있다.

2) 〔附註〕凝旒*〕: 旒는 冕飾垂玉也니 天子十二旒요 上公九旒요 三公八旒요 侯伯
　　七旒요 子男五旒요 王之大夫與諸侯之孤四旒라 垂皆過目하니 所以蔽明也라

　　旒는 冕旒冠에 장식으로 드리운 珠玉이니, 天子는 12旒, 上公은 9旒, 三公은 8
　　旒, 侯와 伯은 7旒, 子와 男은 5旒이고, 王의 大夫와 諸侯의 孤는 4旒이다. 술이
　　늘어진 것이 모두 눈앞을 지나가니 밝음을 가리기 위한 것이다.

*) 凝旒 : 면류관의 술이 흔들리지 않고 조용히 멎어 있는 것이니, 제왕이 태도를
　　엄숙히 하고 專心으로 경청하는 것을 이른다.

3) 〔釋義〕虛襟 : 謂虛其襟懷니 不自滿假也라

　　虛襟은 胸襟을 비움을 이르니, 스스로 자만하거나 잘난 체하지 않는 것이다.

4) 〔釋義〕對敭 : 對는 答也요 敭은 通作揚이니 答受天子之命而稱揚之라

　　對는 답하는 것이고 敭은 통용하여 揚으로도 쓰니, 對敭은 天子의 명령을 답하
　　고 받들어 널리 펴는 것이다.

5) 〔釋義〕 飛白^{*)}：字體也니 白은 通作帛이라 歸田錄曰 凡飛白은 以點畫象物形하니 惟點이 最難工이라하니라

　飛白은 글씨체이니, 白은 통용하여 帛으로도 쓴다. 歐陽脩의 ≪歸田錄≫에 이르기를 "무릇 飛白은 점과 획으로 물건의 모양을 형상하니, 점을 공교롭게 하기가 가장 어렵다." 하였다.

*) 飛白：書法 十體의 하나이다. 後漢 靈帝 때 鴻都門을 수선하면서 匠人이 白粉을 칠하는 빗자루로 글자를 쓰자 蔡邕이 이것을 보고 돌아가 '飛白書'를 만들었다고 전해진다. 이 書法은 필획 중에 가닥가닥 흰 부분이 있어 枯筆(붓에 먹을 조금만 찍어 글씨를 쓰는 것)과 흡사하다. 漢나라와 魏나라의 宮闕題字에 광범위하게 사용되었다.

○ 八月에 上이 謂長孫無忌等曰 人苦不自知其過니 卿可爲朕明言之하라 對曰 陛下武功文德을 臣等이 將順之不暇¹⁾어니 又何過之可言이리잇고 上曰 朕問公以己過어늘 公等이 乃曲相諛說(悅)²⁾하니 朕欲面擧公等得失하야 以相戒而改之하노니 何如오 皆拜謝하다 上曰 長孫無忌는 善避嫌疑하고 應物敏速하야 決斷事理는 古人不過나 而摠兵攻戰은 非其所長이요 高士廉은 涉獵古今하야 心稍明達하며 臨難不改節하고 當官無朋黨이나 所乏者는 骨鯁³⁾規諫耳요 唐儉은 言辭辯捷하야 善和解人이나 事朕三十年에 遂無言及於獻替요 楊師道는 性行純和하야 自無愆違로되 而情實怯懦하야 緩急에 不可得力이요 岑文本은 性質敦厚하고 文章華贍하며 而持論이 恒據經遠하니 自當不負於物이요 劉洎는 性最堅貞하야 有利益이나 然其意尙然諾하야 私於朋友요 馬周는 見事敏速하고 性甚貞正하야 論量人物에 直道而言하니 朕比任使에 多能稱意요 褚遂良은 學問稍長하고 性亦堅正하며 每寫(瀉)⁴⁾忠誠하야 親附於朕하니 譬如飛鳥依人에 人自憐之니라 〈出無忌傳〉

8월에 上이 長孫無忌 등에게 이르기를 "사람은 자신의 허물을 알지 못하는 것이 괴로우니, 卿은 朕을 위하여 분명히 말하라." 하니, 대답하기를 "폐하의 武功과 文德을 신들이 받들어 따르기에도 겨를이 없으니, 또 어찌 허물을 말

쏨드릴 수 있겠습니까." 하였다. 上이 이르기를 "朕이 公에게 자신의 허물을 물었는데, 공들은 마침내 뜻을 굽혀 아첨하여 나를 기쁘게 하는구나. 짐이 공들의 得失을 면전에서 열거하여 서로 경계하여 고치고자 하니 어떠한가?" 하자, 모두 절하고 사례하였다.

上이 이르기를 "長孫無忌는 혐의를 잘 피하며 사물에 대응하기를 민첩하고 신속히 하며 사리를 결단함은 古人도 그보다 잘할 수 없으나 군대를 총괄하여 공격하고 전쟁함은 그의 所長이 아니요, 高士廉은 古今의 서적을 섭렵하여 마음이 밝고 통달하며 危難에 임해서도 절개를 변치 않고 관직을 맡아도 朋黨이 없으나 부족한 점은 직언으로 規諫하는 것이요, 唐儉은 언변이 뛰어나고 민첩하여 사람들과 잘 어울리나 朕을 섬긴 30년 동안 끝내 착한 일을 하도록 권하고 악한 일을 하지 않도록 하는 일에 대해 말함이 매우 적고, 楊師道는 성품과 행실이 순수하고 온화하여 자연 허물이 없었으나 속마음은 실로 겁이 많고 나약해서 급할 때에 힘을 얻을 수 없고, 岑文本은 성질이 돈후하고 문장이 화려하나 持論이 항상 떳떳하고 원대함에 근거하여 자연 時務에 적절하지 못하고, 劉洎는 성품이 가장 꿋꿋하고 곧아서 유익하게 함이 있으나 그 뜻이 승낙한 말을 숭상해서 朋友에게 私情을 두고, 馬周는 일을 봄에 민첩하고 신속하며 성품이 매우 곧고 발라서 인물을 품평할 때에 흉중의 생각을 그대로 드러내어 짐이 근래에 그에게 일을 맡기고 부림에 뜻에 맞는 일이 많으며, 褚遂良은 학문이 다소 뛰어나고 성품 또한 꿋꿋하고 발라서 매번 충성을 기울여 짐을 친근히 따르니 비유하면 나는 새가 사람에 의지함에 사람이 절로 사랑하게 되는 것과 같다." 하였다. - ≪新唐書 長孫無忌傳≫에 나옴 -

1) 〔通鑑要解〕 將順之不暇 : 孝經云 君子之事上也에 將順其美하고 匡救其惡이라한대 註云 將은 大也, 奉也라하니라
   ≪孝經≫〈事君章〉에 이르기를 "군자가 윗사람을 섬길 적에 아름다운 점은 받들어 따르고 나쁜 점은 바로잡는다." 하였는데, 註에 이르기를 "將은 큼이며 받듦이다." 하였다.
2) 〔釋義〕 諛說 : 諛는 諂也요 說은 讀曰悅이라

諛는 아첨함이요, 說은 悅로 읽는다.

3) 〔頭註〕骨鯁 : 鯁은 與骾通이라 遇事에 敢刺骾하야 不從容也라 一說에 有言難受가 如骨之哽咽也니 堅剛正直之義라하니라

鯁은 骾과 通한다. 일을 만났을 때에 과감하게 풍자하고 반대하여 순순히 따르지 않는 것이다. 一說에는 말을 받아들이기 어려운 것이 마치 가시 뼈가 목구멍에 걸린 것과 같으니, 강직하고 정직하다는 뜻이라 한다.

4) 〔頭註〕寫 : 輸也라

寫는 바침이다.

〔新增〕范氏曰 君臣은 以道相與하고 以義相正하야 有朋友之義요 非徒以分相使而已라 太宗이 欲聞過어늘 而無忌納諂以悅之하니 其罪大矣라 然이나 太宗論群臣之得失도 亦豈皆中於理哉아 遂良이 直道犯顔하고 盡忠無隱하니 王, 魏之比也어늘 而譬之飛鳥하야 輕侮其臣하니 不恭이 孰甚焉고

范氏가 말하였다.

"군신간은 道로써 서로 함께하고 의리로써 서로 바로잡아 붕우간의 의리가 있고 다만 분수(신분)로써 서로 부릴 뿐만이 아니다. 太宗이 과실을 듣고자 하였는데 長孫無忌가 아첨하는 말을 올려 기쁘게 하였으니, 그 죄가 크다. 그러나 太宗이 여러 신하들의 득실을 논한 것도 어찌 모두 도리에 맞겠는가. 褚遂良은 정직한 도로 군주의 안색을 범하면서 간하며 충성을 다하고 속임이 없어서 王珪와 魏徵의 무리였는데 그를 나는 새에 비유하여 신하를 경시하고 업신여겼으니, 不恭함이 무엇이 이보다 더 심하겠는가."

十二月에 詔諸軍하야 分道擊高麗하다

12월에 諸軍에 명하여 길을 나누어 고구려를 공격하게 하였다.

〔史略 史評〕范氏曰 高麗臣屬於唐이어늘 而其主爲賊臣所弑하니 爲大國者 不可不討라 然이나 何至自征之乎아 太宗이 若從褚遂良之言하야 遣將伐之런들 雖不克이라도 未大失也리라

范氏가 말하였다.

"고구려가 唐나라에 신하로 복속하였는데 군주가 賊臣(淵蓋蘇文)에게 시해당하였으니, 大國이 이를 토벌하지 않을 수가 없다. 그러나 어찌 스스로 정벌하기까지 한단 말인가. 太宗이 만약 褚遂良의 諫言을 따라 장수를 보내어 정벌하게 했더라면 비록 승리하지 못했더라도 크게 잘못하지 않았을 것이다."

【乙巳】十九年이라

貞觀 19년(을사 645)

正月에 上이 自將諸軍하고 發洛陽하다

정월에 上이 직접 諸軍을 거느리고 낙양을 출발하였다.

○ 二月에 上이 至鄴하야 自爲文祭魏太祖[1]曰 臨危制變하고 料敵設奇하니 一將之智는 有餘하고 萬乘之才는 不足이라하다

2월에 上이 鄴城에 이르러서 직접 祭文을 지어 魏나라 太祖에게 제사하기를 "위기에 임하여 변통을 잘하고 적을 헤아려 기이한 계책을 썼으니, 한 장군으로서의 지혜는 유여하고 帝王으로서의 재주는 부족하다." 하였다.

1) 〔頭註〕魏太祖 : 曹操라
    魏나라 太祖는 曹操이다.

〔新增〕胡氏曰 知人則易하고 自知則難하나니 太宗之評魏武者는 正所以自狀耳라 或問漢高祖, 光武, 昭烈, 魏武, 唐文皇[1]의 人品如何오 曰 高祖는 尙矣요 光武, 昭烈은 猶魯, 衛之政也라 魏武, 太宗은 竝驅中原이면 未知鹿死誰手하니 其所長短이 蓋略相當이라 光武, 昭烈은 才德俱優하고 魏武, 太宗은 才優於德이라 然規模建立은 皆在漢高範圍[2]之內耳니라

胡氏(胡安國)가 말하였다.
"남을 알기는 쉽고 자신을 알기는 어려우니, 太宗이 魏나라 武帝를 평한

것은 바로 자신이 기록한 것이다. 혹인이 '漢나라 高祖·光武帝·昭烈帝·魏나라 武帝·唐나라 文皇의 인품이 어떠한가?' 하고 묻기에 이렇게 대답하였다. '高祖는 훌륭하고, 光武帝와 昭烈帝는 魯나라와 衛나라의 정사와 같다. 魏나라 武帝와 唐나라 太宗은 中原에서 함께 겨루었다면 帝王의 자리가 누구에게 돌아갔을지 알 수 없으니, 장점과 단점이 대략 서로 비슷하다. 光武帝와 昭烈帝는 재주와 덕이 모두 넉넉하였고 魏나라 武帝와 唐나라 太宗은 재주가 덕보다 나았지만 규모와 창업한 것은 모두 漢나라 高祖의 범위 안에 있을 뿐이다.'"

1) 〔頭註〕唐文皇 : 文皇은 太宗이니 諡曰文이라
   文皇은 太宗이니, 시호를 文이라 하였다.
2) 〔頭註〕範圍 : 範은 如鑄金之有模範이요 圍는 匡郭*)也라
   範은 쇠를 주조할 때에 거푸집이 있는 것과 같고, 圍는 테두리이다.

三月에 車駕至定州하니 李世勣, 江夏王道宗이 攻高麗蓋牟城하야 拔之하다 世勣이 進至遼東城下하니 高麗大敗라 上이 自將數百騎하고 至遼東城下하야 見士卒負土塡塹하고 上이 分其尤重者하야 於馬上에 持之러니 及克高麗에 以其城爲遼州하다

3월에 上의 車駕가 定州에 이르니, 李世勣과 江夏王 李道宗이 고구려의 蓋牟城을 공격하여 함락하였다. 李世勣이 진격하여 요동성 아래에 이르니, 고구려 군대가 대패하였다. 上이 직접 수백 명의 기병을 거느리고 요동성 아래에 이르러서, 사졸들이 흙을 져다가 골짜기를 메우는 것을 보고는 上이 그중에 가장 무거운 것을 나누어 말 위에 실어 갖다 주었는데, 고구려를 이기자 그 성을 遼州로 삼았다.

○ 進軍白巖城이러니 大將軍李思摩 中弩矢어늘 上이 親爲之吮(연)血하니 將士聞之하고 莫不感動이러라

白巖城에 진군하였는데, 대장군 李思摩가 쇠뇌로 발사한 화살을 맞았다.

上이 직접 그를 위해 피를 빨아주니, 장병들이 이 말을 듣고 감동하지 않는 이가 없었다.

○ 丁未에 車駕發遼東하야 丙辰에 至安市城하야 進兵攻之하니 高麗北部延壽, 惠眞¹⁾이 帥^(솔)兵十五萬하고 救安市어늘 上이 勅諸軍하야 齊出奮擊하고 因命有司하야 張受降幕²⁾於朝堂³⁾之側하다 諸軍이 鼓譟竝進할새 會에 有龍門人薛仁貴⁴⁾者 大呼陷陳하니 所向無敵이라 高麗兵披靡어늘 大軍이 乘之하니 高麗兵이 大潰하다 己未에 延壽, 惠眞이 帥其衆三萬六千八百人降하니 高麗擧國大駭라 後黃城, 銀城⁵⁾이 皆自拔遁去하니 數百里에 無復人煙이러라 上이 驛書報太子하고 仍與高士廉等書曰 朕이 爲將如此하니 何如오하고 更^(경)名所幸山하여 曰 駐蹕山⁶⁾이라하다

丁未日(6월 11일)에 上의 車駕가 遼東을 출발하여 丙辰日(6월 20일)에 安市城에 이르러 진군하여 공격하니, 고구려 북부의 高延壽와 高惠眞이 15만의 병력을 인솔하고 安市城을 구원하러 왔다. 上이 諸軍에게 명해서 일제히 출동하여 분발해서 공격하게 하고, 이어서 有司에게 명하여 受降幕(항복을 받는 장막)을 朝堂의 곁에 설치하게 하였다.

諸軍이 북을 울리고 함성을 지르며 일제히 전진하였는데, 마침 龍門 사람 薛仁貴라는 자가 크게 함성을 지르며 적진으로 뛰어드니, 향하는 곳마다 대적할 자가 없었다. 고구려 군사들이 이리저리 쓰러지자 大軍이 승세를 타니, 고구려의 군사가 크게 궤멸되었다. 己未日(6월 23일)에 高延壽와 高惠眞이 병력 3만6천8백 명을 거느리고 항복하니, 고구려의 온 나라가 크게 놀랐다. 後黃城과 銀城이 모두 스스로 군영을 거두어 도망하니, 수백리 이내에 다시는 밥 짓는 연기가 없었다.

上이 파발을 띄워 태자에게 승전을 알리고, 인하여 高士廉 등에게 편지를 보내어 말하기를 "짐이 장수 노릇 함이 이와 같으니, 어떠한가?" 하고는 행차한 산의 이름을 바꾸어서 駐蹕山이라고 하였다.

1) 〔釋義〕延壽惠眞：延壽, 惠眞은 竝姓高니 延壽는 主北部하고 惠眞은 主南部^{*)}하
니라 〔通鑑要解〕高延壽, 高惠眞은 高麗傳에 云 延壽는 北部大人이요 惠眞은 南
部大人也라하니라

　　〔釋義〕延壽와 惠眞은 모두 姓이 高氏이니, 高延壽는 北部를 주관하고 高惠眞
은 南部를 주관하였다. 〔通鑑要解〕高延壽와 高惠眞은 《新唐書》〈高麗傳〉에
"高延壽는 北部大人이고 高惠眞은 南部大人이다." 하였다.

*) 延壽……主南部：《史記》에 "고구려는 內部(桂婁部)·北部(絶奴部)·東部(順
奴部)·南部(灌奴部)·西部(消奴部) 등 5部로 나뉘며 각 部에는 褥薩(욕살)이
있는데, 褥薩은 각 部의 우두머리로 중국의 都督에 해당한다." 하였다.《資治通
鑑》에 의하면 高延壽와 高惠眞는 모두 北部의 褥薩이다.

2) 〔頭註〕張受降幕：張은 設也요 降(항)은 平聲이라

　　張은 설치함이고, 降은 平聲(항복함)이다.

3) 〔頭註〕朝堂：行營備宮省之制라 故亦有朝堂이라

　　行營에 宮省(궁중의 관서)의 제도를 갖추었기 때문에 또한 朝堂이 있는 것이다.

4) 〔頭註〕薛仁貴：自編戶應募라 〔通鑑要解〕名禮니 以字行이라 安都之六世孫이라

　　〔頭註〕薛仁貴는 編戶(일반 平民)로서 모집에 응하였다. 〔通鑑要解〕이름은 禮
인데, 字(仁貴)로써 알려졌다. 薛安都의 6세손이다.

5) 〔通鑑要解〕後黃城銀城：後는 對前之後也라

　　後黃城의 後는 前의 상대인 後이다.

6) 〔頭註〕駐驆山：本名은 六山이라

　　본래 이름은 六山이다.

范祖禹曰 太宗之伐高麗는 非獨恃其四海之富, 兵力之彊也라 本其少時에 奮於
布衣하야 志氣英果하야 百戰百勝하야 以取天下라 治安旣久에 不能深居高拱
하고 猶思所以逞志하야 扼腕¹⁾踴(踊)躍하야 喜於用兵이라 如馮(풍)婦搏虎²⁾하
야 不能自止하니 非有禮義以養其心하고 中和以養其氣하야 始於勇敢하고 終
於勇敢而已矣라 記曰 所貴於勇敢彊有力者는 貴其敢行禮義也니 天下無事則用
之於禮義하고 天下有事則用之於戰勝하나니 用之於戰勝則無敵이요 用之於禮
義則順治라하니라 太宗이 於天下無事에 不知用之於禮義하고 而惟以戰勝爲美
也라 是故로 以天子之尊으로 而較勝負於遠夷하야 一戰而克하고 自以爲功하

야 矜其智能하야 夸(誇)示臣下하니 其器不亦小哉아

范祖禹가 말하였다.

"太宗이 고구려를 정벌한 것은 다만 四海의 부유함과 병력의 강함을 믿었을 뿐만 아니라, 젊었을 때에 평민의 신분으로 떨치고 일어나 뜻과 기운이 英明하고 과단성이 있어서 백 번 싸워 백 번 이겨 천하를 취함에 근본을 둔 것이다. 나라가 다스려지고 편안한 지가 오래되자 깊숙이 궁중에 거하여 팔짱을 높이 끼고 있지 못하고, 오히려 야심을 펼 것을 생각하여 팔뚝을 걷어붙이고 날뛰어서 用兵하기를 좋아하였다. 이는 맨손으로 호랑이를 잡던 馮婦가 옛버릇을 스스로 버리지 못한 것과 같으니, 禮義로써 마음을 기르고 中和로써 기운을 기르지 못해서 용맹으로 시작하여 용맹으로 끝났을 뿐이다. ≪禮記≫ 〈聘義〉에 이르기를 '용감하여 강하고 힘이 있음을 귀하게 여기는 까닭은 禮義를 용감하게 행함을 귀하게 여기기 때문이다. 천하에 일이 없으면 이것을 禮義에 쓰고 천하에 일이 있으면 이것을 戰勝에 쓰니, 戰勝에 쓰면 상대할 자가 없고 禮義에 쓰면 순히 다스려진다.' 하였다. 太宗은 천하에 일이 없을 때 이것을 禮義에 쓸 줄 모르고 오직 戰勝만을 아름답게 여겼다. 이 때문에 존귀한 天子의 몸으로 먼 오랑캐와 승부를 겨루어 한 번 싸워 승리하고는 스스로 공이라 여겨 그 지혜와 능력을 자랑하여 신하들에게 과시하였으니, 그 그릇이 또한 작지 않은가."

1) 〔頭註〕 扼腕 : 扼은 握也요 腕은 掌後節中이라

   扼은 쥐는 것이고, 腕은 손바닥 뒤의 관절 부분이다.

2) 〔釋義〕 馮婦搏虎 : 王氏曰 馮婦搏虎로 以喩太宗用兵不已也라 馮婦는 姓名이니 勇而有力하야 善搏虎라 故로 進以爲士러니 後於野外見虎하고 欲復搏之하니 其士之黨이 笑其不知止也라 見孟子盡心下하니라

   王氏가 말하였다. "馮婦가 호랑이를 잡는 것으로써 太宗이 무력을 끝없이 사용함을 비유하였다. 馮婦는 姓名이니, 용감하고 힘이 세어서 호랑이를 잘 잡았다. 그러므로 나아가 善士가 되었는데, 뒤에 들에서 호랑이를 보고 다시 호랑이를 잡으려 하니, 士의 무리들이 그의 그칠 줄 모름을 비웃었다. ≪孟子≫ 〈盡心 下〉에 보인다."

上이 以遼左早寒하야 草枯水凍하야 士馬難久留하고 且粮食將盡이라하야 勅班師[1]하다 上謂薛仁貴曰 朕諸將이 皆老하야 思得新進驍(효)勇者하야 將之러니 無如卿者라 朕은 不喜得遼東이요 喜得卿也로라〈出高麗傳〉[2]

　上이 遼左(遼東) 지역은 날씨가 일찍 추워져 초목이 말라죽고 물이 얼어 군사와 말이 오래 머물기가 어려우며, 또 양식이 다 떨어지려 한다 하여 班師(回軍)하도록 명하였다. 上이 薛仁貴에게 이르기를 "朕의 諸將들이 다 늙어서 新進의 날래고 용감한 자를 얻어 장수로 삼을 것을 생각하였는데, 경만 한 자가 없다. 짐은 遼東을 얻은 것을 기뻐하지 않고 경을 얻은 것을 기뻐하노라." 하였다. - ≪新唐書 高麗傳≫에 나옴 -

1) 〔頭註〕班師 : 見三十四卷이라
　　班師는 34권의 〈隋紀〉 文帝 庚戌年條(590)에 보인다.
2) 〔譯註〕出高麗傳 : ≪新唐書≫〈東夷傳〉의 高麗條에 보인다.

○ 上이 以遼左不能成功이라하야 深悔之하야 歎曰 魏徵이 若在면 不使朕有是行也라하고 乃馳驛하야 祀徵以少牢[1]하고 復立所製碑하다〈出本傳〉

　上은 遼東에서 공을 이루지 못했다 하여 깊이 뉘우치며 한탄하기를 "魏徵이 만약 살아있었다면 짐으로 하여금 이번에 出征하지 않게 했을 것이다." 하고는, 마침내 파발을 보내어 魏徵을 少牢로 제사하고 자신이 지은 비석을 다시 세웠다. - ≪新唐書 魏徵傳≫에 나옴 -

1) 〔譯註〕祀徵以少牢 : 나라에서 제사 지낼 때, 소와 양과 돼지 세 가지 희생을 올리는 것을 太牢라 하고, 양과 돼지만 올리는 것을 少牢라 한다.

〔史略 史評〕范氏曰 太宗이 玩武不已하야 困於小夷하니 無異於煬帝라 蓋不能愼終如始하야 日新其德하야 而欲功過五帝하고 地廣三王하니 是以失之라 然이나 見危而思直臣하고 知過而能自悔하니 此其所以爲賢也니라

　范氏가 말하였다.
　"太宗은 무력을 좋아하기를 마지않아서 약한 오랑캐에게 곤궁하였으니, 隋

나라 煬帝와 다를 것이 없다. 이는 끝을 잘 삼가기를 처음과 같이 하여 날로 그 德을 새롭게 하지 못하고서 功은 五帝를 능가하고 영토는 三王보다 넓게 하고자 하였으니, 이 때문에 잃은 것이다. 그러나 위태로울 때에 충지한 신하를 생각하였고 허물을 알고 스스로 뉘우쳤으니, 이 때문에 어진 군주가 된 것이다."

【丙午】 二十年이라

貞觀 20년(병오 646)

三月己巳에 車駕還京師하다 江夏王道宗과 薛萬徹等이 招諭勅勒[1]諸部하니 其酋長皆喜하야 頓首請入朝라 上大喜하야 詔以戎, 狄이 與天地俱生하야 上皇竝列[2]이러니 流殃構禍 乃自運初[3]라 朕이 聊命偏師하야 遂擒頡利하고 始弘廟略하야 已滅延陀라 鐵勒百餘萬戶 散處北溟이러니 遠遣使人하야 委身內屬하고 請同編列[4]하야 竝爲州郡하니 混元[5]以降으로 殊未前聞이라 宜備禮告廟하고 仍頒示普天하라하다

3월 己巳日(7일)에 上의 車駕가 京師로 돌아왔다. 江夏王 李道宗과 薛萬徹 등이 사신을 보내어 勅勒의 여러 부족들을 불러 타이르니, 그 추장들이 모두 기뻐하여 머리를 조아리며 들어와 조회할 것을 청하였다. 上이 크게 기뻐하여 詔命을 내리기를 "戎과 狄이 천지와 함께 태어나서 태고적의 皇帝와 함께 나열되니, 그들이 殃禍를 남긴 것이 마침내 개국한 초기부터 시작되었다. 朕이 겨우 偏師에게 명하여 마침내 頡利를 사로잡고 비로소 국가의 計略을 크게 하여 이미 薛延陀를 멸망시켰다. 鐵勒의 백여만 호가 北溟(사막 북쪽)에 흩어져 살았는데, 멀리 사신을 보내어 몸을 바쳐 우리나라에 복속하고 編戶에 나열되어 함께 州郡이 되기를 청하니, 천지가 개벽한 이후로 듣지 못했던 일이다. 마땅히 예를 갖추어 宗廟에 고하고 인하여 온 천하에 반포해서 보이도록 하라." 하였다.

1)〔附註〕勑勒 : 元魏^{*)}時에 號高車部러니 其後分散하야 曰薛延陀, 曰回紇, 曰都
　　播, 曰骨利幹, 曰多覽葛, 曰同羅, 曰僕固, 曰拔野古, 曰思結, 曰渾, 曰解薛, 曰
　　奚結, 曰阿跌, 曰契苾, 曰白霫(습)하야 別爲十五部하니 總號勑勒이요 又號鐵
　　勒이라
　　　勑勒은 元魏(北魏) 때에 高車部라고 이름하였는데, 그 뒤에 나누어 흩어져서
　　薛延陀・回紇・都播・骨利幹・多覽葛・同羅・僕固・拔野古・思結・渾・解薛・
　　奚結・阿跌・契苾・白霫 등 15部가 되었으니, 이를 총칭하기를 勑勒이라 하고
　　또 鐵勒이라고도 하였다.
＊) 元魏 : 北魏를 가리킨다. 北魏 孝文帝 때 洛陽으로 천도하면서 본래의 姓인 拓跋
　　을 元으로 고쳤기 때문에 元魏라고 부른 것이다.
2)〔頭註〕上皇竝列 : 上皇은 謂伏羲니 三皇之最先者라 故曰上皇이라
　　　上皇은 伏羲를 이르니, 伏羲가 三皇 중에 가장 먼저이기 때문에 上皇이라 부
　　른다.
3)〔頭註〕運初 : 謂唐興運之初也라
　　　運初는 唐나라 국운이 일어난 초기를 이른다.
4)〔頭註〕編列 : 編戶之列이니 謂列次名籍也라
　　　編列은 民戶의 대열에 편입하는 것이니, 차례로 나열하여 이름을 장부에 기록
　　하는 것을 이른다.
5)〔頭註〕混元 : 太古之時에 元氣混然이라 故曰混元이라
　　　태고적에는 元氣가 뒤섞여 있었기 때문에 混元이라고 이른 것이다.

范祖禹曰 太宗이 不得志於東夷하고 而欲收功於北荒하야 因延陀破亡하야 以
兵臨之에 勢如振槁하야 左衽之民이 解辮¹⁾內屬하니 自以爲開闢以來로 未之
有也라 殊不思中國之與夷狄은 山川之所限이요 風氣之所移라 言語不通하고
嗜欲不同하야 得其地라도 不可居요 得其民이라도 不可使니 列爲郡縣은 是
慕虛名而受實害也라 且得之를 旣以爲功이면 則失之를 必以爲恥니 其失이 不
在於已면 則在於子孫이라 故有征討之勞, 饋餉之擾에 民不堪命하야 而繼之以
亡하니 隋煬帝是也라 太宗이 矜其功能하고 好大無窮하야 華夷中外를 欲其爲
一하니 非所以遺後嗣, 安中國之道니 此는 當以爲戒요 而不可慕也니라
　　范祖禹가 말하였다.

"太宗이 東夷에서 뜻한 바를 이루지 못하고 북쪽 변방에서 공을 거두고자 하여 薛延陀의 패망을 계기로 군대를 거느리고 임함에 형세가 마치 마른 낙엽을 흔들어 떨어뜨리는 것처럼 쉬웠다. 그리하여 左袵한 오랑캐 백성들이 변발한 머리를 풀고 중국에 복속하자, 太宗이 스스로 '천지가 개벽한 이래로 일찍이 있지 않던 일이다.'라고 여겼으니, 이는 中國과 夷狄은 산천이 한계지은 바이고, 풍속이 서로 달라서 언어가 통하지 않고 嗜慾이 달라서 그 땅을 얻더라도 살 수 없고 그 백성을 얻더라도 부릴 수 없으니, 이들을 나열하여 郡縣으로 삼는 것은 헛된 명성을 사모하여 실질적인 폐해를 받는 것임을 전혀 생각하지 못한 것이다. 또 얻는 것을 이미 공으로 여겼다면 잃는 것을 반드시 수치로 여길 것이니, 잃는 것이 자신에게 있지 않으면 자손에게 있을 것이다. 그러므로 이들을 정벌하는 수고로움과 군량을 공급하는 소요가 있어서 백성들이 명령을 견디지 못하여 멸망으로 뒤를 잇게 된 것이니, 隋나라 煬帝가 바로 이러한 경우이다. 太宗은 공과 재능을 자랑하고 큰 체하기를 좋아함이 끝이 없어서 四夷와 中外를 하나로 만들고자 하였으니, 이는 후사에게 물려주고 中國을 편안히 하는 방도가 아니다. 이는 마땅히 경계로 삼아야 하고 사모해서는 안 된다."

1) 〔頭註〕 解辮 : 辮은 音變이니 通作編이라 漢終軍傳解編髮이라
   辮은 음이 변이니, 통용하여 編으로 쓴다. ≪前漢書≫〈終軍傳〉에 "編髮을 풀었다."라고 하였다.

九月에 車駕幸靈州하니 勅勒諸部 相繼詣靈州者 數千人이라 上이 爲詩하야 序其事曰 雪恥酬百王이요 除兇報千古라 公卿이 請勒石於靈州어늘 從之하다

9월에 上의 車駕가 靈州에 행차하니, 勅勒의 여러 부족 중에 서로 이어 靈州에 오는 자가 수천 명이었다. 上이 詩를 지어 이 일을 서술하기를 "치욕을 설욕하여 百王에게 보답하였고 흉적을 제거하여 千古에 보답했다." 하였다. 公卿들이 靈州에 비석을 새길 것을 청하자 上이 따랐다.

○ 蕭瑀性狷介[1]하야 與同僚多不合이라 嘗言於上曰 房玄齡이 與中書門下衆臣으로 朋黨不忠하고 執權膠固어늘 陛下不詳知하시니 但未反耳니이다 上曰 卿言이 得無太甚가 人君이 選賢才하야 以爲股肱心膂인댄 當推誠任之요 人不可以求備니 必捨其所短하고 取其所長이라 朕雖不能聰明이나 何至頓迷[2] 臧否(비) 乃至於是리오

　蕭瑀는 성품이 고집스럽고 꼿꼿하여 구차하게 영합하지 않아서 동료들과 화합하지 못하는 경우가 많았다. 일찍이 上에게 아뢰기를 "房玄齡이 中書門下省의 여러 신하들과 朋黨을 지어서 군주에게 충성하지 않고 권력을 잡아서 견고히 하려는데도 폐하께서 자세히 알지 못하시니, 단지 아직 배반하지 않았을 뿐입니다." 하니, 上이 이르기를 "卿의 말이 너무 심하지 않은가. 人君이 어질고 재능 있는 사람을 뽑아서 股肱과 心膂로 삼았다면 마땅히 정성을 미루어 그에게 맡겨야 한다. 사람에게 완비되기를 구해서는 안 되니, 반드시 단점을 버리고 장점을 취해야 한다. 朕이 비록 총명하지는 못하나 어찌 선하고 선하지 않은 것을 호도함이 마침내 이러한 지경에 이르겠는가." 하였다.

1)〔頭註〕狷介 : 狷은 有所不爲也요 介는 特也라〔通鑑要解〕狷은 褊急이요 介는 耿介也라
　〔頭註〕狷은 하지 않는 바가 있는 것이요, 介는 홀로이다.〔通鑑要解〕狷은 도량이 좁고 性情이 조급한 것이고, 介는 꼿꼿하여 구차하게 영합하지 않는 것이다.
2)〔頭註〕頓迷 : 頓은 邃也라
　頓은 깊음이다.

○ 上謂長孫無忌等曰 今日[1]은 吾生日이라 世俗이 皆爲樂호되 在朕하야 翻成傷感이라 今君臨天下하고 富有四海로되 而承歡膝下[2]를 永不可得하니 此는 子路所以有負米之恨[3]也라 詩云[4] 哀哀父母여 生我劬勞라하니 奈何以劬勞之日로 更爲宴樂乎아

　上이 長孫無忌 등에게 말하기를 "오늘은 나의 생일이다. 세속에서는 모두

생일을 즐거워하나 朕에게는 도리어 서글픈 감회가 인다. 지금 천하에 군림
하고 부유함은 온 천하를 소유하였으나 어버이 슬하에서 어버이를 받들며 기
쁘게 해드리는 일을 영원히 할 수가 없으니, 이는 子路가 어버이를 위해 쌀
을 져 오고자 하나 할 수 없음을 한탄한 것과 같다. ≪詩經≫에 이르기를 '슬
프고 슬프다, 부모여. 나를 낳아 기르시느라 몹시 수고하셨다.' 하였으니, 어
찌 부모가 수고한 날에 다시 잔치를 열고 즐거워할 수 있겠는가." 하였다.

1) 〔譯註〕今日 : ≪資治通鑑≫에 이 날은 癸未日(12월 25일)이라 하였다.
2) 〔釋義〕膝下 : 孝經에 故親生之膝下라한대 注에 膝下는 謂孩幼時라하니라
   ≪孝經≫〈聖治章〉에 "그러므로 愛親하는 마음이 어려서 膝下에 있을 때 생겨
   난다." 하였는데, 注에 "膝下는 어린아이였을 때를 이른다." 하였다.
3) 〔釋義〕子路所以有負米之恨 : 子路曰 昔者에 由也事二親之時에 常食藜藿之實하
   고 爲親負米於百里之外러니 親沒之後에 南遊於楚하야 從車百乘하고 積粟萬鍾하
   니 欲食藜藿하고 爲親負米나 不可復得也로라
   子路가 말하기를 "옛날에 내가 양친을 섬길 적에는 가난하여 항상 명아주잎과
   콩잎국을 먹었으며, 어버이를 위해 백리 밖에서 쌀을 져 왔다. 어버이가 돌아가
   신 뒤에 남쪽으로 楚나라에 가서 벼슬하여 뒤따르는 수레가 백 대나 되고 쌓인
   곡식이 萬鍾이나 되니, 이제 비록 명아주와 콩잎을 먹고 부모를 위하여 쌀을 져
   오고자 하나 다시는 할 수가 없다." 하였다.
4) 〔譯註〕詩云 : 이 내용은 ≪詩經≫〈小雅 蓼莪〉에 보인다.

○ 房玄齡이 嘗以微譴歸第러니 褚遂良이 上疏하야 以爲玄齡이 自義旗之始로
翼贊聖功[1]하야 武德[2]之季에 冒死決策[3]하고 貞觀之初에 選賢立政[4]하야 人
臣之勤이 玄齡爲最하니 不可退棄니이다 陛下若以其衰老면 亦當諷諭하야 使
之致仕하야 退之以禮요 不可以淺鮮之過[5]로 棄數十年之勳舊니이다 上이 遽
召出之러니 頃之에 玄齡이 復避位還家하다 久之에 上이 幸芙蓉園이어늘 玄齡이
勅子弟하야 汛(신)掃門庭[6]하고 曰 乘輿且至하리라 有頃에 上이 果幸其第하야 因
載玄齡還宮하다 〈出本傳〉

房玄齡이 일찍이 작은 허물로 견책을 받아 집에 돌아가 있었다. 褚遂良이

상소하여 아뢰기를 "房玄齡은 의로운 깃발을 높이 들었던 초창기부터 聖上의 공을 도왔고, 武德 말년에는 죽음을 무릅쓰고 계책을 결단하였으며, 貞觀 초기에는 賢者를 선발해서 정사를 확립하여 신하로서 근로한 것은 房玄齡이 가장 으뜸이니, 멀리 버려서는 안 됩니다. 폐하께서 만약 그가 노쇠했다고 여기신다면 또한 마땅히 넌지시 타일러서 그로 하여금 致仕하여 예로써 물러나게 해야 할 것이요, 하찮은 과실로 수십 년의 舊勳을 버려서는 안 됩니다." 하니, 上이 급히 불러서 나오게 하였는데, 얼마 후 房玄齡이 다시 지위를 피하여 집으로 돌아갔다.

오랜 뒤에 上이 芙蓉園에 행차하자, 房玄齡이 자제들에게 명하여 문과 뜰을 청소하게 하고 이르기를 "上의 乘輿가 장차 이를 것이다." 하였는데, 얼마 후 上이 과연 그의 집에 행차하고 인하여 房玄齡을 수레에 태워 궁중으로 돌아왔다. - ≪新唐書 房玄齡傳≫에 나옴 -

1) 〔通鑑要解〕 翼贊聖功 : 謂謁見於軍門하야 署爲記室之時也라
   房玄齡이 渭北에 있던 太宗의 軍門을 찾아가서 渭北道行軍記室參軍으로 임명되었을 때를 이른다.

2) 〔頭註〕 武德 : 高祖라
   武德은 高祖의 연호이다.

3) 〔通鑑要解〕 冒死決策 : 謂誅建成之時也라
   죽음을 무릅쓰고 계책을 결단하였다는 것은 李建成을 주벌했을 때를 이른다.

4) 〔通鑑要解〕 選賢立政 : 謂選王, 魏하고 在朝文武를 隨能收敍之時也라
   賢者를 선발하여 정사를 확립한 것은 王珪와 魏徵을 선발하고 조정의 문관과 무관을 능력에 따라 거두어 임용했을 때를 이른다.

5) 〔釋義〕 淺鮮之過 : 鮮은 上聲이니 少也라
   鮮은 上聲이니, 적음이다.

6) 〔釋義〕 汎掃門庭 : 汎은 灑也요 掃는 除也라
   汎은 물을 뿌리는 것이고, 掃는 소제함이다.

【丁未】 二十一年이라

貞觀 21년(정미 647)

上이 幸翠微宮할새 冀州進士張昌齡이 獻翠微宮頌이어늘 上愛其文하야 命於
通事舍人裏供奉[1]하다 初에 昌齡이 與進士王公謹으로 皆善屬文하야 名振京
師러니 考功員外郎王師旦이 知貢擧하야 黜之하니 擧朝莫曉其故러라 及奏第에
上이 怪無二人名하야 詰之한대 師旦對曰 二人이 雖有辭華나 然其體輕薄하야
終不成令器하리니 若置之高第면 恐後進效之하야 傷陛下雅道니이다 上이 善其
言이러라 〈出昌齡傳〉

上이 翠微宮에 행차했을 적에 冀州의 進士인 張昌齡이 翠微宮頌을 바치자,
上이 그의 문장을 아껴서 通事舍人의 반열에서 봉직하도록 명하였다. 처음에
張昌齡이 진사 王公謹과 함께 모두 글을 잘 엮어 명성이 京師에 진동하였는데,
考功員外郎 王師旦이 貢擧를 맡아 그를 물리치고 등용하지 않자 온 조정이 그
이유를 깨닫지 못하였다. 進士에 及第한 자의 명단을 아뢸 적에 上이 두 사람
의 이름이 없는 것을 괴이하게 여겨서 詰問하자, 王師旦이 대답하기를 "두 사
람이 비록 문장은 화려하지만 文體가 경박하여 끝내 훌륭한 그릇이 되지 못할
것이니, 만약 이들을 높은 등급에 둔다면 後進들이 이를 본받아서 폐하의 바
른 도를 해칠까 두렵습니다." 하니, 上이 그의 말을 좋게 여겼다. - ≪新唐書
張昌齡傳≫에 나옴 -

1) 〔釋義〕 命於通事舍人裏供奉 : 未命以官이라 故로 令於通事舍人裏供奉하니 若馬
   周起布衣에 詔令於監察御史裏行이 是也라 厥後에 專以裏行名官하니라
   관직에 정식으로 임명하지 않았기 때문에 通事舍人의 반열에서 봉직하도록 명
   령한 것이니, 馬周가 평민 출신으로 發身하였을 때에 詔命을 내려 監察御史裏行
   으로 삼은 것이 바로 이 경우이다. 그 뒤로는 단지 裏行으로 관직을 이름하였다.

○ 上이 御翠微殿하야 問侍臣曰 自古帝王이 雖平定中夏나 不能服戎, 狄이어
늘 朕은 才不逮古人이로되 而成功過之하니 自不諭其故라 諸公이 各帥意하야 以
實言之하라 群臣皆稱호되 陛下功德이 如天生萬物하야 不得而名言이니이다 上
曰 不然하다 朕所以能及此者는 止由五事耳라 自古帝王이 多疾勝己者어늘

朕은 見人之善이면 若己有之하며 人之行能이 不能兼備어늘 朕은 常棄其所短하고 取其所長하며 人主往往進賢則欲寘(置)諸懷하고 退不肖則欲墜諸壑이어늘 朕은 見賢者則敬之하고 不肖者則憐之하야 賢不肖各得其所하며 人主多惡正直하야 陰誅顯戮이 無代無之어늘 朕은 踐阼[1]以來로 正直之士 比肩於朝호되 未嘗黜責一人하며 自古로 皆貴中華하고 賤夷狄이어늘 朕獨愛之如一이라 故로 其種落[2]이 皆依朕如父母하니 此五者 朕所以成今日之功也라하고 顧謂褚遂良曰 公이 嘗爲史官하니 如朕言이 得其實乎아 對曰 陛下盛德을 不可勝載[3]어늘 獨以此五者自與[4]하시니 蓋謙謙之志耳니이다

　上이 翠微殿에 납시어 侍臣에게 묻기를 "예로부터 帝王이 비록 中夏를 평정하였으나 戎과 狄을 복종시키지는 못했는데, 朕은 재주는 옛사람에게 미치지 못하면서도 공업을 이룸은 옛사람보다 더하니, 나 스스로도 그 이유를 깨닫지 못하노라. 諸公들은 각기 뜻에 따라 솔직히 사실대로 말하라." 하였다.
　여러 신하들이 모두 칭찬하기를 "폐하의 공덕은 하늘이 만물을 낳는 것과 같아서 말로 형용할 수가 없습니다." 하니, 上이 이르기를 "그렇지 않다. 朕이 이러한 경지에 이를 수 있었던 것은 다만 다섯 가지 일에서 연유되었다. 예로부터 帝王들은 자신보다 나은 자를 대부분 미워하였으나 朕은 남의 선을 보면 나에게 있는 것처럼 기뻐하였으며, 사람의 행실과 능력은 겸비할 수 없는데, 朕은 항상 사람들의 부족한 점을 버리고 뛰어난 점을 취하였으며, 군주가 왕왕 어진 자를 등용할 때에는 사랑하여 품안에 두고자 하고 불초한 자를 물리칠 때에는 미워하여 골짜기에 떨어뜨리고자 하는데, 朕은 어진 자를 보면 공경하고 불초한 자를 보면 가엽게 여겨 어진 자와 불초한 자가 각각 제자리를 얻게 하였으며, 군주가 대부분 정직한 자를 미워하여 음으로 양으로 죽인 일이 없었던 시대가 없는데, 朕은 즉위한 뒤로 정직한 선비가 조정에서 어깨를 나란히 하였으나 일찍이 한 사람도 내치거나 꾸짖은 적이 없으며, 예로부터 모두 中華를 귀하게 여기고 夷狄을 천하게 여겼으나 朕은 홀로 中華와 夷狄을 똑같이 사랑하였기 때문에 그 종족과 부락들이 모두 朕을 부

모처럼 의지하였으니, 이 다섯 가지가 朕이 오늘날의 공을 이루게 된 까닭이다.” 하였다.

褚遂良을 돌아보고 이르기를 “공은 일찍이 史官이었으니, 朕의 말이 사실과 부합하는가?” 하니, 대답하기를 “폐하의 성대한 덕을 이루 다 기재할 수가 없는데 오직 이 다섯 가지를 가지고 스스로 자신의 장점이라고 허여하시니, 이는 겸손하고 겸손한 뜻입니다.” 하였다.

1) 〔頭註〕 踐阼 : 阼는 主階也라
   阼는 주인이 오르는 계단이다.
2) 〔頭註〕 種落 : 落은 居也라
   落은 거주함이다.
3) 〔頭註〕 不可勝載 : 載는 記載也라
   載는 기재함이다.
4) 〔頭註〕 自與 : 與는 許也라
   與는 허여(인정)함이다.

○ 骨利幹¹⁾이 遣使入貢하니 骨利幹은 於鐵勒²⁾諸部에 爲最遠이라 晝長夜短하야 日沒後에도 天色正曛(훈)³⁾이요 煮羊胛(갑)⁴⁾適熟이면 日已復出矣⁵⁾러라

骨利幹이 사신을 보내어 朝貢을 바치니, 骨利幹은 鐵勒의 여러 부족 중에서 중국과 가장 멀었다. 낮이 길고 밤이 짧아서 해가 진 뒤에도 하늘이 노을 빛으로 밝고, 羊의 어깨뼈를 삶아서 양고기가 알맞게 익을 때면 해가 다시 떠올랐다.

1) 〔頭註〕 骨利幹 : 見上勅勒注라 〔通鑑要解〕 骨利幹은 居瀚海北이라 晝長夜短하니 蓋近日出處라
   〔頭註〕 骨利幹은 앞의 勅勒에 대한 注에 보인다. 〔通鑑要解〕 骨利幹은 瀚海의 북쪽에 거주하였다. 이곳은 낮이 길고 밤이 짧으니, 해가 뜨는 곳에 가깝기 때문이다.
2) 〔頭註〕 鐵勒 : 卽勅勒也라
   鐵勒이 바로 勅勒이다.
3) 〔釋義〕 曛 : 日入也라

曛은 해가 진 것이다.

4) 〔釋義〕羊胛：胛은 古狎反이니 闔也라 與胸脅相會闔이라〔通鑑要解〕考異曰 實
錄, 唐曆에 皆作羊胛이요 僧一行大衍曆義及舊天文志, 唐統紀에 皆作脾요 新天文
志云 腒라하니 按正言羊脾者는 取其易熟故也라 若煮羊胛及髀면 則雖中國이라도
通夕亦未爛矣니 今從大衍曆義하노라

〔釋義〕胛은 古狎反(갑)이니, 闔(어깨뼈)이다. 가슴과 옆구리 부위와 서로 만난
것이 闔이다.〔通鑑要解〕《資治通鑑考異》에 말하였다. "《實錄》과 《唐曆》에
는 모두 羊의 胛(어깨뼈)으로 되어 있고, 僧 一行의 《大衍曆義》와 《舊唐書》
〈天文志〉 및 《唐統紀》에는 모두 脾(지라)로 되어 있고, 《新唐書》〈天文志〉에
는 腒(양의 넓적다리)라고 하였으니, 살펴보건대 羊의 脾(지라)를 바로 말한 것은
쉽게 익기 때문이다. 만일 羊의 胛과 髀를 삶는다면 비록 중국에서 밤새 삶아도
푹 삶아지지 않을 것이니, 이제 《大衍曆義》를 따른다."

5) 〔譯註〕晝長夜短……日已復出矣 : 羊의 어깨뼈를 삶아서 양고기가 알맞게 익을
때면 해가 다시 떠올랐다고 한 것은, 北極이 지평으로부터의 高度가 60度 이상
되는 지역이기 때문이다. 여기에서 더 나아가면 3개월이 낮이고 3개월이 밤이
되는 나라가 나오며, 다시 여기에서 더 나아가면 반년이 낮이 되고 반년이 밤이
되는 나라가 나온다.

○ 齊州人段志沖이 上封事하야 請上致政於皇太子하니 太子聞之하고 憂形
於色하야 發言流涕라 長孫無忌等이 請誅志沖한대 上手詔曰 五岳陵霄하고 四
海亘(궁)[1] 地하야 納汚藏疾[2]호되 無損高深이라 志沖이 欲以匹夫로 解位天子하
니 朕若有罪면 是其直也요 若其無罪면 是其狂也니 譬如尺霧障天에 不虧於
大하고 寸雲點日에 何損於明이리오

齊州 사람 段志沖이 封事疏를 올려 태자에게 정사를 물려줄 것을 上에게
청하니, 태자가 이 말을 듣고 얼굴에 수심이 가득하여 말을 하면서 눈물을
흘렸다. 長孫無忌 등이 段志沖을 죽일 것을 청하자, 上이 손수 쓴 조서를 내
려 이르기를 "五岳은 하늘 높이 솟아있고 四海는 사방으로 육지 끝까지 뻗어
있어서 더러운 것을 받아들이고 나쁜 것을 감추되 산과 바다의 높고 깊음에
어떠한 손상도 없다. 段志沖이 匹夫로서 천자의 지위를 해임하고자 하였으

니, 朕이 만약 죄가 있다면 이는 그가 정직한 것이요, 朕이 만약 죄가 없다면 이는 그가 미친 것이다. 비유하면 한 자의 안개가 하늘을 가림에 큰 하늘에 손상이 없는 것과 같고, 한 치의 구름이 해를 가림에 밝은 해에 손상이 없는 것과 같다." 하였다.

1) 〔頭註〕亘 : 橫亘也라
   亘은 가로로(四方으로) 뻗침이다.
2) 〔釋義〕納汚藏疾 : 左傳에 川澤納汚하고 山藪藏疾이라하니라
   ≪春秋左傳≫에 "내와 못은 더러운 것을 받아들이고 산과 수풀은 나쁜 것을 감춘다." 하였다.

【戊申】二十二年이라

貞觀 22년(무신 648)

正月에 上이 作帝範十二篇하야 以賜太子하니 曰 君體, 建親, 求賢, 審官, 納諫, 去讒, 戒盈, 崇儉, 賞罰, 務農, 閱武, 崇文이라 且曰 修身治國이 備在其中하니 一旦不諱면 更無所言矣리라 又曰 汝當更求古之哲王[1]하야 以爲師요 如吾는 不足法也라 夫取法於上이면 僅得其中이요 取法於中이면 不免爲下라 吾居位已來로 不善이 多矣라 錦繡珠玉이 不絶於前하고 宮室臺榭[2]를 屢有興作하며 犬馬鷹隼[3]을 無遠不致하고 行遊四方하야 供頓煩勞하니 此皆吾之深過니 勿以爲是而法之하라 顧[4]我弘濟蒼生에 其益이 多하고 肇造區夏에 其功이 大하야 益多損少故로 人不怨하고 功大過微故로 業不墮(휴)[5]나 然比之盡美盡善이면 固多愧矣라 汝無我之功勤하고 而承我之富貴하니 竭力爲善則國家僅安이요 驕惰奢縱則一身不保리라 且成遲敗速者는 國也요 失易得難者는 位也니 可不惜哉며 可不愼哉아

正月에 上이 ≪帝範≫ 12편을 지어 태자에게 주니, 〈君體〉, 〈建親〉, 〈求賢〉, 〈審官〉, 〈納諫〉, 〈去讒〉, 〈戒盈〉, 〈崇儉〉, 〈賞罰〉, 〈務農〉, 〈閱武〉, 〈崇

文)이었다. 上이 또 이르기를 "몸을 닦고 나라를 다스리는 도리가 이 가운데에 구비되어 있으니, 하루아침에 내가 죽게 되면 다시 말할 수가 없다." 하였고, 또 이르기를 "너는 마땅히 다시 옛날 명철한 왕을 구하여 스승으로 삼아야 할 것이니, 나와 같은 자는 본받을 것이 못 된다. 上等에서 법을 취하면 겨우 中等을 얻고 中等에서 법을 취하면 下等이 됨을 면치 못한다. 내가 帝位에 거한 뒤로 不善함이 많았다. 錦繡와 珠玉이 앞에 끊이질 않고 宮室과 臺榭를 여러 번 지었으며, 개와 말과 새매를 먼 곳이라 하여 가져오지 않음이 없고 사방을 유람하여 여행에 필요한 물자를 대느라 백성들이 번거롭고 수고로웠다. 이는 다 나의 큰 잘못이니 이것을 옳다고 여겨 본받지 말아라.

돌아보건대(생각건대) 내가 蒼生들을 크게 구제하여 그들에게 유익함이 많고 大唐을 창건함에 그 공이 커서, 유익한 일이 많고 해로운 일이 적기 때문에 백성들이 원망하지 않으며, 공로가 크고 허물이 적기 때문에 王業이 훼손되지 않은 것이다. 그러나 盡美盡善함에 비교한다면 진실로 부끄러움이 많다. 너는 나와 같은 공로가 없으면서 나의 부귀를 이어받았으니, 힘을 다하여 선을 행하면 국가가 겨우 편안할 것이요, 교만하고 게으르고 사치하고 방종하면 제 몸 하나도 보전하지 못할 것이다. 또 성공은 더디고 실패는 빠른 것은 나라이고 잃기는 쉽고 얻기는 어려운 것은 지위이니, 아끼지 않을 수 있으며 삼가지 않을 수 있겠는가." 하였다.

1) 〔頭註〕 哲王 : 哲은 智也라
   哲은 지혜로움이다.

2) 〔釋義〕 臺榭 : 土高曰臺요 有木曰榭라
   흙을 높이 쌓은 것을 臺라 하고, 臺 위에 나무를 심은 것을 榭라 한다.

3) 〔通鑑要解〕 鷹隼 : 隼은 鷙鳥也라
   隼은 맹금류(새매)이다.

4) 〔頭註〕 顧 : 念也라
   顧는 생각함이다.

5) 〔通鑑要解〕 不墮 : 墮는 與隳通이라
   墮는 隳(무너지다)와 통한다.

○ 結骨[1]은 其國人이 皆長大하고 赤髮綠睛이라 自古로 未通中國이러니 至是入朝어늘 上謂侍臣曰 漢武帝窮兵三十餘年에 疲弊中國이나 所獲無幾하니 豈如今日에 綏之以德하야 使窮髮之地[2]로 盡爲編戶乎아

　結骨은 나라 사람들이 모두 신체가 장대하였으며 머리털이 붉고 눈동자가 푸른색이었다. 예로부터 중국과 통하지 않았는데,〈鐵勒의 여러 부족이 모두 복종했다는 말을 듣고〉 이때에 들어와 조회하였다. 上이 侍臣에게 이르기를 "漢나라 武帝는 30여 년 동안 무력을 남용하여 중국을 피폐하게 하였으나 얻은 것은 얼마 되지 않으니, 어찌 오늘날 德으로 편안하게 하여 불모지로 하여금 모두 編戶가 되게 한 것만 하겠는가." 하였다.

1)〔譯註〕 結骨 : 부족 이름으로 옛날에는 堅昆이라 불렀으니, 堅昆이란 말이 와전되어 結骨이 된 것이다. 魏・晉 이후로는 結骨이라 불렀으며 唐나라 때에는 또 黠戞斯라 하였다.

2)〔釋義〕 窮髮之地 : 地는 以草木爲髮毛하니 北方寒極하야 草木不生이라 故로 曰窮髮이니 所謂不毛之地也라 語出莊子하니라
　땅은 풀과 나무를 모발로 삼는데, 북방은 날씨가 매우 추워서 풀과 나무가 자라지 못하기 때문에 窮髮이라고 한 것이니, 이른바 不毛地라는 것이다. 이 말은 ≪莊子≫〈逍遙遊〉에 나온다.

○ 上이 營玉華宮할새 務令儉約하야 惟所居殿을 覆以瓦하고 餘皆茅茨(자)하다 徐惠[1]以上이 東征高麗하고 西討龜玆[2]하며 翠微, 玉華에 營繕相繼하고 又服玩頗華靡라하야 上疏諫하니 其略曰 以有盡之農功으로 塡無窮之巨浪하고 圖未獲之他衆하야 喪已成之我軍이니이다 昔에 秦皇은 幷呑六國호되 反速危亡之基하고 晉武는 奄有三方[3]호되 翻成覆敗之業하니 豈非矜功恃大하고 棄德輕邦하고 圖利忘危하고 肆情縱欲之所致乎잇가 又曰 珍玩技巧는 乃喪國之斧斤이요 珠玉錦繡는 實迷心之酖(짐)毒이라하고 又曰 作法於儉이라도 猶恐其奢어든 作法於奢하면 何以制後리잇고 上이 善其言하야 甚禮重之하다

上이 玉華宮을 경영할 적에 되도록 검약하게 하여 오직 거처하는 궁전만 기와를 덮게 하고 나머지는 모두 띠풀로 지붕을 덮게 하였다.

徐惠는 上이 동쪽으로는 고구려를 정벌하고 서쪽으로는 龜玆를 토벌하며, 翠微宮과 玉華宮을 營建하고 修繕하는 일이 계속 이어지고 또 服飾과 玩好가 자못 화려하다 하여 상소하여 간하였다. 그 대략에 아뢰기를 "다함이 있는 농사의 수입으로 다함이 없는 큰 물결(토목공사의 큰 비용)을 메우려 하고, 얻지 못할 다른 나라의 무리들을 도모하다가 이미 이루어진 우리나라 군대를 잃었습니다. 옛날 秦始皇은 6국을 병탄하였으나 도리어 나라가 위태롭고 멸망하는 基業을 자초하였고, 晉나라 武帝는 魏·蜀·吳 三國을 곧바로 차지하였으나 도리어 실패하고 멸망하는 基業을 이루었으니, 이는 어찌 공업을 자랑하고 강대함을 믿으며, 덕을 버리고 나라를 경시하며, 이익을 도모하고 위태로움을 잊으며, 정욕을 방종하게 부린 소치가 아니겠습니까." 하였다.

또 이르기를 "진귀한 노리개와 기교는 바로 나라를 망하게 하는 도끼와 자귀이고, 珠玉과 錦繡는 실로 마음을 혼미하게 하는 鴆毒입니다." 하고, 또 아뢰기를 "법을 만들 때에 검소하게 하더라도 오히려 사치스럽게 될까 두려운데 법을 만들 때에 사치스럽게 한다면 어떻게 후세를 제재하겠습니까." 하니, 上이 그 말을 좋게 여겨서 심히 예우하고 소중히 여겼다.

1) 〔附註〕 徐惠 : 徐孝德之女充容*也니 正二品으로 九嬪之一이요 惠는 名也라 生五月에 能言하고 四歲에 通論語, 詩하고 八歲에 自曉屬文하니 太宗이 召爲才人하고 進爲充容이라 卒에 (諡)〔贈〕賢妃하니라

　徐惠는 徐孝德의 딸인 充容이니, 充容은 정2품으로 九嬪의 하나이고 惠는 이름이다. 徐惠는 태어난 지 5개월 만에 말을 하고 4세에 ≪論語≫와 ≪詩經≫을 통달하며 8세에 혼자서 글을 짓는 것을 깨우치니, 太宗이 불러서 才人으로 삼고 올려서 充容으로 삼았다. 徐惠가 죽자 賢妃를 추증하였다.

*) 充容 : 唐나라 제도에 皇后 밑으로 貴妃·淑妃·德妃·賢妃가 있으니 夫人이며, 昭儀·昭容·昭媛·脩儀·脩容·脩媛·充儀·充容·充媛이 있으니 九嬪이며, 婕妤·美人·才人이 각각 9명씩 있어 모두 27명이니 世婦이며, 寶林·御女·采女가 각각 27명씩 있어 모두 81명이니 御妻이다.

2) 〔原註〕 龜玆 : 音丘慈니 西域國이라

龜玆는 음이 구자이니, 西域의 나라이다.

3) 〔頭註〕三方 : 魏, 蜀, 吳니 三方鼎峙라가 至晉混一하니라

　三方은 魏・蜀・吳이니, 三方이 솥의 발처럼 서로 대치하다가 晉나라 때에 이르러 통일되었다.

○ 初에 左武衛將軍李君羨이 直玄武門할새 時에 太白이 屢晝見(현)이라 太史占云 女主昌이라하고 民間又傳秘記云 唐三世之後에 女主武王이 代有天下라하야늘 上惡之러라 會에 與諸武臣宴宮中할새 行酒令에 使各言小名[1]하니 君羨이 自言名五娘[2]이라 上愕然하고 因笑曰 何物女子 乃爾勇健고 又以君羨의 官稱封邑이 皆有武字[3]라하야 深惡之하다 後出爲華州刺史하니 有布衣員(운)道信[4]하야 自言能絶粒[5]하고 曉佛法이라하야늘 君羨이 深敬信之하고 數相從하야 屛人語라 御史奏호되 君羨이 與妖人交通하야 謀不軌[6]라하니 君羨이 坐誅하다

　처음에 左武衛將軍 李君羨이 玄武門에서 숙직하였는데, 이때 太白星이 자주 낮에 나타났다. 太史가 점을 치기를 "女主가 흥왕할 것이다." 하였고, 또 민간에 전하는 《秘記》에 이르기를 "唐나라는 三代가 지난 뒤에 女主 武王이 李氏를 대신하여 천하를 소유할 것이다." 하니, 上이 이를 싫어하였다.

　마침 여러 무신들과 궁중에서 연회할 적에 酒令을 행하여 각각 자신의 어렸을 적 이름을 말하게 하니, 李君羨이 스스로 자신의 이름이 五娘이라고 말하였다. 上이 놀라고 인하여 웃으며 말하기를 "무슨 놈의 여자가 마침내 너와 같이 용맹하고 건장한가." 하고, 또 李君羨의 官稱과 封邑에 모두 '武'字가 있다 해서 그를 깊이 미워하였다. 뒤에 李君羨이 華州刺史로 나갔는데, 布衣(평민)인 員道信이라는 자가 있어 곡기를 끊고 살 수 있으며 불법을 깨달았다고 스스로 말하였다. 李君羨이 그를 깊이 존경하여 믿고 자주 서로 어울려 사람을 물리치고 말을 나누곤 하였다. 御史가 上奏하기를 '李君羨이 요망한 자와 결탁하여 반역을 도모한다.'고 하자, 李君羨이 죄에 걸려 멸족당하였다.

1) 〔頭註〕行酒令 使各言小名[*] : 行酒令者는 一人爲令하고 餘人以次行之니 使各言小名이 卽酒令也라

　　酒令을 행한다는 것은, 한 사람이 令官(총감독)이 되고 나머지 사람들은 순서대로 이 令官의 영을 행하는 것이니, 각각 어렸을 적의 이름을 말하게 한 것이 바로 酒令이다.

＊) 行酒令 使各言小名 : 酒令은 연회할 때에 술을 마시며 행하는 규칙인데, 이때 참석한 자들에게 자신의 兒名을 말하게 한 것이다.

2) 〔譯註〕 五娘 : 五는 ≪廣韻≫에 의하면 疑古切(오)이고 武는 文甫切(모)이며, 현대 음은 모두 wǔ(우)이다. 娘은 여자란 뜻인데, 五娘의 음이 武娘과 비슷하기 때문에 太宗이 '용맹한 여자'라는 뜻으로 풀이한 것이다.

3) 〔頭註〕 皆有武字 : 左武衛將軍 武連縣公 武安 李君羨이 直玄武門이라
　　左武衛將軍, 武連縣公, 武安 사람, 李君羨이 玄武門을 맡고 있었다.

4) 〔原註〕 員道信 : 員은 音運이니 姓也라
　　員은 음이 운이니, 姓이다.

5) 〔釋義〕 絶粒 : 米食曰粒이니 絶粒은 導引辟穀也라
　　쌀을 먹는 것을 粒이라고 하니, 絶粒은 導引術의 辟穀과 같은 것이다.

6) 〔頭註〕 不軌 : 軌는 法度也니 君君臣臣이 所謂法也라 爲人臣而欲圖危社稷을 謂之不軌라
　　軌는 법도이니, 임금은 임금 노릇 하고 신하는 신하 노릇 하는 것이 이른바 법이다. 신하가 되어 社稷을 위태롭게 하기를 도모하는 것을 不軌라고 한다.

○ 上이 密問太史令李淳風호되 秘記所云이 信有之乎라 對曰臣이 仰稽天象하고 俯察曆數하니 其人이 已在陛下宮中하야 爲親屬[1]이라 自今不過三十年에 當王天下하야 殺唐子孫殆盡하리니 其兆旣成矣니이다 上曰 疑似者를 盡殺之何如오 對曰 天之所命은 人不能違也니 王者不死요 徒多殺無辜니이다 且自今以往三十年이면 其人已老하리니 庶幾頗有慈心하야 爲禍或淺이요 今借使得而殺之라도 天或生壯者하야 肆其怨毒이면 陛下子孫이 無遺類矣리이다 上이 乃止하다

　　上이 太史令 李淳風에게 "≪秘記≫에 말한 것이 사실인가?" 하고 은밀히 물으니, 대답하기를 "신이 위로 天象을 상고하고 아래로 曆數를 살펴보니, 이 사

람이 이미 폐하의 궁중에 있어 폐하의 친속이 되었습니다. 지금부터 30년이 지나지 않아 마땅히 천하에 왕이 되어서 唐나라 자손들을 죽여서 거의 다 없앨 것이니, 그 조짐이 이미 이루어졌습니다." 하였다. 上이 이르기를 "의심스러운 자를 다 죽이는 것이 어떠한가?" 하니, 대답하기를 "하늘이 명하는 바는 사람이 어길 수 없으니, 王이 될 자는 죽지 않고 다만 죄 없는 자만 많이 죽일 뿐입니다. 또 지금 이후로 30년이 지나면 그 사람도 이미 늙을 것이니 행여 인자한 마음이 있어서 화됨이 혹 적을 것이요, 지금 가령 그를 잡아 죽인다 해도 하늘이 혹 건장한 자를 낳아서 怨毒을 부리게 하면 폐하의 자손은 남는 무리가 없게 될지도 모릅니다." 하였다. 上이 마침내 중지하였다.

1) 〔頭註〕已在陛下宮中爲親屬 : 十一年에 武氏入後宮하야 爲才人이라 〔通鑑要解〕 按十一年에 武士彠(확)女 年十四러니 上聞其美하고 入後宮爲才人이라

〔頭註〕貞觀 11년(637)에 武氏가 後宮으로 들어와 才人이 되었다. 〔通鑑要解〕 살펴보건대 貞觀 11년에 武士彠의 딸이 14세였는데 上이 그녀가 아름답다는 말을 듣고 후궁으로 들여 才人을 삼았다.

○ 房玄齡이 疾篤에 謂諸子曰 吾受主上厚恩하니 今天下無事요 惟東征未已어늘 群臣이 莫敢諫하니 吾知而不言이면 死有餘責이라하고 乃上表諫하야 以爲陛下每決一重囚에 必令三覆五奏[1]하며 進素膳하고 止音樂者는 重人命也니이다 今에 驅無罪之士卒하야 委之鋒刃之下하야 使肝腦塗地하시니 獨不足愍乎잇가 向使高麗違失臣節이면 誅之可也요 侵擾百姓이면 滅之可也요 他日能爲中國患이면 除之可也어니와 今無此三條어늘 而坐煩中國하야 內爲前代雪恥[2]하고 外爲新羅報讐하시니 豈非所存者小하고 所損者大乎잇가 願陛下許高麗自新하소서 儻蒙錄此[3]하시면 死且不朽리이다 上이 自臨視하야 握手與訣에 悲不自勝이러니 薨하다

房玄齡이 병이 위독해지자 여러 아들들에게 이르기를 "내 主上의 두터운 은혜를 받았다. 지금 천하가 무사하고 오직 동쪽으로 고구려를 정벌하는 일

이 끝나지 않고 있는데 여러 신하들 중에 누구도 감히 간하는 이가 없으니, 내가 이것이 그르다는 것을 알면서도 말하지 않는다면 죽어서도 남은 책임이 있다." 하고, 마침내 表文을 올려 간하여 아뢰기를 "폐하께서 매번 죄가 중한 죄수 한 명을 판결할 때마다 반드시 세 번 반복하여 審理하고 다섯 번 아뢰게 하며 素饌을 올리고 음악을 그치게 하시니, 이는 人命을 귀하게 여기기 때문입니다. 그런데 이제 죄 없는 사졸들을 내몰아 적의 칼날에 죽임을 당하여 肝과 腦를 땅에 바르게 하시니, 이것은 유독 가엾게 여길 만하지 않습니까. 만약 고구려가 신하의 예절을 위배하였다면 주벌하는 것이 가하고, 만약 우리나라 백성들을 침략하였다면 멸하는 것이 가하고, 만약 후일에 중국의 후환이 될 수 있다면 제거하는 것이 가할 것입니다. 그러나 지금 이 세 가지가 없는데도 아무 연고 없이 중국을 번거롭게 하여 안으로는 前代(隋나라)를 위하여 설욕하고 밖으로는 新羅를 위하여 원수를 갚아주려 하시니, 어찌 보존되는 것은 적고 손해되는 것은 크지 않겠습니까. 바라건대 폐하께서는 고구려가 스스로 허물을 고쳐 새롭게 하도록 허락하소서. 만약 제가 마지막으로 올리는 말을 採納해 주시는 은혜를 입는다면 신은 죽어도 잊지 않을 것입니다." 하였다. 上이 직접 가서 보고는(문병하고는) 손을 잡고 房玄齡과 영결하며 슬픈 마음을 금치 못하였는데, 房玄齡이 죽었다.

1) 〔頭註〕 必令三覆五奏 : 覆은 審也라 必令三覆五奏는 見上卷辛卯年이라
   覆은 살핌이다. 반드시 세 번 반복해서 심리하고 다섯 번 아뢰게 한 것은 上卷 辛卯年條(631)에 보인다.

2) 〔頭註〕 雪恥 : 隋煬帝가 三伐高麗라가 敗還하니 此中國恥也라
   隋나라 煬帝가 세 번 고구려를 정벌했다가 모두 패하고 돌아왔으니, 이것이 중국의 치욕이라는 것이다.

3) 〔通鑑要解〕 錄此 : 此下에 落哀鳴二字하니 註云 論語鳥之將死에 其鳴也哀하고 人之將死에 其言也善이라하니라
   이 아래에 '哀鳴' 두 글자가 빠졌다. 註에 이르기를 "≪論語≫〈泰伯〉에 '새가 장차 죽으려 할 때에는 울음소리가 애처롭고, 사람이 장차 죽으려 할 때에는 그 말이 착한 법'이라고 했다." 하였다.

房, 杜贊曰 太宗이 以上聖之才로 取孤隋, 攘群盜하고 天下(以)〔已〕平에 用玄
齡, 如晦輔政이라 承大亂之餘하야 紀綱彫弛어늘 而能興仆植(치)僵하야 使號
令典刑으로 燦然罔不完하야 雖數百年이라도 猶蒙其功하니 可謂名宰相矣라
然求其所以致之之蹟하면 殆不可見은 何哉오 唐柳芳[1]이 有言호되 帝定禍亂
而房, 杜[2]不言功하고 王, 魏[3]善諫而房, 杜讓其直하고 英, 衛[4]善兵而房, 杜
濟以文하야 持衆美하야 效之君이러니 是後에 新進更(경)用事어늘 玄齡身處要
地하야 不吝權하야 善始以終하니 此其成令名者라하니 諒其然乎인저 如晦는
任事日淺이나 觀玄齡許與와 及帝所親款하면 則謀謨果有大過人者라 方君明臣
良하야 志協議從하야 相資以成하니 固千載之遇니 蕭, 曹之勛(勳)이 不足進
焉이라 雖然이나 宰相은 所以代天者也니 輔贊彌縫[5]而藏諸用[6]하야 使斯人으
로 由而不知는 非明哲이면 曷臻是哉아 彼揚己取名하야 暸然使戶曉者[7]는 蓋
房, 杜之細耶인저

≪新唐書≫〈房玄齡 · 杜如晦列傳〉贊에 말하였다.

"太宗은 上聖의 재주로 외로운 隋나라를 점령하고 여러 도둑들을 물리쳤으
며 천하가 평정된 뒤에 房玄齡과 杜如晦를 등용하여 정사를 보필하게 하였
다. 큰 난리의 뒤를 이어서 기강이 해이해졌는데, 쓰러진 것을 일으키고 넘
어진 것을 세워 號令과 典刑으로 하여금 찬란하여 완전하지 않음이 없게 해
서 비록 수백 년 뒤에도 오히려 그 공을 입게 하였으니, 명재상이라고 이를
만하다.

그러나 이것을 이룩하게 된 자취를 찾아보면 거의 볼 수가 없음은 어째서
인가? 唐나라 柳芳이 말하기를 '황제가 禍亂을 평정하니 房玄齡과 杜如晦가
공을 말하지 않았고, 王珪와 魏徵이 간언을 잘하니 房玄齡과 杜如晦가 그 정
직함을 사양하였고, 英公과 衛公이 用兵을 잘하니 房玄齡과 杜如晦가 文으로
써 구제하여, 여러 아름다운 공적을 가져다가 군주에게 바쳤는데, 이 뒤에
新進이 번갈아 用事하자 房玄齡은 자신이 요직에 있으면서 權力을 아끼지 아
니하여 시작을 잘하고 끝을 잘 마쳤으니, 이것이 훌륭한 명성을 이루게 된
이유이다.' 하였으니, 참으로 옳은 말이다.

杜如晦는 정사를 맡은 날짜가 얼마 되지 않으나 房玄齡이 허여한 것과 황제

가 친히 하고 가까이한 바를 살펴보면 계책이 과연 보통 사람보다 크게 뛰어남이 있었다. 군주는 밝고 신하는 어질어서 뜻이 합하고 의논을 따라주어서 서로 도와 이루었으니, 이는 진실로 천 년에 한 번 만날 수 있는 드문 기회로 蕭何와 曹參의 공로도 이보다 더 낫지 못하였다. 그러나 재상은 하늘을 대신하는 자이니, 군주를 보필하고 이리저리 주선함에 用에 간직해 두어서 이 백성들로 하여금 따르면서도 알지 못하게 한 것은 명철한 자가 아니면 어찌 여기에 이를 수 있겠는가. 저 자신을 드날리고 명예를 취하여 가가호호로 하여금 분명히 알게 하는 자들은 房玄齡과 杜如晦가 하찮게 여기는 자일 것이다.”

1) 〔譯註〕 柳芳 : 唐나라 肅宗 때의 史官이다.
2) 〔釋義〕 房杜 : 房玄齡과 杜如晦라
   房杜는 房玄齡과 杜如晦이다.
3) 〔釋義〕 王魏 : 謂王珪와 魏徵이라
   王魏는 王珪와 魏徵을 이른다.
4) 〔釋義〕 英衛 : 英은 謂英國公李勣이요 衛는 謂衛國公李靖이라
   英은 英國公 李勣(李世勣)이고, 衛는 衛國公 李靖이다.
5) 〔頭註〕 彌縫 : 猶補合也라
   彌縫은 補合과 같다.
6) 〔譯註〕 藏諸用 : ≪周易≫〈繫辭 上〉에 “仁에 드러내며 用에 간직해 두어 만물을 고무시키되 聖人과 함께 근심하지 않으니, 성대한 덕과 큰 공업이 지극하다.〔顯諸仁 藏諸用 鼓萬物而不與聖人同憂 盛德大業 至矣哉〕”라고 보인다.
7) 〔譯註〕 使斯人……瞭然使戶曉者 : ≪論語≫〈泰伯〉에 “백성은 도리에 따르게 할 수는 있어도 그 원리를 알게 할 수는 없다.〔民可使由之 不可使知之〕”하였는데, 朱子의 ≪集註≫에 程伊川의 말을 인용하기를 “聖人이 가르침을 베풀 적에 사람들에게 집집마다 깨우쳐 주려고 하지 않는 것은 아니다. 그러나 그 진리를 모두 알게 할 수는 없고 다만 따르게 할 뿐이다.〔聖人設敎 非不欲人家喩而戶曉也 然不能使之知 但能使之由之爾〕”하였다.

【己酉】二十三年이라

貞觀 23년(기유 649)

夏四月에 上이 有疾에 謂太子曰 李世勣[1]이 才智有餘나 然汝與之無恩호니 恐不能懷服이라 我今黜之하리니 若其卽行이어든 俟我死하야 汝於後用爲僕射하야 親任之요 若徘徊顧望이어든 當殺之耳니라 五月에 以同中書門下三品李世勣으로 爲疊州[2]都督하니 世勣이 受詔하고 不至家而去하다 〈出本傳〉

여름 4월에 上이 병이 있자, 태자에게 이르기를 "李世勣은 재주와 지혜가 충분하나 네가 그와 더불어 은혜가 없으니 네가 그를 심복시키지 못할까 두렵다. 내가 지금 그를 내칠 것이니, 그가 만약 즉시 떠나거든 내가 죽기를 기다려 네가 뒤에 그를 등용해서 僕射로 삼아 친애하고 신임할 것이요, 그가 만약 배회하고 관망하거든 마땅히 죽여야 할 것이다." 하였다.

5월에 同中書門下三品인 李世勣을 疊州都督으로 삼았는데, 李世勣이 명령을 받고는 집에 가지 않고 곧바로 떠났다. - 《新唐書 李勣傳》에 나옴 -

1) 〔頭註〕李世勣 : 本姓徐니 高祖戊寅年에 賜姓李氏하야 附宗籍하고 封英國公이러니 後避太宗諱하야 但名勣이라
   李世勣은 본래의 姓이 徐이니, 高祖가 戊寅年(618)에 李氏姓을 하사하여 宗親籍에 올리고 英國公에 봉하였다. 뒤에 太宗의 諱인 李世民을 피하여 다만 勣이라고 이름하였다.
2) 〔釋義〕疊州 : 括地志에 疊州는 台州屬郡也니 在隴右라
   《括地志》에 "疊州는 台州에 속한 郡이니, 隴右(隴西) 지방에 있었다." 하였다.

范祖禹曰 太宗이 以李勣爲何如人哉아 以爲愚也인댄 則不可以託孤幼而寄天下矣요 以爲賢也인댄 當任而勿疑니 何乃憂後嗣之不能懷服하야 先黜之而後用耶아 是는 以犬馬畜之也라 夫欲奪其心而折之以威하고 欲得其力而懷之以恩은 此漢祖所以馭黥, 彭[1]之徒니 狙詐[2]之術也라 五伯(霸)之所{以}不爲也니 豈堯, 舜親賢之道乎아 苟以是心而待其臣이면 則利祿之士는 可得而使也어니와 賢者는 不可得而致也라 若夫祿之以天下而不顧하고 繫馬千駟而不視者[3]를 太宗이 豈得而用之哉아

范祖禹가 말하였다.

"太宗은 李勣을 어떤 사람이라고 여겼는가. 어리석다고 여겼다면 어린 고아를 부탁하여 천하를 맡길 수가 없고, 어질다고 여겼다면 마땅히 신임하고 의심하지 말았어야 하니, 어찌 후사가 심복시키지 못할까 근심하여 먼저 내친 뒤에 등용하게 한단 말인가. 이는 개와 말로써 기른 것이다. 그 마음을 빼앗고자 하여 위엄으로써 꺾고 그 힘을 얻고자 하여 은혜로써 품어준 것은 漢나라 高祖가 黥布와 彭越의 무리를 어거한 것이니, 교활하게 속이는 술수이다. 五霸도 하지 않은 것이니, 어찌 堯임금과 舜임금이 賢者를 친애한 道이겠는가. 만약 이러한 마음으로 신하를 대한다면 이익과 녹봉을 구하는 선비는 부릴 수 있지만 현자는 이르게 할 수가 없다. 천하로써 녹봉을 주어도 돌아보지 않고 말 4천 필을 묶어 놓아도 보지 않는 자를 太宗이 어찌 얻어 쓸 수 있었겠는가."

1) 〔頭註〕黥彭 : 黥布, 彭越이라

　　黥彭은 黥布와 彭越이다.

2) 〔頭註〕狙詐 : 狙는 猿也니 善詐故로 以爲名이라 猶狐疑, 猶豫之類라

　　狙는 원숭이이니, 원숭이는 속이기를 잘하므로 이름한 것이다. 狐疑(여우가 의심함), 猶豫(개가 망설임) 따위와 같은 말이다.

3) 〔頭註〕祿之以天下而不顧 繫馬千駟而不視者 : 伊尹也니 見孟子*)라

　　天下로써 녹봉을 주더라도 돌아보지 않고 말 千駟를 매어놓아도 돌아보지 않는 것은 伊尹이니, ≪孟子≫에 보인다.

*) 見孟子 : ≪孟子≫〈萬章 上〉에 맹자가 말씀하기를 "伊尹이 有莘의 들에서 밭을 갈면서 堯舜의 道를 좋아하여 그 義가 아니고 그 道가 아니면 천하로써 녹을 주더라도 돌아보지 않고 말 千駟를 매어놓아도 돌아보지 않았으며, 그 義가 아니고 그 道가 아니면 지푸라기 하나도 남에게 주지 않았으며 지푸라기 하나도 남에게서 취하지 않았다.〔伊尹 耕於有莘之野而樂堯舜之道焉 非其義也 非其道也 祿之以天下 弗顧也 繫馬千駟弗視也 非其義也 非其道也 一介不以與人 一介不以取諸人〕"라고 보인다.

〔史略 史評〕孫氏曰 君待臣以道면 臣以道報之하고 君待臣以利면 臣以利報之하나니 此는 必然之理也라 太宗이 以勣輔太子에 而爲此詭計하니 勣之機心이

豈不曉以利誘乎아 廢立之際에 不肯盡忠[1]하니 雖勷無大臣之節이나 亦太宗以利啓其心也니라

孫氏가 말하였다.

"군주가 신하를 도리로 대하면 신하가 군주에게 도리로 보답하고, 군주가 신하를 이익으로 대하면 신하가 군주에게 이익으로 보답하니, 이는 필연적인 이치이다. 太宗이 李勣으로 太子를 보필하게 할 때에 이러한 속임수를 썼으니, 李勣의 機心(간교하게 속이는 마음)이 어찌 이익으로써 유인함을 깨닫지 못하였겠는가. 황후를 폐하고 武后를 새로 세울 때에 李勣이 충성을 다하려고 하지 않았으니, 李勣이 大臣의 절개가 없으나 또한 太宗이 이익으로써 그의 마음을 열어주었기 때문이다."

1) 〔譯註〕廢立之際 不肯盡忠 : 唐 高宗이 武才人(則天武后)을 책봉하여 皇后로 삼으려 할 때에 褚遂良은 그 처사가 옳지 못함을 힘써 간하다가 마침내 축출을 당하였으나, 李世勣은 고종의 뜻에 순응하여 말하기를 '이 일은 陛下의 집안일이니 재상의 알 바가 아닙니다.'라고 하여 고종 스스로 廢位를 결정하게 하였다.

上이 苦利(痢)[1]增劇하니 太子晝夜不離側하고 或累日不食하야 髮有變白者어늘 上泣曰 汝能孝愛如此하니 吾死何恨이리오 丁卯에 疾篤이라 詔長孫無忌, 褚遂良하야 入臥內하야 謂之曰 太子仁孝는 公輩所知니 善輔導之하라하고 謂太子曰 無忌, 遂良이 在하니 汝勿憂天下하라하고 又謂遂良曰 無忌盡忠於我하니 我有天下는 多其力也라 我死어든 勿令讒人間之하라하고 仍令遂良으로 草遺詔러니 有頃에 上崩하다 六月에 太子卽位하야 罷遼東之役及諸土木之功하다

上이 痢疾의 고통이 더욱 심해지자, 태자가 밤낮으로 곁을 지키고 떠나지 않았으며 혹은 여러 날 동안 먹지 못하여 머리털이 희게 센 것이 있었다. 上이 눈물을 흘리며 이르기를 "네가 나에게 효도하고 사랑함이 이와 같으니, 내가 죽은들 무슨 한이 있겠는가." 하였다.

丁卯日(5월 24일)에 병이 위독해지자, 長孫無忌와 褚遂良에게 명하여 침실 안으로 들어오게 하여 이들에게 이르기를 "태자가 인자하고 효성스러움은

공들이 아는 바이니 잘 보좌하라." 하고, 태자에게 이르기를 "長孫無忌와 褚遂良이 있으니, 너는 천하를 걱정하지 말라." 하였다. 또다시 褚遂良에게 이르기를 "長孫無忌가 나에게 충성을 다하였으니, 내가 천하를 소유한 것은 그의 힘이 많다. 내가 죽거든 참소하는 사람으로 하여금 이간질하지 못하게 하라." 하고, 인하여 褚遂良으로 하여금 遺詔를 초하게 하였는데, 얼마 후 上이 승하하였다.

6월에 태자가 즉위하여 遼東의 부역과 여러 토목공사를 중지하였다.

1) 〔頭註〕苦利 : 利는 痢通하니 泄瀉不禁曰利라
　　利는 痢와 통하니, 설사가 그치지 않는 것을 利라 한다.

○ 九月에 以李勣爲左僕射하다

9월에 李勣을 左僕射로 삼았다.

贊曰 甚矣라 至治之君이 不世出也여 唐有天下하야 傳世二十에 其可稱者三君이로되 玄宗, 憲宗은 皆不克其終하니 盛哉라 太宗之烈[1]也여 其除隋之亂은 比迹湯, 武요 致治之美는 庶幾成, 康이니 自古功德兼隆이 由漢以來로 未之有也라 至其牽於多愛하야 復立浮圖하고 好大喜功하야 勒兵於遠하니 此는 中材庸主之所常爲라 然이나 春秋之法은 常責備於賢者라 是以로 後世君子之欲成人之美者는 莫不歎息於斯焉이니라

≪新唐書≫〈太宗本紀〉贊에 말하였다.

"심하다! 지극히 잘 다스린 군주가 세상에 나오지 않음이여. 唐나라가 천하를 소유하여 20대를 전함에 칭송할 만한 군주가 셋이나 그 중에 玄宗과 憲宗은 모두 끝을 잘 마치지 못하였으니, 훌륭하다, 太宗의 공렬이여! 隋나라의 난리를 제거함은 湯王과 武王에게 자취를 견줄 만하고, 훌륭한 정치를 이룩한 아름다움은 成王과 康王에 가까웠으니, 예로부터 太宗처럼 功과 德이 모두 높은 군주는 漢나라 이래로 있지 않았다. 그러나 사랑하는 情에 끌려서 다시 浮圖(佛敎)를 세우고, 큰 체하기를 좋아하고 功을 좋아하여 먼 외국에 군대를 동원하였으니, 이는 중등의 재주를 가진 자와 용렬한 군주가 항상 하

는 바이다. 그러나 春秋의 법은 항상 賢者에게 완비하기를 요구한다. 이 때문에 후세의 군자로서 남의 아름다움을 이루어주고자 하는 자가 이에 대해서 탄식하지 않음이 없는 것이다."

1)〔頭註〕烈 : 功之光且盛者를 曰烈이라
    功이 빛나고 성대한 것을 烈이라 한다.

伊川曰 唐有天下에 如貞觀, 開元은 雖號治平이나 然亦有夷狄之風하야 三綱不正하야 無父子君臣夫婦[1]하니 其原이 皆始於太宗也라 故로 其後世子弟皆不可使라 玄宗이 纔使肅宗에 便篡하고 肅宗이 纔使永王璘[2]에 便反하야 君不君, 臣不臣이라 故로 藩鎭不賓하고 權臣跋扈하야 陵夷[3]有五代之(風)〔亂〕하니 漢之治는 過於唐이라 漢은 大綱正이요 唐은 萬目擧니라

    伊川(程頤)이 말하였다.

    "唐나라가 천하를 소유함에 貞觀과 開元 연간은 비록 잘 다스려졌다고 이름하나 또한 오랑캐의 풍속이 있어 三綱이 바르지 못해서 부자·군신·부부 간의 윤리가 없었으니, 그 근원은 모두 太宗에게서 비롯되었다. 그러므로 후세의 자제들을 모두 부릴 수 없었던 것이다. 玄宗이 잠시 肅宗을 부리자 곧 찬탈하고, 肅宗이 잠시 永王 李璘을 부리자 곧 배반하여, 군주가 군주답지 못하고 신하가 신하답지 못하였다. 그러므로 藩鎭이 복종하지 않고 權臣이 발호해서 점차 침체(쇠퇴)하여 五代의 亂世가 있었으니, 漢나라의 다스림이 唐나라보다 나았다. 漢나라는 큰 綱領이 발랐고 唐나라는 여러 가지 조목이 거행되었다."

1)〔頭註〕無父子君臣夫婦 : 謂太宗手刃其弟齊王元吉하고 納其妃[*]也라
    太宗이 아우인 齊王 李元吉을 직접 칼로 찔러 죽이고 그 妃를 맞아들인 것을 이른다.
*) 納其妃 : 唐 太宗 李世民은 아버지 李淵을 충동질하여 당나라를 세우고 수많은 전공을 세웠으나 태자의 자리를 형 建成에게 양보하고 秦王이 되었다. 그런데 태자인 건성이 아우인 齊王 元吉과 자신을 살해하려 하자, 선제공격을 가하여 건성과 원길을 죽이고 태자가 되었으며 원길의 아내인 巢氏를 妃로 맞이하였다.

2)〔頭註〕永王璘 : 肅宗之弟라

　　永王 李璘은 肅宗의 아우이다.

3)〔頭註〕陵夷 : 夷는 平也니 言頹替若丘陵之漸平也라

　　夷는 평평함이니, 쇠퇴하여 마치 구릉이 점점 평평해지는 것과 같음을 말한다.

南豊曰 太宗이 有天下之志하고 有天下之才하고 又有治天下之效로되 而不得
與先王竝者는 法令之行을 擬之先王하면 未純也요 禮樂之具와 田疇之制와 庠
序之敎를 擬之先王하면 未備也일새라 躬親行陣之間하야 戰必勝, 攻必取하야
天下莫不以爲武로되 而非先王之所尙也요 四夷萬古所未及以政者 莫不服從하
야 天下莫不以爲盛이로되 而非先王之所務也니 太宗之爲政於天下 得失如此하
니라

　南豊(曾鞏)이 말하였다.

　"太宗이 천하를 편안히 하려는 뜻이 있고 천하에 뛰어난 재주가 있고 또
천하를 다스린 공효가 있었으나 先王과 함께 나란히 견주어질 수 없으니, 이
는 법령의 시행을 선왕에 비하면 순수하지 못하고 禮樂의 도구와 田疇의 제
도와 庠序의 가르침을 선왕에 비하면 완비하지 못하였기 때문이다. 行伍(항
오) 사이를 몸소 다녀 싸우면 반드시 이기고 공격하면 반드시 점령해서 천하
가 용맹하다고 여기지 않음이 없었으나 선왕이 숭상한 바가 아니요, 만고 이
래로 미처 정벌하지 못했던 四夷가 복종하지 않음이 없어서 천하 사람들이
성대하다고 여기지 않음이 없었으나 선왕이 힘쓴 바가 아니니, 太宗이 천하
에 정사를 함에 그 득실이 이와 같았다."

鄭氏曰 太宗은 假仁者[1]也니 何以知其然也오 囚至五覆하고 罪至三訊하고 除斷
趾, 禁鞭背나 然一旦乘怒하야 遽斬張蘊古等하며 寇盜甫平에 首開文館[2]하고
樂奏破陣에 則曰朕終以文德綏海內나 然志伐高麗하야 死猶不忘하며 陳師合이
上拔士論하야 意輕房, 杜어늘 則斥之嶺表나 然聽褚遂良疑似之譖하야 而誅劉
洎[3]하며 親平建成, 元吉之難하니 可以鑑矣로되 而寵泰嬖恪[4]하야 幾危嗣位하
며 知謹刑矣로되 而復濫殺하고 知尙文矣로되 而復黷武하며 知任賢矣로되 而
復信讒하고 知斷恩矣로되 而復牽愛라 故曰 太宗은 假仁者也라하노라

鄭氏가 말하였다.

"太宗은 무력을 사용하면서 仁을 가탁한 자이니, 어째서 그러한 줄을 아는 가. 죄수를 다섯 번 반복하여 심리하고 세 번 심문하기까지 하였으며 발 자르는 형벌을 제거하고 등에 채찍질하는 형벌을 금하였으나 하루아침에 노여움을 타서 대번에 張蘊古 등을 목 베었다. 도둑이 겨우 평정되자 첫 번째로 崇文館을 열고 秦王의 破陣樂을 연주할 적에 이르기를 '짐은 끝내 文德으로 온 천하를 편안하게 하겠다.'고 하였으나 고구려 정벌에 뜻을 두어 죽으면서도 오히려 잊지 못하였다. 陳師合이 拔士論을 올려 마음에 房玄齡과 杜如晦를 경시하자 그를 嶺外로 배척(좌천)하였으나 褚遂良의 그럴듯한 譖言을 듣고서 劉洎를 죽였다. 李建成과 李元吉의 난을 직접 평정하였으니, 이것을 거울로 삼을 수 있었으나 李泰를 총애하고 李恪을 사랑하여 후계자를 위태롭게 할 뻔하였다. 형벌을 삼갈 줄 알았으나 다시 함부로 죽였고, 文을 숭상할 줄 알았으나 다시 武를 지나치게 사용하였으며, 현자에게 맡길 줄 알았으나 다시 譖言을 믿었고, 은혜를 끊을 줄 알았으나 다시 애정에 끌렸다. 그러므로 말하기를 '太宗은 仁을 가탁한 자이다.'라고 하는 것이다."

1) 〔譯註〕假仁者 : 《孟子》〈公孫丑 上〉에 "무력으로써 仁을 가탁한 자는 霸者이고, 덕으로써 仁을 행한 자는 王者이다.〔以力假仁者霸 以德行仁者王〕"라고 보인다. 假仁은 거짓으로 仁을 행하는 것처럼 가장하는 것으로, 실제는 이익을 추구하면서 외형상으로만 仁을 내세워 생색을 냄을 이른다.

2) 〔譯註〕文館 : 崇文館을 가리킨다. 唐나라 太宗 貞觀 13년(639)에 東宮에 崇賢館을 세웠는데, 高宗 上元 2년(675)에 太子 李賢의 諱를 피하여 崇文館이라 고쳤다. 學士를 두어 經籍과 圖書를 관장하고 生徒를 가르치게 하였다.

3) 〔附註〕誅劉洎 : 帝征遼東할새 詔洎輔太子監國*)이러니 與褚遂良不相叶(協)하다 帝還하야 不豫한대 遂良誣奏호되 洎曰 國家事不足憂니 但當輔少主하야 行伊, 霍事하고 大臣有異者를 誅之라하나이다 帝惑之하야 乃賜死하다

太宗이 遼東을 정벌할 적에 劉洎에게 명하여 太子가 監國하는 것을 돕게 하였는데, 褚遂良과 서로 화합하지 못하였다. 太宗이 돌아와 기뻐하지 않자, 褚遂良이 무함하여 아뢰기를 "劉洎가 '국가의 일은 굳이 근심할 것이 없으니, 다만 어린 군주(太子)를 보좌하여 商나라 伊尹과 漢나라 霍光이 군주를 바꿔 세운 故事를

행하고 大臣 중에 두마음을 품은 자를 주벌해야 한다.'라고 했습니다." 하니, 太宗이 의혹하여 劉洎를 賜死하였다.

*) 監國 : 태자가 군주를 대신하여 國事를 처리함을 이른다.

4) 〔附註〕寵泰嬖恪 : 恪은 吳王이니 皆太宗之子라 泰事는 見上癸卯年이라 初에 欲以晉王爲太子나 疑其柔弱하고 以恪英果라하야 欲立之러니 無忌固諍하야 乃止하니라 〔頭註〕泰는 魏王也라

〔附註〕李恪은 吳王이니, 李泰와 李恪은 모두 太宗의 아들이다. 李泰의 일은 앞의 癸卯年條(643)에 보인다. 처음에 晉王 李治를 太子로 삼으려 하였으나 柔弱할까 의심하고, 李恪은 영민하고 과단성이 있다 하여 李恪을 세우고자 하였는데, 長孫無忌가 굳이 간쟁하여 마침내 중지하였다. 〔頭註〕李泰는 魏王이다.

〔史略 史評〕史斷曰 太宗이 値隋喪亂하야 糾合同志하고 誘說(세)慈父하야 起兵晉陽하야 遂植(치)洪業이러니 尋受父禪하야 首用讐臣하고 放出宮女하며 因山東旱而蠲(견)租稅하고 覩畿內蝗而抑祥瑞라 自是로 夙夜聽覽하야 宵旰忘疲하고 大召名儒하야 增廣學舍라 行鄕飮以勵風俗하고 躬釋奠而崇文敎하며 封比干墓하고 賜孝義粟1)하야 以勸忠孝하며 又錄刺史之名하야 以擬廢置하고 重縣令之選하야 以謹薦擧하며 樂聞直諫하고 好用善謀하며 囚至五覆하고 罪至三訊이라 戒秦皇之營繕은 恐其奢也요 懲桓, 靈之私藏은 懼其侈也니 制度紀綱이 粲然畢擧라 是以로 賊盜化成君子하고 呻吟이 轉爲謳歌하야 衣食有餘하고 刑措不用이라 突厥之渠 繫頸闕庭하고 北海之濱이 悉爲州縣하야 四夷賓服하야 號稱太平하니 三代以還으로 中國之盛이 未之有也라 然이나 惜其首復浮屠하야 而政敎乖하고 志伐高麗하야 迄死不忘하야 而武事黷하고 殺張蘊古하고 誅李君羨하야 而刑獄濫하고 仇田舍翁하고 停婚仆碑하야 而君臣之好不終하고 上皇이 徙居大安에 略無尊奉之禮하야 十年之間에 未央置酒 寥寥一會하야 而父子之恩이 太簡하고 甚者는 劫父臣虜하고 弑兄殺弟하고 滅其十子하야 至駭君親而奪其位하고 他日亂弟之婦하야 與之生子하야 使繼元吉之後하니 其瀆人倫을 可勝算哉아 故로 程子曰 唐有天下三百年에 雖號治平이나 然三綱不正하야 無父子君臣夫婦는 其原이 始於太宗이라 故로 其後世子孫이 皆君不君, 臣不臣하야 藩鎭不賓하고 權臣跋扈하야 陵遲有五代之亂이라하고 後世에

以太宗爲明聖之主로되 不可法也라하니 大哉라 斯言이여 所以垂訓者深矣로다
　史斷에 말하였다.

　"太宗은 隋나라가 망하고 혼란한 때를 만나 同志들을 규합하고 사랑하는
아버지를 설득하여 晉陽에서 군대를 일으켜 마침내 큰 基業을 세웠는데, 얼
마 후 아버지의 禪讓을 받고서 제일 먼저 원수의 신하(王珪와 魏徵)를 등용
하고 궁녀들을 방출하였으며, 山東 지방의 가뭄으로 인하여 조세를 경감하
고, 畿內의 蟲害를 보고서 祥瑞를 아룀을 억제하였다. 이후로 이른 새벽부터
밤늦게까지 정사를 보살펴 밤낮으로 피로함을 잊고 이름난 학자들을 크게 불
러 學宮을 넓혔다. 鄕飮酒禮를 행하여 풍속을 장려하고 몸소 釋奠祭를 올려
文敎를 숭상하였으며, 比干의 墓를 봉분하고 孝義의 집안에 곡식을 하사하여
忠孝를 권장하였으며, 또 刺史의 이름을 기록하여 폐출하고 세울 것을 미리
생각하였고, 縣令의 선발을 삼가 천거를 신중히 하였으며, 直諫을 듣기 좋아
하고 좋은 계책을 따르기를 좋아하였으며, 죄수는 다섯 번 반복하여 심리하
고 죄를 세 번 訊問함에 이르렀다. 秦始皇의 토목공사를 경계함은 사치할까
두려워해서였고 桓帝와 靈帝가 사사로이 창고를 지음을 징계함은 사치할까
두려워해서이니, 제도와 기강이 찬란하게 모두 갖추어졌다. 이 때문에 도적
이 화하여 君子가 되고 신음하는 자들이 바꾸어 즐거운 노래를 부르게 되어
서 衣食이 충분하고 형벌을 버려두어 쓰지 않았다. 突厥의 수령이 대궐의 뜰
에서 목에 올가미를 매고 복종하고, 北海의 물가가 모두 州縣이 되어서 사방
오랑캐들이 복종하여 태평시대라고 일컬어졌으니, 三代 이후로 中國의 성대
함은 일찍이 있지 않았던 것이다.

　그러나 애석하게도 가장 먼저 浮屠를 회복하여 政敎가 어그러졌고, 고구려
를 정벌할 것을 생각하여 죽을 때까지 잊지 못해 전쟁하는 일이 번다하였고,
張蘊古를 살해하고 李君羨을 죽여서 刑獄이 지나쳤고, 田舍翁(魏徵)을 원수
로 여기며 그의 아들(叔玉)과의 혼인을 중지하고 그(魏徵)를 위해 세운 비석
을 쓰러뜨려서 君臣間의 우호가 끝까지 가지 못하였고, 上皇이 大安宮으로
옮겨 거처함에 조금도 높이고 받드는 禮가 없어서 10년 동안 未央宮에서 술
자리를 베푼 것이 딱 한 번뿐이었으니, 父子의 은혜가 너무나도 소략하였다.

심지어는 아버지를 위협하여 오랑캐에게 신하 노릇 하게 하였으며, 형을 시해하고 아우를 죽이며 열 명의 아들을 죽여 君父를 놀라게 하고 심지어 그 지위를 빼앗기까지 하였으며, 후일 아우의 부인을 데리고 살면서 그와 자식을 낳아 李元吉의 뒤를 잇게 하였으니, 人倫을 모독함을 이루 다 셀 수가 있겠는가. 이 때문에 程子(伊川)가 말하기를 '唐나라가 天下를 소유한 300년 동안을 태평성대라고 부르지만 三綱이 바르지 못해서 父子·君臣·夫婦間의 윤리가 없었으니, 그 근원은 모두 太宗에게서 시작되었다. 그러므로 그 후세의 자손들이 모두 군주는 군주답지 못하고 신하는 신하답지 못하여 藩鎭이 복종하지 않고 權臣이 跋扈해서 점점 쇠퇴하여 五代의 난이 있게 되었으니, 후세에 太宗은 밝고 성스러운 군주이지만 본받아서는 안 된다.'라고 하였으니, 훌륭하다 이 말씀이여! 훈계를 남김이 깊다."

1) 〔譯註〕賜孝義粟 : 《新唐書》〈太宗紀〉에 "효도하고 의로운 집안에 곡식 5斛 (곡)을 하사했다.〔賜孝義之家粟五斛〕"하였다.

通鑑節要 卷之三十九

唐 紀

高宗[1] 名은 治니 太宗第九子라 在位三十四年이요 壽五十六이라

高宗은 이름이 治이니, 太宗의 아홉 번째 아들이다. 재위가 34년이고 壽가 56세이다.

1) 溺愛衽席[*1]하야 不戒履霜之漸[*2]이라가 卒使天后로 斲喪唐室하야 貽禍邦家하니라

衽席(여색)에 빠져 서리를 밟는 조짐을 경계하지 않다가 끝내 則天武后로 하여금 唐나라 황실을 망하게 하여 국가에 화를 끼쳤다.

* 1) 〔譯註〕 衽席 : 요와 자리로서, 남녀간의 잠자리나 色慾을 가리킨다.

* 2) 〔譯註〕 履霜之漸 : 《周易》 坤卦 初六爻辭에 "서리를 밟으면 단단한 얼음이 이른다.〔履霜堅冰至〕"라고 하였는 바, 陰이 처음 응결하여 서리가 되니, 서리를 밟으면 陰이 점점 성하여 단단한 얼음에 이를 것을 알아야 한다는 뜻으로, 처음에 조짐이 생길 때에 조심하지 않으면 장차 큰 화가 닥친다는 말이다.

【庚戌】永徽元年이라

永徽 元年(경술 650)

正月에 上이 召朝集使[1]하야 謂曰 朕初卽位하니 事有不便於百姓者어든 悉宜陳하고 不盡者를 更封奏하라 自是로 日引刺史十人入閣하야 問以百姓疾苦及其政治하다 有洛陽人李弘泰 誣告長孫無忌謀反이어늘 上이 立命斬之하다 無

忌與褚遂良으로 同心輔政하고 上亦尊禮二人하야 恭己以聽之라 故로 永徽之
政이 百姓阜安2)하야 有貞觀之遺風이러라

　　정월에 上이 朝集使를 불러 이르기를 "朕이 처음 즉위하였으니 백성에게
불편한 일이 있거든 모두 아뢸 것이요, 미진한 것을 다시 封事로 아뢰라."하
였다. 이로부터 날마다 刺史 열 명을 인견하여 內閣에 들어오게 해서 백성의
고통과 정치의 상황을 물었다.

　　洛陽 사람 李弘泰가, 長孫無忌가 모반했다고 誣告하자 上이 그 자리에서
명하여 李弘泰를 참수하게 하였다. 이에 長孫無忌가 褚遂良과 마음을 합하여
정사를 보필하였고, 上 또한 두 사람을 존경하고 예우하여 자기 몸을 공손히
하고서 따랐다. 그러므로 永徽 연간의 정사가 백성들이 풍족하고 편안하여
貞觀 연간의 유풍이 있었다.

1) 〔釋義〕朝集使*) : 自外入朝하야 與朝班者를 曰朝集使라
　　밖에서 들어와 조회하여 조정의 반열에 참여한 자를 朝集使라 한다.
*) 朝集使 : 漢나라 때 각 郡에서 매년 사자를 서울에 보내어 郡政과 재정 상황을
　　보고하였는데, 이들을 上計吏라 불렀다. 뒤에 이 제도를 답습하고 朝集使라 고
　　쳐 불렀다.
2) 〔頭註〕阜安 : 阜는 盛也라
　　阜는 성대함이다.

【甲寅】五年이라

　　永徽 5년(갑인 654)

上之爲太子也에 入侍太宗할새 見才人1)武氏2)而悅之하다 太宗崩에 武氏爲
尼러니 忌日에 上이 詣寺行香이라가 見之하고 納之後宮하야 拜爲昭儀3)하니 后及
淑妃4)寵皆衰라 由是로 有廢立之志러라

　　上이 태자로 있을 때 들어가 太宗을 모실 적에 才人 武氏를 보고 좋아하였
다. 太宗이 승하하자 武氏가 여승이 되었는데, 太宗의 忌日에 上이 感業寺에

가서 향을 올리다가 그녀를 보고 후궁으로 들여 昭儀로 삼으니, 皇后와 淑妃의 총애가 모두 쇠하였다. 이로 말미암아 황후를 폐하고 武氏를 세우려는 뜻을 두었다.

1) 〔頭註〕才人*⁾ : 婦官名이라
   才人은 여자의 관직명이다.

*⁾ 才人 : 정5품이다.

2) 〔頭註〕武氏 : 故邢州都督武士彠之女라
   武氏는 故 邢州都督 武士彠의 딸이다.

3) 〔頭註〕昭儀*⁾ : 婦官名이라
   昭儀는 여자의 관직명이다.

*⁾ 昭儀 : 정2품이다.

4) 〔頭註〕后及淑妃 : 后는 特進魏國公王仁祐之女요 淑妃는 位一品이니 姓蕭氏라
   皇后는 特進魏國公 王仁祐의 딸이요, 淑妃는 지위가 정1품이니 姓은 蕭氏이다.

〔新增〕胡氏曰 孔子曰 其身正이면 不令而行이요 其身不正이면 雖令不從1)이라하시니 太宗이 作帝範以訓太子2)하니 其事備矣라 然皆空言也니 高宗之所取法者는 太宗之所行爾라 武氏之立은 其以納巢剌(랄)王妃3)爲法乎인저 故로曰 爲人君父하야 而不知春秋之義者는 必蒙首惡4)之名이라하니 唐世無家法은由太宗首惡也니라

   胡氏가 말하였다.

   "孔子가 말씀하기를 '자신이 바르면 명령하지 않아도 행해지고, 자신이 바르지 않으면 비록 명령하더라도 따르지 않는다.'라고 하였다. 太宗이 ≪帝範≫을지어 태자를 가르쳤으니, 그 일이 구비되었다. 그러나 이는 모두 빈말이었으니, 高宗이 취하여 법으로 삼은 것은 太宗이 행한 바였다. 武氏를 皇后로 세운것은 太宗이 巢剌王妃를 받아들인 것을 법으로 삼은 것일 것이다. 그러므로이르기를 '사람의 君父가 되어 ≪春秋≫의 義理를 알지 못하는 자는 반드시 首惡이라는 이름을 무릅쓰게 된다.' 하였으니, 唐나라 때에 家法이 없음은 太宗의 首惡에서 연유한 것이다."

1) 〔譯註〕孔子曰……雖令不從 : 이 내용은 ≪論語≫ 〈子路〉에 보인다.

2) 〔譯註〕太宗作帝範以訓太子 : 貞觀 22년(648)에 太宗이 ≪帝範≫ 12편을 지어
   태자에게 주었는데, 12편은 君體, 建親, 求賢, 審官, 納諫, 去讒, 戒盈, 崇儉, 賞
   罰, 務農, 閱武, 崇文 등이다.

3) 〔原註〕巢剌王妃 : 巢剌王은 元吉也라 〔頭註〕齊王元吉은 追封爲巢王이라 剌은
   音辣이니 諡法에 暴戾無親曰剌이라
   〔原註〕巢剌王은 李元吉이다. 〔頭註〕齊王 李元吉은 죽은 뒤에 巢王에 봉해졌
   다. 剌은 음이 랄이니, 諡法에 "사나워서 친족을 무시하는 것을 剌이라 한다."
   하였다.

4) 〔譯註〕首惡 : 맨 처음 악행을 저지른 사람을 가리킨다.

尹氏曰 按朱子於貞觀十一年에 書以武氏爲才人하니 距太宗之終이 十有三年이
니 則武蓋十三年在宮中하야 侍太宗矣라 當高宗爲太子入侍之時하야 見而悅之
하니 已有無父淫蒸之意라 若以春秋誅心之法[1]論之하면 其去楊廣이 僅一間耳[2]
라 時移地改에 浸浸忘之라가 一旦忽見可欲하고 此心勃然而生하니 蓋其不善
之念은 猶投種于地에 有待而發하야 而終不能改也라 夫人之異乎禽獸者는 以
有禮義耳라 衛公子頑이 通乎君母어늘 詩人疾之하야 以爲鶉鵲之不若[3]이라
今武氏久侍太宗이어늘 而高宗納之後宮하야 立爲昭儀라가 未幾에 遂正位中宮
하야 母儀天下하니 縱使無亂唐之事라도 亦不可見於宗廟, 臨于民上矣라 衛有
鶉鵲之亂이러니 遂爲狄人所滅하고 唐有聚麀(우)之亂[4]이러니 子孫殲滅幾盡하
니 自古淫汚內亂之事 未有不亡國敗家者라 又於是年에 書以太宗才人武氏爲昭
儀者는 則高宗上蒸父妾罪曉然矣니 求免禍亂之作이나 得乎아

　尹氏가 말하였다.

　"살펴보건대, 朱子가 ≪資治通鑑綱目≫ 貞觀 11년조(637)에 '武氏를 才人
으로 삼았다.'라고 썼으니, 太宗이 죽었을 때와 13년 정도 사이가 뜬다. 그렇
다면 武氏는 13년 동안 궁중에 있으면서 太宗을 모신 것이다. 高宗이 태자가
되어 궁중에 들어가 황제를 모실 때에 그녀를 보고 좋아하였으니, 이미 아버
지를 무시하고 아버지의 여자를 간음하려는 뜻이 있었던 것이다. 만약 ≪春
秋≫의 誅心法을 가지고 논한다면 楊廣과 겨우 한 칸 차이가 날 뿐이다. 때
가 바뀌고 지위가 바뀌자 점점 그녀를 잊었다가 하루아침에 뜻하지 않게 갑

자기 탐낼 만함을 보고는 이 마음이 勃然히 생겨났으니, 不善한 생각은 마치 씨앗을 땅에 뿌려 놓았을 적에 기다림이 있으면 싹이 나오는 것과 같아서 끝내 고칠 수가 없다.

　사람이 금수와 다른 것은 禮義가 있기 때문이다. 衛나라 公子 頑이 君母인 宣姜과 간통하자, 詩人이 그를 미워하여 '메추라기와 까치만도 못하다.'고 말하였다. 지금 武氏가 오랫동안 太宗을 모셨는데, 高宗이 後宮으로 들여서 그를 세워 昭儀로 삼았다가 얼마 안 되어 정식으로 中宮의 자리에 올라 천하에 皇后가 되게 하였으니, 설사 그녀가 唐나라를 어지럽힌 일이 없다 하더라도 또한 종묘에 알현하고 백성들 위에 임할 수가 없다.

　衛나라는 메추라기와 까치만도 못한 어지러움이 있었는데 마침내 오랑캐에게 멸망당하였고, 唐나라는 父子之間에 混淫하여 人倫을 어지럽히는 행실이 있었는데 자손들이 섬멸되어 거의 다 없어졌다. 예로부터 음탕하여 집안에서 혼란한 일이 나라를 멸망시키고 집안을 망치지 않은 경우는 있지 않았다. 또 《資治通鑑綱目》에 朱子가 이해에 '太宗의 才人인 武氏를 昭儀로 삼았다.'고 기록한 것은 高宗이 위로 아버지의 첩을 간음한 죄가 분명하니, 禍亂이 일어남을 면하려고 하였으나 될 수 있었겠는가."

1) 〔譯註〕春秋誅心之法 : 誅心은 행동으로는 아직 나타나지 않았더라도 마음에 나쁜 생각을 품고 있으면 죄를 가하는 것으로, 春秋誅意之法이라고도 한다.

2) 〔譯註〕其去楊廣 僅一間耳 : 楊廣은 隋나라 煬帝이다. 文帝는 獨孤皇后가 죽은 후 陳나라 高祖의 딸을 맞아들여 총애하였는데, 文帝가 병석에 있을 때 楊廣은 태자의 몸으로 陳夫人을 겁탈하려 하였으며, 또 얼마 뒤 文帝가 죽자 바로 그날 밤에 陳夫人을 강제로 간통하였다. 자세한 내용은 앞의 34권 仁壽 4년조(604)에 보인다.

3) 〔譯註〕鶉鵲之不若 : 《詩經》〈鄘風 鶉之奔奔〉注에 "메추라기와 까치는 거처할 때에 떳떳한 짝이 있고 날 때에는 서로 따르므로, 衛나라 사람들은 宣姜이 公子頑과 제 짝이 아닌데도 어울린 것을 풍자하여 '메추라기와 까치만도 못하다.'고 했다."라고 하였다.

4) 〔譯註〕聚麀之亂 : 麀는 암사슴으로, 짐승은 무지하여 예의를 모르므로 부자간과 형제간이 한 마리의 암컷을 함께 混淫함을 말한다. 《禮記》〈曲禮 上〉에 "금수

는 예가 없기 때문에 부자가 암컷을 공유한다.〔夫唯禽獸無禮 故父子聚麀〕"라고
보인다.

上이 一日退朝하야 召長孫無忌, 李勣, 于志寧, 褚遂良於內殿한대 遂良曰 今
日之召는 多爲中宮이라 上意旣決하시니 逆之면 必死라 太尉는 元舅[1]요 司空[2]은
功臣이니 不可使上有殺元舅及功臣之名이라 遂良은 起於草茅하야 無汗馬之
勞하야 致位至此하고 且受顧託하니 不以死爭之면 何以下見先帝리오 勣은 稱疾
不入하다 無忌等이 至內殿하니 上이 顧謂無忌曰 皇后無子하고 武昭儀有子라
今欲立昭儀爲后하노니 何如오 遂良對曰 皇后는 名家요 先帝爲陛下所娶라
先帝臨崩에 執陛下手하시고 謂臣曰 朕佳兒佳婦를 今以付卿이라하시니 此는 陛
下所聞이라 言猶在耳니이다 皇后未聞有過하니 豈可輕廢리잇고 上이 不悅而罷하
다 明日에 又言之한대 遂良曰 陛下必欲易皇后인댄 伏請妙擇[3]天下令族이니
何必武氏잇고 武氏經事先帝는 衆所共知니 天下耳目을 安可蔽也릿고 萬代
之後에 謂陛下爲如何릿고 願留三思하소서 臣이 今忤陛下意하니 罪當死라하고 因
置笏於殿階하고 解巾叩頭流血曰 還陛下笏하오니 乞放歸田里하소서 上이 大
怒하야 命引出하다 昭儀在簾中이라가 大言曰 何不撲殺此獠(료)[4]오 無忌曰 遂
良은 受先朝顧命하니 有罪라도 不可加刑이니이다 于志寧은 不敢言이러라 韓瑗이
因間奏事할새 泣涕極諫호되 上皆不納하다

上이 하루는 조정에서 물러나와 長孫無忌·李勣·于志寧·褚遂良을 내전
으로 부르니, 褚遂良이 말하기를 "오늘 부르는 것은 다분히 中宮 때문이다.
上의 뜻이 이미 결정되었으니, 이를 거역하면 반드시 죽을 것이다. 太尉는
元舅(外叔)이고 司空은 功臣이니, 上으로 하여금 元舅와 功臣을 죽였다는 오
명이 있게 해서는 안 된다. 나는 초야에서 發身하여 전쟁터에서 전투한 공로
가 없으면서 이렇게 높은 지위에 올랐고 또 顧命의 부탁을 받았으니, 죽음으
로써 간쟁하지 않는다면 어떻게 지하에서 先帝를 뵙겠는가." 하였다. 이때

李勣은 병을 칭탁하고 들어가지 않았다.

　長孫無忌 등이 내전에 이르니, 上이 長孫無忌를 돌아보고 이르기를 "皇后는 자식이 없고 武昭儀는 자식이 있다. 이제 昭儀를 세워 황후로 삼고자 하니, 어떠한가?" 하였다. 褚遂良이 대답하기를 "황후는 명문가 출신이고, 先帝께서 폐하를 위하여 아내로 삼게 하신 분입니다. 先帝께서 붕어하실 때에 폐하의 손을 잡고 이르시기를 '朕의 아름다운 아들과 아름다운 며느리를 卿에게 부탁한다.'라고 하셨으니, 이는 폐하께서도 들으신 바로 先帝의 말씀이 아직도 귀에 남아 있습니다. 황후에게 잘못이 있다는 말을 듣지 못하였으니, 어찌 가볍게 폐할 수 있겠습니까." 하니, 上이 기뻐하지 아니하여 파하였다.

　다음 날 또 이것을 말하자, 褚遂良이 아뢰기를 "폐하께서 반드시 황후를 바꾸고자 하신다면 엎드려 청하건대 천하의 훌륭한 가문의 女人을 잘 가려야 할 것이니, 하필 武氏입니까. 武氏가 일찍이 先帝를 섬겼던 것은 여러 사람들이 다 아는 바이니, 천하 사람들의 귀와 눈을 어떻게 가릴 수 있겠습니까. 만대 뒤에 천하 사람들이 폐하더러 무어라 말하겠습니까. 바라건대 유념하여 세 번 생각하시고 행하소서. 신이 이제 폐하의 뜻을 거역하였으니, 죄가 죽어 마땅합니다." 하고는, 인하여 笏을 대궐의 계단에 내려놓고 두건을 벗고 머리를 땅에 찧어 피를 흘리며 아뢰기를 "폐하에게 笏을 되돌려 드리니, 바라건대 田里로 추방하소서." 하니, 上이 크게 노하여 끌어내도록 명하였다.

　武昭儀가 주렴 안에 있다가 큰소리로 말하기를 "어찌하여 이 오랑캐 놈을 쳐 죽이지 않습니까." 하였다. 長孫無忌는 아뢰기를 "褚遂良은 선왕의 顧命을 받았으니, 죄가 있더라도 형벌을 가할 수 없습니다." 하였으나 于志寧은 감히 말하지 못하였다. 韓瑗이 기회를 엿보아 일을 아뢰면서 지극히 간하였으나 上이 모두 받아들이지 않았다.

1) 〔頭註〕元舅 : 無忌也니 高宗母長孫皇后之兄也라
　元舅는 長孫無忌이니, 高宗의 어머니인 長孫皇后의 오라비이다.

2) 〔頭註〕司空 : 李勣이라
　司空은 李勣(李世勣)이다.

3) 〔頭註〕妙擇 : 妙는 精也라

妙는 정밀함이다.

4) 〔釋義〕何不撲殺此獠 : 撲殺은 投擲而擊殺之라 西南夷曰獠니 遂良이 杭州人故云이라

撲殺은 내팽개쳐서 때려죽이는 것이다. 서남쪽의 오랑캐를 獠라 하니, 褚遂良이 杭州 사람이기 때문에 이렇게 말한 것이다.

他日에 李勣이 入見이어늘 上問之曰 朕欲立武昭儀爲后어늘 遂良이 固執하야 以爲不可라하니 遂良은 旣顧命大臣이라 事當且已乎아 對曰 此는 陛下家事니 何必更問外人이리잇고 上意遂決하다 許敬宗이 宣言於朝曰 田舍翁이 多收十斛麥이라도 尙欲易婦어든 況天子立一后 何豫(預)諸人事완대 而妄生異議乎아 昭儀令左右以聞한대 貶遂良하야 爲潭州都督하다 十月에 下詔하야 廢王皇后, 蕭淑妃하야 爲庶人하고 命司空李勣하야 齎璽綬하야 冊皇后武氏하다

다른 날 李勣이 들어와 뵙자, 上이 묻기를 "朕이 武昭儀를 세워 황후로 삼고자 하는데 褚遂良은 자기 의견을 고집하여 불가하다고 한다. 褚遂良은 顧命大臣이니, 이 일을 우선 그만두어야 하는가?" 하니, 李勣이 대답하기를 "이는 폐하의 집안일이니, 하필 外人에게 다시 물을 것이 있겠습니까." 하니, 上의 뜻이 마침내 결정되었다.

許敬宗이 조정에서 공공연히 말하기를 "시골 늙은이가 10斛의 보리를 더 많이 수확하더라도 아내를 바꾸고자 하는데, 하물며 천자가 皇后 하나 세우는 것이 다른 사람의 일에 무슨 상관이 있기에 함부로 이의를 제기한단 말인가." 하니, 武昭儀가 좌우의 사람들로 하여금 이 말을 황제에게 아뢰게 하였다. 上이 褚遂良을 좌천하여 潭州都督으로 삼았다.

10월에 上이 詔命을 내려 王皇后와 蕭淑妃를 폐하여 서인으로 삼고, 司空 李勣에게 명하여 옥새와 인끈을 가지고 가서 武氏를 황후로 책봉하게 하였다.

〔新增〕范氏曰 高宗이 欲廢立而取決於李勣之一言하니 勣若以爲不可면 則武氏必不立矣리라 勣이 非惟不諫이라 又勣成之하니 親賢遭禍하야 唐室中絶이

皆勣之由니 其禍博矣라 太宗이 以勣爲忠하야 託以幼孤어늘 而其大節如此하
니 書曰 知人則哲이니 惟帝其難之¹⁾라하니 信矣로다

范氏가 말하였다.

"高宗이 황후를 폐하고 새로 세우고자 하면서 李勣의 말 한 마디에 뜻을
결정하였으니, 李勣이 만약 불가하다고 하였으면 武氏는 틀림없이 황후로 서
지 못했을 것이다. 그런데 李勣은 간하지 않았을 뿐만 아니라 또 권하여 이
루게 하였다. 親戚과 賢者가 화를 만나 唐나라 황실이 중간에 끊어진 것은
다 李勣에게서 연유된 것이니, 그 화가 넓다. 太宗은 李勣을 충신이라 여겨
어린 아들을 부탁하였는데 큰 절개가 이와 같았다. ≪書經≫에 이르기를 '사
람을 알아보면 명철하니, 이것은 堯임금도 어렵게 여기셨다.'라고 하였으니,
이 말이 옳다."

1)〔譯註〕書曰……惟帝其難之 : 이 내용은 ≪書經≫〈皐陶謨〉에 보인다.

胡氏曰 褚遂良이 忠矣라 然昧於消息盈虛之理¹⁾와 姤壯勿取之義²⁾하야 毫釐不
伐하야 至用斧柯而無所及하니 玆人謀有未盡이니 不可歸之天數也라 若當武氏
長髮之時하야 率協群公하고 上書皇后하야 沮止其事³⁾하고 深諫高宗하야 割
制邪慾하야 勿干先帝之私하야 悉意竭忠하야 不遺餘力이런들 其勢必可遏也리
라 當其時而不治하니 及事旣成에 雖叩頭出血이나 無益矣니라

胡氏가 말하였다.

"褚遂良은 충성스러웠다. 그러나 消息하고 盈虛하는 이치와 姤壯은 여자를
취하는 데 쓰지 말라고 한 뜻을 몰라서 털끝만 할 때에 베지 않아서 도끼자루
를 사용하여도 어찌할 수 없는 지경에 이르렀으니, 이는 사람의 계책이 미진
함이 있는 것이니, 天運의 탓으로 돌릴 수가 없다. 만약 武氏가 머리를 길렀을
때를 당하여 褚遂良이 여러 公을 거느리고 황후에게 글을 올려 그 일을 저지
하고, 高宗에게 깊이 간하여 사욕을 억제해서 先帝의 여자를 범하지 말게 하
여, 뜻을 다하고 충성을 다해서 여력을 남김없이 다했더라면 형세상 반드시
막을 수 있었을 것이다. 그런데 그때를 당하여 다스리지 않았으니, 일이 이미
이루어진 뒤에 비록 머리를 땅에 찧어 피가 났으나 무익한 짓이다."

1) 〔譯註〕消息盈虛之理 : 消息은 줄어듦과 불어남이고, 盈虛는 충만함과 공허함인
   데, 天地의 時運이 끊임없이 변화하고 순환함을 이른다.

2) 〔附註〕姤壯勿取之義 : 易姤卦는 巽下乾上이라 程傳曰 一陰始生하니 自是而長하
   야 漸以盛大면 是女之將長壯也라 陰長則陽消하고 女壯則男弱이라 故로 勿用取
   라 姤雖一陰甚微나 然有漸壯之道하니 所以戒也라 朱子曰 姤는 遇也라 一陰이 遇
   五陽하니 則女德不貞而壯之甚也니 取以自配면 必害乎陽也라
   　≪周易≫ 姤卦는 巽이 아래에 있고 乾이 위에 있다. ≪程傳≫에 이르기를 “姤卦
   는 한 陰이 처음 생기니, 이로부터 자라나 점점 성대해지면 이는 여자가 장차 자
   라나고 왕성해지는 것이다. 陰이 자라면 陽이 사라지고, 여자가 왕성하면 남자가
   약해진다. 그러므로 ‘여자를 취하는 데 쓰지 말라.’고 한 것이다. 姤卦는 비록 한
   陰이 매우 미약하나 점차 왕성해질 도가 있으니 이 때문에 경계한 것이다.” 하였
   다. 朱子가 말씀하기를 “姤는 만남이다. 한 陰이 다섯 陽을 만났으니, 여자의 덕
   이 바르지 못하고 왕성함이 심한 것이다. 이런 여자를 취하여 자신의 배필로 삼
   으면 반드시 陽을 해치게 된다.” 하였다.

3) 〔附註〕上書皇后 沮止其事 : 初에 蕭淑妃有寵하니 王后疾之하다 上之爲太子也에
   見武氏而悅之러니 太宗崩에 武氏爲尼하다 忌日에 上詣寺見之한대 泣이어늘 后
   聞之하고 陰令長髮하야 納之後宮하야 欲以間淑妃之寵이라 武氏巧慧하고 多權數
   라 初入宮中에 屈體事后하야 后數稱其美러니 未幾에 大幸하야 拜爲昭儀하다 伺
   后所不敬者하야 傾心相結하니 由是로 后及淑妃動靜을 皆得知之하야 訴於上하니
   后寵遂衰나 然未有意廢也러라 會에 昭儀生女하니 后憐而弄之러니 后出이어늘
   昭儀潛扼殺之하다 上至에 昭儀陽歡笑라가 發被觀之하고 卽驚하니 左右曰 皇后
   適來此니이다 上大怒曰 后殺吾女로다 昭儀因泣數其罪하니 后無以自明이라 上이
   由是로 有廢立之志하다 后及淑妃 囚於別院이러니 武后遣人하야 斷去手足하고
   投酒甕中하고 曰 令二妃骨醉라하더니 居數日而死하니라
   　처음에 蕭淑妃가 총애를 받으니, 王皇后가 이를 질투하였다. 上이 태자로 있을
   적에 武氏를 보고 좋아하였는데, 太宗이 붕어하자 武氏가 여승이 되었다. 太宗의
   忌日에 上이 感業寺에 갔다가 그녀를 보았는데 武氏가 울었다. 황후가 이 말을
   듣고 은밀히 武氏로 하여금 머리를 기르게 하여 후궁으로 들여서 淑妃의 총애가
   쇠하게 만들고자 하였다. 武氏는 교활하고 지혜로우며 권모술수가 많았다. 처음
   궁중에 들어오자 몸을 굽혀 황후를 섬겨서 황후가 자주 武氏의 아름다운 덕을 칭
   찬하였는데, 얼마 안 되어 크게 은총을 받아 昭儀에 임명되었다. 그러자 武昭儀

는 皇后가 공경하지 않는 자들을 관찰하여 마음을 기울여 서로 결탁하니, 이로
인해 皇后와 蕭淑妃의 동정을 모두 알고서 上에게 참소하였다. 이에 황후의 은총
이 비록 쇠하였으나 上이 폐위할 생각은 두지 않았다.

마침 武昭儀가 딸을 낳으니 황후가 사랑하여 희롱하였는데, 황후가 나가자 武
昭儀가 몰래 목을 졸라 죽였다. 上이 오자 武昭儀가 겉으로 기뻐서 웃는 척하다
가 이불을 들추어 딸이 죽은 것을 보고는 곧 경악하였다. 좌우의 사람들이 아뢰
기를 "황후께서 마침 이곳에 오셨었습니다." 하니, 上이 크게 노하여 이르기를
"황후가 내 딸을 죽였다." 하였다. 武昭儀가 인하여 울면서 그 죄를 나열하였는
데, 황후가 스스로 해명할 수가 없었다. 上은 이로 인해 황후를 폐위하고 武后를
세울 뜻을 두게 되었다. 皇后와 淑妃가 別院에 갇혀 있었는데, 武后가 사람을 보
내어 이들의 손과 발을 자르고 술동이 속에 던져 넣으며 말하기를 "두 妃로 하여
금 뼛속까지 취하게 만들겠다." 하였다. 두 사람은 며칠 있다가 죽었다.

李義府參知政事하니 義府容貌溫恭하야 與人語에 必嬉怡微笑나 而狡險忌
克[1]이라 故로 時人이 謂義府笑中有刀라하고 又以其柔而害物이라하야 謂之李猫
라하니라

李義府가 參知政事가 되었다. 李義府는 용모가 온화하고 공손하여 남과 말
할 때에 반드시 기뻐하고 미소를 지었으나 內心은 교활하고 음험하며 시기하
고 이기기를 좋아하였다. 그러므로 당시 사람들이 李義府를 일러 "웃음 속에
칼이 숨어 있다."고 하였으며, 또 온유하면서 남을 해친다 하여 李猫(이고양
이)라고 하였다.

1) 〔頭註〕狡險忌克 : 狡는 猾也요 險은 阻也, 難也라 忌는 謂妬忌憎惡요 克은 謂好
　勝賊害也라
　狡는 교활함이요, 險은 막히고 어려움이다. 忌는 시기하고 미워함을 이르고, 克
은 이기기를 좋아하고 해침을 이른다.

【丙辰】顯慶元年이라

顯慶 元年(병진 656)

上謂侍臣曰 朕이 思養人之道로되 未得其要하니 公等은 爲朕陳之하라 來濟對
曰 昔에 齊桓公이 出遊라가 見老而飢寒者하고 命賜之食한대 老人曰 願賜一國
之飢者하노이다 賜之衣한대 老人曰 願賜一國之寒者하노이다 公曰 寡人之廩府
安足以周一國之飢寒이리오 老人曰 君不奪農時면 則國人이 皆有餘食矣요
不奪蠶要면 則國人이 皆有餘衣矣리이다하니 故로 人君養人이 在省(생)其征役
而已니이다

上이 侍臣에게 이르기를 "朕이 백성을 기르는 방도를 생각했으나 그 요점
을 터득하지 못했으니, 공들은 朕을 위하여 그 요점을 아뢰어라." 하였다. 來
濟가 대답하기를 "옛날에 齊나라 桓公이 出遊하였다가 늙었으면서 굶주리고
추운 자를 보고 명하여 그에게 음식을 하사하게 하자, 노인은 말하기를 '온
나라의 굶주린 자에게 주시기를 원합니다.' 하였고, 옷을 주자, 노인은 말하
기를 '온 나라의 추운 자에게 주시기를 원합니다.' 하였습니다. 桓公이 말하
기를 '과인의 창고에 쌓여있는 것이 어찌 온 나라의 춥고 배고픈 이들을 다
구원할 수 있겠는가.' 하니, 노인이 대답하기를 '임금이 백성들의 농사철을
빼앗지 않으면 나라 사람들이 모두 남은 식량이 있을 것이요, 누에를 치는
중요한 시기를 빼앗지 않으면 나라 사람들이 남은 옷감이 있을 것입니다.' 하
였습니다. 임금이 백성을 기름은 세금과 부역을 줄이는 데 달려 있을 뿐입니
다." 하였다.

【丁巳】二年이라

顯慶 2년(정사 657)

許敬宗, 李義府 誣奏褚遂良, 韓瑗潛謀不軌라하야 皆坐貶하다

許敬宗과 李義府가 褚遂良과 韓瑗이 몰래 반역을 도모한다고 거짓으로 아
뢰어 모두 죄에 걸려 좌천되었다.

【戊午】三年이라

顯慶 3년(무오 658)

許敬宗이 誣奏無忌謀反이라하야늘 詔黔州安置러니 尋殺之하다

許敬宗이 長孫無忌가 모반했다고 거짓으로 아뢰자, 黔州에 안치하도록 명하였는데 얼마 후에 그를 죽였다.

【庚申】五年이라

顯慶 5년(경신 660)

上이 初苦風眩하야 目不能視라 百司奏事에 上이 或使皇后決之러니 后性明敏하고 涉獵文史하야 處事에 皆稱旨라 由是로 始委以政事하야 權與人主侔矣러라

上이 처음 風眩 증세에 시달려 눈도 잘 볼 수가 없었다. 百官들이 정사를 아뢸 적에 上이 皇后로 하여금 결정하게 하였는데, 황후는 성품(재주)이 명민하고 文史를 섭렵하여 일을 처리함에 모두 上의 뜻에 맞았다. 이로부터 비로소 황후에게 정사를 맡겨 황후의 권력이 임금과 동등하였다.

【甲子】麟德元年이라

麟德 元年(갑자 664)

初에 武后能屈身忍辱하야 奉順上意라 故로 上이 排群議而立之러니 及得志에 專作威福하니 上이 欲有所爲에 動爲后所制라 自是로 上이 每視事면 則后垂簾於後하고 政無大小히 皆預聞之하니 天下大權이 悉歸中宮하야 黜陟生殺이 決於其口하고 天子는 拱手而已라 中外謂之二聖이라하니라

처음에 武后가 몸을 굽히고 치욕을 참으며 上의 뜻을 받들어 순종하였다.

그러므로 上이 여러 사람들의 異議를 배척하고 황후로 세웠는데, 武后가 뜻한 바를 이루자 상벌을 마음대로 시행하니 上이 무슨 일을 하려고 할 적마다 번번이 황후에게 제재를 받았다. 上이 매양 정사를 볼 때마다 황후가 뒤에서 발을 드리우고 크고 작은 정사를 막론하고 모두 관여하고 들으니 천하의 대권이 모두 중궁으로 돌아가서, 내치고 올려주며 살리고 죽이는 것이 모두 황후의 입에서 결정되었고 천자는 팔짱만 끼고 있을 뿐이었다. 그리하여 中外에서 이를 두고 두 임금이 있다고 하였다.

【戊辰】總章元年이라

總章 元年(무진 668)

李勣等이 擊高麗할새 薛仁貴爲前鋒하야 與高麗戰하야 大破之하고 進至鴨綠柵[1]하야 又破之하고 遂圍平壤이러니 月餘에 高麗王藏이 降하니 高麗悉平하다

李勣 등이 고구려를 공격할 적에 薛仁貴가 선봉이 되어 고구려와 싸워서 크게 격파하고, 진격하여 鴨綠江의 城柵에 이르러 또다시 격파하였다. 마침내 平壤을 포위했는데, 한 달 남짓 만에 고구려의 寶藏王이 항복하니, 고구려가 다 평정되었다.

1)〔譯註〕鴨綠柵 : 고구려가 압록강변에 설치했던 거점이다.

【己巳】二年이라

總章 2년(기사 669)

壽張人張公藝 九世同居하니 齊, 隋, 唐이 皆旌表其門이러라 上이 過壽張이라가 幸其宅하야 問所以能共居之故한대 公藝書忍字百餘하야 以進이어늘 上이 善之하야 賜之縑帛[1]하다

壽張 사람 張公藝는 9대가 함께 사니, 齊나라·隋나라·唐나라 때 모두 그

의 문에 정표하였다. 上이 壽張을 지나다가 그의 집에 행차하여 9대가 함께 잘 사는 연고를 묻자, 張公藝가 백여 개의 忍字를 써서 올리니, 上이 좋게 여겨 비단을 하사하였다.

1) 〔頭註〕縑帛 : 縑은 絹也라
   縑은 비단이다.

○ 以雍州長史盧承慶으로 爲司刑太常伯하다 承慶이 嘗考內外官이러니 有一官督運이라가 遭風失米어늘 承慶이 考之曰 監運損粮하니 考中下로라 其人이 容色自若하고 無言而退어늘 承慶이 重其雅量하야 改注曰 非力所及이니 考中中이로다 旣無喜容하고 亦無愧詞어늘 又改曰 寵辱不驚하니 考中上이로다

雍州長史 盧承慶을 司刑太常伯으로 삼았다. 盧承慶이 일찍이 내외의 관원들을 考課하였는데, 한 관원이 곡식을 운반하는 일을 감독하다가 풍랑을 만나 쌀을 잃자, 盧承慶이 고과하기를 "곡식 운반을 감독하다가 양식을 잃었으니 고과가 中下이다." 하였다. 그런데 그 사람이 안색이 태연자약한 채 아무 말 없이 물러가자, 盧承慶이 그 아량을 소중하게 여겨 평하는 말을 고쳐 달기를 "곡식 운반하는 일을 감독하다가 풍랑을 만나 양식을 잃은 것은 자신의 힘으로 미칠 수 있는 바가 아니니, 고과가 中中이다." 하였다. 이윽고 그가 기뻐하는 기색도 없고 부끄러워하는 말도 없자, 盧承慶이 또다시 고쳐 쓰기를 "영욕에 놀라지 않으니 고과가 中上이다." 하였다.

○ 李勣이 寢疾이어늘 子弟爲之迎醫한대 皆不聽曰 吾本山東田夫로 遭值聖明하야 致位三公하고 年將八十이니 豈非命耶아 脩短有期하니 豈能復就醫工求活이리오 一旦에 忽謂其弟弼曰 我見房, 杜平生勤苦하야 僅能立門戶러니 遭不肖子[1]하야 蕩覆無餘라 吾有此子孫하니 謹察視之하야 其有志氣不倫하고 交遊非類者어든 皆先撾殺[2] 然後以聞하리라하고 自是로 不復更言하다 十二月에 薨하니 起冢할새 象陰山, 鐵山, 烏德鞬山하야 以旌其破突厥, 薛延陀之功하다

李勣이 병이 위독해지자 자제들이 그를 위하여 의원을 맞이해 올 것을 청하였으나 허락하지 않으며 말하기를 "나는 본래 山東의 농부였는데, 聖明한 군주를 만나 三公의 지위에 이르고 나이가 장차 80이 되어 가니, 어찌 천명이 아니겠는가. 장수하고 단명하는 것은 정해진 기한이 있으니, 어찌 다시 의원에게 나아가 살기를 구하겠는가." 하였다.

어느 날 아침에 갑자기 그 아우 李弼에게 이르기를 "내가 보니 房玄齡과 杜如晦는 평생동안 애써서 겨우 門戶를 세웠는데, 불초한 자손을 만나 탕진하고 전복되어 남은 것이 없다. 내가 이 자손들을 두었으니, 삼가 살펴보아서 志氣가 형편없고 나쁜 사람과 교유하는 자가 있거든 모두 먼저 쳐서 죽인 후에 아뢰라." 하고는 이후로는 다시 말하지 않았다.

12월에 李勣이 죽으니, 무덤을 조성할 적에 陰山·鐵山·烏德鞬山을 본떠서 그가 突厥과 薛延陀를 격파한 공로를 표하였다.

1) 〔頭註〕 不肖子 : 房遺愛, 杜荷^{*)}也

   不肖子는 房遺愛와 杜荷이다.

*) 房遺愛 杜荷 : 房遺愛는 房玄齡의 次子로 高陽公主에게 장가들었는데, 뒤에 공주와 함께 반역을 도모하다가 주벌당하였다. 杜荷는 杜如晦의 아들로 城陽公主에게 장가들었는데, 太宗 貞觀 연간에 태자 李承乾과 함께 반역을 도모하다가 주벌당하였다.

2) 〔釋義〕 撾殺 : 言擊殺之也라

   撾殺은 쳐서 죽이는 것을 말한다.

〔新增〕 范氏曰 房, 杜事君以忠하니 其子孫不肖하야 覆宗絶祀는 出於不幸이요 非其積不善也라 李勣이 一言喪邦¹⁾하야 罪不容誅하니 得死牖下²⁾幸矣어늘 乃以房, 杜爲戒하니 可謂不能省己者矣라 父子不責善³⁾하야 骨肉之親無絶也어늘 而使殺之면 何異於夷貊이리오 豈所以爲訓乎아

范氏가 말하였다.

"房玄齡과 杜如晦는 군주를 충심으로 섬겼으니, 그 자손들이 불초하여 종족이 전복되고 제사가 끊긴 것은 불행함에서 나온 것이요, 불선을 쌓았기 때문이 아니다. 李勣은 한 마디 말로 나라를 망하게 하여 죄가 주벌당해도 용

서받을 수가 없으니, 창문 아래에서 편안히 죽은 것만 해도 다행이다. 그런데 도리어 房玄齡과 杜如晦를 경계로 삼았으니, 자신을 살피지 못한 자라고 이를 만하다. 부자간은 善으로 책하지 아니하여 骨肉間의 친함이 끊어지지 않게 하는 법인데, 사람을 시켜 자식을 죽이게 한다면 어찌 오랑캐와 다르겠는가. 어찌 교훈이 될 수 있겠는가."

1) 〔譯註〕 一言喪邦 : 高宗 永徽 5년(654)에 武昭儀를 황후로 세우는 문제로 인해 褚遂良의 극심한 반대에 부딪히자, 高宗은 이 일을 李勣에게 물었는데, 李勣은 "이는 폐하의 집안일이니 외부 사람에게 물을 것이 없다."고 대답함으로써 마침내 武氏가 황후가 된 일을 말한다.

2) 〔譯註〕 得死牖下 : 《儀禮》〈士喪禮〉에 "適寢의 방에서 죽으면 시신을 斂衾으로 덮는다.〔死于適室 幠用斂衾〕"하였는데, 鄭玄의 注에 "앓을 때에는 방의 북쪽 벽 아래에 처하고 죽은 뒤에는 창 아래로 옮긴다.〔疾時處北墉下 死而遷之當牖下〕"하였다. 뒤에 牖下는 임종하는 正寢을 가리키는데, 여기에서는 천수를 누리고 죽은 것을 말한다.

3) 〔譯註〕 父子不責善 : 《孟子》〈離婁 上〉에 "부자간에는 선으로 책하지 않는 것이니, 선으로 책하면 정이 떨어지게 된다. 정이 떨어지면 상서롭지 못함이 이보다 더 큼이 없다.〔父子之間不責善 責善則離 離則不祥莫大焉〕"는 내용이 보인다.

勣이 爲將에 有謀善斷하고 與人議事에 從善如流하고 戰勝則歸功於下하야 所得金帛을 悉散之將士라 故로 人思致死하야 所向克捷이러라 臨事選將에 必訾相[1] 其狀貌豐厚者하야 遣之어늘 或問其故한대 勣曰 薄命之人은 不足與成功名이라하니라 閨門이 雍睦而嚴[2]이라 其姊嘗病에 勣이 已爲僕射로되 親爲之煮粥이라가 風回爇(설)[3] 其鬚鬢하니 姊曰 僕妾이 幸多어늘 何自苦如是오 勣曰 非爲無人使令也라 顧[4] 姊老하고 勣亦老하니 雖欲久爲姊煮粥이나 其可得乎아 勣이 嘗謂人호되 我十二三時에 爲無賴[5]賊하야 逢人則殺하고 十四五에 爲難當賊하야 有不愜意則殺之하고 十七八에 爲佳賊하야 臨陳乃殺人하고 二十에 爲大將하야 用兵以救人이로라

李勣이 장수였을 때에 智謀가 있고 결단을 잘하였으며, 사람들과 일을 의논할 적에 다른 사람의 善言을 따르기를 물 흐르듯이 하였으며, 전쟁에서 이기면 공로를 아랫사람에게 돌려서 얻은 金과 비단을 모두 장병들에게 나누어 주었다. 그러므로 사람들이 死力을 다할 것을 생각하여 향하는 곳마다 승리하였다. 일에 임하여 장수를 선발할 적에 반드시 그 狀貌(용모)가 살이 쪄서 풍만한 자를 살펴보아 보내었다. 혹자가 그 이유를 묻자, 李勣이 말하기를 "운명이 기박한 사람은 더불어 功名을 이룰 수가 없다." 하였다.

李勣은 閨門이 화목하고 엄격하였다. 그 누이가 일찍이 병을 앓자, 李勣이 이미 僕射가 되었으나 직접 누이를 위하여 죽을 끓이다가 바람이 불어 그의 수염과 귀밑머리를 태웠다. 누이가 말하기를 "종과 첩이 다행히 많은데, 어찌하여 스스로 고생하기를 이와 같이 하는가?" 하니, 李勣이 말하기를 "시킬 만한 사람이 없기 때문이 아닙니다. 생각해보건대 누님이 늙었고 나 또한 늙었으니, 내 비록 오래도록 누님을 위하여 죽을 끓이고자 하나 어찌 될 수 있겠습니까." 하였다.

李勣은 일찍이 사람들에게 말하기를 "나는 십이 삼 세 때에는 無賴한 도적이 되어서 사람을 만나면 죽이곤 하였고, 십사 오 세 때에는 상대하기 어려운 도적이 되어서 마음에 만족스럽지 않은 일이 있으면 사람을 죽였고, 십칠팔 세 때에는 좋은 도적이 되어서 적진에 임해야 비로소 사람을 죽였고, 이십 세 때에는 대장이 되어서 군대를 운용하여 사람을 구원했노라." 하였다.

1) 〔頭註〕訾相 : 訾는 量也요 相은 視也라
   訾는 헤아림이요, 相은 살핌이다.
2) 〔通鑑要解〕雍睦而嚴 : 雍睦은 雍和也라
   雍睦은 화목함이다.
3) 〔釋義〕爇 : 燒也라
   爇은 태움이다.
4) 〔頭註〕顧 : 念也라
   顧는 생각함이다.
5) 〔附註〕無賴 : 小兒多詐狡曰無賴라 又賴는 利也니 謂無利入於家曰 無賴라 又俚

語에 奪攘苟得하야 無愧恥者를 爲無賴라 又賴는 恃也라

小兒가 속임수와 교활한 술수가 많은 것을 無賴라 한다. 또 賴는 이로움이니, 이로움이 집에 들어옴이 없는 것을 無賴라 한다. 또 속담에 남의 것을 빼앗아 구차히 얻고서 부끄러워함이 없는 자를 無賴라 한다. 또 賴는 믿음이다.

○ 時에 承平旣久하야 選人益多라 是歲에 司(刑)〔列〕少常伯[1]裴行儉이 始與員外郞張仁禕로 設長名姓歷榜하고 引銓注之法하며 又定州縣升降, 官資高下하니 其後에 遂爲永制하야 無能革之者러라 大略은 唐之選法이 取人에 以身言書判[2]으로 計資量勞而擬官호되 始集而試하야 觀其書判하고 已試而銓하야 察其身言하고 已銓而注하야 詢其便利하고 已注而唱하며 集衆告之하야 各給以符하고 謂之告身이라하니라

이때 태평한 지가 이미 오래되어 과거에 응시하는 자가 더욱 많았다. 이해에 司列少常伯 裴行儉이 처음으로 員外郞 張仁禕와 함께 長名姓歷榜을 만들고 銓注하는 법을 인용하였으며, 또 州縣의 관리를 올리고 내리며 품계를 높이고 낮추는 기준을 정하니, 이후로 마침내 영원한 제도가 되어서 이것을 개혁하는 자가 없었다.

당나라에서 인재를 선거하는 방법은 대략 사람을 뽑을 적에 身(체모)·言(언사)·書(서법)·判(문리)으로 품계의 고저를 계산하고 공로를 헤아려 관직에 의망하되 처음에는 모집하여 시험해서 그의 書와 判을 관찰하고, 시험한 뒤에는 銓衡하여 그의 身과 言을 관찰하고, 銓衡한 뒤에는 적당한 자리에 擬望하여 그의 特長을 물어보고 이미 의망한 뒤에는 이름을 부르며, 사람들을 모아서 전형의 결과를 말해준 다음 각각 符牒(증명서)을 발급하고 이를 일러 告身이라 하였다.

1)〔通鑑要解〕司(刑)〔列〕少常伯[*]:目則刑字作列하니 司列少常伯은 卽吏部侍郞이라
≪資治通鑑綱目≫에는 '刑'자가 '列'자로 되어 있으니 司列少常伯은 곧 吏部侍郞이다.

*) 司列少常伯:司刑少常伯은 刑部侍郞이며, 司列은 吏部로 太常伯은 尙書(判書)

이고 少常伯은 侍郞이다.

2) 〔釋義〕唐之選法 取人以身言書判 : 唐制에 擇人之法이 有四하니 一曰身이니 體貌豐偉요 二曰言이니 言辭辨正이요 三曰書니 楷法(適)〔遒〕美요 四曰判이니 文理優長이라 四事皆可取하면 則先德行하니 見選擧志하니라

唐나라의 제도에 인재를 선발하는 방법이 네 가지가 있으니, 첫째는 身이니 체모가 풍후하고 큰 것이요, 두 번째는 言이니 말이 분명하고 바른 것이요, 세 번째는 書니 楷書를 쓰는 법이 굳세고 아름다운 것이요, 네 번째는 判이니 文理가 뛰어난 것이다. 네 가지 일이 다 취할 만하면 덕행을 우선하였으니, 이는 ≪新唐書≫〈選擧志〉에 보인다.

【壬午】永淳元年이라

永淳 元年(임오 682)

禮部尙書裴行儉이 薨하다 行儉이 有知人之鑑하야 初爲吏部侍郞에 前進士[1] 王勮(거)와 咸陽尉蘇味道 皆未知名이러니 行儉이 一見하고 謂之曰 二君은 後當相次掌詮(銓)衡[2]하리라 僕有弱息[3]하니 願以爲托하노라 是時에 勮弟勃이 與華陰楊烔(형)과 范陽盧照隣과 義烏駱賓王[4]이 皆以文章으로 有盛名하니 李敬玄이 尤重之하야 以爲必顯達이라호되 行儉曰 士之致遠者는 當先器識而後才藝니 勃等이 雖有文華나 而浮躁淺露하니 豈享爵祿之器耶아 楊子는 稍沈靜하니 應至令長[5]이어니와 餘는 得令終이면 幸矣라하더니 旣而오 勃은 渡海라가 墮水[6]하고 烔은 終於盈川令하고 照隣은 惡疾不愈하야 赴水死[7]하고 賓王은 反誅[8]하고 勮, 味道는 皆典選하야 如行儉言이러라

禮部尙書 裴行儉이 죽었다. 裴行儉은 사람을 잘 알아보는 識鑑이 있어서, 처음 吏部侍郞이 되었을 때에 前進士 王勮와 咸陽尉 蘇味道가 모두 이름이 알려지기 전이었는데, 裴行儉은 이들을 한 번 보고 이르기를 "두 君은 뒤에 마땅히 서로 뒤이어 銓衡을 맡을 것이다. 내 어린 여식이 있으니 맡기기를 원한다." 하였다. 이때 王勮의 아우 王勃과 華陰의 楊烔과 范陽의 盧照隣과

義烏의 駱賓王이 모두 문장으로 성대한 명망이 있었는데, 李敬玄이 더욱 이들을 소중히 여겨 반드시 현달할 것이라고 말하였다. 그러나 裴行儉은 이르기를 "선비가 원대함을 이룩하려면 마땅히 器局과 識見을 먼저 하고 才藝를 뒤에 해야 하니, 王勃 등이 비록 화려한 문장이 있으나 부황하고 조급하고 천박하고 드러나니 어찌 爵祿을 누릴 수 있는 器局이겠는가. 楊子는 세 사람에 비해 약간 침착하고 고요하니 응당 縣令·縣長에 이를 것이요, 나머지는 제 명에 죽으면 다행이다." 하였는데, 얼마 뒤에 王勃은 바다를 건너다가 물에 빠져 죽었고, 楊烱은 盈川令으로 생을 마쳤고, 盧照隣은 몹쓸 병이 낫지 않아 물에 투신하여 죽었고, 駱賓王은 모반하다가 죽임을 당하였고, 王勮와 蘇味道는 選擧를 주관하여 裴行儉의 말과 같이 되었다.

1) 〔譯註〕前進士 : 唐나라 때 과거에 급제는 하였으나 아직 관직을 제수받지 못한 進士를 지칭하여 前進士라 하였다.

2) 〔釋義〕詮衡 : 銓官이니 衡은 言其平也라
   詮衡은 銓衡을 주관하는 관원이니, 衡은 공평함을 말한 것이다.

3) 〔釋義〕弱息 : 息은 生也니 謂其所生之子라
   息은 낳음이니, 자신이 낳은 자식을 말한다.

4) 〔原註〕駱賓王 : 駱은 姓也라
   駱은 姓이다.

5) 〔頭註〕令長 : 萬戶以上爲令이요 減萬戶爲長이라
   萬戶 이상의 縣은 令이라 하고, 萬戶 이하는 長이라 한다.

6) 〔譯註〕勃渡海墮水 : 高宗 上元 2년(675)에 王勃은 交趾로 가서 아버지를 찾아뵈었는데, 다음 해에 南海를 건너다가 물에 빠져 죽으니, 그때 나이 겨우 28세였다.

7) 〔譯註〕照隣惡疾不愈 赴水死 : 盧照隣은 風痺에 걸려 長安 부근의 太白山에서 살았는데, 丹藥을 복용했다가 중독되어 손발을 못 쓰게 되었다. 병이 갈수록 심해지자 陽翟縣 具茨山 아래로 옮겨 가 동산 數十畝를 사서 미리 무덤을 만들고 이곳에 살면서 釋疾文과 五悲文 등을 지어 슬퍼하였는데, 뒤에 병의 고통을 참지 못하여 潁水에 투신하여 죽었다.

8) 〔譯註〕賓王反誅 : 則天武后 光宅 원년(684)에 徐敬業이 揚州에서 군대를 일으켜서 武后에게 반기를 들자, 駱賓王은 代徐敬業傳檄天下文(徐敬業을 대신하여

지은 천하에 돌린 檄文)을 지어 武后의 죄를 指斥하였다. 徐敬業이 실패하자 駱
賓王은 도망하였는데, 피살되었다고도 하고 중이 되었다고도 한다.

○ 上이 旣封泰山하고 欲遍封五岳¹⁾하니 監察御史裏行李善感²⁾이 諫曰 數
年以來로 菽粟不稔하야 餓殍(표)³⁾ 相望하고 四夷交侵하야 兵車歲駕하니 陛下宜
恭默思道하야 以禳⁴⁾災譴이어시늘 乃更廣營宮室하야 勞役不休하시니 天下莫不
失望이니이다 上이 雖不納이나 亦優容之러라 自褚遂良, 韓瑗之死⁵⁾로 中外以言
爲諱하야 無敢逆意直諫이 幾二十年이러니 及善感하야 始諫하니 天下皆喜하야 謂
之鳳鳴朝陽⁶⁾이러라

上이 이미 泰山에 封禪한 뒤에 다시 五岳에 두루 봉선하고자 하니, 監察御
史裏行 李善感이 간하기를 "수년 이래로 콩과 곡식이 제대로 익지 아니하여
굶어 죽는 자가 서로 이어지고, 사방의 오랑캐들이 번갈아 침입하여 兵車가
해마다 출동하니, 폐하께서는 마땅히 공손하고 묵묵히 다스리는 방도를 생각
하여 재앙과 견책을 물리치셔야 할 터인데, 도리어 다시 크게 宮室을 경영하
여 勞役이 그치지 않으니 천하가 실망하지 않는 이가 없습니다." 하였다. 上
이 비록 그의 말을 받아들이지 않았으나 또한 관대하게 용납하였다.

褚遂良과 韓瑗이 죽은 뒤로 中外에서 간언하는 것을 꺼려서 감히 임금의
뜻을 거역하며 直諫하는 자가 없은 지가 거의 20여 년이었는데, 李善感에 이
르러 비로소 간하니, 천하 사람들이 모두 기뻐하여 "봉황이 朝陽에서 운다."
고 말하였다.

1) 〔釋義〕五岳 : 五岳은 謂東岳泰山, 南岳衡山, 西岳華山, 北岳常山, 中岳嵩(崇)山
也라
　五岳은 東岳인 泰山·南岳인 衡山·西岳인 華山·北岳인 常山(恒山)·中岳인
嵩山을 이른다.

2) 〔釋義〕監察御史裏行^{*)}李善感 : 監察御史裏行은 李善感之官稱이니 太宗朝에 始
有此名이라 初에 馬周起布衣어늘 詔令於監察御史裏行이러니 後專以裏行名官하
고 至武后時하여 又置殿中裏行하니라

　　監察御史裏行은 李善感의 관직명이니, 太宗朝에 처음으로 이러한 명칭이 있게
되었다. 처음에 馬周가 평민으로 發身하자 詔令을 내려 監察御史裏行으로 삼았
는데, 이 뒤로는 오로지 '裏行'으로 관직을 이름하였고, 武后 때에 이르러서는 또
殿中裏行을 두었다.

＊) 裏行：官名이다. 唐나라 때에 설치하였고 宋나라 때에도 인습하였다. 監察御史
　　裏行과 殿中裏行 등이 있는데, 모두 정식 관원이 아니며 또한 정원을 정하여 놓
　　지 않았다.

3) 〔通鑑要解〕餓殍：殍는 音票니 餓死者라
　　殍는 음이 표이니, 굶어 죽은 자이다.

4) 〔通鑑要解〕禳：徐曰 禳之爲言은 攘也니 攘除厲殃也라
　　徐氏가 말하기를 "禳이란 말은 물리친다는 뜻이니, 재앙을 물리쳐 없애는 것이
　　다." 하였다.

5) 〔頭註〕褚遂良韓瑗之死：遂良은 諫立武后라가 貶而卒하고 瑗은 諫褚遂良이라가
　　貶而卒하니라
　　褚遂良은 武氏를 황후로 세우는 일을 간하다가 폄직되어 죽었고, 韓瑗은 褚遂
　　良이 폄직된 것을 간하다가 죽었다.

6) 〔釋義〕鳳鳴朝陽＊)：詩卷阿篇云 鳳凰鳴矣니 于彼高岡이로다 梧桐生矣니 于彼朝
　　陽이라하니라
　　≪詩經≫〈大雅 卷阿〉에 이르기를 "봉황이 우니 저 높은 언덕에서 하도다. 오동
　　나무가 자라니 저 아침 해가 뜨는 동산에서 하도다." 하였다.

＊) 鳳鳴朝陽：봉황새가 해가 뜨는 동산에서 운다는 뜻으로, 직간하는 신하가 敢言
　　하는 것을 가리킨다.

〔史略 史評〕史斷曰 高宗卽位之初에 與無忌遂良共政하고 日引刺史하야 問民
疾苦하고 尊禮輔相하야 恭己以聽이라 故로 永徽之政이 紀綱設張하고 百姓安
阜하야 有貞觀之風이라 察李道裕希旨하야 而自責行己之不足取信[1]하고 觀胡
人進戲하야 而知所爲之不可不愼[2]하니 率是道也면 豈不足爲賢君哉아 奈何로
烝父妾爲妻하야 莫念聚麀之恥하고 縱婦后預政하야 卒招晨牝之凶고 悲夫라
　　史斷에 말하였다.
　　"高宗은 즉위한 초기에 長孫無忌와 褚遂良과 함께 정사를 하고 날마다 刺

史를 인견해서 백성들의 고통을 물었으며, 보필하는 재상을 높이고 예우하여 자기 몸을 공손히 하고 따랐다. 그러므로 永徽年間의 정사는 紀綱이 잘 펴지고 百姓이 편안하고 부유해서 貞觀의 유풍이 있었다. 李道裕가 임금의 뜻에 맞추는 것을 살피고는 자신의 몸가짐이 신뢰를 받을 수 없음을 자책하였고, 오랑캐 사람들이 올린 놀이를 보고는 하는 바를 삼가지 않을 수 없음을 알았으니, 이러한 방도를 따랐다면 어찌 어진 군주가 되지 않았겠는가. 그런데 무슨 이유로 아버지의 첩을 간음하여 아내로 삼아서 인륜을 어지럽히는 수치를 생각하지 않으며, 지어미인 武后를 내버려두어 정사에 관여하게 해서 끝내 암탉이 새벽에 우는 화를 불렀는가. 아! 슬프다."

1) 〔譯註〕察李道裕希旨 而自責行己之不足取信 : 高宗 永徽 3년(652)에 梁建方과 契苾何力 등이 牢山에서 處月朱邪孤注를 대파하였다. 孤注가 밤에 달아나자, 梁建方이 副總管인 高德逸로 하여금 정예 기병을 데리고 추격하게 하니, 50여 리를 가서 孤注를 생포하고 90명을 참수하였다. 군대가 개선한 뒤에 御史가, 梁建方은 충분히 그들을 추격하여 토벌할 수 있었는데 지체하고 진격하지 않았으며, 高德逸은 황제의 칙령으로 말을 살 때에 자신이 먼저 좋은 말을 차지했다고 탄핵하자, 高宗은 梁建方 등이 공로가 있다 하여 문책하는 것을 허락하지 않았다. 大理卿 李道裕가 아뢰기를 "高德逸이 취한 말은 筋力이 비상하게 좋으니, 궁중의 마구간에 충원하게 하십시오." 하니, 高宗이 侍臣에게 이르기를 "李道裕는 法官이니, 말을 진상하는 것은 그의 本職이 아닌데 망령되이 스스로 짐의 뜻에 맞춘 것이니, 어찌 짐이 하는 일이 신하들에게 신뢰를 받지 못하는 것이 아니겠는가. 짐이 자책하고 있기 때문에 李道裕를 내치지 않은 것이다." 하였다. 이 내용은 ≪舊唐書≫〈高宗本紀〉에 보인다.

2) 〔譯註〕觀胡人進戲 而知所爲之不可不愼 : 高宗이 安福門의 門樓에 올라가 온갖 놀이를 구경하고는 그 다음 날 侍臣에게 이르기를 "어제 문루에 올라간 것은 民情과 풍속의 사치와 검약함을 살피고자 한 것이지 聲樂의 오락을 즐기고자 해서가 아니었다. 짐은 胡人들이 擊鞠 놀이를 잘한다는 말을 듣고 일찍이 한번 보고 싶어 했었다. 그런데 어제 문루에 올라갔을 때 마침 여러 胡人들이 擊鞠을 하고 있었는 바, 이는 짐이 擊鞠을 매우 좋아한다고 여긴 것이니, 帝王이 어찌 경솔하게 행동할 수 있겠는가. 짐이 이미 이 鞠子(공)를 불태움으로써 胡人들이 군주의 마음을 탐지하려는 마음을 근절시키고 또한 이로써 스스로 경계했다." 하였

다. 이 내용은 ≪資治通鑑≫ 高宗 永徽 3年 2月條에 보인다.

○ 是歲에 突厥餘黨이 入寇幷州어늘 薛仁貴將兵擊之할새 虜問唐大將爲誰
오 應之曰 薛仁貴로라 虜曰 吾聞仁貴流象州하야 死久矣어늘 何以紿我오 仁貴
免胄(주)示之面하니 虜相顧失色하야 下馬列拜하고 稍稍引去어늘 仁貴因奮擊
하야 大破之하다

  이해에 突厥의 잔당이 幷州를 침략하였는데, 薛仁貴가 장차 그들을 치려
할 적에 오랑캐가 묻기를 "唐나라 대장이 누구인가?" 하자, 대답하기를 "薛仁
貴이다." 하니, 오랑캐가 말하기를 "내 들으니 薛仁貴는 象州로 유배가서 죽
은 지가 오래되었는데 어찌 우리를 속이는가." 하였다. 薛仁貴가 투구를 벗
고 얼굴을 보여주니, 오랑캐가 보고 아연실색하여 말에서 내려 늘어서서 절
을 하고는 이윽고 병사들을 데리고 떠나갔다. 薛仁貴가 이 틈을 타고 진격해
서 이들을 크게 격파하였다.

【癸未】弘道元年이라

  弘道 元年(계미 683)

十二月에 上疾甚이라 夜召裴炎入하야 受遺詔而崩하니 遺詔太子卽位[1])하다 中
宗卽位하야 尊天后爲皇太后하고 政事를 咸取決焉하다

  12월에 上의 병이 심하였다. 밤에 裴炎을 불러 들어오게 해서 遺詔를 받게
하고 붕어하였다. 遺詔에 태자로 하여금 황제의 棺 앞에서 즉위하게 하였다.
中宗이 즉위하여 天后를 받들어 皇太后라 하고 정사를 모두 태후에게 결재
받았다.

1)〔譯註〕遺詔太子卽位:≪資治通鑑≫에는 "遺詔에 '태자로 하여금 황제의 棺 앞에
  서 즉위하게 하고, 軍國의 큰 일로 결정하기 어려운 것이 있으면 겸하여 太后에
  게 결재를 받도록 하라.'고 했다.〔遺詔太子柩前卽位 軍國大事有不決者 兼取天后
  進止〕"하였다.

中宗¹⁾ 名은 顯이니 高宗第七子라 卽位之後에 皇太后武氏 欲專政革命하야 廢居房陵이라가 後尋復位하다 在位二十七年이요 壽五十五라

中宗은 이름이 顯이니, 高宗의 일곱째 아들이다. 즉위한 뒤에 皇太后武氏가 정권을 독점하여 革命하고자 하였다. 이에 中宗은 유폐당하여 房陵縣에 거하다가 얼마 뒤 복위하였다. 재위가 27년이고 壽가 55세이다.

1) 久罹幽辱하야 備嘗險阻러니 一旦得志에 荒淫不悛하야 親遭母后之亂而躬自蹈之^{*1)}하니 所謂下愚不移^{*2)}者矣로다

오랫동안 유폐되는 치욕을 당하여 온갖 험한 일을 다 겪었는데, 하루아침에 뜻을 이루게 되자, 주색에 빠져 잘못을 고치지 않아서 직접 母后의 난을 겪었으면서도 자신이 스스로 이러한 잘못을 범하였으니, 이른바 '下愚不移'라는 것일 것이다.

*1) 〔譯註〕 一旦得志……躬自蹈之 : 中宗은 高宗의 아들이며 則天武后의 소생으로, 즉위한 다음 측천무후에게 폐위당하여 廬陵王으로 강등된 후 房州로 쫓겨났다가 측천무후 말년에 다시 복위되었으나 韋后에게 혹하고 武三思를 등용하여 나라가 혼란에 빠졌으며 결국 위후에게 독살당하였다.

*2) 〔譯註〕 下愚不移 : 가장 어리석어 변화되지 않는 것으로, ≪論語≫〈陽貨〉에 孔子가 말씀하기를 "오직 上智(지극히 지혜로운 자)와 下愚(가장 어리석은 자)는 변화되지 않는다.〔唯上智與下愚不移〕" 하였다.

附則天順聖皇后^{*1)} 名은 曌(照)니 僭位二十一年이요 壽八十一이라

則天順聖皇后를 붙임. 이름은 曌이니, 僭位한 것이 21년이고 壽가 81세이다.

※ 乘唐中衰하야 攘竊神器하고 任用酷吏하야 屠害宗支하고 毒流縉紳하니 其禍慘矣라

중간에 唐나라가 쇠퇴한 틈을 타서 神器(帝位)를 도둑질하고 酷吏를 임

용하여 唐나라의 宗子와 支孫을 도륙하고 해독이 사대부들에게까지 미치
니, 그 禍가 참혹하였다.

1) 〔通鑑要解〕則天順聖皇后 : 名曌니 武后改造照字爲曌라

　　則天順聖皇后는 이름이 曌(조)이니, 武后가 照字를 고쳐 曌로 만들었다.

【甲申】嗣聖元年이라 〈二月은 睿宗文明元年이요 九月은 太后光宅元年이라〉

　嗣聖 元年(갑신 684) - 2월은 睿宗 文明 元年이고, 9월은 太后 光宅 元年
이다. -

正月에 立妃韋氏하야 爲皇后하고 擢后父玄貞하야 爲豫州刺史하다

　정월에 太子妃 韋氏를 세워 황후로 삼고, 황후의 아버지인 韋玄貞을 발탁
하여 豫州刺史로 삼았다.

〔新增〕 文公感興詩曰 晉陽啓唐祚[1]하고 王明紹巢封[2]이라 垂統已如此[3]하니
繼體宜昏風[4]이라 麀聚瀆天倫하고 牝晨司禍凶[5]이라 乾綱一以隳[6]하니 天樞
遂崇崇[7]이라 淫(毒)〔毒〕(애)穢宸極[8]하고 虐焰燔蒼穹[9]이라 向非狄張徒[10]면
誰辦取日功[11]고 云何歐陽子[12]는 秉筆迷至公[13]가 唐經亂周紀하니 凡例孰
(比)〔此〕容[14]고 侃侃范太史[15] 受說伊川翁이라 春秋二三策으로 萬古(聞)〔開〕
群蒙[16]이라

　朱文公(朱熹)의 感興詩에 말하였다.
　"晉陽에서 唐나라 王朝를 열었고
　王子 李明은 巢刺王의 封爵을 이었네.
　전통을 드리운 군주가 이미 이와 같으니
　뒤를 이은 자손은 혼미한 풍조가 당연하였네.
　父子가 한 여자를 함께 취하여 天倫을 더럽히고
　암탉이 새벽에 울어 禍凶을 주관하였도다.
　군주의 기강이 한번 실추되니
　天樞가 마침내 높이 솟았구나.

음란한 張氏 형제가 황제의 처소를 더럽히고

사나운 불꽃은 푸른 하늘 불태웠네.

그때 만일 狄仁傑과 張柬之 등이 아니었으면

누가 帝位를 바로잡아 되돌리는 공을 이루었을까.

어찌하여 歐陽子는

붓을 잡아 역사를 기록함에 지극히 공평함을 잃었는가.

唐나라 歷統에 周紀를 끼워 넣어 어지럽혔으니,

이러한 범례를 누가 용납할 수 있겠는가.

강직한 范太史는

伊川翁에게 말씀을 받았다네.

≪春秋≫의 두세 마디 말로

萬古에 여러 몽매함을 열었도다.”

1) 〔頭註〕晉陽啓唐祚^{*)}：高祖는 自晉陽宮監起라

   高祖(李淵)는 隋나라의 晉陽宮監으로 있다가 발신하였다.

＊) 晉陽啓唐祚：唐나라 高祖가 隋나라 領晉陽宮監으로 있을 때에 裴寂은 副監이었
   는데, 太宗이 裴寂과 계책을 꾸며 晉陽宮人으로 하여금 高祖를 侍寢하게 하고
   이로써 高祖를 협박하여 군대를 일으켰다.

2) 〔頭註〕王明紹巢封：太宗은 納其弟齊王元吉之妃하야 生子明하야 紹巢王之後하
   고 追封元吉하야 爲巢剌(랄)王이라

   太宗은 동생인 齊王 李元吉의 妃(楊氏)를 맞이하여 아들 李明을 낳아 巢王의
   뒤를 잇게 하고, 李元吉을 巢剌王으로 追封하였다.

3) 〔頭註〕垂統已如此：言垂統之主 其瀆亂綱常이 已如此라

   전통을 후손에게 물려준 군주가 綱常을 더럽히고 어지럽힘이 이미 이와 같음을
   말한 것이다.

4) 〔頭註〕繼體宜昏風：如高宗者는 昏迷淫亂하야 而有武后之事也라

   高宗과 같은 자는 혼미하고 음란하여 武后의 일이 있었던 것이다.

5) 〔頭註〕牝晨司禍凶：牝晨은 牝雞之晨이니 謂武后僭立也라

   牝晨은 암탉이 새벽에 우는 것이니, 武后가 참람하게 帝位에 선 것을 이른다.

6) 〔頭註〕乾綱一以墜^{*)}：乾綱은 君之綱이라

乾綱은 군주의 기강이다.

*) 乾綱一以墜 : 황제인 中宗을 房陵縣에 유폐하여 唐나라의 기강이 이미 실추됨을
말한 것이다.

7) 〔附註〕天樞逢崇崇 : 武后改唐爲周하고 立宗廟하다 鑄銅爲天樞하야 以紀周功德
하니 其制若柱라 高百五尺이요 鐵山爲趾하니 周百七十尺이요 (每)〔度〕二丈이니
用銅이 無慮二百萬斤이라 刻天后功德하야 立於端門之外할새 銅鐵不足이어늘 賦
民間農器以足(주)之하다 以銅爲蟠龍麒麟하야 縈繞之하고 上爲騰雲承露盤하고
四龍이 人立捧火珠하고 刻百官及四夷酋長名하다 太后自書其榜曰 大周萬國頌德
天樞라하다

　武后는 唐나라를 고쳐 周라 하고 宗廟를 세웠다. 구리를 주조하여 天樞를 만들
어서 周나라의 공덕을 기록하니, 그 제도가 기둥과 비슷하였다. 높이가 105척이
고, 쇠를 주조하여 山 모양을 본떠 받침을 만들었는데 둘레가 170척이며, 度(넓
이)가 2丈이니, 구리를 사용한 것이 무려 200만 근이나 되었다. 天后의 공덕을
새겨 端門 밖에 세웠는데, 구리와 쇠가 부족하자 민간의 농기구를 징발하여 보태
었다. 구리로 서린 용과 기린을 만들어 둘러싸게 하고, 위에는 날아가는 구름 모
양의 承露盤을 만들고 네 마리 용이 사람처럼 서서 火珠를 받들게 하였으며, 백
관 및 사방 오랑캐 酋長의 이름을 새겼다. 太后가 직접 그 榜에 쓰기를 大周萬國
頌德天樞라 하였다. 이 내용은 ≪新唐書≫〈后妃傳〉에 보인다.

8) 〔附註〕淫毒穢宸極 : 毒는 卽嫪毐(노애)之毒니 以比張易之, 張昌宗也라 秦始皇
卽位에 年少하니 太后與文信侯呂不韋通이러니 王旣壯에 文信侯恐事覺及禍하야
乃以舍人嫪毐로 託爲宦者하고 進之하야 生二子하다 封毐爲長信侯러니 有告毐實
非宦者어늘 毐懼하야 矯王御璽하야 發兵爲亂이라가 敗走하니 獲之하야 夷三族
하고 遷太后하고 殺其二子하니라 嫪는 音獠니 嫪毐는 姓名也라 〔頭註〕帝居曰宸
이라

　毒는 바로 嫪毐의 毒자이니, 張易之와 張昌宗을 비유한 것이다. 秦始皇이 즉위
했을 때에 나이가 어리니, 太后가 文信侯 呂不韋와 간통하였는데, 왕이 장성한
뒤에 文信侯는 일이 발각되어 禍가 미칠까 두려워하여 마침내 舍人 嫪毐를 환관
이라 칭탁하고 太后에게 올려 두 아들을 낳았다. 嫪毐를 봉하여 長信侯로 삼았는
데, 嫪毐가 환관이 아니라고 고발하는 자가 있자, 嫪毐가 두려워하여 왕의 옥새
를 위조하여 군대를 동원해서 난을 일으켰다. 嫪毐가 패하여 달아나니, 그를 사
로잡아 三族을 멸하고 태후는 별궁으로 옮겼으며 그 두 아들을 죽였다. 嫪는 음

이 료(로)이니 嬙毐는 姓名이다. 〔頭註〕황제가 거처하는 곳을 宸이라 한다.

9) 〔譯註〕虐焰燔蒼穹 : 蒼穹은 푸른 하늘을 가리키는 바, 來俊臣과 周興의 포악함
　 이 뜨거운 불이 푸른 하늘을 태우는 것과 같음을 이른 것이다.

10) 〔頭註〕向非狄張徒 : 狄, 張은 狄仁傑, 張柬之[*]라
　　 狄張은 狄仁傑과 張柬之이다.

[*] 狄仁傑 張柬之 : 高宗이 죽은 뒤 武后가 정권을 전단하여 큰 아들인 中宗을 세웠
　 다가 폐하고, 그 아우인 睿宗을 세웠다가 다시 예종을 폐하고 스스로 帝位에 즉
　 위하여 국호를 周라고 하였는데, 狄仁傑과 張柬之 등이 武后의 무리인 張易之‧
　 張昌宗 등을 목 베고 中宗을 복위시켰다.

11) 〔頭註〕誰辨取日功 : 取日功[*]은 謂挽回天日而中宗復位라
　　 取日功은 하늘의 해를 바로잡아 되돌려서 中宗이 復位하였음을 이른다.

[*] 取日功 : 取日은 지는 해를 맞이하여 되돌린다는 뜻으로, 폐위된 황제가 復位하
　 도록 도움을 비유한 것이다.

12) 〔頭註〕云何歐陽子 : 歐陽子는 歐陽文忠公이라
　　 歐陽子는 文忠公 歐陽脩이다.

13) 〔頭註〕秉筆迷至公 : 言修唐史할새 乃於帝紀內에 立武后紀하니 是迷至公之道라
　 以唐之一經이어늘 而亂周紀於其中이라
　　 歐陽脩가 ≪新唐書≫를 편수할 적에 帝紀 안에 則天順聖武皇后本紀라 하여 武
　 后紀를 끼워 넣었으니, 이는 지극히 공정한 도를 잃은 것이다. 唐나라는 한 歷統
　 인데 그 안에 周紀를 넣어 唐나라의 歷統을 어지럽혔기 때문이다.

14) 〔頭註〕凡例孰此容[*] : 孰此容은 又孰可容此耶라
　　 孰此容은 또 누가 이것을 용납할 수 있겠느냐는 말이다.

[*] 凡例孰此容 : 歐陽脩가 ≪新唐書≫를 편수할 적에 모든 凡例를 ≪春秋≫에 견주
　 었으나 누가 범례를 말하면서 이것을 용납할 수 있겠느냐는 말이다.

15) 〔頭註〕侃侃范太史[*] : 侃侃은 剛直也라 范太史는 范祖禹라
　　 侃侃은 강직함이다. 范太史는 范祖禹이다.

[*] 范太史 : 太史는 史官을 가리킨다. 范祖禹는 ≪唐鑑≫을 편찬하였는데, 唐나라
　 高祖에서부터 昭帝‧宣帝까지의 역사에 대하여 기록한 다음 아울러 평론을 가하
　 였다.

16) 〔頭註〕春秋二三策[*1] 萬古開群蒙 : 每歲에 必書帝在房州라하야 以合春秋書公
　 在乾侯[*2]之法하야 開明萬世之群蒙이라

해마다 반드시 "황제가 房州에 있었다.〔帝在房州〕"라고 써서 《春秋》에서 "魯나라 昭公이 乾侯에 있었다.〔公在乾侯〕"라고 쓴 법에 부합하였으니, 이로써 만대의 여러 몽매한 자들을 밝게 깨우쳐준 것이다.

* 1) 二三策 : 두세 마디 말이다.
* 2) 公在乾侯 : 公은 魯나라 昭公을 가리킨다. 昭公 때에 魯나라 公室이 미약하여 정사가 모두 季氏에게 있었다. 이에 昭公이 季氏를 토벌하려다가 季氏에게 쫓겨나 국외로 망명하여 乾侯에 있었으나 《春秋》에 昭公의 연대를 그대로 쓰고 "공이 건후에 있었다.〔公在乾侯〕"라고 기술하여 정통을 나타내었다. 이와 마찬가지로 唐나라 中宗이 房陵에 가 있더라도 마땅히 중종의 연대를 써야지 측천무후기를 넣어서는 안 된다는 말이다. 《性理群書句解》에 다음과 같은 내용이 보인다. "范撰唐鑑 黜武后之僭 每歲 必書曰帝在房陵 如春秋書公在乾侯之例 二三策 卽二三言也 使天下後世 知有君臣之大義 眞足以開萬古之蒙蔽也"

○ 按尹氏曰 昔에 范公祖禹修唐鑑할새 取法春秋하야 黜武氏之號하고 繫嗣聖之年이어늘 而通鑑則本之唐史하야 列武氏于本紀하고 卽以光宅紀元하니 自後로 盡用武氏之號라 今朱子綱目이 止以嗣聖紀年하야 終武氏世者는 蓋中宗은 國之正統이어늘 武氏無故廢之하고 甚至革命易姓하야 無異莽, 操[1]所爲일새라 然이나 天下猶唐之天下니 武氏安得而絶之리오 繫嗣聖而黜光宅은 所以扶三綱, 立人極하야 示天下以正大之義하야 使後世亂賊之徒로 無以自立於天下爾니라 或曰 呂后制朝를 何不繫惠帝之年고 曰 惠帝는 旣沒하야 固無年之可紀요 況呂后는 又取他人子하야 名爲惠帝子而立之[2]라 故로 但兩行分註하야 紀呂氏之年이면 已足見其非正統之意[3]니 固不得與中宗尙在者爲比하야 而得以繫嗣聖之號也니라 愚讀朱子之詩與尹氏之言하고 益以王先生之所命爲尤信이라 故로 敢狂僭而正之云耳라

살펴보건대, 尹氏(尹起莘)가 말하였다.

"范公 祖禹가 《唐鑑》을 編修할 적에 《春秋》의 법을 취하여 武氏의 연호를 버리고 中宗의 嗣聖이라는 연호로 표시하였는데, 《資治通鑑》은 唐史에 근본하여 武氏를 本紀에 끼워 넣고 바로 光宅으로 紀元하니, 이후로 모두 武氏의 연호를 사용하게 되었다. 그런데 지금 朱子의 《資治通鑑綱目》에는

단지 中宗의 嗣聖이라는 연호로 연대를 표시하여 武氏의 대가 끝날 때까지
이렇게 하였으니, 이는 中宗이 나라의 정통인데 武氏가 연고없이 폐위하고,
심지어 易姓革命을 하여 王朝를 바꾸어서 王莽과 曹操의 행위와 다름이 없기
때문이다. 그러나 천하는 여전히 唐나라의 천하이니, 武氏가 어떻게 이것을
끊을 수 있단 말인가. 嗣聖으로 표시하고 光宅을 버린 것은 三綱을 붙들고
人極(人道)을 세워 천하에 공명정대한 의리를 보여줌으로써 후세의 난신적
자들로 하여금 천하에 스스로 설 수 없게 한 것이다.

　혹자가 말하기를 '呂后가 조정에서 稱制한 것은 어찌하여 惠帝의 연호를
표시하지 않았는가?' 하기에 다음과 같이 말하였다. '惠帝는 이미 죽어서 진
실로 기록할 만한 연도가 없었고, 더구나 呂后는 또 다른 사람의 자식을 데
려다가 惠帝의 아들이라고 이름하여 세웠다. 그러므로 다만 2行으로 分註하
여 呂氏의 연호를 기록하였다. 그렇다면 이미 정통이 아니라는 뜻을 충분히
나타낸 것이니, 진실로 아직 살아있었던 中宗과 나란히 놓아 嗣聖의 연호를
그대로 다는 것과 비교할 수 없는 것이다.'"

　나는(劉剡) 朱子의 詩와 尹氏의 말을 읽고서 王先生(王逢)의 가르침을 더
욱 믿게 되었다. 그러므로 감히 狂妄하고 참람하게 이것을 바로잡았다.

1)〔頭註〕莽操 : 王莽, 曹操라
　莽操는 王莽과 曹操이다.

2)〔頭註〕況呂后……名爲惠帝子而立之 : 惠帝后張氏無子러니 呂后命張后하야 取他
　人子하야 殺其母而養之하니라
　惠帝의 后妃인 張氏가 자식이 없었는데, 呂后가 張后에게 명하여 다른 사람의
　자식을 데려다가 그 어미를 죽이고 기르게 하였다.

3)〔譯註〕兩行分註……已足見其非正統之意 : 《通鑑節要》 제6권 漢紀 孝惠皇帝 7
　년(계축 B.C.188)에 다음과 같은 내용이 보인다.
　"내(劉剡)가 《資治通鑑綱目》을 살펴보건대 모든 正統을 年歲(干支) 아래에
　큰 글씨로 썼으나 正統이 아닌 경우에는 分注(두 줄로 나누어 작은 글씨로 注를
　닮)하였으니, 이는 진실로 筆法의 올바른 例이다. 지금 呂氏가 臨朝함에 天下가
　하나로 통합되어 거의 東漢의 馬皇后나 鄧皇后와 차이가 없어서 애당초 戰國時
　代와 南北朝, 五代時代에 비할 바가 아닌데, 어찌하여 또한 分注로 썼는가. 尹氏

(尹起莘)가 말하기를 '내 일찍이 程伊川의 ≪易傳≫을 보니, 坤卦의 六五爻에 이르기를 「신하가 尊位(제왕의 지위)에 거함은 后羿와 王莽이 이 경우이니 그래도 말할 수 있으나, 婦人이 尊位에 있는 것은 女媧氏와 武氏(則天武后)가 이 경우이니, 이는 非常한 변고여서 말할 수 없다.」 하였다. 呂氏가 臨朝했을 때에 비록 딴 사람의 아들을 취하여 황제로 세웠으나 실로 劉氏가 아니었다. 그러므로 ≪資治通鑑綱目≫에는 여기에 그 연도를 分注해서 실제는 正統이 아님을 드러내었고, 또 天下에 非常한 변고임을 보인 것이다. 그러므로 특별히 變例로 써서 後世의 鑑戒를 세운 것이다.' 하였다. 무릇 이러한 종류는 모두 ≪資治通鑑綱目≫의 큰 사항이고 筆法의 중요한 뜻이니, 君子가 마땅히 깊이 살펴야 할 것이다. 그러므로 내가 이 책에 있어 子朱子의 뜻을 한결같이 따라서 訂正하는 바이다."

中宗[1]이 欲以韋玄貞[2]爲侍中하니 裴炎이 固爭한대 中宗怒曰 我以天下與韋玄貞이라도 何不可완대 而惜侍中耶아 炎懼하야 白太后하야 密謀廢立하다 二月戊午에 太后廢中宗하야 爲廬陵王하야 幽於別所하다 立豫王旦하야 爲皇帝호되 政事를 決於太后하고 居睿宗[3]於別殿하야 不得有所預하다

中宗이 韋玄貞을 侍中으로 삼고자 하니 裴炎이 굳이 간쟁하니, 中宗이 노하여 이르기를 "내가 천하를 韋玄貞에게 준다 한들 무엇이 불가하기에 侍中 자리를 아까워하겠는가." 하니, 裴炎이 두려워하여 太后에게 아뢰어 은밀히 中宗을 폐위하고 다른 사람을 세울 것을 도모하였다.

2월 戊午日(6일)에 太后가 中宗을 폐위하여 廬陵王으로 삼아서 別宮에 유폐시켰다. 豫王 李旦을 세워 황제로 삼았으나 정사를 태후에게서 결정하게 하고, 睿宗을 別殿에 거처하게 하여 정사에 관여하는 바가 있지 못하게 하였다.

1)〔頭註〕中宗 : 武后之生이라
　　中宗은 武后의 소생이다.
2)〔譯註〕韋玄貞 : 皇后 韋氏의 아버지이다.
3)〔原註〕睿宗 : 睿宗은 卽豫王也니 中宗之弟라
　　睿宗이 바로 豫王이니, 中宗의 아우이다.

○ 九月甲寅에 赦天下하고 改元하다 旗幟를 皆從金色¹⁾하다

9월 甲寅日(6일)에 천하에 사면령을 내리고 光宅으로 改元하였다. 旗幟는 모두 金色을 따랐다.

1) 〔譯註〕旗幟皆從金色 : 唐나라는 火德으로 일어났으므로 赤色을 숭상하였는데, 이제 이것을 金色으로 바꾼 것이다. 五行 중에 金은 白色이므로, ≪新唐書≫ 〈則天順聖武皇后本紀〉에는 "9월 갑인일에 크게 사면령을 내리고 改元하였다. 旗幟는 백색을 숭상하였다.〔九月甲寅 大赦 改元 旗幟尙白〕"라는 내용이 보인다.

○ 時에 諸武用事하니 唐宗室이 人人自危하고 衆心이 憤惋(완)이러라 會에 眉州刺史英公李敬業¹⁾과 及弟敬猷, 唐之奇, 駱賓王, 杜求仁, 魏思溫이 各坐事遭貶이라 皆會於揚州하야 各自以失職怨望하고 乃謀作亂하야 以匡復盧陵王爲辭하니 思溫이 爲之謀主러라 於是에 驅囚徒工匠數百하야 授以甲하고 遂起一州之兵하야 復稱嗣聖元年하고 開三府²⁾하니 旬日間에 得勝兵十餘萬이라 移檄州縣³⁾하니 略曰 僞臨朝武氏者는 包藏禍心하고 竊窺神器하야 君之愛子를 幽之於別宮⁴⁾하고 賊之宗盟⁵⁾을 委之以重任이라하고 又曰 一抔(부)之土⁶⁾未乾에 六尺之孤⁷⁾何在오하고 又曰 試觀今日之域中하라 竟是誰家之天下오하다 太后見檄하고 問曰 誰所爲오 或對曰 駱賓王이니이다 太后曰 宰相之過也로다 人有如此才어늘 而使之流落不偶(遇)⁸⁾乎아

이때에 여러 武氏들이 用事하니, 唐나라 宗親들이 사람들마다 위태롭게 여기고 여러 사람의 마음이 분개하였는데, 마침 眉州刺史 英公 李敬業과 그의 아우 李敬猷와 唐之奇·駱賓王·杜求仁·魏思溫이 각각 일에 걸려 좌천되었다. 이들이 모두 揚州에 모여 각자 지위를 잃은 것을 원망하고 마침내 난을 일으킬 것을 도모하면서 盧陵王(中宗)을 복위시킬 것을 구실로 삼으니, 魏思溫이 謀主가 되었다. 이에 죄수들과 工人과 匠人 수백 명을 몰아서 갑옷을 주고, 마침내 한 州의 군대를 일으켜 다시 嗣聖 元年이라고 칭하고 三府를 여니, 10일 사이에 勝兵(정예병) 10여 만 명을 얻었다.

州와 縣에 檄文을 돌렸는데, 그 내용에 대략 이르기를 "거짓(불법)으로 조정에 임어한 武氏는 천하에 화를 끼치려는 마음을 품고 남몰래 神器(帝位)를 엿보아 임금님의 사랑하는 아들을 별궁에 유폐하고 적의 종족에게 중임을 맡겼다." 하였으며, 또 이르기를 "高宗의 무덤의 흙이 아직 마르지 않았는데, 6尺의 어린 군주가 어디에 있단 말인가." 하였으며, 또 이르기를 "한 번 오늘날의 域內를 살펴보라. 마침내 어느 집안의 천하란 말인가." 하였다.

太后가 격문을 보고 묻기를 "누가 지었는가?" 하니, 혹자가 대답하기를 "駱賓王입니다." 하였다. 태후가 말하기를 "이는 재상의 잘못이다. 이 사람이 이와 같이 훌륭한 재주가 있는데, 그로 하여금 流落하여 불우하게 하였단 말인가." 하였다.

1) 〔頭註〕李敬業 : 李勣之孫也라 本姓徐氏니 見上卷이라 武后討敬業할새 追削其祖考官爵하고 發塚斲棺하고 復姓徐氏하니라

李敬業은 李勣(李世勣)의 손자이다. 李勣은 본래 徐氏이니, 上卷에 보인다. 武后가 李敬業을 토벌할 때에 먼저 그의 할아버지와 아버지의 官爵을 追奪하고 무덤을 파서 관을 쪼겠으며, 원래의 姓인 徐氏로 회복시켰다.

2) 〔附註〕開三府 : 一曰 匡復府요 二曰 英府요 三曰 揚州大都督府니 敬業이 自稱匡復府將하고 領揚州大都督하야 以之奇, 求仁으로 爲左右長史하고 思溫爲軍師하고 賓王爲記室하니라

첫 번째는 匡復府요, 두 번째는 英府요, 세 번째는 揚州大都督府이다. 徐敬業이 스스로 匡復府의 上將이라 자칭하고 揚州大都督을 거느려서 唐之奇와 杜求仁을 左右 長史로 삼고 魏思溫을 軍師를 삼고 駱賓王을 記室로 삼았다.

3) 〔譯註〕移檄州縣 : 駱賓王이 지은 代徐敬業傳檄天下文을 가리키는데, 《全唐書》에는 代李敬業討武氏檄이라 되어 있고, 《唐文粹》에는 爲徐敬業以武后臨朝移諸郡縣檄이라 되어 있어 標題가 똑같지 않다.

4) 〔通鑑要解〕君之愛子 幽之於別宮 : 謂居睿宗於別殿이라

睿宗을 別殿에 거처하게 하였음을 이른다.

5) 〔頭註〕宗盟 : 宗은 同姓也니 謂武承嗣*)輩라

宗盟의 宗은 同姓이니, 武承嗣 무리를 이른다.

*) 武承嗣 : 武后의 조카로, 재상이었다.

6) 〔通鑑要解〕一抔之土 : 抔는 音裒니 手掬之土也라 今人讀杯爵之杯하니 非也라

抔는 음이 부이니, 一抔之土는 손으로 움켜쥘 정도의 흙이다. 지금 사람들은 杯爵의 '杯'자로 읽으니, 잘못이다.

7) 〔譯註〕 六尺之孤 : 아직 성년이 되지 못한 어린 군주를 이르는 바, ≪論語≫〈泰伯〉에 "6척의 어린 임금을 맡길 만하고 百里의 命을 부탁할 만하며, 大節에 임해서 그 절개를 빼앗을 수 없다면 군자다운 사람인가? 군자다운 사람이다.〔可以託六尺之孤 可以寄百里之命 臨大節而不可奪也 君子人與 君子人也〕"라고 보인다.

8) 〔釋義〕 不偶 : 猶言不遇也라
不偶는 不遇라고 말함과 같다.

○ 甲申에 遣大將軍李孝逸하야 將兵(二)〔三〕十萬하야 以討李敬業敗之하니 其將王那相이 斬敬業, 敬猷及駱賓王首하야 來降하다

갑신일(10월 6일)에 대장군 李孝逸을 보내어 병력 30만을 거느리고 李敬業을 토벌하여 패주시키니, 〈11월 18일에〉 그의 장수 王那相이 李敬業과 李敬猷 및 駱賓王의 머리를 베어 가지고 와서 항복하였다.

【丙戌】三年이라〈太后垂拱(三)〔二〕年〉

嗣聖 3년(병술 686) - 太后 垂拱 2년 -

春正月에 帝在房州하다

봄 정월에 황제가 房州에 있었다.

〔新增〕 昔에 季氏逐其君한대 春秋必書公所在라 今武氏旣廢中宗이어늘 而朱子猶書帝者는 不予武氏之廢也니 雖因范氏나 亦本春秋之法이라 故로 今此書에 每歲添載帝之所在者는 本朱子綱目之法也니라 或曰 太后廢帝爲廬陵王하고 立豫王旦矣니 今此謂帝者는 安疑其非豫王耶아 曰 非也라 武后之僞立者를 又稱爲帝면 則名實亂而無別矣니 其可乎아

옛날(春秋時代)에 季氏가 그 군주를 축출하자 ≪春秋≫에 '公이 乾侯에 있었다.〔公在乾侯〕'라고 써서 반드시 昭公이 있는 곳을 기록하였다. 지금 武氏

가 이미 中宗을 폐위하였는데 朱子가 아직도 帝라고 쓴 것은 武氏가 폐위시
킨 것을 인정하지 않은 것이니, 비록 范氏(范祖禹)를 따른 것이나 또한 ≪春
秋≫의 필법에 근본한 것이다. 지금 이 ≪通鑑節要≫에서 매년 황제가 있는
곳을 덧붙여 기재한 것은 朱子의 ≪資治通鑑綱目≫의 필법에 근본한 것이다.
　혹자는 말하기를 "太后가 황제(중종)를 폐위하여 盧陵王으로 삼고 豫王 李
旦을 세웠으니, 지금 여기서 帝라고 이른 것은 豫王이 아니라고 어찌 의심하
겠는가."라고 하니, 말하기를 "그렇지 않다. 武后가 불법으로 세운 자를 또
황제라고 칭한다면 이름과 실제가 문란하여 분별이 없게 되니, 어찌 가하겠
는가." 하였다.

三月에 太后命鑄銅爲匭[1]하야 置之朝堂하야 以受天下表疏하다

　3월에 太后가 명하여 구리를 주조하여 궤를 만들어서 朝堂에 두고 천하의
表文과 상소문을 받게 하였다.

1)〔釋義〕鑄銅爲匭 : 朝堂四匭에 塗以方色하야 靑曰延恩이라하야 在東하고 丹曰招
　諫이라하야 在南하고 白曰伸冤이라하야 在西하고 黑曰通玄이라하야 在北하니라
　〔通鑑要解〕太后自知內行不正하야 人心不服하고 開告密之門하야 有告密者면 不
　次除官이라 有魚保家[*]者 請鑄銅爲匭하야 以受天下密奏하니 其器一室四隔하고
　上各有竅하야 可入不可出이라 太后善之하니라
　〔釋義〕朝堂의 네 궤에 각각 방위에 따라 색을 칠하여, 푸른색 궤는 延恩이라
　하여 동쪽에 두고, 붉은색 궤는 招諫이라 하여 남쪽에 두고, 흰색 궤는 伸冤이라
　하여 서쪽에 두고, 검은색 궤는 通玄이라 하여 북쪽에 두었다.〔通鑑要解〕〈李敬
　業(徐敬業)의 반란 이후로〉太后는 스스로 內行(평소 집안에 있을 때의 操行)이
　바르지 않아서 인심이 따르지 않는다는 것을 알고 밀고하는 문로를 열어 놓아 밀
　고하는 자가 있으면 품계를 뛰어넘어 관직을 제수하였다. 魚保家라는 자가 구리
　를 주조하여 궤를 만들어서 천하의 密奏를 받아들일 것을 청하였다. 이 기물은
　한 방을 네 칸으로 나누고 위에 각각 구멍이 있어서 넣을 수는 있으나 꺼낼 수는
　없었는데, 太后가 좋게 여겼다.
　*) 魚保家 : 李敬業이 반란을 일으켰을 때 李敬業에게 刀車와 쇠뇌를 만드는 방법
　　을 가르쳐 주었으나 李敬業이 패한 뒤에 요행히 화를 면하였는데, 太后에게 궤를

만들게 한 지 얼마 후에 원수 집안에서 그가 李敬業을 위하여 병기를 만들어줌으로써 많은 官兵을 죽게 만들었다는 사실을 써서 이 궤에 넣으니, 魚保家가 마침내 죽임을 당하였다.

○ 太后自徐敬業之反으로 疑天下人이 多圖己하고 又自以久專國事하고 內行不正하야 知宗室大臣이 怨望心不服하고 欲大誅殺以威之하야 乃盛開告密之門하고 有告密者言或稱旨면 則不次除官[1]하고 無實者는 不問하니 於是에 四方告密者蜂起하야 人皆重足[2]屛息이러라 有胡人索(삭)元禮 知太后意하고 因告密이어늘 召見하고 擢爲游擊將軍하야 令按制獄[3]하니 元禮性殘忍하야 推一人에 必令引數十百人이라 於是에 周興, 來俊臣之徒效之하야 紛紛繼起러라 俊臣이 與萬國俊으로 共撰羅織經數千言하야 敎其徒호되 網羅無辜하야 織成反狀하니 構造布置 皆有支節이라 太后得告密者면 輒令元禮等推之하니 競爲訊囚酷法하고 作大枷라 有定百脈, 突地吼, 死猪愁, 求破家, 反是實[4]等名號하니 中外畏此數人을 甚於虎狼이러라

太后가 徐敬業이 반란을 일으킨 뒤로 천하 사람들 중에 자신을 도모하는 자가 많은가 의심하고, 또 스스로 생각하기를 오랫동안 국사를 전횡하고 內行이 바르지 못하여 종실 대신들이 원망하고 마음으로 복종하지 않는다는 것을 알고는 크게 죄를 가하여 죽여서 위엄을 보이고자 하였다. 그리하여 마침내 밀고하는 문로를 크게 열어 놓고, 밀고하는 자의 말이 혹 자신의 뜻에 맞으면 품계를 뛰어넘어 관직을 제수하고 사실 무근인 것은 불문에 부치니, 이에 사방에서 밀고하는 자가 벌떼처럼 일어나서 사람들마다 모두 두려워하여 발을 포개어 서고 숨을 죽였다.

오랑캐 사람 索元禮가 태후의 뜻을 알고 밀고하자, 태후가 불러 보고 발탁하여 游擊將軍을 삼아서 制獄(詔獄)을 심리하게 하였다. 索元禮는 성질이 잔인하여 한 사람을 추고할 때에 반드시 수십 명 내지 백 명을 끌어들였다. 이에 周興과 來俊臣의 무리가 이를 본받아서 獄事가 분분히 계속 일어났다.

來俊臣은 萬國俊과 함께 ≪羅織經≫를 지으니 내용이 수천 자였는데, 그 도당들로 하여금 무고한 자의 언행을 널리 수집하여 모반한 죄상을 엮어서 만들고, 게다가 허구로 위조하고 안배하여 늘어놓아서 죄상을 변조시켜 모두 支節(曲折)이 있게 하였다. 太后가 밀고한 자들을 잡으면 번번이 索元禮 등으로 하여금 推考하게 하자, 索元禮 등이 앞다투어 서로 죄수를 심문하는 가혹한 법을 만들고 큰 형틀을 만드니, 定百脈, 突地吼, 死猪愁, 求破家, 反是實 등의 명칭이 있었다. 中外에서 이 몇 사람을 호랑이보다도 더 두려워하였다.

1) 〔譯註〕不次除官 : 不次는 官階의 차례를 밟지 않고 뽑아서 관직에 임용하는 것이다. 除官은 옛 관직을 없애고 새 관직을 내린다는 뜻으로, 추천의 절차를 밟지 않고 임금이 직접 벼슬을 내리는 것을 이른다.

2) 〔頭註〕重足 : 謂重累其足跡하고 不敢亂行이니 言畏之甚也라
　　重足은 발자국을 포개고 감히 어지럽게 걷지 못하는 것을 이르니, 두려움이 심함을 말한다.

3) 〔譯註〕制獄 : 詔獄과 같은 바, 황제의 특명으로 죄인을 감금하는 감옥을 이른다. 당시 武后의 이름이 '曌(조)'이므로 '詔'를 피휘하여 '制'라 하였는데, 이 때문에 詔獄도 制獄이라 한 것이다.

4) 〔譯註〕定百脈, 突地吼, 死猪愁, 求破家, 反是實 : 이는 모두 가혹한 고문을 견디지 못하여 죄를 지었다고 自服하는 것이다. 定百脈은 죄인을 주리틀어 온몸의 맥을 바꿔 놓는 것이고, 突地吼는 고문 받은 죄인이 땅에서 벌떡 일어나 고함을 치는 것이고, 死猪愁는 죄인이 돼지가 죽을 때에 신음소리를 내는 것이고, 求破家는 자신의 가문을 패망하게 할 내용을 자백하는 것이고, 反是實은 사실과 완전히 반대되는 것을 허위로 자백하는 것이다.

【戊子】 五年이라 〈太后垂拱四年〉

嗣聖 5년(무자 688) - 太后 垂拱 4년 -

春正月에 帝在房州하다

봄 정월에 황제가 房州에 있었다.

○ 太后潛謀革命_{하야} 稍除宗室_{하야} 悉誅韓, 魯¹⁾等諸王_{하다}

太后가 은밀히 革命(唐朝를 뒤집고 새로운 帝國을 세움)할 것을 도모하여 점차 宗室들을 제거하여 韓王과 魯王 등 여러 왕들을 다 죽였다.

1) 〔頭註〕 韓魯 : 韓王은 元嘉요 魯王은 靈夔니 皆高祖子라
    韓王은 李元嘉이고 魯王은 李靈夔이니, 모두 高祖(李淵)의 아들이다.

【庚寅】七年_{이라}〈周武氏天授元年〉

嗣聖 7년(경인 690) - 周나라 武氏 天授 元年 -

春正月_에 帝在房州_{하다}

봄 정월에 황제가 房州에 있었다.

○ 十一月_에 太后享萬象神宮¹⁾_{하고} 赦天下_{하다} 始用周正²⁾_{하야} 改永昌³⁾元年十一月_{하야} 爲載初元年正月_{하다}

11월에 太后가 萬象神宮에서 제향을 올리고 천하에 사면령을 내렸다. 처음으로 周나라의 曆法을 사용하여 永昌 元年 11월을 고쳐 載初 元年 正月이라 하였다.

1) 〔附註〕 萬象神宮 : 武后作明堂할새 飾以黃金하고 號曰萬象〈神〉宮이라 大饗할새 太后爲初獻하고 皇后爲亞獻하고 太子爲終獻하니 周國先王도 亦與饗焉이라 丙辰年에 贈武士彠爵周國公하고 甲申年에 立武氏七廟^{*)}하다
    武后가 明堂을 만들 적에 황금으로 장식하고 萬象神宮이라 이름하였다. 크게 제향을 올릴 적에 太后가 初獻官이 되고 皇后가 亞獻官이 되고 太子가 終獻官이 되니, 周나라 先王에게도 함께 제향을 올렸다. 병진년(656)에 武后의 친정 아버지인 武士彠에게 周國公의 관작을 추증하고 갑신년(684)에 武氏의 七廟를 세웠다.

*) 七廟 : 7대의 조상을 ·모신 사당을 이른다. ≪禮記≫〈王制〉에 "천자는 七廟이니, 三昭와 三穆에 太祖의 사당까지 합하여 七廟이다.〔天子七廟 三昭三穆 與太祖之廟而七〕"라고 하였는 바, 칠묘는 四親廟(父·祖·曾祖·高祖)와 二祧廟(遠

祖) 및 始祖廟를 가리킨다.

2) 〔通鑑要解〕 始用周正^{*)} : 改十一月爲正月十二月爲臘月夏正月爲一月註에 云 臘者
는 歲之終也라

　　≪資治通鑑≫의 '夏正(현재의 陰曆)의 11월을 고쳐 정월로 삼고, 12월을 섣달
로 삼고, 夏正의 정월을 1월로 삼았다.'는 내용의 註에 이르기를 "臘은 한 해의
마지막이다." 하였다.

*) 始用周正 : 周正은 周代의 曆法이다. 古代의 역법은 夏代에는 建寅月을 사용하
니 이것을 夏正이라 하고, 殷代에는 建丑月을 사용하니 이것을 殷正이라 하고,
周代에는 建子月을 정월로 삼았으니 이것을 周正이라 하였다. 建寅은 북두칠성
의 자루가 寅方을, 建丑은 丑方을, 建子는 子方을 가리키는 달을 이른다. 북두칠
성의 자루란 정사각형으로 있는 네 별을 제외하고 나머지 일직선으로 있는 세 별
을 가리키는 바, 一晝夜에 한 바퀴를 돌고 조금 더돌아 1년에 366번을 돈다. 그
리하여 초저녁에 북두칠성의 자루가 어느 방향을 가리키는가를 보아 春·夏·
秋·冬을 알았는데, 子·丑·寅·卯의 12방위는 곧 북두칠성의 자루가 가리키
는 방향을 나타낸 것이다. 周나라는 冬至를 기준하여 현재 음력의 동짓달을, 殷
나라는 섣달을, 夏나라는 지금의 정월을 정월로 사용하였는 바, 후대에는 대체로
夏正을 사용하였다.

3) 〔頭註〕 永昌 : 己丑年이니 太后永昌元年이라

　　永昌은 己丑年(689)이니, 太后 永昌 元年을 말한다.

○ 時에 侯思正, 王義弘¹⁾이 新進하야 入獄者 非死면 不出하니 朝廷이 人人自
危하야 相見에 莫敢交言하고 道路以目이라 或因入朝하야 密遭掩捕하니 每朝에 輒
與家人訣²⁾曰 未知復相見否아하니라 時에 法官이 競爲深酷호되 惟司刑丞³⁾徐
有功, 杜景儉이 獨存平恕하니 被告者皆曰 遇來, 侯⁴⁾면 必死요 遇徐, 杜면
必生이라하더라 有功이 初爲蒲州司法하야 以寬爲治하고 不施敲扑(고복)⁵⁾하니 吏
相約호되 有犯徐司法杖者면 衆共斥之라하더라 迨官滿토록 不杖一人호되 職事
亦修하고 累遷司刑丞하야 酷吏所誣構者를 有功이 皆爲直之하니 前後所活이
數十百家러라 司刑丞李日知 亦尙平恕라 少卿胡元禮⁶⁾ 欲殺一囚어늘 日知
以爲不可라하야 往復數四한대 元禮怒曰 元禮不離刑曹면 此囚終無生理라하고

日知曰 日知不離刑曹면 此囚終無死法이라하야 竟以兩狀列上이러니 日知果直이러라

이때 侯思正과 王義弘이 새로 등용되어서 감옥에 들어간 자들이 죽지 않으면 나오지 못하니, 조정의 사대부들이 사람마다 스스로 위태롭게 여겨 서로 만날 적에 감히 말을 나누지 못하고 도로에서 눈짓만 교환할 뿐이었다. 혹 조정에 들어갔다가 아무도 모르게 체포당하니, 이로 인하여 신하들이 아침마다 집안 식구들과 결별하기를 "내 다시 볼 수 있을지 모르겠다." 하였다.

이 당시 법관들이 다투어 까다롭고 혹독하였으나 오직 司刑丞 徐有功과 杜景儉만은 공평하고 용서하는 마음을 간직하니, 피고들이 모두 말하기를 "來俊臣과 侯思正을 만나면 반드시 죽고, 徐有功과 杜景儉을 만나면 반드시 산다." 하였다.

徐有功이 처음 蒲州의 司法參軍事가 되어 관대함으로 정사를 다스리고 刑杖을 행하지 않으니, 관리들이 서로 약속하기를 '徐司法에게 죄를 지어 刑杖의 형벌을 범하는 자가 있으면 여럿이 함께 배척하자.' 하였다. 그리하여 임기가 차도록 한 사람도 매질하지 않았으나 직무가 또한 닦여졌다. 여러 번 승진하여 司刑丞에 이르렀는데, 酷吏들이 거짓으로 꾸며 만든 옥사를 徐有功이 다 伸寃해 주니, 전후로 살려 준 것이 수십 가호 내지 백 가호였다.

司刑丞 李日知 또한 공평함과 관대함을 숭상하였다. 司刑少卿 胡元禮가 한 죄수를 죽이고자 하였는데, 李日知가 불가하다 하여 쌍방간에 두서너 차례 옥신각신 다투었다. 胡元禮가 노하여 말하기를 "내가 刑曹를 떠나지 않는 한 이 죄수는 끝내 살 수 있는 이치가 없다." 하니, 李日知가 말하기를 "내가 刑曹를 떠나지 않는 한 이 죄수는 끝내 사형시킬 수 있는 법이 없다." 하였다. 마침내 두 사람의 문서를 나란히 올렸는데, 李日知가 과연 옳았다.

1) 〔頭註〕王義弘 : 資治, 本傳에 並作王弘義라
    王義弘은 ≪資治通鑑≫과 ≪新唐書≫〈王弘義傳〉에 모두 王弘義로 되어 있다.
2) 〔頭註〕訣 : 見三十七卷*)이라
    訣에 대한 주석은 37권에 보인다.

*) 見三十七卷 : "訣은 이별함이니, 죽을 사람과 작별하는 것을 訣이라 한다."라고 보인다.

3) 〔譯註〕 司刑丞 : 관직 이류으로, 大理寺 丞을 말한다. 司刑은 司刑寺의 簡稱으로, 光宅 원년(684)에 大理寺를 司刑寺로 고쳤는데, 中宗 神龍 원년(705)에 원래의 명칭으로 다시 고쳤다.

4) 〔原註〕 來侯 : 來俊臣과 侯思正이라

來侯는 來俊臣과 侯思正이다.

5) 〔頭註〕 不施敲扑 : 敲는 短杖이요 扑은 挰也라 〔通鑑要解〕 唐制에 法曹司法參軍事 掌鞫獄麗法하고 督盜賊하고 知贓賄沒入이라

〔頭註〕敲는 짤막한 회초리이고, 扑은 매질함이다. 〔通鑑要解〕唐나라 제도에 法曹의 司法과 參軍事는 죄인을 국문하여 법률을 시행하고 도적을 督察하는 것을 관장하고, 贓罪를 지은 죄인의 재산을 몰수하여 관아에 들여오는 일을 맡았다.

6) 〔頭註〕 胡元禮 : 卽索(삭)元禮也니 胡人이라 故稱胡라 見上丙戌年이라

胡元禮는 바로 索元禮이니, 胡人이기 때문에 胡라고 부른 것이다. 앞의 丙戌年 條(686)에 보인다.

○ 九月에 侍御史傅遊藝 帥關中百姓하고 詣闕上表하야 請改國號曰周라하고 賜皇帝姓武氏어늘 太后可之하다 乃御則天樓하야 赦天下하고 以唐爲周[1]하야 改元하고 上尊號曰聖神皇帝라하고 以豫王旦爲皇嗣하야 賜姓武氏하고 立武氏七廟于神都[2]하고 以傅遊藝로 爲左玉鈴衛大將軍하다 遊藝期年之中에 歷衣靑綠朱紫[3]하니 時人이 謂之四時仕宦이라하니라

9월에 侍御史 傅遊藝가 關中의 백성을 거느리고 대궐에 나아가 表文을 올려 국호를 周라 고치고 황제(睿宗)에게 武氏姓을 하사할 것을 청하자 太后가 이를 허락하였다. 武后가 마침내 則天樓에 나아가 천하에 사면령을 내리고 唐나라를 고쳐 周나라라 하여 天授로 改元하고 자신의 尊號를 올려 聖神皇帝라 하였으며, 豫王 李旦을 皇嗣로 삼아 武氏姓을 하사하고 武氏의 조상을 모시는 七廟를 神都에 세우고, 傅遊藝를 左玉鈴衛大將軍으로 삼았다. 傅遊藝가 1년 동안에 크게 등용되어 청색·녹색·붉은색·자주색의 관복을 두루 입으

니, 당시 사람들이 이를 일러 四時仕宦이라 하였다.

1) 〔譯註〕以唐爲周 : ≪新唐書≫에 "武氏는 姬氏에서 나왔다. 周나라 平王의 어린 아들이 태어났을 때에 손에 武라는 손금이 있어 마침내 武로 氏를 삼았다.〔武氏 出自姬姓 周平王少子生 而有文在手曰武 遂以爲氏〕"라는 내용이 보이는 바, 則天 武后가 국호를 周라 한 것은 자신이 周나라 姬氏의 후손임을 자처한 것이다. 그 러므로 則天武后가 武氏의 七廟를 神都에 세울 때에도 周나라 文王을 추존하여 始祖文皇帝라 하고, 文王의 妃인 姒氏를 文定皇后로, 平王의 少子 武를 睿祖康 皇帝로 추존하였다. 또 高宗 때(656) 자신의 아버지인 武士彠에게 周國公의 관 작을 추증하였다.

2) 〔頭註〕神都 : 則天이 甲申年에 改東都爲神都라
   則天武后가 갑신년(684)에 東都(洛陽)를 고쳐 神都라 하였다.

3) 〔譯註〕歷衣靑綠朱紫 : 唐나라 제도에 文武官 3품 이상은 자주색, 4품은 짙은 홍 색, 5품은 옅은 홍색, 6품은 짙은 녹색, 7품은 옅은 녹색, 8품은 짙은 청색, 9품 은 옅은 청색 관복을 입었다. 여기에서 청색·녹색·붉은색·자주색의 관복을 두루 입었다는 것은 8·9품으로부터 3품에까지 이르렀음을 이른다.

〔新增〕胡氏曰 君子有言호되 臣居尊位는 羿, 莽이 是也니 猶可言也어니와 婦 居尊位는 武氏 是也니 非常之變이라 不可言也[1]라 蓋興廢는 常理也요 陰居尊 位는 非常之變故也라하니라 呂氏는 爲而未成하고 武氏는 遂革唐命이라 然傳 記以來로 三千年間에 纔一人耳로되 亦不及終其身而復하니 後世或有欲爲是者 는 豈無其漸이리오 仁人義士監於高宗하야 必逆有以處之矣리라

　胡氏가 말하였다.

　"君子(程頤)가 말씀하기를 '신하가 尊位(제왕의 지위)에 거함은 后羿와 王 莽이 이 경우이니 그래도 말할 수 있으나, 婦人이 尊位에 있는 것은 女媧氏 와 武氏(則天武后)가 이 경우이니, 이는 非常한 변고여서 말할 수 없다. 흥 하고 폐함은 떳떳한 이치이고, 陰이 尊位에 거함은 비상한 변고이다.' 하였 다. 呂氏(呂后)는 이를 행하였으나 이루지 못하였고 武氏는 마침내 唐나라의 命을 바꾸었다. 그러나 傳記가 있은 이래로 3천 년 동안 겨우 한 사람뿐이었 는데, 또한 자기 몸을 마치기도 전에 다시 원래대로 돌아갔으니, 후세에 혹

이런 일을 하고자 하는 자가 있으면 어찌 그 조짐이 없겠는가. 仁人과 義士들은 高宗을 鑑戒로 삼아서 반드시 미리 대처함이 있어야 할 것이다."

1) 〔頭註〕臣居尊位……不可言也 : 以上은 易坤六五爻의 程傳說也라
   이상은 ≪周易≫ 坤卦 六五爻辭에 대한 ≪程傳≫의 내용이다.

【辛卯】八年이라 〈周武氏天授二年〉

嗣聖 8년(신묘 691) – 周나라 武氏 天授 2년 –

春正月에 帝在房州하다

봄 정월에 황제가 房州에 있었다.

○ 或告[1]文昌[2]右丞周興이 與丘神勣으로 通謀라하야늘 太后命來俊臣하야 鞫之하다 俊臣이 與興으로 方推事對食할새 謂興曰 囚多不承하니 當爲何法고 興曰 此甚易爾니 取大甕하야 以炭으로 四周炙(자)之하고 令囚入中이면 何事不承이리오 俊臣이 乃索大甕하야 火圍如興法하고 因起謂興曰 有內狀推兄하니 請兄入此甕하라한대 興이 惶恐하야 叩頭服罪하니 法當死라 太后原之[3]하고 二月에 流興嶺南이러니 在道에 爲仇家所殺하다 興이 與索元禮, 來俊臣으로 競爲暴刻하니 興, 元禮所殺이 各數千人이요 俊臣所破千餘家라 元禮殘酷尤甚하니 太后亦殺之하야 以慰人望하다

혹자가 文昌右丞 周興이 丘神勣과 함께 모반했다고 고하자, 太后가 來俊臣에게 명하여 국문하게 하였다. 來俊臣이 周興과 함께 안건을 심리하다가 마주앉아 밥을 먹을 적에 周興에게 말하기를 "죄수들 중에 승복하지 않는 자가 많으니, 마땅히 무슨 방법을 써야 합니까?" 하니, 周興이 대답하기를 "이는 매우 간단하다. 큰 독을 가져다가 숯불을 사방 둘레에 피워놓고 죄수로 하여금 그 속으로 들어가게 하면 무슨 일인들 자복하지 않겠는가." 하였다.

來俊臣은 마침내 큰 독을 구해다가 周興이 말한 방법대로 사방 둘레에 불

을 피워놓고, 인하여 일어나서 周興에게 말하기를 "조정 안에 訴訟狀이 있어 형을 추국하라고 요구하니, 형께서는 이 독 속으로 들어가시오." 하였다. 周興이 두려워하여 머리를 찧으며 죄를 자복하니, 형법상 사형에 해당하였다. 태후가 그를 용서하고 2월에 周興을 嶺南으로 유배 보냈는데, 도중에 원수의 집안에게 살해당하였다.

周興이 索元禮·來俊臣과 함께 다투어 잔혹하고 각박한 짓을 하니, 周興과 索元禮가 죽인 자가 각각 수천 명이었고 來俊臣이 패망하게 한 집안이 천여 가호였다. 索元禮가 잔혹함이 더욱 심하니, 태후가 그를 죽여 사람들의 마음을 위로하였다.

1) 〔頭註〕或告 : 金吾大將軍丘神勣이 以罪誅라
   혹자가 고발한 것은 金吾大將軍 丘神勣이 모반죄로 주벌되었기 때문이다.

2) 〔頭註〕文昌 : 太后改尙書省爲文昌臺라
   太后가 光宅 원년(684)에 尙書省을 文昌臺로 고쳤다.

3) 〔頭註〕原之 : 赦罪曰原이라
   죄를 사면해주는 것을 原이라 한다.

【壬辰】九年이라〈周武氏長壽元年〉

嗣聖 9년(임진 692) - 周나라 武氏 長壽 元年 -

春正月에 帝在房州하다

봄 정월에 황제가 房州에 있었다.

○ 太后引見存撫使[1]所擧人하야 無問賢愚하고 悉加擢用할새 高者는 試鳳閣舍人, 給事中하고 次는 試員外郎, 侍御史, 補闕, 拾遺, 校書郎하니 試官[2]이 自此始라 時人[3]이 爲之語曰 補闕連車載요 拾遺平斗量이요 欋槌(구추)[4]侍御史요 盌(완)脫[5]校書郎이라하더라 有擧人沈全交[6]續之曰 <상>(糊)心[7]存撫使요 睞(미)目[8]聖神皇이라하더라

太后가 存撫使(各地를 按撫하러 보낸 사신)가 천거한 자들을 인견해서 어질고 어리석음을 따지지 않고 모두 발탁하여 등용하였는데, 높은 자는 鳳閣舍人과 給事中에 試用하고 그 다음은 員外郎·侍御史·補闕·拾遺·校書郎에 시용하니, 관원을 시용하는 제도가 이로부터 시작되었다. 당시 사람이 말하기를 "補闕은 하도 많아서 수레 몇 대에 실어도 되고 拾遺는 말[斗]로 헤아릴 정도이며, 侍御史는 갈퀴로 긁어모을 수 있고 校書郎은 틀에서 똑같이 찍어낸 사발과 같다." 하였다. 擧人 沈全交가 뒤를 이어 이르기를 "풀을 바르듯 모호한 것은 存撫使요, 눈에 티가 들어간 듯 어두운 것은 聖神皇(則天武后)이다." 하였다.

1) 〔譯註〕 存撫使 : 태후는 天授 원년(690) 9월에 存撫使를 10道에 파견하여 천하를 순찰하게 하였다.

2) 〔頭註〕 試官 : 試者는 未爲正命이라
試는 아직 정식으로 임명받지 않은 것이다.

3) 〔譯註〕 時人 : ≪太平廣記≫에는 이 말을 張鷟(작)이 한 것이라고 하였다.

4) 〔釋義〕 欋槌 : 齊, 魯謂四齒把(把)爲欋라 〔通鑑要解〕 言授官之泛이 如用把推聚之多라
〔釋義〕 齊와 魯 지방에서는 발이 네 개인 쇠스랑을 欋라 한다. 〔通鑑要解〕 관직을 많이 제수한 것이 마치 갈퀴(쇠스랑)로 물건을 긁어모으듯이 많음을 말한다.

5) 〔釋義〕 盌脱 : 盌은 通作椀하니 小盂也요 脱者는 椀之形模라 〔通鑑要解〕 言官不得人이 如模脱盌盂하야 箇箇相似也라
〔釋義〕 盌은 椀(완)으로 쓰니 작은 사발이고, 脱은 사발의 모형이다. 〔通鑑要解〕 관직에 사람을 제대로 얻지 못한 것이 마치 모형에서 찍어낸 사발이나 잔과 같아 낱낱이 모두 비슷함을 이른다.

6) 〔譯註〕 沈全交 : 당나라의 詩人인 沈佺期의 아우로, ≪太平廣記≫에 "疑獄을 관장하는 評事는 법률을 읽지 않고 博士는 문장을 찾지 않으며, 풀을 바르듯 모호한 것은 存撫使요, 눈에 티가 들어간 듯 어두운 것은 聖神皇이다.〔評事不讀律 博士不尋章 麵糊存撫使 眯目聖神皇〕"라고 한 내용이 보인다.

7) 〔通鑑要解〕 麵心 : 麵는 與糊同이니 粘也라
麵는 糊와 같으니, 모호한 것이다.

8) 〔釋義〕 眯目 : 眯는 物入目中也니 莊子에 簸糠眯目이라하니라

眯는 티가 눈에 들어간 것이니, ≪莊子≫〈天運〉에 "쌀겨를 까부르다가 티가 눈
에 들어갔다." 하였다.

○ 太后自垂拱[1])以來로 任用酷吏하야 先誅唐宗室貴戚數百人하고 次及大
臣數百家하고 其刺史郞將以下는 不可勝數라 每除一官에 戸婢[2])竊相謂曰
鬼朴[3])又來矣라하면 不旬月에 輒遭掩捕族誅러라 監察御史嚴善思는 公直敢
言이라 時에 告密者 不可勝數[4])하니 太后亦厭其煩하야 命善思按問한대 引虛
伏罪者 八百五十餘人이라 羅織[5])之黨이 爲之不振이러라

太后는 垂拱 이래로 잔혹한 관리를 임용하여 먼저 당나라 종실과 貴戚 수
백 명을 주살하고 다음은 대신들 수백 집안에 미쳤으며, 刺史와 郞將 이하는
이루 다 셀 수가 없었다. 매번 한 관원을 제수할 때마다 宮門을 지키는 시녀
들이 몰래 서로 말하기를 "귀신 될 탈이 또 온다." 하면 열흘에서 한 달이 못
되어 번번이 은밀하게 체포되고 삼족이 죽임을 당하였다.

監察御史 嚴善思는 공정하고 정직하여 간언을 하는 데 과감하였다. 당시에
告密하는 자들이 이루 다 셀 수 없을 정도로 많자, 太后 또한 번거로움을 싫
어하여 嚴善思로 하여금 조사해서 심문하게 하였는데, 告密이 사실이 아닌데
허위로 죄를 자복한 자가 850여 명이었다. 없는 죄를 꾸며 만드는 무리가
이 때문에 떨치지 못하게 되었다.

1)〔譯註〕垂拱 : 則天武后의 연호이다.
2)〔頭註〕戸婢 : 宮婢之直宮中之門戸者라
　　戸婢는 궁궐의 시녀 중에서 궁중의 門戸를 담당한 자이다.
3)〔釋義〕鬼朴 : 鬼朴은 言其身必見誅하여 死爲鬼也라〔通鑑要解〕朴은 與樸通하
　　니 土曰坯요 木曰樸이라 猶言爲鬼之材也라
　　〔釋義〕鬼朴은 그 몸이 반드시 죽임을 당하여 죽어서 귀신이 될 것임을 말한다.
　　〔通鑑要解〕朴은 樸과 통하니, 흙으로 된 것을 坯라 하고 나무로 된 것을 樸이라
　　한다. 귀신이 될 틀(탈)이라고 말하는 것과 같다.
4)〔釋義〕告密者 不可勝數 : 告密者는 以天下秘密事로 上告也니 如今告訐之類라
　　告密이란 천하의 비밀스러운 일을 윗사람에게 고하는 것이니, 지금의 고자질하

는 것과 같은 따위이다.

5) 〔頭註〕羅織 : 網羅無辜하야 織成反狀이라

　　羅織은 무고한 사람을 그물로 얽어서 모반의 형상을 꾸며 만든 것이다.

【癸巳】十年이라〈周武氏長壽二年〉

嗣聖 10년(계사 693) - 周나라 武氏 長壽 2년 -

春正月에 帝在房州하다

봄 정월에 황제가 房州에 있었다.

○ 以婁師德으로 同平章事하니 師德이 寬厚淸愼하고 犯而不校러라 其弟除代州刺史하야 將行할새 師德이 謂曰 吾備位宰相이어늘 汝復爲州牧하니 榮寵이 過盛이라 人所嫉也니 將何以自免고 弟長跪曰 自今으로 雖有人唾某面이라도 某拭之而已하야 庶不爲兄憂하리이다 師德이 愀(초)然1)曰 此所以爲吾憂也로라 人唾汝面은 怒汝也라 汝拭之면 乃逆其意니 所以重其怒라 夫唾는 不拭自乾이니 當笑而受之니라

　婁師德을 同平章事로 삼으니, 婁師德은 성품이 관후하고 청렴하고 근신하며 남이 잘못을 범해도 따지지 않았다. 그 아우가 代州刺史에 제수되어 장차 길을 떠나려 할 적에 婁師德이 이르기를 "내가 宰相 자리를 차지하고 있는데 네가 다시 州의 牧伯이 되었으니, 영화와 은총이 너무 성하다. 이는 사람들이 미워하는 바이니 장차 어떻게 하여 스스로 화를 면하겠는가." 하니, 아우가 무릎을 꿇고 말하기를 "지금부터는 제 얼굴에 침을 뱉는 사람이 있다 해도 저는 닦아낼 뿐이어서 형님에게 근심을 끼치지 않으려 합니다." 하였다. 婁師德이 서글프게 말하기를 "이것이 내가 근심하는 바이다. 사람들이 네 얼굴에 침을 뱉는 것은 너를 노여워하기 때문이다. 네가 그것을 닦는다면 마침내 그 뜻을 거스르는 것이니, 그 노여움을 가중시키는 것이다. 침은 닦지 않아도 저절로 마르는 법이니, 마땅히 웃고 받아들여야 한다." 하였다.

1) 〔釋義〕 愀然 : 愀는 容色變也라

　　愀는 얼굴빛이 변하는 것이다.

○ 有告皇嗣潛有異謀者어늘 太后命來俊臣하야 鞫其左右하니 太常工人安金藏이 大呼謂俊臣曰 公이 旣不信金藏之言하니 請剖心하야 以明皇嗣不反이라하고 卽引佩刀하야 自剖其胸하니 五臟이 皆出하야 流血被地[1]라 太后聞之하고 卽命俊臣停推하니 睿宗이 由是得免하다

　　皇太子가 은밀히 이상한 모의(모반)를 한다고 고하는 자가 있자, 太后가 來俊臣에게 명하여 황태자의 측근들을 국문하게 하니, 太常工人 安金藏이 큰 소리로 來俊臣에게 이르기를 "公이 저의 말을 믿지 않으니, 원컨대 심장을 도려내어 태자가 모반하지 않았음을 밝히겠습니다." 하고는 즉시 차고 있던 칼을 꺼내어 가슴을 가르니, 五臟이 모두 튀어나와 피가 땅을 뒤덮었다. 太后가 이 말을 듣고는 즉시 來俊臣에게 명하여 추국을 정지하게 하니, 睿宗이 이 때문에 화를 면할 수 있었다.

1) 〔通鑑要解〕 流血被地 : 太后聞之하고 令輿入宮中하야 使醫納五臟하고 以桑皮線縫之하고 傅以藥하니 經宿始蘇라 太后親臨視之하고 歎曰 吾有子不能自明하야 使汝至此로다

　　太后가 이 말을 듣고 그를 수레에 태워 궁중으로 들어오게 해서 의원으로 하여금 五臟을 다시 집어넣고 뽕나무 껍질로 만든 실로 봉합하고 그 위에 약을 붙이게 하니, 하룻밤이 지난 뒤에야 비로소 깨어났다. 태후가 직접 가서 보고 탄식하기를 "내 아들이 스스로 무죄를 밝히지 못하여 그대를 이런 지경에까지 이르게 했다." 하였다.

【甲午】 十一年이라 〈周武氏延載元年〉

嗣聖 11년(갑오 694) - 周나라 武氏 延載 元年 -

春正月에 帝在房州하다

봄 정월에 황제가 房州에 있었다.

○ 九月에 太后出梨花一枝하야 以示宰相하니 宰相이 以爲瑞어늘 杜景儉獨曰 今草木黃落이어늘 而此更發榮하니 陰陽不時니 咎在臣等이라하고 因拜謝한대 太后曰 卿이 眞宰相也로다

9월에 太后가 배꽃 한 가지를 꺼내어 재상들에게 보이니, 재상들이 모두 상서라고 하였으나 杜景儉이 홀로 아뢰기를 "지금은 초목들이 누렇게 시들어 낙엽이 질 때인데 배꽃이 다시 피었습니다. 이는 陰陽이 때에 맞지 않는 것이니, 허물이 신들에게 있습니다." 하고, 인하여 절하고 사죄하자, 太后가 말하기를 "卿이야말로 진정한 재상이다." 하였다.

〔新增〕 胡氏曰 卉(훼)木有小華於秋冬之交者는 非瑞也요 亦非異也라 杜景儉이 失之矣니 必以梨不應花而花로 爲陰陽失時인댄 孰與婦人不應帝而帝之 爲天地易位乎아 幸能正言이나 曷若盡言이리오 而淺言之하야 姑以盜世俗之小名하니 何足稱也리오

胡氏가 말하였다.

"가을과 겨울이 바뀔 적에 초목에 작은 꽃이 피는 것은 상서가 아니요 또한 괴이한 것도 아니다. 杜景儉이 잘못하였으니, 반드시 배가 꽃이 필 때가 되지 않았는데 꽃이 핀 것을 음양이 제때에 맞지 않는 것이라고 말할진댄 어찌 婦人이 皇帝가 되어서는 안 되는데 皇帝가 된 것이 天地가 자리를 바꾼 것이라고 말하는 것만 하겠는가. 다행히 바른말을 하였으나 어찌 간언을 극진하게 하는 것만 하겠는가. 간략하게 말하여 우선 세속의 작은 명예를 도둑질하였으니, 어찌 칭찬할 만하겠는가."

【丙申】 十三年이라 〈周武氏萬歲通天元年〉

嗣聖 13년(병신 696) - 周나라 武氏 萬歲通天 元年 -

春正月에 帝在房州하다

　봄 정월에 황제가 房州에 있었다.

○ 太后思徐有功用法平하야 擢拜左臺殿中侍御史하니 遠近聞者 無不相賀라

　太后가 徐有功이 법을 공평하게 적용한 것을 생각하여 그를 발탁해서 左臺殿中侍御史에 임명하니, 원근에서 소식을 들은 자들이 서로 축하하지 않는 이가 없었다.

【丁酉】十四年이라 〈周武氏神功元年〉

　嗣聖 14년(정유 697) - 周나라 武氏 神功 元年 -

春正月에 帝在房州하다

　봄 정월에 황제가 房州에 있었다.

○ 來俊臣이 棄市하니 仇家爭噉其肉하야 斯須而盡이라 太后知天下惡(오)之하고 乃下制[1]하야 數其罪惡하고 且曰 宜加赤族之誅[2]하야 以雪蒼生之憤이라하니 士民이 皆相賀於路曰 自今으로 眠者背始帖(첩)[3]席矣라하니라

　來俊臣이 棄市刑에 처해지니, 원수의 집안들이 다투어 그 살을 먹어 삽시간에 다 없어졌다. 太后가 천하 사람들이 그를 미워함을 알고 마침내 조서를 내려 그의 죄악을 열거하고, 또 말하기를 “마땅히 종족을 모두 죽이는 주벌을 가하여 蒼生들의 분한 마음을 풀어주어야 한다.” 하니, 선비와 백성들이 모두 서로 길에서 축하하며 말하기를 “지금부터는 잠을 잘 때 비로소 등을 자리에 붙이고 편안히 잘 수 있겠다.” 하였다.

1) 〔通鑑要解〕下制 : 避太后名照(曌)라 故로 詔稱制라
　태후의 이름인 照(曌)를 피휘하기 때문에 詔를 制라 칭한 것이다.

2) 〔頭註〕赤族之誅 : 見誅殺者 必流血이라 故로 云赤族이라

　　주살을 당한 자는 반드시 피를 흘리기 때문에 赤族이라 이른 것이다.

3) 〔釋義〕帖 : 帖은 安也라

　　帖은 편안함이다.

【戊戌】十五年이라〈周武氏聖曆元年〉

嗣聖 15년(무술 698) - 周나라 武氏 聖曆 元年 -

春三月에 帝還東都하다

봄 3월에 황제가 東都로 돌아왔다.

○ 武承嗣, 三思[1] 營求爲太子하니 太后意未決이라 狄仁傑이 每從容言於太后曰 文皇帝[2] 櫛風沐雨하시고 親冒鋒鏑[3]하사 以定天下하야 傳之子孫하시고 大帝以二子托陛下[4]어시늘 今乃欲移之他族하시니 無乃非天意乎잇가 且姑姪之與母子孰親이닛고 陛下立子면 則千秋萬歲後에 配食太廟하야 承繼無窮이요 立姪이면 則未聞姪爲天子[5]而祔姑於廟[6]者也니이다 又勸太后하야 召還廬陵王하니 太后意稍寤라 由是로 遣徐彦伯하야 召廬陵王詣行在하고 九月에 立廬陵王爲皇太子하다

　武承嗣와 武三思가 태자가 되기를 구하니, 태후가 뜻을 결정하지 못하였다. 狄仁傑이 매번 태후에게 조용히 말하기를 "太宗 文皇帝께서 비바람을 피하지 않고 몸소 적의 칼날과 화살을 무릅쓰고서 천하를 평정하여 자손에게 물려주셨습니다. 大帝(高宗)께서 두 아들을 폐하에게 맡기셨는데, 지금 이 帝位를 다른 집안에 옮겨주고자 하시니, 이는 하늘의 뜻이 아닐 것입니다. 또 姑姪間과 母子間은 어느 쪽이 더 친합니까? 폐하께서 아들을 세우신다면 천추만세 후에 太廟에서 先帝와 함께 제사를 받아 무궁하게 이어갈 것이요, 조카를 세우신다면 조카가 천자가 된 뒤에 고모를 太廟에 祔祭했다는 말을

들어보지 못했습니다." 하였다. 또 太后에게 권하여 盧陵王을 소환하게 하니, 태후의 마음에 차츰 깨닫게 되었다. 이로 말미암아 徐彦伯을 보내서 盧陵王을 불러 行在로 오게 하고, 9월에 盧陵王을 황태자로 삼았다.

1) 〔頭註〕 武承嗣三思 : 承嗣는 元爽之子요 三思는 元慶之子니 元爽, 元慶은 皆武后之兄이라

  武承嗣는 武元爽의 아들이고 武三思는 武元慶의 아들이니, 武元爽과 武元慶은 모두 武后의 오라비이다.

2) 〔頭註〕 文皇帝 : 太宗諡라

  文皇帝는 太宗의 시호이다.

3) 〔原註〕 鋒鏑 : 鏑은 箭鏃(족)也라

  鏑은 화살촉이다.

4) 〔頭註〕 大帝以二子托陛下 : 大帝는 高宗諡요 二子는 中宗, 睿宗이라

  大帝는 高宗의 시호이고, 두 아들은 中宗과 睿宗이다.

5) 〔通鑑要解〕 姪爲天子 : 太后之於承嗣, 三思에 爲姑姪也요 於中宗, 睿宗에 爲母子라

  태후는 武承嗣·武三思와 고모 조카 사이이고, 中宗·睿宗과는 母子間이다.

6) 〔釋義〕 祔姑於廟 : 祔는 謂合食於廟也라

  祔는 사당에 合祀함을 이른다.

○ 以天官侍郎蘇味道로 爲鳳閣侍郎, 同平章事하다 味道前後在相位數歲에 依阿取容하야 嘗謂人曰 處事를 不欲明白이요 但摸稜(막릉)[1] 持兩端이 可矣라하니 時人이 謂之蘇摸稜이러라

  天官侍郎 蘇味道를 鳳閣侍郎·同平章事로 삼았다. 蘇味道가 전후에 걸쳐 재상의 자리에 있는 몇 년 동안에 사람들의 뜻을 따라 아첨하고 용납됨을 취해서 일찍이 사람들에게 이르기를 "일을 처리할 때에는 입장을 명백히 하려 들지 말고, 다만 애매모호하게 양쪽 입장을 다 견지하는 것이 좋다."라고 하니, 당시 사람들이 그를 일러 蘇摸稜이라 하였다.

1) 〔釋義〕 摸稜 : 摸稜은 摸(據)〔揉〕捫捫也라 四方木을 摸之에 可左可右라 僉載曰 味道爲相에 或問其燮和*)之道한대 無答이요 但以手摸床稜이라하니라 〔頭註〕 摸

은 音莫이니 手持也라

〔釋義〕摸稜은 만지고 더듬는 것이다. 네모진 나무를 만질 때에 왼쪽을 만질 수
도 있고 오른쪽을 만질 수도 있다. ≪朝野僉載≫에 이르기를 "蘇味道가 재상이
되었을 때에 혹자가 陰陽을 조화시킬 방법을 묻자, 蘇味道가 대답하지 않고 다만
손으로 床의 모서리만 만졌다." 하였다. 〔頭註〕摸은 음이 막이니, 손으로 잡는
것이다.

*) 燮和 : 陰陽이나 정치 따위를 잘 조화시켜 다스리는 것으로, 재상의 직분을 이르
는 말이다.

【己亥】十六年이라 〈周武氏聖曆二年〉

嗣聖 16년(기해 699) - 周나라 武氏 聖曆 2년 -

春正月에 帝在東宮하다

봄 정월에 황제가 東宮에 있었다.

○ 婁師德이 薨하다 師德이 性沈厚寬恕라 狄仁傑之入相也는 師德實薦之로되
而仁傑不知하고 意頗輕師德하야 數(삭)擠[1]之於外러니 太后覺之하고 嘗問仁
傑曰 師德이 知人乎아 對曰 臣嘗同僚로되 未聞其知人也니이다 太后曰 朕之
知卿은 乃師德所薦也니 亦可謂知人矣로다 仁傑旣出에 歎曰 婁公盛德에 我
爲其所包容이 久矣니 吾不得窺其際也라하더라 是時에 羅織紛紜호되 師德이 久
爲將相하야 獨能以功名終하니 人以是重之러라

婁師德이 별세하였다. 婁師德은 성품이 침착하고 후중하고 너그러우며 남
을 잘 이해하였다. 狄仁傑이 들어가 재상이 된 것은 실로 婁師德이 천거하였
기 때문이었으나 狄仁傑은 이를 알지 못하고 마음속으로 자못 婁師德을 경시
하여 자주 그를 밖에서 배척하였다.

太后가 이것을 깨닫고 일찍이 狄仁傑에게 묻기를 "婁師德은 인물을 잘 알
아보는가?" 하니, 狄仁傑이 대답하기를 "신이 일찍이 그와 동료가 되었으나

그가 사람을 잘 알아본다는 말은 듣지 못하였습니다." 하였다. 太后가 이르기를 "朕이 卿을 안 것은 바로 婁師德이 천거해서이니, 또한 인물을 알아본다고 이를 만하다." 하였다. 狄仁傑이 대궐에서 나온 뒤에 탄식하기를 "婁公의 盛德에 내가 포용받은 지가 오래이니, 나는 그 마음의 끝을 엿볼 수 없다." 하였다. 이 당시 없는 죄를 꾸며 사람을 해치는 일이 분분하였으나 婁師德이 오랫동안 將相이 되어 홀로 功名으로 끝을 마치니, 이 때문에 사람들이 그를 소중히 여겼다.

1) 〔釋義〕擠 : 排也라
    擠는 배척함이다.

【庚子】十七年이라 〈周武氏久視元年〉

嗣聖 17년(경자 700) - 周나라 武氏 久視 元年 -

春正月에 帝在東宮하다

봄 정월에 황제가 東宮에 있었다.

○ 太后信重梁文惠公[1] 狄仁傑하니 群臣이 莫能及이라 常謂之國老[2]而不名이러라 仁傑이 好面引廷爭[3]하니 太后每屈意從之러라 太后嘗問仁傑호되 朕欲得一佳士하야 用之하노니 誰可者오 仁傑曰 未審陛下欲何所用之니이다 太后曰 欲用爲將相이로라 仁傑對曰 文學醞藉[4]則蘇味道, 李嶠固其選矣오 必欲取卓犖(락)[5]奇材인댄 則有荊州長史張柬之하니 其人雖老나 宰相材也니이다 太后擢柬之하야 爲洛州司馬[6]하다 數日에 又問仁傑한대 對曰 前薦柬之러니 尙未用也시니이다 太后曰 已遷矣로라 對曰 臣所薦者는 宰相이요 非司馬也니이다 乃遷秋官侍郎[7]이러니 久之에 卒用爲相하니라 仁傑이 又嘗薦夏官侍郎姚元崇과 監察御史桓彦範과 太州刺史敬暉等數十人이러니 率爲名臣하다 或謂仁傑曰 天下桃李[8] 悉在公門矣로다 仁傑曰 薦賢은 爲國이요 非爲私也니라

太后가 梁文惠公 狄仁傑을 신임하고 소중히 여기니, 여러 신하 중에 그에게 미칠 수 있는 자가 없었다. 태후가 항상 그를 國老라 칭하고 이름을 부르지 않았다. 狄仁傑이 조정에서 대면하여 직언하고 간쟁하기를 좋아하니, 태후가 매번 뜻을 굽혀 그의 의견을 따랐다. 태후가 일찍이 狄仁傑에게 묻기를 "朕이 한 걸출한 선비를 얻어 등용하고자 하니 누가 좋겠는가?" 하니, 狄仁傑이 대답하기를 "폐하께서 어디에 쓰려고 하시는지 잘 모르겠습니다." 하였다. 태후가 말하기를 "등용하여 將相으로 삼고자 한다." 하니, 狄仁傑이 대답하기를 "찾으시는 선비가 文學이 높고 醞藉한(아량있고 점잖은) 사람이라면 蘇味道와 李嶠가 진실로 선발에 적합하고, 반드시 탁월하고 출중한 기이한 재목을 취하고자 한다면 荊州長史 張柬之가 있으니, 그 사람이 비록 늙었으나 재상의 재목입니다." 하였다. 태후가 張柬之를 발탁하여 洛州의 司馬로 삼았다.

며칠 뒤에 또다시 狄仁傑에게 인재를 천거할 것을 요구하자, 狄仁傑이 대답하기를 "전에 張柬之를 천거하였는데 아직도 등용하지 않으셨습니다." 하니, 태후가 말하기를 "내 이미 뽑아 등용하였노라." 하였다. 狄仁傑이 말하기를 "신이 천거한 것은 宰相의 재목이지 司馬의 재목이 아니었습니다." 하니, 마침내 張柬之를 옮겨 秋官(刑部) 侍郎으로 삼았고, 오랜 뒤에 마침내 등용하여 정승으로 삼았다.

狄仁傑이 또 일찍이 夏官(兵部) 侍郎 姚元崇, 監察御史 桓彦範, 太州刺史 敬暉 등 수십 명을 천거하였는데, 대부분 유명한 신하가 되었다. 혹자가 狄仁傑에게 말하기를 "천하의 복숭아와 오얏이 모두 공의 문하에 있다." 하니, 狄仁傑이 대답하기를 "현자를 천거함은 나라를 위한 것이지 내 개인의 사사로움을 위한 것이 아니다." 하였다.

1) 〔頭註〕梁文惠公 : 中宗卽位하야 封梁國公^{*)}하고 諡曰文惠하니라
   中宗이 즉위하여 狄仁傑을 梁國公에 봉하였고 시호를 文惠라 하였다.
*) 封梁國公 : 狄仁傑은 생전에 燕國公에 봉해지고, 사후에 梁國公에 追封되었다.
2) 〔通鑑要解〕國老^{*)} : 仁傑이 屢以老疾乞骸로되 不許하고 每見에 而太后常止其拜
   曰 每見公拜면 亦身痛이라하더니 及薨하야 太后泣曰 朝堂空矣라하다 自是로 朝
   廷有大事에 衆或不決이어든 太后輒歎曰 天奪吾國老를 何太早耶아하니라

狄仁傑이 자주 노쇠함과 질병을 이유로 벼슬을 내놓고 물러갈 것을 청하였으나 태후가 허락하지 않았고, 狄仁傑이 매번 뵈올 때마다 태후는 항상 그가 절하는 것을 만류하며 말하기를 "매번 공이 절하는 것을 보면 내 몸이 아프다." 하였다. 狄仁傑이 별세하자, 태후가 눈물을 흘리면서 말하기를 "조정이 텅 빈 것 같다." 하였다. 이로부터 조정에 큰 일이 있을 때 사람들이 혹 결정을 내리지 못하면 태후는 그때마다 탄식하기를 "하늘이 우리 國老를 빼앗아감이 어찌 그리도 빠르단 말인가." 하였다.

＊） 國老 : 본래는 연로하여 사직하고 물러나는 卿・大夫・士를 가리키나 여기에서는 덕이 높고 명망이 중한 늙은 신하에 대한 敬稱으로 쓰였다.

3）〔釋義〕 廷爭 : 謂當朝廷而諫爭이라
　　廷爭은 조정에서 간쟁함을 이른다.

4）〔頭註〕 醞藉 : 漢書注에 如醞釀有薦藉也라하고 綱目에 醞作縕하고 注에 縕은 蓋藉積也라 有雅量之稱이니 猶言度量寬博也라
　　醞藉는 ≪漢書≫ 注에 "술을 빚을 때 짚자리를 까는 것과 같다." 하였다. ≪資治通鑑綱目≫에는 醞이 縕으로 되어 있고, 그 注에 "縕은 쌓아두는 것이다. 아량이 있음을 일컫는 말이니, 도량이 넓다고 말하는 것과 같다." 하였다.

5）〔釋義〕 卓犖 : 卓犖은 有材辨也라
　　卓犖은 재주와 분별력이 있는 것이다.

6）〔譯註〕 洛州司馬 : 司馬는 일반적으로 長史보다 품계가 낮으나 京畿 司馬는 다른 州의 長史보다 품급이 높다. 洛州는 神都(洛陽)가 있는 곳이어서 司馬가 從四品下이고 荊州長史는 從五品上이었다.

7）〔譯註〕 秋官侍郎 : 刑部侍郎으로 正四品下이다.

8）〔附註〕 桃李 : 趙簡子謂陽虎曰 惟賢者爲能(推)〔報〕恩이요 不肖者는 不能矣라 夫植桃李者는 夏得休息하고 秋得其食하며 植蒺藜(질려)者는 夏不得休息하고 秋得其刺焉하나니 今子之所(得)〔植〕者는 蒺藜也라하니 後世에 通以所薦士爲桃李者는 本此라 一說에 喩有名實之人이라
　　趙簡子가 陽虎에게 이르기를 "오직 현자만이 은혜에 보답할 수 있고, 불초한 자는 보답하지 못한다. 복숭아와 오얏나무를 심은 자는 여름에는 그늘에서 휴식할 수 있고 가을에는 그 열매를 먹을 수 있지만, 蒺藜(납가새)를 심은 자는 여름에도 휴식하지 못하고 가을에도 그 가시만을 얻는 법이다. 그런데 지금 자네가 심은 것은 蒺藜이다." 하니, 후세에 통상적으로 천거된 선비를 桃李라고 칭하는 것

은 여기에서 근원하였다. 一說에 "명분과 실상이 있는 사람을 비유한다." 하였다.

【辛丑】十八年이라〈周武氏長安元年〉

嗣聖 18년(신축 701) - 周나라 武氏 長安 元年 -

春正月에 帝在東宮하다

봄 정월에 황제가 東宮에 있었다.

○ 武邑人蘇安恒이 上疏曰 陛下欽先聖之顧託하시고 受嗣子之推(퇴)讓하사 敬天順人이 二十年矣라 今太子孝敬是崇하고 春秋旣壯[1]하니 若使統臨宸極이시면 何異陛下之身이리잇고 陛下何不禪位東宮하시고 自怡聖體시니잇고 書奏에 太后慰諭而遣之하다

武邑 사람 蘇安恒이 상소하여 아뢰기를 "폐하께서 先帝(高宗)의 顧命을 공경히 받들고 嗣子(李顯)의 사양을 받아 하늘의 뜻을 공경하고 사람의 마음을 따라 제위에 오르신 지 20년이 되었습니다. 이제 태자가 효도하고 공경함을 높이고 춘추가 이미 成年이 되었으니, 만약 태자로 하여금 宸極(帝位)에 임하여 정사를 맡게 하신다면 폐하가 직접 나라를 다스리는 것과 무엇이 다르겠습니까. 폐하께서는 어찌하여 동궁에게 帝位를 물려주시고 스스로 聖體를 편안히 하지 않으십니까." 하였다. 상소를 올리자 태후가 위로하고 타일러 보냈다.

1) 〔譯註〕春秋旣壯 : 남자 나이 30을 '壯'이라고 하니, 곧 壯年이다. 후에는 成年을 가리키는 말로 널리 쓰인다. 《禮記》〈曲禮 上〉에 "사람이 태어나 10세 된 자를 幼라 하니, 학업을 익힌다. 20세 된 자를 弱이라 하니, 冠禮를 한다. 30세 된 자를 壯이라 하니, 아내를 둔다.〔人生十年曰幼學 二十曰弱冠 三十曰壯有室〕"라고 보인다.

【壬寅】十九年이라〈周武氏長安二年〉

嗣聖 19년(임인 702) - 周나라 武氏 長安 2년 -

春正月에 帝在東宮하다

봄 정월에 황제가 東宮에 있었다.

○ 五月에 蘇安恒이 復上疏曰 臣聞天下者는 神堯, 文武[1]之天下也니 陛下雖居正統이나 實因唐氏舊基시니이다 當今에 太子追迴(回)[2]하고 年德이 俱盛이어늘 陛下貪其寶位하야 而忘母子深恩하시니 將何聖顏으로 以見唐家宗廟시며 將何誥命으로 以謁大帝[3]墳陵이시릿고 陛下何故로 日夜積憂하사 不知鍾鳴漏盡[4]이시닛고 臣愚以爲天意人事 還歸李家하니 陛下雖安天位나 殊不知物極則反(返)이요 器滿則傾[5]이시니 臣何惜一朝之命하야 而不安萬乘之國哉잇가 太后亦不之罪러라

5월에 蘇安恒이 다시 상소하여 아뢰기를 "신이 듣건대 천하는 高祖 神皇帝와 太宗 文武皇帝의 천하이니, 폐하께서 비록 정통의 자리에 오르셨으나 실제로는 唐나라의 옛 基業을 인습하신 것입니다. 지금 태자가 부름을 받고 지위를 회복하였고 나이와 덕이 모두 성대한데, 폐하께서 寶位를 탐하여 모자간의 깊은 은혜를 잊으시니, 장차 무슨 면목으로 唐나라의 宗廟를 뵐 수 있겠으며 장차 무슨 誥命으로 大帝(高宗)의 능침을 배알할 수 있겠습니까. 폐하께서는 무슨 연고로 밤낮으로 근심을 쌓아 새벽종이 울리고 물시계가 다하는 줄도 모르십니까. 어리석은 저는 생각건대 하늘의 뜻과 사람의 일이 다시 당나라 李氏 집안으로 돌아왔으니, 폐하께서 비록 천자의 지위에 편안히 계시나 이는 물건이 극에 이르면 돌아오고 그릇이 가득 차면 기울어지는 이치를 끝내 알지 못하신 것입니다. 신이 어찌 신의 목숨을 아까워하여 萬乘의 나라(당나라)를 편안히 하지 않겠습니까." 하였다. 태후가 이번에도 그에게 죄를 내리지 않았다.

1) 〔頭註〕神堯文武[*] : 神堯는 高祖요 文武는 太宗이라

神堯는 高祖이고, 文武는 太宗이다.

*) 神堯文武 : 高宗 上元 원년(674) 8월에 高祖를 추존하여 '神堯皇帝'라 하고, 太
   宗을 추존하여 '文武聖皇帝'라 하였다.

2) 〔通鑑要解〕 太子追迴 : 謂召廬陵王하야 自房陵回하야 復爲太子라
   廬陵王을 불러 房陵에서 돌아오게 하여 다시 태자가 되었음을 이른다.

3) 〔譯註〕 大帝 : 高宗을 가리킨다. 高宗의 시호는 '天皇大帝'이다.

4) 〔譯註〕 鍾鳴漏盡 : 늙고 병들었는데도 벼슬에서 물러날 줄 모르는 사람을 비유한
   말이다. 《三國志》 〈魏志 田豫傳〉에 "70세가 넘었는데도 자리를 차지하고 있는
   것은 비유하자면 늦은 시각을 알리는 종이 울리고 물시계의 물이 다하였는데도
   밤길을 걸어 쉬지 않는 것과 같으니 이는 바로 죄인이다.〔年過七十而居位 譬猶
   鐘鳴漏盡 而夜行不休 是罪人也〕" 하였다.

5) 〔附註〕 器滿則傾 : 孔子觀於周廟하실새 有欹(의)器焉이어늘 使子路로 取水試之
   하니 滿則覆하고 中則正하고 虛則欹라 曰烏有滿而不覆者哉아하시니라
   孔子가 周나라 太廟를 구경할 적에 欹라는 기물이 있었는데, 子路로 하여금 물
   을 가져다가 시험해보게 하니, 그릇이 가득 차면 한쪽으로 엎어지고 중간쯤 차면
   반듯하게 서 있고 그릇이 비면 한쪽으로 기울어졌다. 孔子가 말씀하기를 "어찌
   가득 차고서도 엎어지지 않는 것이 있겠는가." 하였다.

【癸卯】二十年이라 〈周武氏長安三年〉

嗣聖 20년(계묘 703) - 周나라 武氏 長安 3년 -

春正月에 帝在東宮하다

봄 정월에 황제가 東宮에 있었다.

○ 九月에 魏元忠이 爲相하야 嘗面奏호되 臣自先帝以來로 蒙被恩渥이러니 今承
乏[1]宰相에 不能盡忠死節하야 使小人在側[2]하니 臣之罪也니이다 太后不悅하니
由是로 諸張[3]이 深怨之러라 會에 太后不豫어늘 張昌宗이 恐太后一日晏駕[4]면
爲元忠所誅하야 乃譖호되 元忠이 與高戩(전)[5]私議云 太后老矣니 不若挾太
子爲久長[6]이라하니이다 太后怒하야 下元忠, 戩獄하고 將使與昌宗廷辨之러니 昌

宗이 密引鳳閣舍人張說(열)⁷⁾하야 賂以美官하고 使證元忠하니 說이 許之러라 明日에 太后召太子, 相王⁸⁾及諸宰相하야 使元忠으로 與昌宗參對러니 往復不決이어늘 昌宗曰 張說이 聞元忠言하니 請召問之하소서 太后召說한대 說將入할새 宋璟⁹⁾이 謂說曰 名義至重하니 鬼神難欺라 不可黨邪陷正하야 以求苟免이니 若獲罪流竄이라도 其榮多矣요 若事有不測이면 璟當叩閣力爭¹⁰⁾하야 與子同死하리니 努力爲之하라 萬代瞻仰이 在此擧也니라 左史劉知幾曰 無汚靑史하야 爲子孫累하라 及入에 太后問之한대 說이 未對어늘 昌宗이 從傍迫趣(促)說하야 使速言하니 說曰 陛下視之하소서 在陛下前에도 猶逼臣如是어든 況在外乎잇가 臣은 實不聞元忠有是言이요 但昌宗逼臣하야 使誣證之爾니이다 太后曰 張說은 反覆小人이니 宜幷繫治之하라 他日에 更引問하니 說對如前이어늘 遂貶元忠하야 爲高要尉하고 戩, 說은 皆流嶺表하다

9월에 魏元忠이 재상이 되어 일찍이 태후의 면전에서 아뢰기를 "신은 先帝 이래로 깊은 은혜를 입었는데, 지금 재상의 자리를 채우고 있으면서 충성을 다하고 절개에 죽지 못하여 소인을 태후의 곁에 있게 하였으니, 이는 신의 죄입니다." 하니, 태후가 기뻐하지 않았다. 이로 인하여 여러 張氏들이 그를 깊이 원망하였다.

마침 태후가 몸이 편치 않자, 張昌宗이 태후가 어느 날 갑자기 승하하면 魏元忠에게 죽임을 당할까 두려워하여, 마침내 참소하기를 "魏元忠이 高戩과 함께 은밀히 의논하기를 '태후가 늙었으니 태자를 옹립하여 장구한 계책을 세우는 것만 못하다.'고 했습니다." 하였다. 태후가 노하여 魏元忠과 高戩을 하옥시키고 장차 그들로 하여금 張昌宗과 조정에서 사실을 변론하게 하려 하였는데, 張昌宗이 鳳閣舍人 張說을 은밀히 끌어들여 좋은 관직을 주겠다고 매수해서 거짓으로 증언하여 魏元忠을 해치게 하니, 張說이 이를 허락하였다. 다음 날 태후가 태자 및 相王과 여러 재상들을 불러 魏元忠으로 하여금 張昌宗과 대질하게 하였는데, 말이 오고 갔으나 결론이 나지 않자, 張昌宗이 말하기를 "張說이 魏元忠의 말을 들었으니, 청컨대 불러서 물으소서." 하였다.

　　태후가 張說을 불러 張說이 들어가려 할 때에 宋璟이 張說에게 이르기를 "명분과 의리가 지극히 중하니, 귀신을 속이기 어렵다. 간사한 자에게 편당하여 올바른 사람을 모함해서 구차히 화를 면하기를 구해서는 안 된다. 만약 이로 인하여 죄를 얻고 멀리 유배간다 해도 영화가 많을 것이요, 만약 일이 뜻밖에 일어나게 된다면 내가 마땅히 內殿에 나아가 閤門을 두드리고 강력히 간쟁하여 그대와 함께 죽을 것이니, 노력하여 이 일을 하라. 萬古의 사람들에게 우러름을 받는 것이 이번 조처에 달려 있다." 하였다. 左史 劉知幾는 말하기를 "靑史를 더럽혀서 자손의 누가 되지 말라." 하였다.

　　張說이 조정에 들어가자 태후가 물으니, 張說이 대답하기 전에 張昌宗이 곁에서 핍박하여 빨리 말하게 하였다. 張說이 말하기를 "폐하께서 보소서. 폐하 앞에서도 신을 이렇게 핍박하는데 하물며 밖에서야 말할 나위가 있겠습니까. 신은 魏元忠이 이런 말을 하는 것을 듣지 못했고, 다만 張昌宗이 신을 핍박하여 거짓으로 증언하게 하였을 뿐입니다." 하였다. 태후가 말하기를 "張說은 反覆無常한 소인이니 마땅히 함께 구속하여 치죄하라." 하였다. 다른 날에 다시 끌어내어 물었는데, 張說이 전과 똑같이 대답하므로 마침내 魏元忠을 좌천시켜 高要縣의 尉로 삼고 高戩과 張說은 모두 嶺南 밖으로 유배 보냈다.

1)〔譯註〕承乏 : 마땅한 인재가 없어서 재능이 없는 사람이 벼슬을 하였다는 뜻으로, 흔히 자신의 任官에 대한 겸사로 쓰인다.

2)〔頭註〕小人在側 : 小人은 言張易之兄弟라
　　小人은 張易之 형제를 말한다.

3)〔頭註〕諸張 : 張昌宗, 張易之輩라
　　여러 張氏는 張昌宗과 張易之 무리이다.

4)〔頭註〕晏駕 : 天子當晨起어늘 方崩에 宮車晩出也라
　　천자는 마땅히 새벽 일찍 일어나야 하는데, 붕어했을 때에는 御駕가 늦게 출발하는 것이다.

5)〔頭註〕高戩 : 司禮丞*)이라
　　高戩은 司禮丞이었다.

*) 司禮丞 : 太常寺 丞을 가리킨다.

6) 〔頭註〕爲久長 : 言爲久長之計라

　장구한 계책을 세움을 말한다.

7) 〔頭註〕張說 : 說은 讀曰悅이라

　張說의 說은 열로 읽는다.

8) 〔頭註〕太子相王 : 太子는 謂中宗也요 相王은 豫王旦이니 卽睿宗也라

　太子는 中宗(李顯)을 이르고, 相王은 豫王 李旦이니 즉 睿宗이다.

9) 〔頭註〕宋璟 : 鳳閣舍人이라

　宋璟은 鳳閣舍人이다.

10) 〔通鑑要解〕叩閤力爭 : 言叩閤門而爭也니 凡內殿, 便殿을 皆謂之閤이라

　閤門을 두드리며 간쟁하는 것을 말하니, 무릇 內殿과 便殿을 모두 閤이라 이
른다.

○ 太后嘗命朝貴宴集할새 張易之兄弟 皆位在宋璟上이로되 易之素憚璟하야
欲悅其意하야 虛位揖之曰 公은 方今第一人이어늘 何乃下坐오 璟曰 才劣位
卑어늘 張卿以爲第一은 何也오 時에 武三思以下 皆謹事易之兄弟호되 璟獨
不爲之禮하니 諸張이 積怒하야 常欲中傷之로되 太后知之라 故로 得免이러라

　태후가 일찍이 조정의 權貴들에게 명하여 잔치에 모이게 하였을 적에 張易
之 형제의 지위가 모두 宋璟의 위에 있었으나 張易之가 평소 宋璟을 두려워
해서 그의 뜻을 기쁘게 하고자 하여 上席을 비워놓고 宋璟에게 읍하며 말하
기를 "公은 지금의 제일가는 인물인데, 어찌 도리어 아랫자리에 앉으신단 말
입니까?" 하니, 宋璟이 말하기를 "재주가 용렬하고 지위가 낮은데 張卿이 나
더러 제일가는 인물이라 함은 어째서입니까?" 하였다.

　이 당시 武三思 이하의 관원이 모두 張易之 형제를 삼가 섬겼는데, 宋璟이
홀로 그를 예우하지 않으니, 여러 張氏가 노여움이 쌓여서 항상 그를 중상하
고자 하였으나, 태후가 이를 알고 있었기 때문에 화를 면할 수 있었다.

【甲辰】二十一年이라〈周武氏長安四年〉

　嗣聖 21년(갑진 704) - 周나라 武氏 長安 4년 -

春正月에 帝在東宮하다

봄 정월에 황제가 東宮에 있었다.

○ 七月에 以楊再思爲內史하다 再思爲相에 專以諂媚取容이라 司禮少卿張同休는 易之之兄也라 嘗召公卿하야 宴集할새 酒酣에 戲再思曰 楊內史面似高麗라하니 再思欣然하야 卽剪紙帖巾하고 反披紫袍하야 爲高麗舞하니 擧坐大笑라 時에 人或譽張昌宗之美하야 曰 六郎[1]面似蓮花라하야늘 再思曰 不然하다 乃蓮花似六郎爾라하니라

7월에 楊再思를 內史로 삼았다. 楊再思가 정승이 되자, 오로지 아첨하는 것으로 사람들에게 기쁨을 취하였다. 司禮少卿 張同休는 張易之의 형이었다. 그가 일찍이 公卿들을 불러 잔치할 적에 술에 취하여 張同休가 楊再思를 놀리기를 "楊內史의 얼굴이 고구려 사람 같다." 하니, 楊再思가 기뻐하여 즉시 종이를 오려 두건에 붙이고 자주색 도포를 뒤집어 입고서 고구려의 춤을 추자, 온 좌중의 사람들이 크게 웃었다. 이때 어떤 사람이 張昌宗의 아름다움을 칭찬하기를 "六郎의 얼굴이 연꽃과 같다." 하였는데, 楊再思가 이르기를 "그렇지 않다. 바로 연꽃이 六郎과 같을 뿐이다." 하였다.

1) 〔附註〕 六郎 : 張昌宗, 張易之兄弟 皆幸하야 出入宮中할새 傅朱粉하고 衣純錦하고 淫蠱顯行하야 無復羞愧라 號易之爲五郎하고 昌宗爲六郎하니라

張昌宗과 張易之 형제가 모두 총애를 받아서 궁중을 출입할 적에 붉은 분을 바르고 비단옷을 입고는 음란한 짓을 드러나게 행하여 다시는 부끄러워하는 마음이 없었다. 당시 사람들이 張易之를 五郎이라 칭하고 張昌宗을 六郎이라 칭하였다.

○ 冬十月에 以秋官侍郎張柬之로 同平章事하니 時에 年且八十矣러라

겨울 10월에 秋官侍郎 張柬之를 同平章事로 삼으니, 이때 나이가 장차 80에 가까웠다.

【乙巳】神龍元年이라

神龍 元年(을사 705)

春正月에 太后疾甚하니 張易之, 張昌宗이 居中用事라 張柬之, 崔玄暐 與
中臺右丞敬暉[1]와 司刑少卿桓彦範과 相王府司馬袁恕己로 謀誅之할새 謂
右羽林衛大將軍李多祚曰 將軍今日富貴 誰所致也오 多祚泣曰 大帝也
로이다 柬之曰 今大帝之子 爲二豎[2] 所危하니 將軍은 不思報大帝之德乎아
多祚曰 苟利國家인댄 惟相公處分이라하니 遂與定謀하다 柬之又用彦範, 暉及
右散騎侍郎李湛(담)하야 皆爲左, 右羽林將軍하고 委以禁兵이러니 俄而오 姚
元之[3]自靈武至都어늘 柬之, 彦範이 相謂曰 事濟矣라하고 遂以其謀告之하니
時에 太子於北門에 起居[4]라 彦範, 暉謁見하고 密陳其策한대 太子許之하다 癸
卯에 柬之, 玄暐, 彦範이 與左威衛將軍薛思行等으로 帥左右羽林兵五百
餘人하고 至玄武門하야 遣多祚, 湛及王同皎하야 詣東宮迎太子하니 同皎扶抱
太子上馬하고 從至玄武門하야 斬關而入하다 太后在迎仙宮이러니 柬之等이 斬
易之, 昌宗於廡(무)下한대 太后驚起하야 問曰 亂者誰耶오 對曰 張易之, 昌
宗이 謀反이어늘 臣等이 奉太子令하야 誅之하나이다 太后見太子하고 曰 乃汝耶아
小子[5]旣誅하니 可還東宮하라 彦範進曰 太子安得更歸리잇고 昔에 天皇[6]이 以
愛子託陛下하시니 今年齒已長이어늘 久居東宮이라 天意人心이 久思李氏하고
群臣不忘太宗天皇之德이라 故奉太子하야 誅賊臣하니 願傳位太子하야 以順
天人之望하소서 甲辰에 制太子監國하고 乙巳에 太后傳位於太子하니 丙午에 中
宗卽位하다 丁未에 太后徙居上陽宮이어늘 帝帥百官하고 上太后尊號曰 則天
大聖皇帝라하다

봄 정월에 太后가 병환이 심하니, 張易之와 張昌宗이 궁중에서 用事하였
다. 張柬之와 崔玄暐가 中臺右丞 敬暉, 司刑少卿 桓彦範, 相王府司馬 袁恕己

와 함께 이들을 죽일 것을 모의할 적에 張柬之가 右羽林衛大將軍 李多祚에게 이르기를 "장군의 오늘날의 부귀는 누가 이루어준 것인가?" 하니, 李多祚가 눈물을 흘리며 말하기를 "高宗大帝이십니다." 하였다. 張柬之가 말하기를 "지금 大帝의 두 아들이 두 간신에게 위해를 받고 있는데 장군은 大帝의 은덕에 보답할 것을 생각하지 않는가." 하였다. 李多祚가 대답하기를 "만일 국가에 이롭다면 오직 相公의 처분대로 따르겠습니다." 하니, 마침내 함께 계책을 정하였다.

張柬之가 桓彦範·敬暉, 右散騎侍郞 李湛을 등용하여 모두 左·右羽林衛將軍으로 삼고 禁兵을 이들에게 맡겼는데, 얼마 있다가 姚元之가 靈武縣에서 도성에 이르자, 張柬之와 桓彦範이 서로 이르기를 "〈당나라를 匡復하는〉 일이 이루어지게 되었다." 하고는 마침내 그들의 계책을 姚元之에게 말하였다. 이때 太子가 北門에서 기거하였는데, 桓彦範과 敬暉가 태자를 알현하고 은밀히 그들의 계책을 아뢰자, 태자가 이를 허락하였다.

계묘일(정월 22일)에 張柬之·崔玄暐·桓彦範이 左威衛將軍 薛思行 등과 함께 左·右羽林軍 500여 명을 거느리고 玄武門에 이른 다음 李多祚·李湛·王同皎 등을 보내어 東宮에 나아가 태자를 맞이해 오게 하였다. 王同皎가 태자를 부축하여 안아서 말에 오르게 하고, 태자를 따라 玄武門에 이르러 관문을 부수고 禁中으로 진입하였다.

이때 태후가 迎仙宮에 있었는데, 張柬之 등이 廊廡 아래에서 張易之와 張昌宗을 목 베자, 태후가 놀라 일어나서 묻기를 "난을 일으킨 자가 누구인가?" 하니, 대답하기를 "張易之와 張昌宗이 모반하므로 신 등이 태자의 명령을 받들어 죽였습니다." 하였다. 태후가 태자를 보고 말하기를 "바로 너였더냐? 逆賊臣이 이미 죽임을 당하였으니, 너는 동궁으로 돌아가라." 하였다. 桓彦範이 나와 말하기를 "태자가 어찌 다시 돌아갈 수 있겠습니까. 옛날에 天皇께서 사랑하는 아들을 폐하에게 부탁하셨는데, 지금 연치가 이미 성년이 되었는데도 오랫동안 동궁에 계십니다. 하늘의 뜻과 사람들의 마음이 李氏를 생각한 지가 오래되었고, 여러 신하들이 太宗과 天皇(高宗)의 은덕을 잊지 못하기 때문에 태자를 받들어 逆臣을 죽인 것이니, 원컨대 태자에게 傳位하여 하늘과 사람의 바람을 따르소서.” 하였다.

갑진일(23일)에 태후가 조서를 내려 태자에게 나라를 감독하게 하고 을사일(24일)에 태후가 태자에게 전위하니, 병오일(25일)에 中宗이 즉위하였다. 정미일(26일)에 태후가 上陽宮으로 거처를 옮기자, 황제가 백관을 인솔하고 태후에게 尊號를 올려 則天大聖皇帝라 하였다.

1) 〔頭註〕敬暉：姓名也라
　　敬暉는 姓名이다.
2) 〔頭註〕二豎*)：豎는 僮僕之未冠者니 輕之하야 以比奴僕이라
　　豎는 冠禮를 하지 않은 僮僕이니, 경시하여 奴僕에 견준 것이다.
＊) 二豎 : 張易之와 張昌宗을 가리킨다.
3) 〔頭註〕姚元之：元之는 姚元崇字也라 時에 突厥叱列元崇反하니 太后命元崇以字行이러니 下卷癸丑年에 避開元尊號하야 復名崇하니라
　　元之는 姚元崇의 字이다. 당시에 突厥의 叱列元崇이 반란을 일으키자, 태후가 姚元崇에게 명하여 字를 사용하라고 하였는데, 하권 癸丑年(713)에 開元의 존호를 피하여 다시 姚崇이라 이름하였다.
4) 〔釋義〕時太子於北門起居：唐分宰相爲南司*)라 故稱南牙(衙)요 宦寺爲北司라 故稱北門이라 〔附註〕洛陽宮北門을 亦曰玄武門이라 不從端門入하고 而從北門入하야 問起居는 取便近이라 起居는 問飮膳之增損과 寢處之安否也라
　　〔釋義〕唐나라는 宰相이 거처하는 곳을 구별하여 南司라 하였으므로 南衙라 칭하고, 宦寺를 北司라 하였으므로 北門이라 칭하였다. 〔附註〕洛陽宮 北門을 또한 玄武門이라 하였다. 端門(正門)을 따라 들어가지 않고 北門을 따라 들어가서 起居를 문안한 것은 편리하고 가까움을 취한 것이다. 起居는 음식을 먹는 양과 잠자리의 안부를 물은 것이다.
＊) 南司 : 당나라 때 황궁 북쪽에 위치한 宦官들의 집무소, 즉 內侍廳을 北司라 하고, 남쪽에 있었던 재상들의 집무소는 南司라고 하였다.
5) 〔譯註〕小子：張易之와 張昌宗을 가리킨다.
6) 〔頭註〕天皇：甲戌年에 高宗稱天皇하고 皇后稱天后하니라
　　甲戌年(674)에 高宗을 天皇이라 칭하고 皇后를 天后라 칭하였다.

〔新增〕胡氏曰 武氏之禍는 古所未有也어늘 張柬之等이 第1)知反正廢主하고

而不能以大義로 處非常之變하야 爲唐室討罪人也라 武后以才人으로 蠱惑嗣帝
一罪也요 狀殺主母 二罪也요 黜中宗而奪之 三罪也요 殺君之子三人이 四罪也
요 自立爲帝 五罪也요 廢唐宗廟 六罪也요 誅鋤宗室[2]이 七罪也요 穢德彰聞[3]
이 八罪也요 尊用酷吏[4]하야 毒痛(부)四海[5] 九罪也라 兵旣入宮이면 當先奉太
子復位하고 卽以武氏로 至唐太廟하야 數其九罪하야 廢爲庶人하고 賜之死而
滅其宗호되 中宗不得而與焉이니 然後에 足以慰在天之靈하고 雪臣民之憤하야
而天地之常經이 立矣리라 昔者에 文姜[6]預弑魯桓하고 哀姜[7]預弑二君에 聖人
이 例以遜書[8]하야 若其去而不返하야 以深絶之하시니 所以著恩輕而義重也라
武氏負九大罪하야 自絶於唐이어늘 柬之等이 乃膠守常故하고 不能討治하야
使得從容傳位하고 又受顯冊, 竊尊稱하니 以是로 見爲大臣하야 斷大事而無學
이면 不能善始善終이 決矣라 或曰 使狄公而在면 當有以異乎此耶아 曰 狄公
亦如是而已矣라 觀其說(세)武氏之言하면 固不肯以血食紿之於先[9]而以罪討之
於後也리라 或曰 文姜, 哀姜은 與聞乎弑어니와 武氏未嘗弑也어늘 比而同之
는 不亦過乎아 曰 弑君, 立君은 宗廟猶未亡也로되 罪已當絶이어든 況移其宗
廟하고 改其國姓은 是滅之矣니 豈不重於弑君者耶아 夫惟如是而不能討라 故
不旋踵에 而韋氏[10]肆行하야 無所忌憚하야 意可以爲常事也하니라

胡氏가 말하였다.

"武氏의 화는 옛날에 일찍이 없었던 바이다. 그런데 張柬之 등은 다만 폐
위된 군주를 復位시킬 줄만 알고, 大義로써 비상한 변고에 대처하여 唐나라
황실을 위해 죄인을 토벌하지는 못하였다.

武后가 才人으로서 뒤를 계승한 皇帝(高宗)를 고혹한 것이 첫 번째 죄이
고, 皇后를 살해한 것이 두 번째 죄이고, 中宗을 내치고 황제의 자리를 빼앗
은 것이 세 번째 죄이고, 군주의 아들 세 명을 죽인 것이 네 번째 죄이고, 스
스로 서서 황제가 된 것이 다섯 번째 죄이고, 唐나라 종묘를 폐한 것이 여섯
번째 죄이고, 宗室들을 없앤 것이 일곱 번째 죄이고, 더러운 덕(음탕한 행
실)이 드러나 알려진 것이 여덟 번째 죄이고, 酷吏를 높이 들어 등용해서 온
천하에 해독을 끼친 것이 아홉 번째 죄이다.

군대가 이미 궁중에 들어왔으면 마땅히 먼저 태자를 받들어 복위시키고, 즉시

武氏를 데리고 唐나라 太廟에 이르러서 아홉 가지 죄를 열거하여 꾸짖고 폐하여 서인으로 삼아 賜死한 다음 그 종족을 멸하되 中宗이 여기에 관여하지 못하게 했어야 하니, 그런 뒤에야 九天에 있는 혼령을 위로하고 신하와 백성들의 울분을 씻을 수가 있어서 천지의 떳떳한 벼리(道)가 확립되는 것이다.

옛날에 文姜이 魯나라 桓公을 시해하는 데 참여하고 哀姜이 두 군주를 시해하는 데 참여하자, 聖人(孔子)이 전례대로 '遜'이라고 써서 마치 떠나가서 돌아오지 않는 것처럼 하여 깊이 끊으셨으니, 이는 은혜는 가볍고 義가 중함을 드러낸 것이다. 武氏는 아홉 가지 큰 죄를 지어서 스스로 唐나라를 끊었는데, 張柬之 등이 마침내 떳떳한 옛 법을 고수하고 토벌하여 죄를 다스리지 못해서 그들로 하여금 조용히 傳位하게 하고 또 玉冊을 받고 존칭을 절취하게 하였으니, 이로써 大臣이 되어 大事를 결단하면서 학식이 없으면 틀림없이 시작을 잘하고 종말을 잘할 수 없음을 알 수 있게 되었다.

혹자가 말하기를 '만일 狄公(狄仁傑)이 살아있었다면 마땅히 이와 달랐을 것이다.'라고 하기에, 대답하기를 '狄公도 마땅히 이와 같았을 뿐이다. 狄公이 武氏를 설득한 말을 살펴보면 진실로 血食을 받는 것으로써 앞에서 속이고 죄로써 뒤에 토벌하기를 즐거워하지 않았을 것이다.' 하였다. 혹자가 말하기를 '文姜과 哀姜은 군주를 시해하는 일에 참여하였지만 武氏는 일찍이 시해하지 않았는데 文姜과 哀姜과 똑같이 견주는 것은 지나치지 않습니까.' 하기에, 대답하기를 '군주를 시해하거나 군주를 세운 것은 종묘가 아직 망하지 않았는데도 죄가 이미 마땅히 끊어야 하는데, 더구나 종묘를 옮기고 그 國姓을 바꾼 것은 나라를 멸망시킨 것이니, 어찌 군주를 시해한 것보다 죄가 무겁지 않겠는가. 이와 같은데도 토벌하지 못하였다. 이 때문에 발길을 돌리기도 전에 韋氏가 멋대로 행동하고 기탄하는 바가 없어서 마음에 떳떳한 일이라고 여긴 것이다.' 하였다."

1) 〔頭註〕第 : 但이라
   第는 다만이다.
2) 〔附註〕誅鋤宗室 : 戊子年에 殺韓王元嘉, 霍王元軌, 魯王靈夔하니 皆高祖子也라 越王貞은 太宗子也요 黃公譔(선)은 元嘉子也요 江都王緖는 元軌子요 范陽王藹

는 靈夔子也요 瑯琊王沖은 貞子也라 又庚寅年에 殺南安王穎等十一人하고 又太宗之子紀王愼八男이 相繼被誅하며 又殺鄭王璥(경)等六人하다 又庚寅年에 殺淮南王安顥等十二人과 及故太子賢子二人하니 於是에 唐之宗室殆盡이요 其幼弱者도 亦流於嶺南하니라

戊子年(688)에 韓王 李元嘉와 霍王 李元軌, 魯王 李靈夔를 죽였으니, 이들은 모두 高祖의 아들이다. 越王 李貞은 太宗의 아들이고, 黃公 李譔은 李元嘉의 아들이고, 江都王 李緒는 李元軌의 아들이고, 范陽王 李藹는 李靈夔의 아들이고, 瑯琊王 李沖은 李貞의 아들인데, 이들도 모두 죽였다. 또 庚寅年(690)에 南安王 李穎 등 열한 명을 죽였고, 또 太宗의 아들 紀王 李愼 등 여덟 아들이 서로 이어서 죽임을 당하였으며, 또 鄭王 李璥 등 여섯 명을 죽였다. 또 庚寅年에 淮南王 李安顥 등 열두 명과 옛 태자 李賢의 아들 두 명을 죽이니, 이에 당나라의 宗室이 거의 다하였으며 어리고 약한 자들도 嶺南에 유배 보냈다.

3) 〔附註〕 穢德彰聞:見上六郞注라 又僧白馬寺主懷義得幸하야 出入에 乘御馬라 太后詭言有巧思라하야 使入宮營造러니 補闕王求禮表請閹之라야 庶不亂宮闈라호되 表寢不出하니라

앞의 갑진년조(704) 六郞의 注에 보인다. 또 승려인 白馬寺의 주지 懷義가 태후에게 총애를 받아 출입할 적에 御馬를 탔다. 태후가 거짓으로 승려가 교묘한 생각이 있다 하여 궁중에 들어와 집을 짓게 하였다. 補闕 王求禮가 表文을 올려 그를 환관으로 만들어야 궁중을 어지럽히지 않을 것이라고 청하였으나 표문을 묵살하고 내보내지 않았다.

4) 〔頭註〕 酷吏:侯思正, 王弘義, 索元禮, 來俊臣, 周興之流라

酷吏는 侯思正・王弘義・索元禮・來俊臣・周興의 무리이다.

5) 〔頭註〕 毒痡四海:痡는 疾也니 作刑威以殺戮하야 毒病四海之人이라

痡는 병듦이니, 毒痡四海는 형벌을 만들어 죽임으로써 천하 사람들에게 해독을 끼치는 것이다.

6) 〔頭註〕 文姜:魯桓公夫人이요 齊襄公之妹也라 襄公通而使公子彭生으로 搚(랍)桓公하야 殺之하니라

文姜은 魯나라 桓公의 부인이고 齊나라 襄公의 누이이다. 齊나라 襄公이 文姜과 간통하고서 公子 彭生을 시켜 桓公의 갈비뼈를 부러뜨려 죽였다.

7) 〔頭註〕 哀姜:魯莊公夫人也라 通公子慶父(보)하고 預殺子盤, 閔公二君하니라

哀姜은 魯나라 莊公의 부인이다. 公子 慶父와 간통하고, 慶父가 莊公의 庶子 子

盤과 閔公 두 군주를 죽이는 데 참여하였다.

8) 〔頭註〕遜書:遜은 與孫通하니 春秋에 書曰夫人孫于齊라하니라

遜은 孫과 통하니, ≪春秋≫ 莊公 元年條에 "夫人이 齊나라로 사양하고 떠났다.〔夫人孫于齊〕"라고 썼다.

9) 〔頭註〕紿之於先:紿는 見上戊戌年이라

狄仁傑이 血食을 받는 일로써 武后를 속인 일은 앞의 戊戌年條(682)에 보인다.

10) 〔頭註〕韋氏:中宗之后라

韋氏는 中宗의 后妃이다.

三月에 復國號曰唐[1]이라하다

3월에 國號를 회복하여 唐이라 하였다.

1) 〔譯註〕復國號曰唐:天授 元年에 武后가 국호를 周라고 바꾸었는데, 이때에 국호를 회복하였다.

○ 復立妃韋氏하야 爲皇后하다 上在房陵에 與后同幽閉하야 備嘗艱危하야 情愛甚篤이라 上이 嘗與后私誓曰 異時에 幸復見天日이면 當惟卿所欲[1]이요 不相禁禦라하더니 及再爲皇后에 遂干預朝政을 如武后在高宗之世하니라

황제가 妃 韋氏를 다시 세워 황후로 삼았다. 上이 房陵에 있을 적에 황후와 함께 幽閉되어 온갖 어려움과 위험을 겪어서 애정이 매우 돈독하였다. 上이 일찍이 황후와 은밀히 맹세하기를 "후일 다행히 다시 하늘의 해를 보게 되면 마땅히 그대가 하고 싶은 대로 하게 할 것이요, 제한하지 않겠다." 하였는데, 妃 韋氏가 다시 황후가 되자 마침내 조정의 정사에 관여하기를 武后가 高宗 때에 하던 것과 똑같이 하였다.

1) 〔頭註〕惟卿所欲:凡敵體相呼曰卿이니 蓋貴之也라

지위가 서로 대등한 경우에 서로 卿이라고 부르니, 귀하게 여긴 것이다.

○ 二張[1]之誅也에 洛州長史薛季昶(창)이 謂張柬之, 敬暉曰 二凶雖誅나 産, 祿[2]猶在하니 去草에 不去根이면 終當復生이리다 二人曰 大事已定하니 彼

猶机(궤)上³⁾肉爾라 夫何能爲리오 所誅已多하니 不可復益也니라 季昶歎曰 吾
不知死所矣로다 朝邑尉劉幽求 亦謂桓彦範, 敬暉曰 武三思尙存하니 公輩
終無葬地리니 若不早圖면 噬臍(서제) 無及⁴⁾이라호되 不從하다

두 張氏가 죽임을 당하자, 洛州長史 薛季昶이 張柬之와 敬暉에게 이르기를
"두 姦凶이 비록 죽임을 당했으나 呂産과 呂祿이 아직 남아 있으니, 잡초를
제거할 때에 뿌리를 제거하지 않으면 마침내 다시 나올 것입니다." 하니, 두
사람이 말하기를 "大事가 이미 결정되었으니 저(武三思)는 도마 위의 고기와
같을 뿐이다. 어찌 무슨 일을 할 수 있겠는가. 주벌한 바가 이미 많으니, 더
이상 주벌해서는 안 된다." 하였다. 薛季昶이 탄식하며 말하기를 "내가 어느
곳에서 죽을지 알지 못하겠다." 하였다.

朝邑尉로 있는 劉幽求가 또한 桓彦範과 敬暉에게 이르기를 "武三思가 아직
살아있으니, 公들은 끝내 장사 지낼 곳이 없게 될 것입니다. 만약 일찍 도모
하지 않으면 후회해도 소용없을 것입니다." 하였으나 따르지 않았다.

1) 〔頭註〕二張 : 昌宗, 易之라
   두 張氏는 張昌宗과 張易之이다.
2) 〔原註〕産祿 : 呂産, 呂祿이니 比三思라
   産・祿은 漢나라 呂后의 친정 조카인 呂産과 呂祿이니, 武三思에 비유한 것이다.
3) 〔釋義〕机上 : 椹机之上이라
   机上은 도마 위이다.
4) 〔釋義〕噬臍無及^{*)} : 左傳에 若不早圖면 後君噬臍라한대 註에 齧腹臍는 喩不可
   及也라하니라
   ≪春秋左傳≫ 莊公 6년조에 "만약 일찍 도모하지 않으면 뒤에 임금이 자신의
   배꼽을 물어뜯게 될 것입니다." 하였는데, 註에 "齧腹臍는 미칠 수 없음을 비유한
   것이다." 하였다.
*) 噬臍無及 : 배꼽을 물어뜯으려 해도 입이 닿지 않는다는 뜻으로, 후회하여도 이
   미 때가 늦음을 이르는 말이다. 一說에 사람에게 잡힌 사향노루가 배꼽의 향내
   때문에 잡혔다고 제 배꼽을 물어뜯었다는 데서 유래했다 하나 옳지 않다.

〔史略 史評〕愚按 張柬之等이 但知反正廢主하고 而不能以大義爲唐室하야 討武后하고 誅三思等이라 故로 其末流之禍 遂至於此하니 尙誰咎哉아 薛季昶所謂去草不去根이면 終當復生이요 劉幽求謂武三思尙存하니 張柬之等이 終無葬地라하니 可謂有先見之知(智)矣로다

내가 살펴보건대 張柬之 등은 다만 反正하여 武后를 폐위시킬 줄만 알았고, 大義로써 唐나라 皇室을 위하여 武后를 토벌하고 武三思 등을 죽이지 못하였다. 그러므로 그 末流의 禍가 마침내 여기에 이르렀으니, 오히려 누구를 허물하겠는가. 薛季昶의 이른바 '풀을 제거할 때에 뿌리를 제거하지 않으면 끝내 다시 나온다.'는 것이요, 劉幽求가 이르기를 '武三思가 아직 남아 있으니 張柬之 등은 끝내 장례할 곳이 없을 것이다.'라고 하였으니, 先見(미리 앞을 내다보고 앎)의 지혜가 있다고 이를 만하다.

○ 上女安樂公主 適[1]三思子崇訓하다 上官婉兒[2]者 辯慧善屬文하고 明習吏事하니 則天이 愛之하야 自聖曆以後로 百司表奏에 多令參決이러니 及上卽位에 又使專掌制命하야 益委任之하고 拜爲婕妤(첩여)[3]하야 用事於中하니 三思通焉이라 故로 黨於武氏하고 又薦三思於韋后하다 上이 使韋后與三思雙陸[4]하고 而自居傍하야 爲之點籌하다 三思遂與后通이라 由是로 武氏之勢復振하니 張柬之等이 數勸上誅諸武호되 上이 不聽하다

上의 딸인 安樂公主가 武三思의 아들 武崇訓에게 시집갔다. 上官婉兒라는 자가 말을 잘하고 총명하며 글을 잘 엮고 관리의 일에 익숙하니, 則天武后가 그녀를 사랑하여 聖曆 연간 이후로 百司에서 아뢴 表文을 결정할 적에 많이 참여하게 하였다. 上이 즉위한 뒤에 또 그녀로 하여금 전적으로 制命(詔書)을 기초하는 일을 관장하게 하여 더욱 重任을 맡기고 婕妤로 임명하여 궁중에서 권력을 행사하였다. 武三思가 그녀와 간통하였으므로 武氏의 黨與가 되었고, 그녀는 또 武三思를 韋后에게 천거하였다. 上이 韋后로 하여금 武三思와 雙陸을 두게 하고 자신은 옆에 있으면서 그들을 위하여 산대를 잡아 숫자를 계산해 주었다. 武三思가 마침내 황후와 간통하였다. 이로 말미암아 武氏

의 세력이 다시 떨쳐지니, 張柬之 등이 누차 여러 武氏들을 죽일 것을 권하였으나 上이 듣지 않았다.

1) 〔通鑑要解〕 適 : 女嫁人曰適이라
   여자가 남에게 시집가는 것을 適이라 한다.
2) 〔頭註〕 上官婉兒[*] : 上官은 複姓이요 婉兒는 名也라
   上官은 複姓이고, 婉兒는 이름이다.
  *) 上官婉兒 : 上官儀의 손녀인데, 上官儀가 죽임을 당한 뒤에 적몰되어 內宮의 노비가 되었다.
3) 〔頭註〕 婕妤 : 婦官名이라
   婕妤는 女人의 관직명이다.
4) 〔附註〕 雙陸 : 局戲名이라 以木爲方盤하고 盤中彼此內外各六梁이라 故로 曰雙陸이니 始於西竺하야 流於曹魏하고 盛於梁, 陳, 魏, 齊, 隋, 唐하니라 〔通鑑要解〕 投瓊以行하니 十二棊 各行陸棊라 故로 謂之雙陸이라
   〔附註〕 판으로 하는 놀이 이름이다. 나무로 네모진 판을 만들고 판 가운데에 彼·此와 內·外가 각각 여섯씩 짝이므로 雙陸이라 하니, 인도에서 시작되어 曹魏로 전래되었고 梁·陳·魏·齊·隋·唐 때에 성행하였다. 〔通鑑要解〕 주사위를 던져 판 위의 길을 가는데, 12개의 바둑알이 각각 길을 갈 때에 여섯씩 상대가 되므로 이를 일러 雙陸이라 하였다.

○ 三思與韋后로 日夜譖暉等云 恃功專權하니 將不利於社稷이라 不若封暉等爲王하야 罷其政事니 外不失尊寵功臣이요 內實奪之權이니이다 上以爲然하야 以敬暉爲平陽王하고 桓彦範爲扶陽王하고 張柬之爲漢陽王하고 袁恕己爲南陽王하고 崔玄暐爲博陵王하야 罷知政事하다 三思令百官으로 謀修則天之政하야 不附武氏者를 斥之하고 爲五王[1]所逐者를 復之하니 大權이 盡歸三思矣러라

武三思가 韋后와 함께 밤낮으로 敬暉 등을 참소하여 이르기를 "공로를 믿고 권력을 전횡하니, 장차 社稷에 이롭지 못할 것입니다. 敬暉 등을 봉하여 왕으로 삼아서 그들이 맡고 있는 정사를 파하는 것만 못하니, 밖으로는 공신

을 높이고 총애하는 체통을 잃지 않으면서 안으로는 실로 그들의 권력을 빼앗는 것입니다.”하였다. 上이 그 말을 옳게 여겨서 敬暉를 平陽王으로, 桓彦範을 扶陽王으로, 張柬之를 漢陽王으로, 袁恕己를 南陽王으로, 崔玄暐를 博陵王으로 삼고서 그들이 맡고 있는 정사를 파하게 하였다. 武三思가 百官들로 하여금 則天武后의 정사를 닦게 할 것을 도모하여 武氏를 따르지 않는 자들을 배척하고 五王에게 축출당한 자들을 다시 등용하니, 大權이 모두 武三思에게 돌아갔다.

1) 〔頭註〕 五王 : 卽敬暉以下五人이라
　　五王은 바로 敬暉 이하 다섯 명이다.

【丙午】 二年이라

神龍 2년(병오 706)

三思使鄭愔으로 告五王反하야 貶諸州司馬라가 尋殺之하다

武三思가 鄭愔으로 하여금 五王이 모반했다고 고발하게 하여 여러 주의 사마로 좌천시켰다가 얼마 후 그들을 죽였다.

【丁未】 景龍元年이라

景龍 元年(정미 707)

太子重俊[1]이 與左羽林大將軍李多祚等으로 矯制發羽林千騎하야 殺武三思, 武崇訓于其第하고 引兵하야 自肅章門으로 斬關而入하니 上이 據檻(함)曰 汝輩皆朕宿衛之士어늘 何爲從多祚反고 於是에 千騎[2] 斬多祚하고 太子走라가 爲左右所殺하다

太子 李重俊이 左羽林衛大將軍 李多祚 등과 함께 制命을 위조하여 羽林衛에 소속된 千騎(천 명의 騎兵)를 징발하여 武三思의 집에서 武三思와 武崇訓

父子를 죽이고, 군대를 이끌고 肅章門으로부터 관문을 지키는 장수를 목 베고 들어가니, 上이 난간을 움켜잡고 말하기를 "너희들은 모두 짐의 宿衛하는 군사인데 어찌하여 李多祚를 따라 모반하는가?" 하였다. 이에 千騎가 李多祚를 목 베었고, 태자는 도망하다가 좌우의 측근에게 죽임을 당하였다.

1) 〔頭註〕重俊：太子名이니 中宗子也라 諡曰節愍이라 〔通鑑要解〕太子重俊은 後宮所生이니 史失其名이라

   〔頭註〕重俊은 태자의 이름이니, 中宗의 아들이다. 시호는 節愍이다. 〔通鑑要解〕태자 李重俊은 후궁의 소생이니, 역사에 그 이름이 전하지 않는다.

2) 〔釋義〕千騎：初에 太宗이 選官戶*)及蕃口驍勇者하여 著(착)虎文衣하고 跨豹文韉(천)하고 從遊獵於馬前하여 射禽獸하고 謂之百騎러니 武后時에 增爲千騎하여 隷左, 右羽林하고 中宗이 增爲萬騎하니라

   처음에 太宗이 官戶와 蕃民 중에 날래고 용감한 자 백 명을 뽑아 호피무늬 옷을 입고 표범무늬 언치(안장)를 깐 말을 타게 하고서 황제가 유람하고 사냥할 때에 말 앞에서 수행하여 禽獸를 쏘게 하고 이를 일러 百騎라 하였는데, 武后 때에 숫자를 늘려 千騎라 하여 左·右羽林軍에 속하게 하였고, 中宗이 숫자를 늘려 萬騎라 하였다.

*) 官戶：당나라 때에, 정부에 직속되어 있던 천한 백성을 이른다.

【己酉】三年이라

景龍 3년(기유 709)

安樂, 長寧公主[1]及皇后妹[2]郕國夫人, 上官婕妤等이 皆依勢用事하야 請謁受賕하야 雖屠沽[3]臧獲[4]이나 用錢三十萬하면 則別降墨勅[5]除官호되 斜封付中書하니 時人이 謂之斜封官이라 錢三萬則度[6]爲僧尼하고 其員外, 同正, 試, 攝, 檢校, 判, 知[7] 凡數千人이라 西京, 東都에 各置兩吏部侍郎하야 爲四銓[8]하니 選者 歲數萬人이러라

安樂公主와 長寧公主 및 韋皇后의 여동생인 郕國夫人과 上官婕妤 등이 모두 권세에 의지하여 用事해서 청탁을 받고 뇌물을 거두어 비록 백정과 술을

파는 자와 臧獲(奴婢)이라도 30만 錢을 뇌물로 쓰면 모두 별도로 墨勅을 내려 관직을 제수하되 斜封하여 中書省에 내리니, 당시 사람들이 斜封官이라 일컬었다. 3만 전을 뇌물로 쓰면 도첩을 발급해주어 승려와 여승이 되었고, 員外·員外同正·試·攝·檢校·判·知가 모두 수천 명이었다. 西京(장안)과 東都(낙양)에 각각 두 吏部侍郎을 두어 四銓을 행하니, 선발된 자가 한 해에 수만 명이었다.

1) 〔頭註〕安樂長寧公主 : 二公主는 皆上之女라

安樂과 長寧 두 공주는 모두 황제의 딸이다.

2) 〔頭註〕妹 : 女弟曰妹라

여동생을 妹라 한다.

3) 〔譯註〕屠沽 : 屠酤로, 백정과 술 파는 사람인 바, 직업이 미천한 사람을 가리킨다.

4) 〔原註〕臧獲 : 奴曰臧이요 婢曰獲이라 〔頭註〕方言에 海岱之間에 罵奴曰臧이요 罵婢曰獲이라하며 燕之北郊에 凡民으로 男而婿婢를 謂之臧이요 女而婦奴를 謂之獲이라

〔原註〕남자종을 臧이라 하고 계집종을 獲이라 한다. 〔頭註〕揚雄의 ≪方言≫에 "渤海와 泰山 사이에서는 남자종을 욕하여 臧이라 하고 여자종을 욕하여 獲이라 하며, 燕 지역의 북쪽 교외에서는 백성 중에 남자로서 여자종의 남편이 된 자를 臧이라 이르고 여자로서 남자종의 아내가 된 자를 獲이라 이른다." 하였다.

5) 〔頭註〕墨勅 : 墨詔也니 非口傳之語라

墨勅은 墨詔(황제가 친필로 쓴 조서)이니, 구두로 전하는 말이 아니다.

6) 〔頭註〕度 : 給度牒也라

度는 度牒(관에서 발급한 승려증)을 주는 것이다.

7) 〔附註〕員外同正試攝檢校判知 : 此出於特旨하니 以待資淺之人이라 員外는 一曰 員外置니 謂員數之外에 別置也요 同正은 一曰同正員이니 謂與正員資格同也라 有試某官, 攝某官, 檢校某官, 判某官事, 知某官事者하야 其名類不一하니 皆非本制라

이는 특명에서 나온 것이니, 품계가 낮은 사람을 우대한 것이다. 員外는 일명 員外置라 하니 定員의 숫자 외에 별도로 두었음을 이르고, 同正은 일명 同正員이라 하니 正員과 자격이 같음을 이른다. 試某官·攝某官·檢校某官·判某官事·

知某官事라는 것이 있어서 그 명칭의 종류가 한두 가지가 아니었으니, 이는 모두 본래의 제도가 아니다.

8) 〔譯註〕 四銓 : 唐나라 제도는 원래 三銓으로, 문관 및 무관의 선발을 吏部와 兵部의 尙書·侍郞이 나누어 맡았다. 尙書는 尙書銓이 되어 5품에서 7품까지의 선발을 맡고, 侍郞 두 사람은 각각 中銓과 東銓이 되어 8품과 9품의 선발을 맡아, 이들을 三銓이라 하였다. 그런데 이때 하나를 늘려 四銓으로 만든 것이다.

〔史略 史評〕 史斷曰 中宗卽位之初에 過寵后父라가 爲母所廢하야 流離艱苦가 垂十四年이러니 賴忠義之臣이 出死力以救하야 始得歸京師라 及其復位에 昏愚尤甚하야 追曩昔天日之言하고 忘今日冰霜之戒[1]하야 縱豔妻以煽黨하고 信妖女以撓權하야 姦惡日滋하고 淫穢彰聞이라 尊寵三思하야 而武氏再得志矣요 貶損譙王하야 而愛子亦不保矣[2]요 竄殺五王[3]하야 而功臣俱罹禍矣요 崇獎僧道하야 而異端恣橫하고 公主開府하야 而女謁盛行하고 殺韋月將하고 斥宋璟, 尹思貞하야 而忠言壅底라 甚者는 御梨園하고 幸隆慶池하고 幸玄武門하야 觀宮女拔河[4]하며 召近臣하야 入閣守歲[5]하고 觀燈於市里하야 恣情極欲하야 荒淫不厭하니 紀綱制度 無一條理라 是는 中宗이 親遭母后之難이어늘 而躬自蹈之하니 豈非下愚不移者歟아 跡其一身하면 始爲母所廢하고 終爲妻所殺하야 而四子皆不得其死[6]하고 嗣亦不傳하니 豈天穢其德而絶之邪아 抑彼自絶于天云耳니라

史斷에 말하였다.

"中宗은 즉위한 초기에 황후의 아버지를 지나치게 총애하다가 어머니에게 폐위당하여 流離하고 고생한 것이 거의 14년에 이르렀는데, 충성스럽고 의로운 신하들이 죽을힘을 내어 구원한 덕분에 비로소 京師로 돌아오게 되었다. 中宗은 復位하게 되자 昏愚함이 더욱 심해서 옛날 韋后과 함께 하늘의 해를 두고 맹세한 말만 기억하고, 오늘날에 서리를 밟으면 장차 얼음이 어는 조짐을 경계할 것을 잊었다. 그리하여 요염한 아내(韋后)를 제한하지 않고 풀어놓아 黨을 일으키고 요망한 딸(公主와 婕妤)을 믿어 권력을 흔들게 하여 간악함이 날로 불어나고 음탕한 추문이 더욱 알려졌다.

武三思를 높이고 총애하여 武氏가 다시 권력을 얻었고, 譙王을 강등하여

사랑하는 자식이 몸을 보전하지 못하였고, 五王을 귀양 보내 죽여서 功臣이
모두 화를 당하였다. 佛教와 道教를 높이고 장려하여 異端이 제멋대로 횡행
하였고, 公主가 府를 열어 여자들의 청탁이 성행하였고, 韋月將을 죽이고 宋
璟과 尹思貞을 배척하여 충언을 아뢰는 길이 막혔다. 심한 경우는 皇帝가 梨
園에 나가고 隆慶池에 행차하였으며 玄武門에 가서 宮女들이 拔河하는 놀이
를 구경하고, 가까운 신하를 불러 궁중으로 들어오게 해서 守歲를 하며 시장
거리에서 觀燈을 하여, 하고 싶은 대로 다하고 荒淫을 싫어하지 않아 紀綱과
制度가 한 가지도 조리가 없었다. 이는 中宗이 母后의 난을 직접 겪었으면서
도 자신이 그것을 그대로 답습한 것이니, 어찌 下愚不移한 자가 아니겠는가.
그의 한 몸을 살펴보면 처음에는 어머니에게 폐출당하고 끝에는 아내에게 피
살당하였으며 네 아들이 모두 제대로 죽지 못하여 後嗣 또한 전하지 못하였
으니, 어찌 하늘이 그 德을 더럽게 여겨서 끊은 것이 아니겠는가. 아니면 저
가 스스로 하늘을 끊은 것이다."

1) 〔譯註〕追曩昔天日之言 忘今日冰霜之戒 : 中宗은 高宗의 아들이며 則天武后의
소생으로, 즉위한 다음 측천무후에게 폐위당하여 廬陵王으로 강등된 후 房州에
있을 적에 韋后와 함께 온갖 어려움을 겪어 애정이 매우 돈독하였는데, 韋后와
은밀히 맹세하기를 "후일 다행히 다시 하늘의 해를 보게 되면 마땅히 그대가 하
고 싶은 대로 하게 할 것이요, 제한하지 않겠다." 하였다. 中宗이 복위되자 韋后
가 조정의 정사에 관여하기를 武后가 高宗 때에 하던 것과 똑같이 하였다.

2) 〔譯註〕貶損譙王 而愛子亦不保矣 : 譙王은 中宗의 아들인 重福이다. 神龍 初期에
韋后가 張易之 형제와 함께 重福을 모함하여 濮州員外刺史로 강등시켰다가 景龍
3년에 中宗이 친히 郊제사를 지내고 천하에 사면령을 내리니, 十惡이 모두 용서를
받아 유배갔던 자들이 모두 돌아왔으나 重福은 돌아올 수 없자, 스스로 아뢰기를
"백성들은 사면하여 모두 스스로 새롭게 하면서 한 자식은 내버려두시니, 皇天의
공평한 도량이 진실로 이와 같단 말입니까."라고 하였으나 답하지 않았다.

3) 〔譯註〕五王 : 中宗을 복위한 功臣으로 王에 봉해진 다섯 명을 가리키는 바, 平
陽王 敬暉, 扶陽王 桓彦範, 漢陽王 張柬之, 南陽王 袁恕己, 博陵王 崔玄暐이다.

4) 〔譯註〕拔河 : 줄다리기를 이른다. 中宗 때에 宮女들이 하였던 놀이로서, 즉 삼
〔麻〕으로 꼰 큰 동아줄의 양쪽 끝에다 각각 10여 줄의 작은 새끼줄을 매고 줄

하나마다 서너 명씩이 잡아당기되, 힘이 약해 끌려간 쪽이 진다.

5) 〔譯註〕守歲 : 除夕에 집안 식구들이 화롯가에 둘러앉아 밤새도록 잠을 자지 않
는 것을 이르는 바, 풍습의 하나이다.

6) 〔譯註〕四子皆不得其死 : 中宗의 네 아들은 韋后의 소생인 重潤과 後宮의 소생인
重福·重俊·重茂(殤帝)이다.

睿宗[※] 名은 旦이니 高宗第八子라 在位二年이요 壽五十五라

睿宗은 이름이 旦이니, 高宗의 여덟째 아들이다. 재위가 2년이고 壽
가 55세이다.

※ 因其子之功하고 在位不久하야 無可稱者라 然이나 鑑前之禍하야 立嗣以功
하니 所謂可與權¹⁾矣니라

아들(玄宗)의 공을 인하고 재위한 지가 오래지 아니하여 칭찬할 만한 것
이 없다. 그러나 예전의 화를 거울로 삼아 後嗣를 공로에 따라 세웠으니,
이른바 '더불어 權道를 할 수 있는 자'라는 것이다.

1) 〔譯註〕可與權 : 《論語》〈子罕〉에 孔子가 말씀하기를 "함께 배울 수는
있어도 함께 道에 나아갈 수는 없으며, 함께 도에 나아갈 수는 있어도 함
께 설 수는 없으며, 함께 설 수는 있어도 함께 權道를 행할 수는 없다.〔可
與共學 未可與適道 可與適道 未可與立 可與立 未可與權〕"라고 하였다. 權
은 저울의 추로 물건을 저울질하여 물건의 輕重을 아는 것인데, 이로써
權道를 비유한 것이다. 權道란 처리하기 어려운 일을 당해서 비록 正道는
아니나 事理를 저울질하여 時宜適切하게 처리함을 이른다.

【庚戌】四年이라〈睿宗皇帝景雲元年〉

景龍 4년(경술 710) - 睿宗皇帝 景雲 元年 -

夏四月에 上이 宴近臣할새 國子祭酒祝欽明이 自請作八風舞¹⁾하야 搖頭轉目
하야 備諸醜態하니 上笑러라 欽明이 素以儒學著名이라 吏部侍郎盧藏用이 私謂
諸學士曰 祝公五經이 掃地盡矣라하니라

　　여름 4월에 上이 近臣들에게 잔치를 베풀 적에 國子祭酒 祝欽明이 스스로
八風舞를 출 것을 청하여 머리를 흔들고 눈알을 굴리며 온갖 추태를 다 부리
니, 上이 웃었다. 祝欽明은 평소 儒學으로 세상에 이름이 알려졌으므로 吏部
侍郞 盧藏用이 사사로이 여러 學士들에게 말하기를 "祝公의 五經이 쓸어낸듯
다 없어졌다." 하였다.

1) 〔附註〕八風舞 : 非春秋所謂節八音行八風[*]者也요 特借八風之名하야 而備諸淫醜
　　之態耳라 後人이 謂淫放不返爲風하니 此則欽明所謂八風也라

　　　八風舞는 ≪春秋左傳≫ 隱公 5년조에 이른바 "춤은 八音의 악기를 節奏로 삼아 八
　　方의 風氣를 나타내는 것"이란 것이 아니요, 다만 八風이라는 이름을 빌려 온갖 음
　　란하고 추한 작태를 보인 것일 뿐이다. 뒷날 사람들이 음란하고 방탕하여 돌아오지
　　않는 것을 일러 風이라 하니, 이것이 祝欽明이 말한 '八風'이라는 것이다.

[*] 節八音行八風 : 八音은 악기를 만드는 재료에 따라 나눈 악기에 쓰는 여덟 가지
　　재료를 이르는 바, 金, 石, 絲, 竹, 匏, 土, 革, 木이다. 八風은 팔방의 바람으
　　로, 동방의 谷風, 동남방의 淸明風, 남방의 凱風, 서남방의 涼風, 서방의 閶闔
　　風, 서북방의 不周風, 북방의 廣莫風, 동북방의 融風이다. 八音의 악기가 함께
　　울리면 樂曲이 갖추어지므로 춤은 八音의 악기를 절주로 삼고, 八方의 風氣는
　　춤으로 인해 펼쳐지므로 춤은 八方의 風氣를 펼치는 것이다.

○ 安樂公主欲韋后臨朝하고 自爲皇太女하야 乃相與合謀하고 於餠餤[1]中에
進毒이러니 六月壬午에 中宗이 崩하다 太平公主[2]與上官昭容[3]謀하고 草遺制
하야 立溫王重茂[4]하야 爲皇太子하고 皇后臨朝攝政하다 殤帝卽位하니 時年이
十六이러라

　　安樂公主가 韋后는 조정에 임어하고 자신은 皇太女가 되고자 하여 마침내
서로 결탁하여 함께 도모하고 떡 속에 독약을 넣어 올렸는데, 6월 임오일(2
일)에 中宗이 죽었다. 太平公主가 上官昭容과 모의하고 遺制를 초안하여 溫
王 李重茂를 세워 皇太子로 삼고, 황후가 조정에 임어하여 섭정하게 하였다.
그리하여 殤帝(李重茂)가 즉위하니 이때 나이가 16세였다.

1) 〔頭註〕餠餤 : 餤은 杜覽反이라 麵裹菜爲之하고 又麵裹肉爲之라

餤은 음이 杜覽反(담)이다. 밀가루로 채소를 싸서 만들기도 하고 또 밀가루로
고기를 싸서 만들기도 한다.

2) 〔頭註〕太平公主 : 高宗女也니 武后之生이라

太平公主는 高宗의 딸이니, 武后의 소생이다.

3) 〔頭註〕上官昭容 : 卽上官婕妤라

上官昭容은 바로 上官婕妤(上官婉兒)이다.

4) 〔頭註〕重茂 : 中宗子也니 是爲殤帝라

李重茂는 中宗의 아들이니, 바로 殤帝이다.

○ 相王子臨淄王隆基[1] 謀匡復社稷할새 微服으로 與劉幽求等入苑中[2]이러
니 向二鼓[3]에 天星散落如雪이어늘 幽求曰 天意如此[4]하니 時不可失이라하고 乃
攻白獸門[5]하야 斬關而入하다 韋后惶惑하야 走入飛騎營이어늘 有飛騎斬其首
하야 獻於隆基하고 安樂公主는 方照鏡畫眉어늘 軍士斬之하니 比曉에 內外皆定
이라 是日에 赦天下하고 以臨淄王隆基로 爲平王[6]하다 甲辰에 少帝制傳位相
王하니 睿宗이 卽位하다

相王(睿宗 李旦)의 아들 臨淄王 李隆基가 社稷을 광복할 것을 도모할 적에
微服 차림으로 劉幽求 등과 宮苑 가운데에 들어갔는데, 2更이 될 무렵 하늘
의 별이 눈발처럼 떨어졌다. 劉幽求가 말하기를 "하늘의 뜻이 이와 같으니
때를 놓쳐서는 안 됩니다." 하고, 마침내 白獸門을 공격하여 문의 빗장을 부
수고 들어갔다. 韋后가 두려워하고 당혹하여 달아나서 飛騎營으로 들어가자,
飛騎가 그의 목을 베어 李隆基에게 바쳤다. 安樂公主는 막 거울을 보며 눈썹
을 그리고 있었는데 군사가 그녀의 목을 베니, 새벽에 이르러 안팎이 다 안
정되었다. 이 날(6월 1일) 천하에 사면령을 내리고 臨淄王 李隆基를 平王으
로 삼았다. 갑진일(6월 24일)에 少帝가 조서를 내려 相王에게 傳位하니, 睿
宗이 卽位하였다.

1) 〔頭註〕隆基 : 玄宗也라

李隆基는 玄宗이다.

2) 〔頭註〕苑中 : 在皇城之北하니 東西二十里요 南北三十里라

宮苑이 皇城의 북쪽에 있으니, 동서로 20리이고 남북으로 30리이다.

3) 〔頭註〕二鼓 : 持更者 每一更則鼓一聲하야 五更則鼓五聲이라 故로 五鼓而爲五更이라

　밤에 숙직하는 자가 매 1更마다 북을 한 번 쳐서 5更이면 북을 다섯 번 친다. 그러므로 다섯 번 북이 울리면 5更이다.

4) 〔譯註〕天星散落如雪……天意如此 : 하늘의 별이 눈발처럼 흩어져 떨어지면 변란이 있다 하므로 하늘의 뜻이 이와 같다고 한 것이다.

5) 〔譯註〕白獸門 : 원래는 白虎門인데, 唐 太祖의 諱(李虎)를 피하여 獸로 고쳤다. 궁성 북쪽에 있으며 白獸闥이라고도 하였다.

6) 〔通鑑要解〕平王 : 固以平州爲國名이나 實平內亂하야 褒以此名이라

　平王은 본래 平州를 나라 이름으로 삼은 것이나 실로 내란을 평정했다 하여 이 平王이란 名號로써 기린 것이다.

○ 上이 將立太子할새 以宋王成器嫡長이요 而平王隆基有大功이라하야 疑不能決이러니 成器辭曰 國家安則先嫡長이요 國家危則先有功이니이다 苟違其宜면 四海失望이니 臣은 死不敢居平王之上이라하고 涕泣固請者累日이요 大臣亦多言 平王功大宜立이라하다 劉幽求曰 臣聞除天下之禍者는 當享天下之福이라하니 平王이 拯社稷之危하고 救君親之難하니 論功莫大요 語德最賢하니 無可疑者니이다 上從之하야 立平王隆基하야 爲太子하다 太平公主沈敏多權略하야 與太子共誅韋氏러니 旣立大功에 益尊重하야 上이 常與之圖議大政이러라

　上이 장차 태자를 세우려 할 적에 宋王 李成器는 嫡長子이고 平王 李隆基는 큰 공이 있다 하여 망설이고 결정하지 못하였는데, 李成器가 사양하기를 "국가가 편안하면 嫡長子를 우선 하고, 국가가 위태로우면 공이 있는 자를 우선 하여 태자로 삼아야 합니다. 만일 마땅함을 잃으면 온 천하가 실망할 것이니, 신은 죽어도 감히 平王의 위에 있을 수 없습니다." 하고 눈물을 흘리며 여러 날 동안 굳이 청하였으며, 대신들 또한 "평왕의 공이 크니 마땅히 세워야 합니다."라고 말하는 사람이 많았다.

　劉幽求가 아뢰기를 "신이 들으니, 천하의 禍를 제거한 자는 마땅히 천하의

福을 누려야 한다고 하였습니다. 平王이 社稷의 위태로움을 구원하고 군주와
어버이의 患難을 구원하였으니, 공을 논하면 이보다 더 클 수가 없고 덕을
논하면 가장 어집니다. 이러하니 의심할 나위가 없습니다." 하였다. 上이 그
말을 따라 平王 李隆基를 세워 황태자로 삼았다.

太平公主는 침착하고 민첩하며 권모가 많아 태자와 함께 韋氏를 주살하였
는데, 큰 공을 세운 뒤에 지위가 더욱 중요해져서 上이 항상 그녀와 큰 정사
를 도모하고 의논하였다.

○ 以許州刺史姚元之로 爲兵部尙書하고 洛州長史宋璟으로 檢校吏部尙
書, 同中書門下三品하다 璟이 與姚元之로 協心하야 革中宗弊政하야 進忠良하
고 退不肖하며 賞罰盡公하고 請託不行하야 綱紀修擧하니 當時에 翕然以爲復有
貞觀, 永徽[1]之風이러라

許州刺史 姚元之를 兵部尙書로 삼고, 洛州長史 宋璟을 檢校吏部尙書·同
中書門下三品으로 삼았다. 宋璟이 姚元之와 합심하여 中宗의 잘못된 정사를
개혁하여 충성스럽고 어진 이를 등용하고 불초한 이를 물리치며, 賞罰이 모
두 공정하고 청탁이 행해지지 아니하여 기강이 닦여지고 거행되니, 당시에
사람들이 모두들 다시 貞觀과 永徽 연간의 유풍이 있다고 하였다.

1) 〔頭註〕貞觀永徽 : 貞觀은 太宗이요 永徽는 高宗也라
   貞觀은 太宗의 연호이고, 永徽는 高宗의 연호이다.

〔史略 史評〕史斷曰 睿宗이 因其子之功而在位不久하니 固無足稱者라 然能任
姚宋하야 革中宗弊政하고 罷斜封官하고 廢崇恩廟[1]하야 紀綱修飭하니 當時
翕然하야 以爲復有貞觀之風이라 未幾에 天文示變한대 遂以大位로 付之於子
하니 實大公之心이요 安社稷之計也어늘 奈何惑於一妹하야 明斷不足하야 雖
傳位나 而不授之以政하고 自稱太上皇而猶斷大事하야 卒釀成其妹之惡하야 使
奸人黨附하야 幾成逆謀하니 惜哉라

史斷에 말하였다.

"睿宗은 아들(玄宗)의 공을 인하고 재위한 지가 오래지 아니하여 칭찬할 만한 것이 없다. 그러나 명재상인 姚崇과 宋璟에게 맡겨서 中宗의 나쁜 정사를 개혁하였고, 斜封官을 파하고 崇恩廟를 폐하여 紀綱이 닦여지니, 당시 사람들이 모두들 다시 貞觀의 遺風이 있다고 하였다. 얼마 안 있다가 天文이 변고를 보이자 마침내 大位를 아들에게 맡겼으니, 이는 실로 공정한 마음이요 社稷을 편안히 하려는 계책이었다. 그런데 어찌하여 한 누이에게 혹해서 분명하게 결단함이 부족하여 비록 아들에게 傳位하였으나 정권을 맡겨주지 않고 스스로 太上皇이라 칭하면서 오히려 큰 일을 결단하였다. 그리하여 마침내 그 누이의 惡을 釀成해서 간사한 자들이 따르게 하여 거의 逆謀를 이룰 뻔하였으니, 애석하다."

1)〔譯註〕崇恩廟 : 則天武后의 사당이다.

通鑑節要 卷之四十

唐 紀

玄宗明皇帝[1] 上 名은 隆基니 睿宗第三子라 在位四十四年이요 壽七十八이라

　玄宗明皇帝는 이름이 隆基이니, 睿宗의 셋째 아들이다. 재위가 44년이고 壽가 78세이다.

1) 開元之初에 勵精政事하야 幾致太平하니 可謂盛矣러니 天寶以後엔 奸臣執權하고 艶妃亂政하야 至於竄身失國而不悔하니 靡不有初나 鮮克有終[*]은 玄宗之謂也니라

　開元 초기에는 정사에 精力을 쏟아 거의 太平을 이룩하였으니 훌륭하다고 이를 만하였는데, 天寶 이후에는 간신들이 권력을 잡고 요염한 楊貴妃가 정사를 어지럽혀 몸을 숨기고 나라를 잃음에 이르렀으면서도 뉘우치지 않았으니, '처음에는 선하지 않은 이가 없으나 선한 도로써 끝마치는 이가 적다.'는 것은 玄宗을 두고 말한 것이다.

*) 〔譯註〕靡不有初 鮮克有終 : ≪詩經≫ 〈大雅 蕩〉에 "하늘이 뭇 백성을 내시니 그 命이 믿을 수 없음은 처음에는 선하지 않은 이가 없으나 선한 도로써 끝마치는 이가 적기 때문이다.〔天生烝民 其命匪諶 靡不有初 鮮克有終〕"라고 하였다.

【壬子】太極元年이라 〈玄宗皇帝先天元年〉[1]

　太極 元年(임자 712) - 玄宗皇帝 先天 元年 -

1) 〔譯註〕太極元年 玄宗皇帝先天元年 : 睿宗은 이해 정월 기축일(19일)에 연호를 景雲에서 太極으로 바꾸었다가 5월 신사일(13일)에 延和로 바꾸었다. 玄宗은 8월 경자일(3일)에 즉위하여 갑진일(7일)에 연호를 先天으로 바꾸고, 다음해

(713) 12월 경인일(1일)에 開元으로 바꾸었다.

壬辰에 上이 傳位於太子[1]하니 太子上表固辭어늘 太平公主勸上호되 雖傳位나 猶宜自總大政이라하니라

임진일(7월 25일)에 上이 태자에게 傳位하니, 태자가 表文을 올려 한사코 사양하였는데, 太平公主가 上에게 권하기를 "태자에게 傳位하더라도 큰 정사는 마땅히 스스로 총괄해야 합니다."라고 하였다.

1) 〔通鑑要解〕上傳位於太子 : 太平公主使術者言於上曰 彗는 所以除舊布新이요 又帝座及心前星[*]이 皆有變하니 皇太子當爲天子니이다 上曰 傳德避災리니 吾志決矣라하니라

太平公主가 術士를 시켜 上에게 말하기를 "彗星은 옛것을 없애고 새로운 것을 펴는 것을 상징하며, 또 帝座星과 心前星에 모두 변화가 있으니, 황태자가 마땅히 천자가 되어야 합니다." 하자, 上이 이르기를 "德이 있는 사람에게 帝位를 전하여 이 災異를 피할 것이니, 나의 뜻이 결정되었다." 하였다.

*) 帝座及心前星 : 帝座星은 五帝座로, 太微垣·紫微垣·天市垣의 三垣 가운데 太微垣에 속한 별 이름이다. 心星은 二十八宿의 하나로, 세 별로 이루어져 있다. ≪漢書≫〈五行志〉에 "심성은, 大星이 天王이고 前星이 太子이고 後星이 庶子이다.〔心 大星天王也 其前星太子 後星庶子也〕"라고 하였는 바, 후에는 이로 인해 前星은 太子를 가리키는 말로 쓰인다.

○ 八月庚子에 太子玄宗이 卽位하다 尊睿宗爲太上皇하고 三品以上除授及大刑政은 決於上皇하다〈出本紀〉

8월 경자일(3일)에 太子인 玄宗이 즉위하였다. 睿宗을 높여 太上皇이라 하고, 3품 이상인 관원의 제수와 중대한 刑政은 上皇에게 결재받았다. - ≪新唐書 睿宗本紀≫에 나옴 -

【癸丑】開元元年이라

開元 元年(계축 713)

太平公主依上皇之勢하야 擅權用事하니 與上有隙이라 宰相七人에 五出其門[1)]
하고 文武之臣이 太半附之하니 與竇懷貞, 岑(잠)義, 蕭至忠으로 謀廢立하니 秋
七月에 魏知古告公主欲以是月四日作亂이라하야늘 上이 乃定計誅之할새 執至
忠, 義於朝堂하야 皆斬之하고 太平公主는 賜死于家하다

太平公主가 上皇의 권세를 믿고 권력을 독점하여 用事하니, 上과 틈이 있
게 되었다. 재상 7명 중에 5명이 太平公主의 門下에서 나왔고 文武 大臣 중
에 태반이 太平公主에게 붙었다. 이에 太平公主가 竇懷貞, 岑義, 蕭至忠 등
과 함께 上을 폐위하고 다른 사람을 세울 것을 도모하였다.

가을 7월에 魏知古가 "太平公主가 이달 4일에 난을 일으키고자 합니다."
하고 고변하였다. 上이 마침내 계책을 정하여 이들을 주벌할 적에 蕭至忠과
岑義를 朝堂에서 붙잡아 모두 목을 베고 太平公主는 집에서 賜死하였다.

1) 〔譯註〕宰相七人 五出其門 : 竇懷貞, 蕭至忠, 岑義, 崔湜, 陸象先 등 5명이 太平
公主의 문하에서 나왔다.

○ 以高力士로 爲右監門將軍하야 知內侍省事하다 初에 太宗이 定制할새 內侍
省에 不置三品官[1)]하야 黃衣廩食하고 守門傳命而已요 天后雖女主나 宦官亦
不用事하고 中宗時에 嬖倖猥多[2)]하야 宦官七品以上이 至千餘人이나 然衣緋
(비)[3)]者尙寡러라 上在藩邸[4)]에 力士傾心奉之라 及爲太子에 奏爲內給事러니
至是에 以誅蕭, 岑功으로 賞之하니 是後에 宦官稍增하야 至三千餘人이요 除三
品將軍者寖多하고 衣緋紫至千餘人이라 宦官之盛이 自此始러라 〈出宦者傳〉

高力士를 右監門將軍으로 삼아 內侍省의 일을 맡게 하였다. 처음에 太宗이
제도를 정할 적에 內侍省에 3品의 관원을 두지 않아 〈內侍들이〉 단지 황색
관복을 입고 녹을 먹으며 궁궐문을 지키고 명령을 전달할 뿐이었다. 則天武
后는 비록 女主였으나 환관들이 用事하지 않았다. 中宗 때에는 총애를 받는
환관들이 매우 많아 7품 이상의 환관이 천여 명에 이르렀으나 또한 붉은색

관복을 입은 자는 아직도 적었다.

上이 藩王府에 있을 적에 高力士가 마음을 다하여 받들었는데, 태자가 되자 睿宗에게 아뢰어 高力士를 內給事로 삼았으며, 이때에 이르러 蕭至忠과 岑羲를 주벌한 공로가 있다 하여 高力士에게 상을 주었다. 이 뒤로 환관이 점점 증가하여 3천여 명에 이르렀으며, 3품의 將軍에 제수된 자가 점점 많아지고, 붉은색과 자주색 관복을 입은 자가 천여 명에 이르렀다. 환관의 성대함이 이로부터 시작되었다. - ≪新唐書 宦者傳≫에 나옴 -

1) 〔譯註〕不置三品官 : 內侍省의 장관은 內侍로, 품계는 從四品上이었다.
2) 〔頭註〕嬖倖猥多 : 嬖는 愛也요 又賤而得幸曰嬖라 倖은 親也요 又與幸通하니 愛也라 猥多는 雜也라
   嬖는 사랑함이고, 또 신분이 천하면서 군주의 사랑을 얻은 자를 嬖라 한다. 倖은 친함이고 또 幸과 통하니 사랑함이다. 猥多는 잡다한 것이다.
3) 〔頭註〕衣緋*) : 緋는 音非니 絳也라
   緋는 음이 비이니, 붉은색이다.
 *) 衣緋 : 5품 이상의 관원을 이른다. 唐나라 제도에 문무관 중에 3품 이상은 자주색 관복을, 4품은 짙은 붉은색 관복을, 5품은 옅은 붉은색 관복을 입었다.
4) 〔頭註〕藩邸 : 邸는 郡國朝宿之舍니 在京師者를 率名曰邸라 邸는 至也니 言所歸至也라 近世逆旅之稱이라
   邸는 郡國의 관리와 제후가 천자를 조견할 때 머무는 곳이니, 서울에 있는 것을 대체로 邸라 이름한다. 邸는 다다름(이름)이니, 돌아가 다다르는 곳을 말한다. 근세에는 여관의 칭호이다.

范祖禹曰 自古로 國家之敗는 未有不由輕變祖宗之舊也라 創業1)之君은 其得之也難故로 其防患也深하고 其慮之也遠故로 其立法也密하니 後世雖有聰明才智之君이 高出群臣之表나 然終不若祖宗更(경)事之多也라 夫中人은 不可假以威權이니 蓋近而易以爲奸也일새라 明皇이 不戒履霜之漸2)하고 而輕變太宗之制하야 崇寵宦者하야 增多其員이라 自是以後로 浸干國政하야 其源一啓에 末流不可復塞하니 唐室之禍가 基於開元이라 書曰 鑑于先王成憲이라야 其永無愆이라하니 爲人後嗣하야 可不念之哉아

范祖禹가 말하였다.

"예로부터 국가가 패망함은 祖宗의 옛 제도를 경솔하게 변경한 데에서 연유하지 않은 적이 없다. 창업한 군주는 천하를 어렵게 얻었기 때문에 환난을 방비함이 깊고 화를 염려함이 멀어서(깊어서) 법을 세움에 치밀하니, 후세에 비록 총명하고 재주있고 지혜로운 군주가 있어서 여러 신하보다 월등하게 뛰어나더라도 마침내 일을 많이 경험한 祖宗만 못한 것이다. 中人(宦官)은 위엄과 권력을 빌려 주어서는 안 되니, 이는 군주와 가까이 있어서 간악한 짓을 하기가 쉽기 때문이다.

明皇(玄宗)은 서리를 밟는 조짐을 경계하지 않고 太宗의 제도를 경솔하게 변경해서 환관들을 높이고 총애하여 그 인원수를 늘렸다. 이 이후로 환관들이 점점 국정에 관여하여 물꼬가 한번 터지자 末流의 폐해를 다시 막을 수가 없었으니, 唐나라의 禍는 開元 연간에 연유되었다. ≪書經≫〈說命 下〉에 이르기를 '先王이 이루어 놓은 법을 살펴보아서 길이 허물이 없게 하라.' 하였으니, 남의 後嗣가 되어서 이것을 생각하지 않을 수 있겠는가."

1) 〔頭註〕創業 : 創은 與刱通하니 初也, 造也라
   創은 刱과 통하니, 처음이며 만듦이다.
2) 〔頭註〕履霜之漸 : 易에 履霜하면 堅冰至라하니라
   ≪周易≫ 坤卦 初六爻辭에 "서리를 밟으면 단단한 얼음이 이른다." 하였다.

上이 幸新豐하야 講武于驪山之下하다 〈本紀〉

上이 新豐에 행차하여 驪山 아래에서 講武하였다. - ≪新唐書 玄宗本紀≫에 나옴 -

○ 以同州刺史姚元之로 爲兵部尙書, 同中書門下三品하다 上이 初卽位에 勵精[1]爲治하야 每事를 訪於元之하고 元之는 應答如響하니 同僚는 皆唯諾[2]而已라 故로 上이 專委任之러라 元之請抑權倖, 愛爵賞하고 納諫諍, 却貢獻하며 不與群臣褻狎[3]하니 上이 皆納之하다

同州刺史 姚元之를 兵部尙書·同中書門下三品으로 삼았다. 上이 처음에 즉위해서 마음을 가다듬어 오로지 정치에 힘을 쏟았다. 그리하여 매사를 姚元之에게 물었고 姚元之는 메아리처럼 신속히 응답하니, 동료들은 모두 "예 예"하고 대답만 할 뿐이었다. 그러므로 上이 오로지 그에게 위임하였다. 姚元之가 총애받는 權臣을 억제하고 관작과 상을 아끼며, 간쟁을 받아들이고 공물로 바치는 것을 물리치며, 여러 신하들과 친압하지 말 것을 청하니, 上이 모두 받아들였다.

1) 〔頭註〕勵精 : 勵는 勉力也요 精은 專一也라
　　勵는 힘씀이요, 精은 전일함이다.
2) 〔通鑑要解〕唯諾 : 唯는 上聲이라
　　唯는 上聲(공손하게 대답한다는 뜻)이다.
3) 〔通鑑要解〕褻狎 : 廣韻에 褻은 裏衣也라 又與狎通이라
　　≪廣韻≫에 "褻은 속옷이다." 하였다. 또 狎(친압하다)과 통한다.

本傳[1]曰 上이 講武新豐할새 崇이 爲同州刺史러니 召詣行在한대 帝歡甚하야 咨天下事하야 袞袞不知倦이라 帝曰 卿은 宜遂相朕하라 崇이 知帝大度銳於治하고 乃先設事하야 以堅帝意하야 因跪奏曰 臣이 願以十事聞하노니 陛下度(탁)不可行이어든 臣이 敢辭호리이다 帝曰 試爲朕言之하라 崇曰 垂拱[2]以來로 以峻法繩[3]下하니 臣은 願政先仁恕하노니 可乎잇가 朝廷이 覆師靑海[4]하고 未有牽復[5]之悔하니 臣은 願不倖邊功하노니 可乎잇가 比來에 壬佞[6]이 冒觸憲綱에 皆得以寵自解하니 臣은 願法行自近하노니 可乎잇가 后氏臨朝에 喉舌之任이 出閹人之口하니 臣은 願宦豎[7]不與政하노니 可乎잇가 戚里[8]貢獻하야 以自媚于上일새 公卿方鎭이 寢亦爲之하니 臣은 願租賦外에 一絶之하노니 可乎잇가 外戚貴主 更(경)相用事하야 班序荒雜하니 臣은 願戚屬不任臺省하노니 可乎잇가 先朝에 褻狎大臣하야 虧君臣之嚴하니 臣은 願陛下接之以禮하노니 可乎잇가 燕欽融, 韋月將[9]이 以忠得罪라 自是로 諍臣沮折하니 臣은 願群臣皆得批逆鱗[10], 犯忌諱하노니

可乎_{잇가} 武后造福先寺_{하고} 上皇造金仙, 玉眞二觀_{하사} 費鉅¹¹⁾百萬_{하니} 臣_은
願絶道佛營造_{하노니} 可乎_{잇가} 漢_이 以祿, 莽, 閻, 梁¹²⁾_{으로} 亂天下_{어늘} 國家爲
甚_{하니} 臣_은 願推此監戒_{하야} 爲萬代法_{하노니} 可乎_{잇가} 帝曰 朕能行之_{호리라} 崇_이
乃頓首謝_{하다}

≪新唐書≫〈姚崇傳〉에 말하였다.

"上이 新豐에서 講武할 적에 姚崇(姚元之)이 同州刺史로 있었는데, 그를
불러 行在所로 오자 황제가 매우 기뻐하며 천하의 일을 끊임없이 묻고 피곤
한 줄을 몰랐다. 황제가 이르기를 '경은 마땅히 짐을 돕도록 하라.' 하니, 姚
崇이 황제가 큰 도량이 있어 정치에 마음을 쏟는다는 것을 알고, 이에 먼저
일을 가설하여 황제의 뜻을 견고히 하려 하였다. 인하여 무릎을 꿇고 아뢰기
를 '신이 열 가지 일을 아뢰기를 원하니, 폐하께서 헤아려보시고 시행할 수
없으시거든 신은 감히 사양하겠습니다.' 하니, 황제가 말하기를 '한 번 짐을
위하여 말해보라.' 하였다.

姚崇은 말하기를 '武后의 垂拱 연간 이래로 준엄한 법으로 아랫사람들을
다스리고 있는 바, 신은 정사에 仁과 恕를 먼저 행하기를 원하오니, 가능하
시겠습니까? 조정이 靑海에서 군대를 전복시켰으면서도 연결하여 회복하는
뉘우침이 없으신 바, 신은 변방의 공을 요행으로 바라지 않기를 원하오니,
가능하시겠습니까? 근래에 奸臣들이 국가의 법과 기강을 범해도 모두 은총
을 받아 저절로 풀려나는 바, 신은 가까운 신하부터 법을 시행하기를 원하오
니, 가능하시겠습니까? 則天武后가 조정에 임어하여 왕명을 전달하는 喉舌
의 임무가 환관의 입에서 나오는 바, 신은 환관들이 정사에 관여하지 않게
하기를 원하오니, 가능하시겠습니까? 외척들이 공물을 바쳐 스스로 上에게
잘 보이려 하자 公卿과 方鎭도 점점 이러한 일을 하고 있는 바, 신은 조세 이
외에는 일체 끊기를 원하오니, 가능하시겠습니까? 외척과 귀한 공주들이 번
갈아 서로 用事하여 반열의 순서가 황폐하고 난잡한 바, 신은 외척들이 臺省
의 직책을 맡지 않기를 원하오니, 가능하시겠습니까? 선왕조에 大臣과 지나
치게 친압하여 군신간의 위엄을 훼손하였는 바, 신은 폐하께서 예로써 신하

들을 대하기를 원하니, 가능하시겠습니까? 燕欽融과 韋月將이 충직함으로
죄를 얻으니 이 뒤에 간쟁하는 신하들이 기가 꺾였는 바, 신은 여러 신하들
이 모두 逆鱗을 범하고 忌諱를 범하기를 원하오니, 가능하시겠습니까? 武后가
福先寺를 짓고 上皇이 金仙觀과 玉眞觀을 짓느라 수백만 금을 허비하였는 바,
신은 도교의 도관과 불교의 사찰을 짓지 말기를 원하오니, 가능하시겠습니까?
漢나라는 呂祿·王莽·閻顯·梁冀 등의 外戚 때문에 천하를 어지럽혔는데 우리
당나라는 더욱 심한 바, 신은 이러한 鑑戒를 미루어 만대의 법으로 삼기를 원하
오니, 가능하시겠습니까?'하니, 황제가 대답하기를 '짐이 충분히 이를 행할 수
있다.' 하였다. 姚崇이 마침내 머리를 조아려 사례하였다."

1) 〔頭註〕本傳 : 傳은 柱戀反이라 史氏記載事迹하야 以傳于世曰傳이라
    傳은 柱戀反(전)이다. 史官이 사적을 기록하여 세상에 전하는 것을 傳이라
    한다.

2) 〔原註〕垂拱 : 武后라
    垂拱은 則天武后의 연호이다.

3) 〔頭註〕繩 : 索也니 所以引畫而取直者라 言正治其事가 亦猶繩也라
    繩은 줄이니, 줄을 당겨 그어서 곧음을 취하는 것이다. 일을 바르게 다스리는
    것이 또한 먹줄과 같음을 말한 것이다.

4) 〔頭註〕靑海 : 下卷丙戌年에 與吐蕃으로 戰於靑海라
    靑海는 下卷의 병술년(746)에 "吐蕃과 靑海에서 싸웠다."라고 보인다.

5) 〔頭註〕牽復*⁾ : 易小畜九二爻辭라
    牽復은 ≪周易≫ 小畜卦의 九二爻辭이다.

 *) 牽復 : 여럿이 연결하여 회복함을 이른다. ≪주역≫ 小畜卦 九二爻辭에 "九二는
    연결하여 회복함이니, 길하다.〔九二 牽復 吉〕"라고 보인다.

6) 〔頭註〕壬佞 : 壬亦佞也라
    壬佞의 壬 역시 아첨함이다.

7) 〔頭註〕宦豎*⁾ : 豎는 見上卷이라
    豎는 上卷 을사년(705) 기사의 註에 보인다.

 *) 豎 : 冠禮를 하지 않은 僮僕이니, 경시하여 奴僕에 견준 것이다.

8) 〔頭註〕戚里 : 長安에 有戚里하니 漢人君姻戚居之라 後에 因謂外戚爲戚里하니라
    長安에 戚里가 있으니, 漢나라 임금의 姻戚들이 이곳에 살았다. 그러므로 후세

에 이로 인하여 외척을 일러 戚里라 하였다.

9) 〔頭註〕燕欽融韋月將 : 燕欽融은 許州參軍也니 上言皇后淫亂하고 干預國政이라
하야늘 乃殺之하다 韋月將은 處士也니 上言武三思潛通宮掖하니 必爲逆亂이라하
야늘 上怒하야 命斬之하다

　燕欽融은 許州의 參軍인데, 황후(韋后)가 음란하고 국정에 간여한다고 上言하
자, 황후가 노하여 그를 죽였다. 韋月將은 處士인데, 武三思가 후궁과 몰래 사통
하니 틀림없이 반역하여 난리를 일으킬 것이라고 上言하자, 상(中宗)이 노하여
그를 참수하도록 명하였다.

10) 〔附註〕批逆鱗 : 批는 觸也라 韓非傳에 龍之爲蟲이 可擾狎而騎也나 然其喉下에
有逆鱗하야 人有嬰之면 則必殺人이라 人主亦有逆鱗하니 說(세)之者能無嬰之면
則幾矣라하니라

　批는 저촉함이다. ≪史記≫〈韓非列傳〉에 "용이라는 동물은 길들여 탈 수는 있
으나 목 아래에 거꾸로 난 비늘이 있어서 사람이 이것을 건드리면 반드시 사람을
죽인다. 임금 또한 거꾸로 난 비늘이 있으니, 人主를 설득하는 자가 이것을 건드
리지 않으면 유세를 잘할 수 있을 것이다." 하였다.

11) 〔頭註〕鉅 : 與巨同하니 大也라

　鉅는 巨와 같으니, 큼이다.

12) 〔頭註〕祿莽閻梁*) : 祿은 呂祿이요 莽은 王莽이요 閻은 閻顯이요 梁은 梁冀니
皆外戚이라

　祿은 呂祿이고, 莽은 王莽이고, 閻은 閻顯이고, 梁은 梁冀이니, 모두 외척이다.

*) 祿莽閻梁 : 呂祿은 西漢 高祖 呂皇后의 조카이고 王莽은 西漢 元帝 王皇后의 조
카이며, 閻顯은 東漢 安帝 閻皇后의 오빠이고, 梁冀는 두 누이가 東漢의 順帝와
桓帝의 황후가 되었다.

姚元之¹⁾嘗奏請序進郎吏러니 上이 仰視殿屋이어늘 元之再三言之호되 終不
應이라 元之懼하야 趨出하다 罷朝에 高力士諫曰 陛下新總萬機하시니 宰相奏事
에 當面加可否어시늘 奈何一不省察이시니잇고 上曰 朕이 任元之以庶政하니 大事
는 當奏聞共議之어니와 郎吏는 卑秩이어늘 乃一一以煩朕耶아 會에 力士宣事至
省中²⁾이라가 爲元之道上語하니 元之乃喜하고 聞者皆服上識人君之體러라 左

拾遺曲江張九齡이 以元之有重望하야 爲上所信任이라하야 奏記³⁾勸其遠諂
躁, 進純厚하니 元之嘉納其言하다 〈出本傳〉

姚元之가 일찍이 한 郎吏를 순서에 따라 승진시킬 것을 주청하였는데, 上
이 대궐의 지붕을 우러러보고 대답하지 않았다. 姚元之가 두세 번 아뢰었으
나 上이 끝내 응답하지 않으니, 姚元之가 두려워 종종걸음으로 나갔다. 조회
가 끝나자, 高力士가 간쟁하기를 "폐하께서 즉위하시어 새로 萬機를 총괄하
시니, 재상이 일을 주청하면 마땅히 면전에서 가부를 표시하셔야 하는데, 어
찌하여 한 번도 살펴보지 않으십니까?" 하자, 上이 이르기를 "짐이 姚元之에
게 여러 가지 정무를 맡겼으니, 큰일은 마땅히 주달하여 함께 의논해야 하나
郎吏는 낮은 품계인데 마침내 일일이 짐에게 번거롭게 아뢴단 말인가." 하였
다. 마침 高力士가 諭旨를 전하러 尙書省에 왔다가 姚元之에게 上의 말을 전
하니, 姚元之가 마침내 기뻐하였고 듣는 자들은 上이 임금의 체통을 앎에 감
복하였다.

左拾遺 曲江 張九齡은 姚元之가 重望이 있어서 上에게 신임을 받는다 하
여, 奏記를 올려 참소하는 자와 조급한 자를 멀리하고 순후한 자를 등용할
것을 권하니, 姚元之가 그 말을 아름답게 여기고 받아들였다. - ≪新唐書 姚
崇傳≫에 나옴 -

1) 〔譯註〕姚元之 : 元之는 姚元崇의 字이다. 당시에 突厥의 叱列元崇이 반란을 일
  으키자 태후가 姚元崇에게 명하여 字를 사용하게 하였는데, 開元神武皇帝의 존
  호를 피하여 다시 姚崇이라 이름하였다.

2) 〔頭註〕省中^{*)} : 入宮中者를 皆當省察하야 不可妄也라
  省中은 궁중에 들어오는 자를 모두 살펴서, 망령되이 행동하지 못하기 때문에
  宮中을 省中이라 한다.

 *) 省中 : 옛날에는 宮中을 省中이라 하였으나 후대에는 帝王이 거처하는 곳을 宮
   中 혹은 禁中이라 하고, 諸公(三公)들이 거처하는 곳을 省中이라 하였다. 여기
   서는 후자를 가리킨 것으로, 특히 尙書省을 지칭한 것으로 보인다.

3) 〔頭註〕奏記^{*)} : 記者는 書也라 鄭朋이 奏記於蕭望之하니 奏記는 自朋始하니라
  記는 책에 쓰는 것이다. 鄭朋이 蕭望之에게 奏記를 올렸으니, 奏記는 鄭朋으로

부터 시작되었다.

＊） 奏記 : 漢나라 때 상급 관부의 長官에게 의견을 진달하는 문서를 말한다.

○ 十二月에 改尙書左右僕射하야 爲左右丞相하고 中書省爲紫微省하고 門下省爲黃門省하고 侍中爲監하다〈出百官志〉

12월에 尙書 左僕射와 右僕射를 고쳐 左丞相과 右丞相이라 하고, 中書省을 紫微省이라 하고, 門下省을 黃門省이라 하고, 侍中을 監이라 하였다. - ≪新唐書 百官志≫에 나옴 -

○ 壬寅에 元之避開元尊號하야 復名崇하다

壬寅日(12월 13일)에 姚元之가 開元神武皇帝의 尊號를 피하여 다시 崇이라 이름하였다.

【甲寅】 二年이라

開元 2년(갑인 714)

春正月에 制하야 選京官有才識者하야 除都督, 刺史하고 都督, 刺史 有政迹者를 除京官하야 使出入常均하야 永爲恒式하다

봄 정월에 制書(詔書)를 내려, 京官 중에 재주와 식견이 있는 자를 뽑아 都督과 刺史에 제수하고, 都督과 刺史 중에 政迹(治績)이 있는 자를 京官에 제수해서, 관원들로 하여금 외직으로 나가고 내직으로 들어오는 것을 항상 균등하게 하여 영구한 법식으로 삼게 하였다.

○ 舊制에 雅俗之樂[1]이 皆隷太常이러니 上이 精曉音律하야 以太常은 禮樂之司니 不應典倡優[2] 雜伎(技)라하야 乃更置左, 右敎坊하야 以敎俗樂[3]하고 又選樂工數百人하야 自敎法曲[4]於梨園하고 謂之皇帝梨園弟子[5]라하다

　　옛 제도에 雅樂과 俗樂을 모두 太常寺에서 관할하였다. 上이 음률에 정통하여 太常寺는 禮樂을 맡은 관서이니 倡優와 雜伎를 맡아서는 안 된다고 하여 마침내 左敎坊과 右敎坊을 별도로 설치하여 俗樂을 가르쳤다. 또 악공 수백 명을 선발하여 직접 梨園에서 法曲을 가르치고 이들을 ‘皇帝梨園弟子’라 하였다.

1)〔頭註〕雅俗之樂：謂雅樂俗樂也라
　　雅俗之樂은 雅樂과 俗樂을 말한다.

2)〔頭註〕倡優：伎樂曰倡이요 諧戲曰優라
　　음악을 연주하는 사람을 倡이라 하고, 해학과 유희를 하는 사람을 優(광대)라 한다.

3)〔釋義〕左右敎坊[*1] 以敎俗樂：初에 有內敎坊[*2]하야 置于禁中蓬萊宮側이러니 更置左, 右敎坊于京都하야 以中官爲之使하니 自是로 不隷太常하니라
　　처음에 內敎坊이 있어 황궁의 蓬萊宮 옆에 두었는데, 다시 左敎坊과 右敎坊을 서울에 두고 환관을 敎坊使로 삼으니, 이로부터 太常寺에 예속되지 않았다.

*1) 敎坊：옛날 宮庭의 음악을 관장하던 관청으로 雅樂 이외에 音樂, 舞蹈, 百戲를 관할하였다.

*2) 內敎坊：唐나라 武德 말기에 궁중 안에 설치하여 음악을 敎習하고 優人을 관장하게 하였으며 太常寺에 소속시켰다. 武后 如意 원년(692)에 雲韶府로 바꾸고 환관을 敎坊使로 삼았는데, 이때 다시 內敎坊을 황궁 안에 설치하였다.

4)〔譯註〕法曲：고대 악곡의 일종으로, 東晉과 南北朝 시대에는 法樂이라 불렀다. 불교의 法會에서 사용하였기 때문에 붙인 이름인데, 원래는 西域의 음악을 가리킨다. 唐나라 때 성행하였으며, 유명한 곡으로는 赤白桃李花, 霓裳羽衣 등이 있다.

5)〔釋義〕皇帝梨園弟子：隋有法曲하니 其聲淸近雅라 明皇愛之하야 選坐部(妓)〔伎〕[*1] 子弟三百하야 敎於梨園하고 號皇帝梨園弟子라하고 宮女數百을 亦爲梨園弟子하야 居宜春北院[*2]하니라
　　隋나라 때 法曲이 있었으니, 그 소리가 맑아 雅樂에 가까웠다. 明皇이 이것을 좋아하여 坐部伎의 子弟 300명을 뽑아 梨園에서 가르치고 皇帝梨園弟子라 이름하였고, 궁녀 수백 명을 또한 梨園弟子로 만들어서 宜春北院에 있게 하였다.

*1) 坐部伎：唐나라 玄宗은 궁중 연회에 사용하는 음악을 坐部伎와 立部伎로 구분

하였다. ≪新唐書≫ 〈禮樂志〉에 의하면, 堂下에 서서 연주하는 것을 立部伎라 하고 堂上에 앉아서 연주하는 것을 坐部伎라 하는데, 太常寺에서 坐部 중에 가르칠 수 없는 사람은 立部에 예속시키고, 그래도 가르칠 수 없는 사람은 雅樂을 익히게 하였다고 한다.

*2) 宜春北院 : 宜春院은 唐나라 때 궁궐에서 官妓가 거주하던 곳으로, ≪教坊記≫에 의하면, 기녀가 宜春院에 들어오면 內人 또는 前頭人이라 불렸는데, 항상 황제의 앞에 있었기 때문에 이렇게 칭한 것이다.

〔史略 史評〕 胡氏曰 玄宗이 不以太常典俗樂은 是也어니와 乃更置坊院하고 盛選工女하야 而自教之하니 則是는 以天子而典倡優矣니 其可乎아 夫以顏子 亞聖之資로도 夫子尚以放鄭聲爲戒[1]하시니 況玄宗乎아 大臣之責은 務引其君 以當道하야 以格其非心하야 而防其微漸者也니 姚崇於是에 昧其所職矣로다

胡氏가 말하였다.

"玄宗이 太常寺에서 俗樂을 맡지 않게 한 것은 옳았으나 마침내 教坊과 梨院를 다시 설치하고 여자 악공들을 많이 뽑아서 직접 가르쳤으니, 이는 天子로서 倡優를 주관한 것이니 어찌 옳겠는가. 亞聖의 자질을 지닌 顏子에게도 夫子께서 오히려 鄭나라의 음탕한 음악을 추방하라고 경계하셨으니, 하물며 玄宗에 있어서이겠는가. 大臣의 책임은 군주를 힘써 인도하여 道에 맞게 해서 그 나쁜 마음을 바로잡아 은미하게 점점 불어나는 것을 막는 것이니, 姚崇은 이때에 있어서 자신이 맡은 바를 몰랐다고 할 것이다."

1) 〔譯註〕 夫子尚以放鄭聲爲戒 : 이 내용은 ≪論語≫ 〈衛靈公〉에 보인다.

○ 上이 素友愛하야 近世帝王이 莫能及이라 初卽位[1]에 爲長枕大被하야 與兄弟同寢하고 殿中에 設五幄[2]하야 與諸王으로 更(경)處其中하야 謂之五王[3]帳이라 하다 薛王業이 有疾이어늘 上이 親爲煮藥이라가 回飆(표)吹火하야 誤爇(설)上須(鬚)[4]라 左右驚救之한대 上曰 但使王飲此藥而愈면 須何足惜이리오 〈睿宗諸子傳〉[5]

上이 평소에 우애하여 근세의 帝王 중에 따라갈 자가 없었다. 처음에 즉위

하였을 적에 긴 베개와 큰 이불을 만들어 형제들과 함께 자고, 대궐 안에 다섯 개의 장막을 설치하여 여러 왕들과 번갈아 가면서 이곳에서 머물고는 이를 일러 五王帳이라 하였다. 薛王 李業이 병을 앓자, 上이 몸소 약을 달이다가 회오리바람이 불에 불어와서 上의 수염을 태웠다. 좌우의 신하들이 놀라서 불을 끄자, 上이 이르기를 "薛王이 이 약을 마시고 병이 낫기만 한다면 수염을 어찌 아까워하겠는가." 하였다. - ≪新唐書 睿宗諸子傳≫에 나옴 -

1) 〔譯註〕 初卽位 : ≪新唐書≫ 〈三宗諸子傳〉에 "玄宗이 태자였을 적에 긴 베개와 큰 이불을 만들어 여러 왕과 함께 자려 하자 睿宗이 이를 알고 매우 기뻐하였다.〔玄宗爲太子 嘗製大衾長枕 將與諸王共之 睿宗知喜甚〕"라는 내용이 보인다.

2) 〔釋義〕 五幄 : 帷幄四合하야 象宮室也라
장막을 사방에 둘러쳐서 궁실을 본뜬 것이다.

3) 〔頭註〕 五王 : 宋王成器, 申王成義는 上之兄也요 岐王範, 薛王業은 上之弟也요 邠王守禮는 上之從兄也라
宋王 李成器와 申王 李成義는 上의 형이고, 岐王 李範과 薛王 李業은 上의 동생이고, 邠王 李守禮는 上의 종형이다.

4) 〔釋義〕 回飆吹火 誤爇上須 : 飆는 說文에 扶搖風也라하니 回風이 是也라 須는 說文에 面毛也라 俗作鬚하니 所須之須는 本借此라
飆는 ≪說文解字≫에 "扶搖風이다."라고 하였으니, 회오리바람이 이것이다. 須는 ≪說文解字≫에 "얼굴에 난 털이다." 하였다. 세속에서는 鬚자로 쓰니, 所須(필요로 하는 바)의 須자는 본래 이것을 가차한 것이다.

5) 〔譯註〕 睿宗諸子傳 : ≪新唐書≫ 〈三宗諸子傳〉 중 睿宗諸子 조항에 나온다.

○ 上이 以風俗奢靡라하야 秋七月에 制호되 乘輿服御金銀器玩을 宜令有司銷毁하야 以供軍國之用하고 其珠玉錦繡를 焚於殿前하며 后妃以下 皆毋得服珠玉錦繡하고 天下更毋得采[1]珠玉, 織錦繡等物하라하고 罷兩京織錦坊하다 〈本紀〉

上이 풍속이 사치하다 하여 가을 7월에 조령을 내리기를 "乘輿와 服御와 금은으로 만든 기물과 완호품을 有司로 하여금 녹여서 軍國의 비용에 공급하게 하고, 주옥과 비단을 궁전 앞에서 불태우며, 后妃 이하는 모두 주옥과 비

단옷을 입지 말고, 천하에서 다시는 주옥을 채취하지 말고 비단 등의 물품을 짜지 말라." 하였고, 兩京(長安과 洛陽)의 織錦坊(비단을 짜는 마을)을 파하였다. – ≪新唐書 玄宗本紀≫에 나옴 –

1)〔頭註〕采 : 與採同이라

采는 採와 같다.

溫公曰 明皇之始欲爲治하야 能自刻勵節儉이 如此로되 晚節에 猶以奢敗하니 甚矣라 奢靡之易以溺人也여 詩云 靡不有初나 鮮克有終이라하니 可不愼哉아

溫公이 말하였다.

"明皇이 처음에는 정치를 잘하고자 하여 스스로 노력하고 근검절약함이 이와 같았으나 말년에는 오히려 사치함으로 조정을 망쳤으니, 사치함이 사람을 빠뜨리기 쉬움이 너무나도 심하다. ≪詩經≫〈大雅 蕩〉에 이르기를 '처음은 있지 않은 자가 없으나 끝을 잘 마치는 자는 드물다.' 하였으니, 삼가지 않을 수 있겠는가."

宋王成器等이 請獻興慶坊宅하야 爲離宮[1]한대 制許之하니 始作興慶宮[2]하고 仍各賜成器等宅하야 環於宮側[3]하며 又於宮西南에 置樓하야 題其西曰花蕚(악)相輝之樓[4]라하고 南曰勤政務本之樓[5]라하다 上이 或登樓하야 聞王奏樂이면 則召升樓하야 同宴하고 或幸其所居하야 盡歡하고 賞賚[6]優渥이러라〈出睿宗諸子傳〉

宋王 李成器 등이 興慶坊의 집을 바쳐서 황제가 출행할 때 묵는 離宮으로 삼을 것을 청하자, 황제가 조령을 내려 이를 허락하니, 興慶宮을 짓기 시작하였고, 인하여 李成器 등에게 각기 집을 하사하여 興慶宮을 에워싸게 하였다. 또 궁궐의 서남쪽에 樓를 세워서 그 서쪽에는 '花蕚相輝之樓'라 쓰고 그 남쪽에는 '勤政務本之樓'라 썼다.

　　上이 때로 樓에 올라가서 여러 왕들이 자신의 집에서 음악을 연주하는 소리를 들으면 그들을 불러서 누대에 오르게 하여 함께 잔치하고, 때로 그들이 사는 집에 행차하여 함께 즐거움을 지극히 하고 여러 왕들에게 상을 매우 많이 내려주었다. - ≪新唐書 睿宗諸子傳≫에 나옴

1) 〔釋義〕 離宮 : 子虛賦*⁾에 離宮別館이 彌山跨谷이라 秦作離宮三百이라한대 漢書註에 云離宮者는 謂於別處置之니 非常所居也라

　　司馬相如의 〈子虛賦〉에 "離宮의 別館이 산에 가득하고 골짜기를 넘는다." 하였고, "秦나라는 離宮 300채를 지었다." 하였는데, ≪漢書≫의 顔師古 註에 "離宮은 별도의 곳에 설치한 것을 이르니, 항상 거주하는 곳이 아니다." 하였다.

*⁾ 子虛賦 : 위의 내용은 司馬相如의 上林賦에 보인다.

2) 〔譯註〕 興慶宮 : 唐나라 때 東內 大明宮(蓬萊宮)・西內 太極宮과 함께 3대 大內 중의 하나이다. 南內라고 불렀으며 開元 연간에 玄宗은 항상 이곳에서 정사를 보았다.

3) 〔釋義〕 各賜成器等宅 環於宮側*⁾ : 環은 繞也라

　　環은 에워싸는 것이다.

*⁾ 各賜成器等宅 環於宮側 : 寧王(宋王 李成器)과 岐王(李範)의 집은 安興坊에 있었고 薛王(李業)의 집은 勝業坊에 있었는데, 두 坊이 서로 이어져 있으며 모두 興慶宮 서쪽에 있었다.

4) 〔釋義〕 花萼相輝之樓 : 萼은 花跗니 承花者也라 花萼相輝는 義取詩常棣之華鄂不韡韡*⁾하니 燕兄弟之意以名樓也라

　　萼은 꽃받침이니, 꽃을 받치는 것이다. '花萼相輝'는 ≪詩經≫의 "常棣의 꽃이여, 꽃받침이 선명하게 빛나네."라는 뜻을 취한 것이니, 형제에게 연향을 베푸는 뜻으로써 樓의 이름을 지은 것이다.

*⁾ 義取詩常棣之華鄂不韡韡 : 常棣는 아가위꽃으로, ≪詩經≫ 小雅의 篇名이다. 모두 8章인데 형제가 화목하게 모여 술을 마시며 즐기는 것을 읊은 내용이다. 이 詩에 "상체의 꽃이여 꽃받침이 환하게 빛나는구나. 무릇 지금 사람들은 형제만한 이가 없다.〔常棣之華 鄂不韡韡 凡今之人 莫如兄弟〕"라고 하였는 바, 이후로 상체는 형제간에 우애함을 비유하는 말로 쓰인다. 鄂은 萼과 통하고 不은 跗와 통하는 바, 朱子의 ≪集傳≫에는 '鄂不韡韡리오'로 懸吐하여 '꽃받침이 환하게 빛나지 않겠는가'라고 해석하였다.

5)〔譯註〕勤政務本之樓 : 樓의 이름은 정사에 부지런하고 국가의 근본인 농업을 중
시한다는 뜻을 취한 것으로, 연호를 바꾸고 사면령을 내리고 항복을 받고 정사
를 처리하는 등의 일을 대부분 이곳에서 행하였다.

6)〔釋義〕賚 : 賜也라
賚는 하사함이다.

【乙卯】三年이라

開元 3년 (을묘 715)

春正月에 以盧懷愼으로 檢校吏部尙書兼黃門監[1]하다 懷愼이 淸謹儉素하야 不營貲産[2]하고 雖貴爲卿相이나 所得俸賜를 隨散親舊하야 妻子不免飢寒하고 所居不蔽風雨러라 姚崇이 嘗有子喪하야 謁告十餘日에 政事委積(자)[3]하니 懷愼이 不能決하고 惶恐하야 入謝於上한대 上曰 朕은 以天下事로 委姚崇하고 以卿으로 坐鎭雅俗爾니라 崇旣出에 須臾裁決俱盡하고 頗有德色[4]하야 顧謂紫微舍人齊澣曰 余爲相을 可比何人고 澣未對에 崇曰 何如管, 晏[5]고 澣曰 管, 晏之法은 雖不能施於後나 猶能沒身이어니와 公所爲法은 隨復更(경)之하니 似不及也니이다 崇曰 然則竟如何오 澣曰 公可謂救時之相[6]爾니이다 崇喜하야 投筆曰 救時之相을 豈易得乎아 懷愼이 與崇同爲相에 自以才不及崇이라하야 每事推之하니 時人이 謂之伴食宰相이라하니라 〈本傳〉

봄 정월에 盧懷愼을 檢校吏部尙書 兼黃門監에 임명하였다. 盧懷愼은 청렴하고 근신하고 검소하여 재산을 경영하지 않았으며, 비록 신분이 귀하여 卿相이 되었으나 얻은 봉급과 하사품을 그때마다 친구들에게 나누어 주어 妻子가 飢寒을 면치 못하였고 사는 곳이 비바람을 제대로 가리지 못하였다.

姚崇이 일찍이 아들의 喪이 있어 10여 일 동안 휴가를 청하자 정사가 쌓이니, 盧懷愼이 결단하지 못하고 두려워하여 조정에 들어가 上에게 사죄하였다. 上이 이르기를 "朕이 천하의 일은 姚崇에게 맡기고 卿에게는 가만히 앉

아서 고아함과 속됨을 진정시키게 했을 뿐이다.”하였다. 姚崇이 휴가가 끝나고 다시 나오자 잠깐만에 결재하여 쌓였던 정사를 다 처결하고 자못 득의한 기색을 띠면서 紫微舍人 齊澣을 돌아보고 이르기를 “내가 정승 노릇 하는 것을 어떤 사람에 견줄 수 있는가?”하였다. 齊澣이 미처 대답하기도 전에 姚崇이 말하기를 “管仲·晏嬰과 비교하여 누가 나은가?”하니, 齊澣이 대답하기를 “管仲과 晏嬰의 법이 후세에 시행되지는 못하였으나 그래도 그들의 일평생 동안은 시행될 수 있었습니다. 公이 만든 법은 수시로 다시 고칠 수 있으니, 두 사람에게 미치지 못하는 것 같습니다.”하였다. 姚崇이 말하기를 “그렇다면 마침내 어떠하단 말인가?”하니, 齊澣이 대답하기를 “公은 한 시대를 구원하는 재상이라고 이를 만합니다.”하였다. 姚崇은 기뻐하여 붓을 던지며 말하기를 “한 시대를 구원하는 재상을 어찌 쉽게 얻을 수 있겠는가.”하였다.

盧懷愼이 姚崇과 함께 재상이 되었는데, 자신의 재주가 姚崇에게 미치지 못한다 하여 매사를 姚崇에게 미루니, 당시 사람들이 그를 일러 伴食宰相이라 하였다. - ≪新唐書 盧懷愼傳≫에 나옴 -

1)〔譯註〕兼黃門監 : 開元 원년(713)에 門下省을 黃門省으로 바꾸고 侍中을 黃門監으로 고쳤으니, 兼黃門監은 兼侍中을 이른다. 開元 5년(717)에 옛 명칭을 회복하였다.
2)〔頭註〕貲産 : 貲는 財也라
  貲는 재물이다.
3)〔釋義〕委積 : 委積는 謂牢米薪芻也라 委는 於僞反이요 積는 子賜反이니 此二字相連하면 義同此*)라
  委積는 고기와 쌀과 섶과 꼴을 쌓아놓은 것을 이른다. 委는 於僞反(위)이고 積는 子賜反(자)이니 이 두 글자가 연결되면 뜻이 이와 같다.
*) 此二字相連義同此 : ≪周禮≫〈天官 宰夫〉의 鄭玄 注에 “委積는 앞글자는 음이 於僞反(위)이고 뒷글자는 음이 子賜反(자)이니, 이 두 글자가 서로 연결되면 모두 이 음과 같다.〔委積 上於僞反 下子賜反 此二字相連 皆同此音〕”하였다.
4)〔釋義〕德色 : 德은 一作得하니 得色은 謂容色自矜하야 以爲得志也라
  德은 어떤 본에는 得으로 되어 있으니, 得色은 용모와 안색이 스스로 자랑하여

득의함을 이른다.

5) 〔頭註〕 管晏 : 管仲, 晏嬰이라

　　管晏은 管仲과 晏嬰이다.

6) 〔通鑑要解〕 救時之相 : 言善應變也라

　　齊澣이 '한 시대를 구원하는 재상'이란 것은 임기응변에 뛰어남을 이른다.

〔史略 史評〕 司馬公曰 夫不肖用事에 爲其僚者 愛身保祿而從之하야 不顧國家之安危는 是誠罪人也요 賢智用事에 爲其僚者 愚惑以亂其治하고 專固以分其權하고 媚疾以毁其功하고 愎戾(팍려)以竊其名은 是亦罪人也라 姚崇은 唐之賢相이어늘 懷愼이 與之同心하야 以濟太平之政하니 夫何罪哉아 秦誓所謂寔能容之[1]는 懷愼之謂矣로다

　　司馬公이 말하였다.

　　"불초한 자가 用事할 적에 그의 동료된 자들이 몸을 아끼고 녹봉을 보전하기 위해 불초한 자를 따라서 國家의 安危를 돌아보지 않는 것은 진실로 죄인이요, 어질고 지혜로운 자가 用事할 적에 그의 동료된 자들이 어리석고 미혹됨으로써 정사를 어지럽히고 專橫하고 지위를 굳게 지켜 권력을 나누어 가지며 시기하고 질투함으로써 功을 훼손하며 괴팍하고 사나움으로써 명예를 도둑질하는 것은 이 또한 죄인이다. 姚崇은 唐나라의 어진 재상인데 盧懷愼이 그와 마음을 함께 하여 태평한 정치를 이루었으니, 무슨 죄가 되겠는가. 〈秦誓〉에 이른바 '이는 남을 포용하는 것'이라는 것은 盧懷愼을 두고 한 말이다."

1) 〔譯註〕 秦誓所謂寔能容之 : 秦誓는 《書經》〈周書〉의 편명이다. 〈秦誓〉에 이르기를 "만일 어떤 한 신하가 斷斷(성실)하고 다른 技藝가 없으나 그 마음이 곱고 고와 용납함이 있는 듯하여, 남이 가지고 있는 기예를 자신이 소유한 것처럼 여기며 남의 훌륭하고 聖스러움을 마음속으로 좋아하기를 자기 입에서 나온 것보다도 더하게 한다면 이는 남을 포용하는 것이어서 나의 子孫과 黎民을 보전할 것이니, 거의 또한 이로움이 있을 것이다. 남이 가지고 있는 技藝를 시기하고 미워하며 남의 훌륭하고 聖스러움을 어겨서 통하지 못하게 한다면 이는 포용하지 못하는 것이어서 나의 子孫과 黎民을 보전하지 못할 것이니, 또한 위태로울 것이다." 하였다.

○ 山東이 大蝗하니 人或於田旁에 焚香膜(모)拜[1]하고 設祭而不敢殺이라 姚崇이 奏遣御史都督州縣[2]하야 捕而瘞(예)[3]之러니 議者以爲蝗衆多하야 除不可盡이라하야늘 上亦疑之한대 崇曰 今蝗滿山東하야 河南北之人이 流亡殆盡하니 豈可坐視食苗하고 曾不救乎리잇고 借使除之不盡이라도 猶勝養以成災니이다 上乃從之하다 盧懷愼이 以爲殺蝗太多면 恐傷和氣라한대 崇曰 昔에 楚莊은 呑蛭(질)而愈疾[4]하고 孫叔은 殺蛇而致福[5]하니 奈何不忍於蝗而忍人之飢死乎아 若使殺蝗有禍면 崇[6]請當之호리라 〈出本傳〉

　山東 지방에 蝗蟲의 재앙이 크게 발생하니, 사람들이 혹 밭두둑 가에서 향을 태우고 膜拜를 하며 제사를 지내고 감히 죽이지 못하였다. 姚崇이 황제에게 아뢰어 御史를 보내어 州縣을 감독해서 황충을 잡아 묻어 죽이게 하였는데, 의론하는 자들이 말하기를 "황충이 너무 많아 제거할 수 없습니다."라고 하자, 上 또한 이를 의심하였다. 姚崇이 말하기를 "지금 山東 지방에 황충이 가득해서 河南과 河北 사람들이 流離하여 거의 없어졌으니, 어찌 황충이 벼싹을 갉아먹는 것을 앉아서 보기만 하고 마침내 구원하지 않는단 말입니까. 설사 황충을 다 제거하지 못한다 해도 오히려 황충을 길러서 재앙을 이루는 것보다는 낫습니다." 하니, 上이 마침내 그의 말을 따랐다.

　盧懷愼이 말하기를 "황충을 너무 많이 죽이면 和氣를 해칠까 두렵습니다." 하니, 姚崇이 말하기를 "옛날 楚나라 莊王은 거머리를 삼켜서 병이 나았고 孫叔敖는 뱀을 죽여서 복을 받았으니, 어찌하여 황충이 죽는 것은 차마 보지 못하면서 사람이 굶어 죽는 것은 차마 본단 말입니까. 만약 황충을 죽여 禍를 받게 된다면 제가 그 禍를 감당하겠습니다." 하였다. - 《新唐書 姚崇傳》에 나옴 -

1)〔原註〕膜拜[*1] : 膜는 胡人拜也라 〔頭註〕胡人禮拜稱南膜[*2]라 故曰膜拜니 長跪拜也라

　〔原註〕膜는 胡人의 절이다. 〔頭註〕胡人이 부처에게 예배드리는 것을 南膜라 하기 때문에 膜拜라 한 것이니, 허리를 세우고 꿇어앉아 절하는 것이다.

* 1) 膜拜 : 합장한 손을 이마에 대고 땅에 엎드려 하는 절을 이른다.

* 2) 南膜 : 불교 용어로 梵語 Namas의 음역이다. 南無라고도 하며, '귀의하다', '공경히 예를 행하다' 등을 의미한다.

2) 〔頭註〕都督州縣 : 綱目及資治에 幷無都字라

　　《資治通鑑》과 《資治通鑑綱目》에는 모두 都자가 없다.

3) 〔通鑑要解〕瘞 : 埋也, 藏也라

　　瘞는 묻음이고 감춤이다.

4) 〔釋義〕楚莊^{*)}吞蛭而愈疾 : 賈誼新書에 楚莊王이 食寒菹而得蛭에 恐左右見하고 監食不誅則廢法하야 遂吞之러니 令尹이 賀曰 王有仁德하니 天所輔也리이다하더니 是夜에 嘔而蛭出하고 久疾得愈하니라 蛭은 水蟲也라 〔通鑑要解〕蛭은 水蟲이니 能入人內라 山海經云 不咸之山에 有蜚蛭하니 四翼이라

　　〔釋義〕賈誼의 《新書》에 楚나라 莊王이 날채소를 먹다가 거머리가 나오자, 좌우의 신하들이 이것을 보고 음식을 감독한 자를 처형하지 않으면 법을 폐하게 될까 두려워하여 마침내 그것을 삼켰는데, 令尹이 축하하며 아뢰기를 "왕께서 仁德이 있으시니 하늘이 도우실 것입니다." 하였다. 이날 밤에 토하여 거머리가 나왔고, 오래 앓던 병이 나았다. 蛭은 물에 사는 벌레(거머리)이다. 〔通鑑要解〕蛭은 물에 사는 벌레이니, 사람의 몸 안으로 들어갈 수 있다. 《山海經》〈大荒北經〉에 이르기를 "不咸山에 蜚蛭이 있는데 날개가 넷이다." 하였다.

*) 楚莊 : 一說에는 莊王이 아니고 惠王이라 한다.

5) 〔釋義〕孫叔殺蛇而致福 : 孫叔敖爲兒時에 見兩頭蛇하고 殺而埋之하고 歸而泣이어늘 其母問故한대 叔敖曰 聞之호니 見兩頭蛇者死라하니 恐他人又見하고 已殺而埋之矣니이다 母曰 吾聞有陰德者는 天報以福이라하니 汝不死也리라하더니 及長에 爲楚令尹하니라

　　孫叔敖가 어렸을 적에 머리가 둘 달린 뱀을 보고 죽여서 묻고는 집에 돌아와 눈물을 흘리므로 그 어머니가 그 까닭을 묻자, 孫叔敖가 대답하기를 "제가 들으니 머리가 둘 달린 뱀을 본 자는 죽는다고 하였기 때문입니다. 다른 사람이 또 뱀을 볼까 두려워서 이미 죽여서 묻었습니다." 하니, 어머니가 말하기를 "내가 들으니 陰德이 있는 자는 하늘이 복으로 보답한다고 하였다. 너는 죽지 않을 것이다." 하였는데, 장성하여 楚나라의 令尹이 되었다.

6) 〔通鑑要解〕若使殺蝗有禍祟^{*)} : 祟은 作祟(수)니 神禍也라

　　祟은 祟가 되어야 하니, 禍祟는 神이 내리는 禍이다.

＊） 若使殺蝗有禍崇 : ‘若使殺蝗有禍’에서 句를 떼고 ‘崇’은 姚崇으로 해석하는 것이
옳을 듯하다.

○ 或上言호되 按察使徒煩擾公私하니 請精簡刺史縣令하고 停按察使하소서
上이 命召尙書省官¹⁾하야 議之한대 姚崇이 以爲今止擇十使²⁾라도 猶患未盡
得人이어든 況天下三百餘州요 縣多數倍하니 安得刺史縣令皆稱其職乎잇가
乃止하다〈出本傳〉

　혹자가 上言하기를 “按察使가 단지 官府와 백성들을 번거롭게만 하니, 청
컨대 刺史와 縣令을 정밀하게 선발하고 각도에 按察使를 파견하는 일을 정지
하소서.”하였다. 上이 명하여 尙書省 관원을 불러 의논하게 하니, 姚崇이 말
하기를 “지금 단지 열 명의 안찰사를 선발하려 해도 오히려 적합한 인재를
다 얻지 못할까 걱정인데, 하물며 천하에는 300여 개의 州가 있고 縣은 몇
배나 많으니, 어찌 刺史와 縣令이 모두 그 직책에 걸맞을 수 있겠습니까.”하
자, 마침내 중지하였다. - ≪新唐書 姚崇傳≫에 나옴 -

1)〔頭註〕尙書省官 : 尙書省은 令一人이 掌典領百官이라 其屬에 有六尙書하니 曰
　吏部, 戶部, 禮部, 兵部, 刑部, 工部라
　　尙書省은 尙書令 한 사람이 百官을 통솔하는 일을 담당하였다. 그 관속에 여섯
　尙書가 있으니, 吏部・戶部・禮部・兵部・刑部・工部 尙書이다.
2)〔頭註〕十使 : 太宗이 分天下爲十道하니 見三十六卷丁亥라
　　太宗이 천하를 나누어 10도로 만들었으니, 36권 정해년조(627)에 보인다.

【丙辰】四年이라

　開元 4년(병진 716)

二月에 以尙書右丞倪(예)若水로 爲汴州刺史兼河南采訪使하다 上이 雖欲重
都督刺史하야 選京官才望¹⁾者爲之나 然當時士大夫猶輕外任이라 揚州采
訪使班景倩(천)이 入爲大理少卿하야 過大梁이어늘 若水餞之行할새 立望其行

塵하고 久之에 乃返하야 謂官屬曰 班生此行이 何異登仙이리오하니라 〈本傳〉

2월에 尙書右丞 倪若水를 汴州刺史 兼河南采訪使로 삼았다. 上이 비록 都督과 刺史를 중시하여 京官 중에 재주와 명망이 있는 자를 뽑아 임명하고자 하였으나 당시의 사대부들이 여전히 지방관의 임무를 경시하였다. 揚州采訪使 班景倩이 들어가 大理寺 少卿이 되어 大梁을 지나가게 되었는데, 倪若水가 그를 위하여 전별할 적에 떠나는 행렬의 먼지를 서서 바라보고는 한참 뒤에 비로소 돌아와 관속들에게 이르기를 "班生의 이번 걸음이 어찌 하늘에 올라가 신선이 되는 것과 다르겠는가." 하였다. - 《新唐書 倪若水傳》에 나옴 -

1) 〔頭註〕 才望 : 才地聞望이라
　　才望은 재능과 地閥과 명망이다.

○ 山東에 蝗復大起어늘 姚崇이 又命捕之하니 倪若水謂호되 蝗乃天災요 非人力所能及이니 宜修德以禳之라 劉聰[1]時에 常捕埋之호되 爲害益甚이라하고 拒御史[2]하고 不從其命하다 崇牒若水曰 劉聰은 僞主라 德不勝妖어니와 今日은 聖朝라 妖不勝德하리니 古之良守는 蝗不入境[3]하니 若其修德可免인댄 彼豈無德致然가하니 若水乃不敢違라 由是로 連歲蝗災에 不至大飢하니라 〈出本傳〉

山東 지방에 蝗蟲의 재앙이 다시 크게 일어나자 姚崇이 또다시 명하여 잡게 하니, 倪若水가 이르기를 "황충은 바로 天災이고 人力으로 미칠 수 있는 것이 아니니, 마땅히 德을 닦아 물리쳐야 합니다. 前趙의 劉聰 때에 항상 황충을 잡아 죽였으나 폐해가 더욱 심하였습니다." 하고는 御史를 막고 그 명을 따르지 않았다. 姚崇은 倪若水에게 통첩하기를 "劉聰은 가짜 군주이므로 덕이 요망함을 이기지 못했지만 오늘날은 聖君이 조정에 임어하셨으니 요망함이 덕을 이기지 못할 것이다. 옛날 훌륭한 수령이 다스리는 곳에는 황충이 그 경내에 들어가지 않았으니, 만약 덕을 닦아 면할 수 있는 것이라면 저 황충은 어찌 그대가 덕이 없는 소치가 아니겠는가." 하니, 倪若水가 마침내 감히 어기지 못하였다. 이로 인하여 수년 동안 계속하여 황충의 재앙이 있었으

나 큰 기근에는 이르지 않았다. - ≪新唐書 姚崇傳≫에 나옴 -

1)〔釋義〕劉聰 : 晉惠時에 劉聰이 據平陽하고 僭號曰漢이라

   晉나라 惠帝 때에 劉聰이 平陽을 점거하고 참람하게 나라 이름을 漢이라 하
   였다.

2)〔頭註〕拒御史 : 上年에 遣御史하야 捕而埋之라

   지난해에 御史를 보내어 황충을 잡아서 묻게 하였다.

3)〔頭註〕蝗不入境 : 後漢魯恭爲中牟令하야 政有三異 *)하니 曰 蝗不犯入하고 化及
   禽獸하고 童子有仁心이라하니라

   後漢 때 魯恭이 中牟縣令이 되어 정사에 세 가지 기이한 일이 있었으니, 황충이
   경내에 들어오지 않고 교화가 금수에까지 미치고 어린아이가 인자한 마음이 있
   었다 한다.

*) 三異 : 魯恭이 中牟縣令이었을 때에 오로지 德化로써 다스리고 형벌을 가하지
   않았다. 建初 7년에 황충의 폐해가 심하였으나 魯恭이 다스리는 중모현에는 황
   충이 들어가지 않았는데, 河南尹 袁安이 이 말을 듣고 사실이 아닐 것이라고 의
   심하여 肥親을 보내어 중모현에 가서 廉察하게 하였다. 魯恭이 肥親을 따라 阡
   陌(밭두둑과 길거리)을 순행하다가 뽕나무 아래에 함께 앉았는데, 꿩이 지나가
   다가 그 곁에 내려앉았다. 곁에 어린 동자가 있으므로 肥親이 말하기를 "얘야,
   어째서 꿩을 잡지 않느냐?" 하니, 아이가 "꿩이 아직 어리기 때문입니다."라고
   하였다. 肥親이 놀라서 일어나 魯恭에게 말하기를 "내가 온 것은 그대의 정사를
   살피기 위해서인데, 지금 황충이 경내를 침범하지 않으니 이것이 첫 번째 기이
   한 일이요, 덕화가 鳥獸에게까지 미치니 이것이 두 번째 기이한 일이요, 어린
   아이도 인자한 마음이 있으니 이것이 세 번째 기이한 일이다. 오래 머물면 다만
   賢者를 번거롭게 할 뿐이다." 하고 관부로 돌아와서 袁安에게 상세히 보고하였
   다. ≪後漢書 魯恭傳≫

○ 或言於上曰 今歲選敍太濫하야 縣令非才라하야늘 及入謝에 上이 悉召縣
令於宣政殿庭하야 試以理人策하니 惟鄄城令韋濟 詞理第一이라 擢爲醴泉
令하고 餘二百餘人은 不入第나 且令之官하고 四十五人은 放歸學問하다 〈出濟
本傳〉

혹자가 上에게 아뢰기를 "금년에 관원을 선발하여 敍用한 것이 너무 지나쳐서 縣令이 적임자가 아닙니다." 하였다. 새로 임명된 관원이 조정에 들어와 사례할 적에 上이 縣令들을 宣政殿의 뜰로 모두 불러서 백성을 다스리는 계책을 가지고 시험해보니, 오직 鄆城令 韋濟가 문장과 이론이 제일이므로 발탁하여 醴泉令으로 삼고, 나머지 200여 명은 합격하지 못하였으나 우선 맡은 고을로 돌아가게 하고, 45명은 고향으로 돌아가 학문을 익히게 하였다.
- ≪新唐書 韋濟傳≫에 나옴 -

○ 六月癸亥에 上皇이 崩하다

6월 계해일(19일)에 上皇이 崩하였다.

○ 十二月에 姚崇, 源乾曜[1] 罷하고 以刑部尚書宋璟, 蘇頲(정)으로 同平章事하다 璟爲相에 務在擇人하고 隨材授任하야 使百官으로 各稱其職하며 刑賞無私하고 敢犯顔正諫하니 上이 甚敬憚之하야 雖不合意나 亦曲從之러라 突厥默啜(철)이 自則天世로 爲中國患하야 朝廷旰食하고 傾天下之力호되 不能克이라 郝(학)靈荃[2]이 得其首하고 自謂不世之功이러니 璟以天子好武功하시니 恐好事者競生心徼倖이라하야 痛抑其賞하고 逾年에 始授郎將하니 靈荃이 慟哭而死하니라 〈出本傳〉

12월에 姚崇과 源乾曜를 파면(면직)하고 刑部尚書 宋璟과 蘇頲을 同平章事로 삼았다. 宋璟이 정승이 되자, 인재를 가려 뽑음에 힘쓰고 재능에 따라 임무를 맡겨서 백관들로 하여금 각각 그 직책에 걸맞게 하며, 형벌과 상을 줌에 私情을 따르지 않고 감히 황제의 얼굴을 범하면서 정직하게 간하니, 上이 매우 공경하고 조심하여 비록 자신의 뜻에 합하지 않더라도 굽혀 그의 뜻을 따랐다.

突厥의 默啜이 則天武后 때로부터 대대로 중국의 걱정거리가 되어 조정에서 이 때문에 정무를 보느라 늦게서야 밥을 먹고 천하의 힘을 기울였으나 이기지 못하였다. 郝靈荃이 默啜의 首級을 얻고는 스스로 전무후무한 공이라고 여겼는데, 宋璟이 "황제가 武功을 좋아하시니 일을 좋아하는 자들이 다투어 요행을 바라는 마음을 낼까 두렵다." 하여, 그의 賞을 통렬히 억제하고 해를 넘기고야 비로소 郎將에 제수하니, 郝靈荃이 통곡하다가 죽었다. - ≪新唐書 姚宋傳≫에 나옴 -

1) 〔頭註〕源乾曜 : 姓名이라
   源乾曜는 姓名이다.
2) 〔頭註〕郝靈荃 : 郝은 音壑이라 靈荃이 使突厥하야 得其首하니라
   郝은 음이 학이다. 郝靈荃이 突厥에 사신으로 갔다가 默啜의 首級을 얻었다.

〔新增〕范氏曰 宋璟은 可謂賢相矣라 見其始而知其終하고 沮其勝而憂其敗러니 明皇이 卒以黷武로 至於大亂하니 何其智之明歟아 其可謂賢相矣로다
   范氏가 말하였다.
   "宋璟은 어진 정승이라고 이를 만하다. 처음을 보고 끝을 알았으며 승리를 억제하고 패배를 우려하였는데, 明皇이 끝내 무력을 남용함으로써 큰 혼란에 이르렀으니, 어쩌면 그리도 지혜가 밝은가. 어진 정승이라고 이를 만하다."

姚, 宋이 相繼爲相에 崇은 善應變成務하고 璟은 善守法持正하야 二人이 志操不同이나 然協心輔佐하야 使賦役寬平하고 刑罰淸省하니 百姓富庶하야 唐世賢相을 前稱房, 杜하고 後稱姚, 宋하야 他人은 莫得比焉이러라 二人每進見(현)에 上輒爲之起하고 去則臨軒[1]送之러니 及李林甫爲相엔 雖寵任이 過於姚, 宋이나 然禮遇殊卑薄矣라 〈出本傳〉

   姚崇과 宋璟이 서로 이어서 정승이 되었는데, 姚崇은 임기응변을 잘하여 일을 이루었고 宋璟은 법을 잘 지켜 公正함을 유지하여, 두 사람이 뜻과 소행은 같지 않았으나 합심하여 보좌해서 賦役이 너그럽고 공평하며 형벌이 투명하고 줄어들게 하니, 백성들이 부유하고 많아져서 唐나라 때의 어진 재상 중에 전에는 房玄齡과 杜如晦를 일컫고 뒤에는 姚崇과 宋璟을 일컬어서 다른

사람은 이들에게 견줄 수 있는 이가 없었다.

　두 사람이 매번 나아가 뵐 때마다 上이 번번이 그들을 위해 일어났으며 그
들이 떠날 때면 殿 앞에까지 나가 몸소 전송하곤 하였는데, 뒤에 李林甫가
정승이 되었을 때에는 비록 총애하고 위임함이 姚崇과 宋璟보다 더하였으나
예우함은 현저히 낮고 박하였다. - ≪新唐書 姚崇宋璟傳≫에 나옴 -

1) 〔頭註〕 臨軒*⁾ : 檐宇之末曰軒이니 臨軒은 謂近軒階也라
　　추녀 끝을 軒이라 이르니, 臨軒은 軒階(堂 앞의 계단)와 가까움을 이른다.
*⁾ 臨軒 : 황제가 正殿에 앉아 있지 않고 殿 앞에 나가는 것을 말한다. 殿 앞의 堂
　과 계단 사이는 처마와 가까우며 양쪽에 난간이 있는 것이 마치 수레의 軒과 같
　기 때문에 軒이라고 이름한 것이다.

贊曰 姚崇이 以十事로 要說(세)天子而後에 輔政하니 顧不偉哉리오마는 而舊
史不傳이라 觀開元初에 皆已施行하니 信不誣已요 宋璟은 剛正이 又過於崇하
야 玄宗素所尊憚하야 嘗屈意聽納이라 故로 唐史에 稱崇善應變以成天下之務
하고 璟善守文以持天下之正이라 二人이 道不同이나 同歸于治하니 此天所以
佐唐使中興也라 嗚呼라 崇은 勸天子不求邊功하고 璟은 不肯賞邊臣이어늘 而
天寶之亂에 卒蹈其害하니 可謂先見矣라 然이나 唐三百年에 輔弼者不爲少로
되 獨前稱房, 杜하고 後稱姚, 宋은 何哉오 君臣之遇 蓋難矣夫인저

　≪新唐書≫ 〈姚崇·宋璟列傳〉 贊에 말하였다.

　"姚崇이 열 가지 일을 천자에게 요구하고 설득한 뒤에 정사를 보필하였으
니, 어찌 위대하지 않겠는가마는 ≪舊唐書≫에는 이것이 전하지 않는다. 살
펴보건대 開元 초기에 모두 이미 시행되었으니, 참으로 거짓이 아니요, 宋璟
은 강직하고 바름이 또 姚崇보다 더하여 玄宗이 평소에 높이고 공경하는 바
여서 일찍이 뜻을 굽히고 그의 말을 받아들였다. 그러므로 唐史(≪新唐書≫)
에 '姚崇은 임기응변을 잘하여 천하의 일을 이루었고, 宋璟은 법을 잘 지켜
천하의 公正함을 유지하였다.'고 말한 것이다. 두 사람이 道는 같지 않으나
똑같이 다스려지는 데로 귀결하였으니, 이는 하늘이 唐나라를 도와서 中興하
게 한 것이다. 아, 姚崇은 천자에게 변방의 功을 구하지 말 것을 권하였고,

宋璟은 변방의 신하에게 상을 주는 것을 좋아하지 않았는데, 天寶 연간의 난리에 끝내 그 폐해를 입었으니, 선견지명이라 이를 만하다. 그러나 唐나라 300년 동안 보필한 자가 적지 않았으나 다만 앞에는 房玄齡과 杜如晦를 칭하고 뒤에는 姚崇과 宋璟을 칭함은 어째서인가? 훌륭한 군주와 어진 신하가 만나는 것이 참으로 어렵기 때문일 것이다."

〔史略 史評〕范氏曰 三公은 坐而論道하야 天子所與共天位, 治天職者也라 故로 其禮不可不尊이요 其任不可不重이라 自堯舜으로 至于三代히 尊禮輔相이 詩書著矣요 漢承秦弊하야 崇君卑臣이나 然猶宰相進見에 天子御坐爲起하고 在輿爲下하니 所以禮貌大臣而風厲其節也라 開元之初에 明皇이 勵精政治하고 優禮故老하야 姚宋是師러니 天寶以後로 宴安驕侈하야 倦求賢俊하고 委政群下하니 彼小人者는 惟利是就하야 不顧國體하고 巧言令色하야 以求親昵이어늘 人主甘之하야 薄於禮而厚於情이라 是以로 林甫得容其姦이라 故로 人君이 不敬禮大臣이면 則賢者日退而小人日進矣니라

　范氏가 말하였다.

　"三公은 앉아서 道를 논하여 天子가 天位를 함께 하고 天職을 다스리는 자이다. 그러므로 그 禮가 높지 않을 수 없고 그 맡김이 무겁지 않을 수 없다. 堯・舜으로부터 三代에 이르기까지 輔相을 높이고 예우한 것이 ≪詩經≫과 ≪書經≫에 분명히 드러나 있으며, 漢나라는 秦나라의 폐단을 인습하여 임금을 높이고 신하를 낮추었으나 오히려 재상이 나아가 뵐 때에 天子가 御座에서 일어났고 수레에 있을 때에는 수레에서 내렸으니, 이는 大臣을 예우하여 절개를 권면하기 위해서였다.

　開元 초기에는 明皇이 마음을 가다듬고 오로지 정사에 힘을 쏟아 元老大臣들을 우대하여 姚崇과 宋璟을 스승으로 삼았는데, 天寶 이후에는 안일에 빠지고 교만하고 사치하여 현자와 준걸들을 구하기를 게을리 하고 정사를 아랫사람들에게 맡기니, 저 小人들은 오직 이로움을 따라서 국가의 체통을 돌아보지 않고, 말을 듣기 좋게 하고 얼굴빛을 꾸며서 군주와 친하기를 구하는데, 군주가 이것을 좋게 여겨서 禮를 박하게 하고 情을 후하게 하였다. 이 때

문에 李林甫가 그 간악함을 부릴 수 있었다. 그러므로 임금이 大臣을 공경하고 예우하지 않으면 현자가 날로 물러가고 소인들이 날로 나오는 것이다."

【丁巳】五年이라

開元 5년(정사 717)

春正月癸卯에 太廟四室壞어늘 上이 素服避正殿하다 時에 上將幸東都하야 以問宋璟, 蘇頲한대 對曰 災異爲戒[1]하니 願且停車駕하소서 又問姚崇한대 對曰 太廟屋材는 皆苻堅時物이라 歲久朽腐而壞하야 適與行期相會하니 何足異也[2]리잇고 上이 大喜從之하다 〈出本傳〉

봄 정월 계묘일(2일)에 太廟 네 칸이 무너지자, 상이 소복을 입고 正殿을 피하여 別殿에서 조회를 받았다. 이때 上이 장차 東都(洛陽)에 행차하려 하면서 宋璟과 蘇頲에게 물으니, 대답하기를 "하늘이 災異로써 경계한 것이니, 바라건대 우선 車駕를 멈추소서." 하였다. 또 姚崇에게 묻자, 대답하기를 "太廟의 집 재목은 모두 300여 년 전인 苻堅 때의 물건입니다. 세월이 오래되어 썩어서 무너진 것이 마침 행차할 때와 서로 맞은 것이니, 어찌 괴이하게 여길 것이 있겠습니까." 하니, 상이 크게 기뻐하여 그의 말을 따랐다. – ≪新唐書 姚宋傳≫에 나옴 –

1) 〔譯註〕災異爲戒 : ≪新唐書≫에 宋璟 등은 "폐하께서 3년의 服制를 마치기도 전에 갑자기 행차를 하려 하시니, 아마도 하늘의 뜻에 부합하지 않으므로 하늘이 災異로써 경계한 듯합니다.〔陛下三年之制未終 遽爾行幸 恐未契天心 災異爲戒〕" 하였는바, 睿宗이 지난해 6월 19일에 죽었으므로 이때는 喪期가 아직 남아 있었다.

2) 〔附註〕何足異也 : 胡氏曰 長君之惡은 其罪小하고 逢君之惡은 其罪大하나니 姚崇이 於是에 其逢也甚矣요 因見唐不自建廟而因隋故屋하니 非禮亦大矣라 太宗이 營繕甚衆호되 而忽於所當先하니 亦慢矣니라

胡氏가 말하였다. "군주의 잘못을 막지 못하고 조장하는 것은 그 죄가 작고, 임금이 잘못을 저지르기 전에 미리 그 길로 인도하는 것은 그 죄가 크니, 姚崇이 이때에 군주의 잘못을 미리 인도함이 너무 심했다고 할 것이요, 이 일로 인하여

唐나라가 스스로 사당을 세우지 않고 隋나라의 옛집을 그대로 사용하였음을 알 수 있으니, 예에 어긋남이 또한 크다. 太宗이 궁궐을 매우 많이 營繕하였으나 마땅히 먼저 세웠어야 할 사당을 소홀히 하였으니, 또한 태만(不敬)하다."

○ 貞觀之制에 中書, 門下及三品官이 入奏事에 必使諫官隨之라가 有失則匡正하고 美惡必記之하며 諸司皆於正衙奏事에 御史彈[1]百官할새 服豸(치)冠[2]하고 對仗[3]讀彈文이라 故로 大臣不得專君하고 而小臣不得爲讒慝이러니 及許敬宗, 李義府用事[4]에 政多私僻이라 奏事에 多俟仗下[5]하야 於御座前에 屛左右하고 密奏하니 監奏御史及待制官이 遠立以俟其退하고 諫官, 史官이 皆隨仗出하여 仗下後事를 不復預聞하다 武后以法制群下하니 諫官, 御史 得以風聞言事하고 自御史大夫로 至監察히 得互相彈奏하야 率以險詖[6]相傾覆이러니 及宋璟爲相에 欲復貞觀之政하야 制호되 自今으로 事非的須秘密者면 皆令對仗奏聞하고 史官은 自依故事하라하다 〈出百官志〉

貞觀의 제도에 中書省과 門下省 및 3품의 관원이 조정에 들어와 일을 아뢸 적에 반드시 諫官과 史官이 따르게 하였다가 잘못이 있으면 諫官이 이를 바로잡고 史官이 善惡을 반드시 기록하게 하였으며, 여러 官司가 모두 正衙에서 일을 아뢰고 御史가 百官을 탄핵할 때에는 獬豸冠을 쓰고 황제의 儀仗隊를 대하고 탄핵하는 글을 읽었다. 그러므로 大臣들은 군주를 독대하지 못하였고 小臣들은 참소하고 나쁜 짓을 하지 못하였다. 그런데 許敬宗과 李義府가 用事하게 되자, 정사가 대부분 사사롭고 편벽되었다. 관원이 일을 아뢸 적에 대부분 의장대가 나가기를 기다린 뒤에 御座 앞에서 좌우를 물리치고 은밀히 아뢰니, 監奏御史와 待制官은 다만 멀리 서서 관원이 물러나오기를 기다릴 뿐이었으며, 諫官과 史官들은 모두 의장대를 따라 나가서 의장대가 나간 뒤에 일어난 일을 다시는 참여하여 듣지 못하였다.

武后가 법으로써 아랫사람들을 통제하니, 諫官과 御史가 풍문에 근거하여 일을 아뢰었고, 御史大夫로부터 監察御史에 이르기까지 서로 탄핵하여 아뢰

게 해서 대체로 험하고 편벽된 말로 서로 상대방을 모함하였다. 그런데 宋
璟이 정승이 되자, 貞觀의 정사를 회복하고자 하여 조령을 내리기를 "지금
부터는 참으로 반드시 비밀리에 해야 할 일이 아니면 모두 의장대 앞에서
아뢰게 하고 史官도 貞觀 연간의 故事를 그대로 따르라." 하였다. - ≪新唐
書 百官志≫에 나옴 -

1) 〔頭註〕彈 : 糾也, 劾也라
   彈은 바로잡음이고, 탄핵함이다.

2) 〔原註〕豸冠 : 豸는 獬豸(해치)也라 〔釋義〕異物志에 東北荒中에 有獸하니 名獬
   豸라 一角이요 性忠하여 見人鬪則觸不直者하고 聞人論則咋(색)不正者라 楚懷王
   이 嘗獲之하야 以爲冠이러니 執法者服之라 故로 名法冠이라 一曰柱後惠文이니
   高五寸이요 (一)〔以〕纚(사)爲展筒(笥)*1)하고 鐵柱卷*2)이라
   〔原註〕豸는 獬豸이다. 〔釋義〕≪異物志≫에 동북 지방의 먼 변방에 짐승이 있
   으니, 이름이 獬豸이다. 뿔이 하나이고 성질이 충성스러워서 사람이 싸우는 것을
   보면 정직하지 않은 자를 떠받고, 사람이 논쟁하는 것을 들으면 바르지 않은 자
   를 문다. 楚나라 懷王이 일찍이 이것을 잡아 冠을 만들었는데, 법을 집행하는 자
   가 썼기 때문에 法冠을 이름하였다. 일명 柱後惠文冠이라고 하니, 높이가 다섯
   치이고 치포건으로 展筒을 삼고 柱卷은 철로 만들었다.

*1) 展筒 : 通天冠이나 法冠 등 禮冠에 붙이는 일종의 장식물이다.

*2) 柱卷 : 法冠 뒤쪽 상단에 구부러진 두 개의 鐵柱이다.

3) 〔頭註〕對仗 : 兵威曰仗이요 又兵器總名이니 人所執曰仗이라 又唐制에 侍衛親兵
   과 及殿前南, 北兩衙衛兵*)을 號曰三衛라
   군대의 위엄을 보이는 것을 仗이라 하고 또 병기의 총칭이니, 사람이 잡고 있는
   것을 仗이라 한다. 또 唐나라 제도에 侍衛하는 親兵과 殿前의 南衙·北衙의 衛兵
   을 三衛라 이름하였다.

*) 南北兩衙衛兵 : 唐나라에는 南衙와 北衙가 있었는데, 南衙는 여러 衛兵으로 金
   吾衛에 소속되고, 北衙는 禁軍으로 羽林衛에 소속되었다.

4) 〔譯註〕許敬宗李義府用事 : 唐나라 高宗 顯慶 연간으로부터 總章 연간까지를 이
   른다.

5) 〔頭註〕仗下 : 下는 出也라
   下는 밖으로 나옴이다.

6)〔頭註〕險詖 : 陰險不平之言이라

　　險詖는 음험하고 공평하지 못한 말이다.

【辛酉】九年이라

　開元 9년(신유 721)

春에 監察御史宇文融이 上言호되 天下戶口에 逃移巧僞甚衆하니 請加檢括[1]하소서 二月에 勅有司하야 議招集流移, 按詰巧僞之法以聞하다

　봄에 監察御史 宇文融이 상언하기를 "천하의 호구 중에 도망하여 옮기고 교묘하게 허위로 꾸민 자들이 매우 많으니, 청컨대 조사하여 찾아내게 하소서." 하였다.

　2월에 황제가 有司에게 명하여, 유랑하고 옮겨 간 자들을 불러 모으고 교묘하게 허위로 꾸민 자들을 조사하여 징계하는 법을 의논해서 보고하게 하였다.

1)〔頭註〕檢括 : 括은 亦檢也라

　　檢括의 括도 檢(조사하다)의 뜻이다.

○ 制호되 州縣逃亡戶口는 聽百日自首[1]하노니 或於所在附籍하고 或牒[2]歸故鄕하야 各從所欲호되 過期不首면 卽加檢括하야 謫[3]徙邊州하고 公私에 敢容庇者는 抵罪하리라하다 以宇文融으로 充使하야 括逃移戶口及籍外田[4]이러니 所獲巧僞甚衆이어늘 遷兵部員外郞兼侍御史하다 融奏하야 置勸農判官十人하야 竝攝[5]御史하야 分行[6]天下호되 其新附客戶[7]는 免六年賦調[8]하다 使者競爲刻急하고 州縣이 承風勞擾하니 百姓이 苦之러라 州縣이 希旨하야 務於獲多하야 虛張其數하야 或以實戶爲客하니 凡得戶八十餘萬이요 田亦稱是러라 〈本傳〉

　황제가 조령을 내리기를 "州縣에서 도망한 戶口는 100일 동안 자수하도록 허락하니, 혹은 소재지에서 호적에 붙이거나 혹은 公文을 보내어 고향으로 돌아가거나 하여 각각 자신이 원하는 대로 하되, 기한을 넘겨도 자수하지 않

으면 官府에서 즉시 조사하여 찾아내어서 변방 고을에 귀양 보내고, 官民을 막론하고 감히 숨기거나 비호하는 자는 죄를 다스리라." 하였다.

宇文融을 使者에 충원하여, 도망하고 이주한 호구와 장부에 올리지 않은 토지를 조사하게 하였는데, 교묘하게 허위로 꾸민 것을 조사하여 찾아낸 것이 매우 많자, 宇文融을 兵部員外郞 兼侍御史로 승진시켰다. 宇文融이 아뢰어 勸農判官 10명을 두고 모두 御史의 직무를 대행하게 하여 천하를 나누어 순행하게 하되 새로 붙인 客戶는 6년 동안 부세와 조세를 면하게 하였다. 使者들은 법을 집행함에 서로 다투어 까다롭고 급하게 하고 州縣에서는 그들의 뜻에 영합하여 백성들을 수고롭고 어지럽게 하니, 백성들이 이 때문에 괴로워하였다. 州縣에서는 윗사람의 뜻을 맞추어 도망간 戶口를 많이 얻기를 힘써 그 數를 허위로 부풀려서 혹은 實戶를 客戶라 하기도 하니, 찾아낸 호구가 80여 만이었고 토지 또한 이에 상응하였다. - ≪新唐書 宇文融傳≫에 나옴 -

1) 〔頭註〕自首 : 有罪自陳曰首라
　　죄가 있어 스스로 진술하는 것을 首라 한다.
2) 〔頭註〕牒 : 官府移文을 謂之牒이라
　　官府의 移文(公文)을 牒이라 이른다.
3) 〔頭註〕謫 : 罰也, 責也라
　　謫은 벌함이요, 책망함이다.
4) 〔頭註〕籍外田 : 文籍所不載之田이라
　　籍外田은 文籍에 기재되지 않은 田地이다.
5) 〔頭註〕攝 : 假也라
　　攝은 假(임시)이다.
6) 〔頭註〕分行 : 分은 去聲이니 按行也라
　　分行의 分은 去聲이니, 分行은 차례로 순행함이다.
7) 〔譯註〕客戶 : 다른 지방에서 옮겨 와서 사는 사람의 집을 이른다.
8) 〔頭註〕調 : 去聲이니 亦賦也라
　　調는 去聲이니, 調 또한 세금이다.

○ 蒲州刺史陸象先이 政尙寬簡하야 吏民有罪면 多曉諭遣之라 嘗謂人曰

天下本無事어늘 但庸人擾之爾니 苟淸其源이면 何憂不治리오하니라 〈出本傳〉

蒲州刺史 陸象先이 정사를 함에 너그럽고 간략함을 숭상하여 관리와 백성이 죄를 지으면 대부분 타일러서 보냈다. 일찍이 사람들에게 말하기를 "천하는 본래 일이 없는데 다만 용렬한 사람이 소란하게 할 뿐이니, 만약 그 근원을 맑게 한다면 어찌 다스려지지 않음을 근심하겠는가." 하였다. - ≪新唐書 陸象先傳≫에 나옴 -

○ 著作郞吳兢이 撰則天實錄[1]할새 言宋璟激張說[2]하야 使證魏元忠事러니 說이 修史라가 見之하고 陰祈兢改數字한대 兢終不許曰 若徇公請이면 則此史不爲直筆이니 何以取信於後리오하니라 〈出子玄傳〉[3]

著作郞 吳兢이 ≪則天實錄≫을 찬할 적에 그 가운데 宋璟이 張說을 격동시켜 그로 하여금 魏元忠을 증명하게 한 일을 말했는데, 張說이 역사를 편수하다가 이것을 보고 吳兢에게 몇 글자를 고쳐줄 것을 은밀히 청하자, 吳兢이 끝내 허락하지 않으며 말하기를 "만약 公의 청을 따른다면 이 역사책은 정직한 기록이 되지 못하니, 어찌 후인들에게 신임을 받겠는가." 하였다. - ≪新唐書 劉子玄傳≫에 나옴 -

1) 〔譯註〕則天實錄 : ≪則天皇后實錄≫으로 20권이다. 본래 魏元忠, 武三思, 祝欽明, 徐彦伯, 柳沖, 韋承慶, 崔融, 岑羲, 徐堅이 撰한 것을 뒤에 劉知幾와 吳兢이 刪正하였다.
2) 〔頭註〕激張說[*] : 見上卷癸卯年이라
   張說을 격동시킨 일은 상권 癸卯年條(703)에 보인다.
*) 激張說 : 武后의 寵臣인 張昌宗이 鳳閣舍人 張說을 은밀히 끌어들여 좋은 관직을 주겠다고 매수해서 거짓으로 증언하여 魏元忠을 해치게 하니, 張說이 이를 허락하였다. 武后가 張說을 불러 들어가려 할 때, 宋璟이 張說에게 御前에서 결코 僞證하지 말도록 당부하면서 "萬古에 사람들에게 우러름을 받는 것이 이번 일에 달려 있다."고 하였다. ≪舊唐書 卷96 宋璟傳≫
3) 〔譯註〕出子玄傳 : 저본에는 ≪新唐書≫ 〈劉子玄傳〉에 나온다고 하였으나 실제로는 ≪新唐書≫ 〈吳兢傳〉에 보인다. 子玄은 劉知幾의 字이다. 玄宗(李隆基)의

이름자인 基가 幾와 음이 같으므로 피휘하여 字를 사용하였다.

【壬戌】十年이라

開元 10년(임술 722)

初에 諸衛府兵¹⁾이 自成丁²⁾從軍하야 六十而免하고 其家又不免雜徭하야 寖
以貧弱하니 逃亡略盡이라 百姓이 苦之어늘 張說이 建議호되 請召募³⁾壯士하야 充
宿衛⁴⁾하고 不問色役⁵⁾하야 優爲之制하면 逋逃者 必爭出應募하리이다 上이 從之
러니 旬月에 得兵十三萬하야 分隷諸衛하야 更(경)番上下하니 兵農之分이 自此始
矣라 〈出張說傳及兵志〉

당나라 초기에 여러 衛의 府兵이 成丁의 나이로부터 종군하여 60세에 이
르러서야 병역을 면제받았고, 府兵의 집안 또한 각종 徭役을 면치 못하여 점
점 빈약해지니, 각 衛의 府兵이 거의 다 도망하였다. 백성들이 이것을 괴롭
게 여겼는데, 張說이 건의하기를 "청컨대 壯士를 불러 모집하여 宿衛를 충당
하고 〈모집에 응한 뒤에는〉 각종 명목의 요역을 부담하지 않게 하여 우대하
는 제도를 만든다면 도망간 자들이 반드시 다투어 나와 모집에 응할 것입니
다." 하니, 上이 이 말을 따랐다. 열흘 동안에 13만의 병력을 얻어서 여러 衛
에 나누어 예속시키고 上下軍이 번갈아 가면서 番을 서게 하니, 兵農의 구분
이 이로부터 시작되었다. - ≪新唐書≫의 〈張說傳〉과 〈兵志〉에 나옴 -

1) 〔附註〕諸衛府兵 : 兵志에 隋置十二衛러니 唐因之라 曰翊衛, 曰驍衛, 曰武衛, 曰
屯衛, 曰禦衛, 曰侯衛에 皆爲左右焉하니 又見下乙(巳)〔丑〕年이라 凡天下十道에
置府六百三十四하니 皆有名號요 而關內二百(七)〔六〕十一이 皆隷諸衛하니라 凡府
有三等하니 兵千二百人爲上이요 千人爲中이요 八百人爲下라 民年二十爲兵하고
六十而免하니 總名曰折衝府라 見三十一卷丁壯注하니라
≪新唐書≫〈兵志〉에 "隋나라가 12衛를 두었는데 唐나라가 그대로 인습하였다.
翊衛·驍衛·武衛·屯衛·禦衛·侯衛에 모두 좌·우가 있어 12위니, 또 아래
乙丑年條(725)에 보인다. 천하의 10도에 634府를 설치하니 모두 명칭이 있고,

關內의 261府는 모두 여러 衛에 예속되었다. 모든 府에는 3등급이 있으니, 병력
1200명을 上府라 하고 1000명을 中府라 하고 800명을 下府라 하였다. 남자는
20세가 되면 병졸이 되고 60세가 되면 병역을 면제받으니, 총칭하여 折衝府라
한다." 하였다. 31권의 '丁壯' 注에 보인다.

2) 〔譯註〕成丁 : 남자가 服役하는 연령에 이른 것을 말하는데, 연령의 규정은 시대
마다 달랐다. 당나라 때에는 18세 이상의 남자를 成丁이라 하였다.

3) 〔頭註〕召募 : 募는 廣招也니 以財招之曰募라
募는 널리 부르는 것이니, 재물로써 부르는 것을 募라 한다.

4) 〔頭註〕宿衛 : 宿은 守也라
宿은 지킴이다.

5) 〔頭註〕色役 : 謂諸色雜徭役也라
色役은 각종 명목의 徭役을 이른다.

范祖禹曰 唐制에 諸衛府兵은 有爲兵之利하고 而無養兵之害하야 田不井이나
而兵猶藏於民[1]하니 後世에 最近古而便於國者也라 開元之時에 其法寖隳(휴)
하니 非其法不善이요 蓋人失之也라 張說이 不究其所以하고 而輕變之하야 兵
農旣分하니 其後에 卒不能復古는 則說之爲也라 夫三代之法이 出於聖人이로
되 及其末流하야는 亦未嘗無弊하니 救之者 擧其偏以補其弊而已라 若幷其法
廢之하고 而以私意로 爲一切苟簡之制면 則先王之法이 其存者幾何리오 天下
之務는 常患於議臣之好改舊章이니 此所以多亂也니라

范祖禹가 말하였다.

"唐나라 제도에 여러 衛의 府兵制는 군사가 된 이로움은 있고 군사를 기른
폐해는 없어서 비록 井田法을 시행하지 않았으나 군대가 오히려 백성에게 숨
어 있었으니, 후세의 제도 중에 가장 옛 법에 가까워서 나라에 편리한 것이
었다. 開元 때에 그 법이 점점 무너졌으니, 이는 그 법이 좋지 않아서가 아니
요, 사람이 잘못하였기 때문이다. 張說은 그 所以然을 究明하지 않고 가볍게
이를 변경하여 병사와 농민이 이미 나누어졌으니, 그 뒤에 끝내 옛제도로 회
복하지 못한 것은 張說이 이렇게 만든 것이다.

三代의 법이 聖人에게서 나왔으나 말류에 이르러서는 또한 일찍이 폐해가

없지 못하였으니, 이것을 바로잡는 자는 편벽된 것을 들어서 폐해를 보완하기만 하면 될 뿐이다. 만약 그 법까지 아울러 폐하고, 사사로운 생각으로 일체 구차하고 간략한 제도를 만든다면 선왕의 법 중에 남아 있는 것이 얼마나 되겠는가. 천하의 일은 항상 의론하는 신하들이 옛 법을 고치기를 좋아하는 것을 걱정하니, 이 때문에 혼란이 많은 것이다.”

1) 〔譯註〕 田不井而兵猶藏於民 : 평상시에는 농업에 종사하고, 有事時에는 군사가 됨을 말한다.

【癸亥】 十一年이라

開元 11년(계해 723)

秋八月에 勅호되 前令檢括逃人이러니 慮成煩擾라 天下大同하니 宜各從所樂하야 令所在州縣安集하야 遂其生業하라

가을 8월에 황제가 詔勅을 내리기를 “전에 조정에서 도망한 사람을 조사하여 찾아내게 하였는데 소요함을 이룰까 염려스럽다. 천하가 大同이 되었으니, 마땅히 각자 즐거워하는 바를 따라 소재한 州縣에서 편안히 살면서 그 생업을 이루게 하라.” 하였다.

○ 命尙書左丞蕭嵩[1]하야 與京兆, 蒲, 同, 岐, 華州[2]長官으로 選府兵及白丁[3]一十二萬하야 謂之長從宿衛라하야 一年에 兩番호되 州縣이 毋得雜役使케하다 〈出兵志〉

尙書左丞 蕭嵩에게 명하여 京兆와 蒲州, 同州, 岐州, 華州의 장관(刺史)과 함께 府兵 및 白丁 12만 명을 선발하여 이들을 일러 長從宿衛라 하고, 매년 번갈아 가면서 두 차례 번을 서게 하되 州縣에서 이들을 다른 徭役에 부리지 못하게 하였다. - ≪新唐書 兵志≫에 나옴 -

1) 〔通鑑要解〕 蕭嵩 : 梁明帝之孫也라

蕭嵩은 後梁 明帝(蕭巋)의 후손이다.

2) 〔頭註〕蒲同岐華州 : 四州名이라

蒲州・同州・岐州・華州는 네 州의 이름이다.

3) 〔頭註〕白丁 : 唐制에 民丁從征役하야 得勳級者는 爲勳官이요 無勳級者는 爲白丁이라 又見下卷白徒[*]하니라

唐나라 제도에 民丁으로서 조세와 부역에 종사하여 공훈의 등급을 얻은 자는 勳官이라 하고, 공훈의 등급을 얻지 못한 자는 白丁이라 하였다. 또 下卷 '白徒'에 보인다.

[*] 白徒 : 훈련도 제대로 받지 못한 채 임시로 징집된 장정들을 이른다.

○ 是歲에 張說이 奏하야 改政事堂曰 中書門下[1]라하고 列五房[2]於其後하야 分掌庶政하다

이해에 張說이 아뢰어 政事堂을 고쳐 中書門下라 하고 그 뒤에 五房을 설치하여 여러 政務를 나누어 관장하게 하였다.

1) 〔譯註〕改政事堂曰中書門下 : 政事堂은 재상이 정무를 의논하는 곳이다. 唐나라 초기에는 門下省에 두었는데, 永淳 원년(682)에 裴炎이 中書令의 신분으로 政事堂의 秉筆宰相이 되면서 政事堂을 中書省으로 옮겼다.

2) 〔譯註〕五房 : 中書省의 행정사무를 나누어 관장하는 5개 부서로, 吏房・樞機房・兵房・戶房・刑禮房이다.

【甲子】十二年이라

開元 12년(갑자 724)

六月에 制호되 聽逃戶自首하야 闊所在閑田[1]하야 隨宜收稅호되 毋得差科征役하며 租庸을 一皆蠲(견)免하라하고 仍以宇文融으로 爲勸農使하야 巡行州縣하야 與吏民으로 議定賦役하다 融이 乘驛하고 周流天下할새 事無大小히 諸州先牒上勸農使하고 後申中書하며 省司[2]亦待融指撝(揮)[3]然後處決이러라 時에 上이 將大攘四夷하야 急於用度라 州縣이 畏融하야 多張虛數하야 凡得客戶八十餘萬

이요 田亦稱是라 歲終에 增緝錢數百萬이어늘 悉進入宮하니 由是로 有寵이러라 議
者多言煩擾하야 不利百姓이라한대 上이 令集百寮於尙書省하야 議之러니 公卿
以下 畏融威勢하야 皆不敢立異라 惟戶部侍郞楊瑒(창)이 獨建議하야 以爲括
客⁴⁾免稅는 不利居人이요 徵籍外田稅⁵⁾는 使百姓困弊라 所得이 不補所失이
니이다 未幾에 瑒이 出爲華州刺史하니라 〈出融傳及食貨志〉

6월에 황제가 조령을 내리기를 "도망한 호구의 自首를 받아들여 그들이 거
주하는 곳의 閒田을 개간하게 하여 관청에서 적절하게 세금을 거두되 부역에
차출하거나 징발하지 말고 租庸을 일체 면제하라." 하고는, 인하여 宇文融을
勸農使로 삼아서 州縣을 巡行하여 관리와 백성들과 함께 賦役을 의논하여 정
하게 하였다.

宇文融이 역마를 타고 천하를 주류할 적에 여러 州에서 발생한 일은 크고
작음을 막론하고 勸農使에게 먼저 첩문을 올린 뒤에 中書省에 아뢰었고, 尙
書省의 省司에서도 宇文融의 지휘를 기다린 뒤에 처결하였다. 이때 上이 장
차 크게 사방 오랑캐들을 물리치려 하여 비용을 급히 마련하려 하였는데, 州
縣에서는 宇文融을 두려워하여 대부분 虛數를 부풀려 보고하니, 무릇 客戶를
얻은 것이 80여 만이고 토지 또한 이와 비슷하였다. 연말에 늘어난 재정 수
입이 수백만 꿰미나 되었는데 이것을 모두 바쳐 궁중에 들이니, 宇文融이 이
로 말미암아 총애가 있었다.

의론하는 자들이 대부분 번거롭고 소요하여 백성들에게 이롭지 않다고 말
하므로 上이 백관들을 尙書省에 소집하여 의논하게 하였는데, 公卿 이하가
모두 宇文融의 권세를 두려워하여 감히 異見을 주장하지 못하였다. 이때 오
직 戶部侍郞 楊瑒만은 홀로 건의하기를 "客戶를 조사하여 찾아내서 자수한
사람에게 조세를 면해주는 것은 본래 거주하는 토착민에게 불리하고, 장부
외의 田地에서 세금을 징수하는 것은 백성을 곤궁하고 피폐하게 하니, 얻은
바가 잃은 바를 보충하지 못합니다." 하였다. 얼마 안 있다가 楊瑒은 좌천되
어 華州刺史로 나갔다. - ≪新唐書≫〈宇文融傳〉과 〈食貨志〉에 나옴 -

1) 〔頭註〕閒田：閒은 與閑通이라

   閒田의 閒은 閑과 통한다.

2) 〔通鑑要解〕省司：謂尙書都省左, 右司主者라

   省司는 尙書都省의 左司와 右司를 주관하는 관원을 이른다.

3) 〔頭註〕指撝：撝는 與揮同이라

   指撝의 撝는 揮와 같다.

4) 〔釋義〕括客：括은 檢也요 客은 謂避役逃戶니 非土著也라

   括은 검찰함이다. 客은 부역을 피하여 도망한 호구를 이르니, 土著民이 아니다.

5) 〔釋義〕徵籍外田稅：見存籍內者爲正田이요 籍外括出者爲羨(연)田이니 皆民所隱

   匿者라

   현재 장부 안에 있는 것을 正田이라 하고 장부 이외에서 찾아낸 것을 羨田이라

   하니, 羨田은 모두 백성들이 은닉한 것이다.

【乙丑】十三年이라

開元 13년(을축 725)

二月에 以御史中丞宇文融으로 兼戶部侍郎하다 制以所得客戶稅錢으로 均充
所在常平倉本하고 又委使司[1]하야 與州縣議하야 作勸農社하야 使貧富相恤하
고 耕耘以時케하다 〈出食貨志〉

  2월에 御史中丞 宇文融에게 戶部侍郎을 겸하게 하였다. 조령을 내리기를,
징수한 客戶의 稅錢으로 소재지 常平倉의 본전을 채우고, 또 勸農使司에 맡
겨서 州縣과 의논하여 勸農社를 만들어서 가난한 자와 부유한 자들로 하여금
서로 구휼하게 하며 밭 갈고 김매는 것을 제때에 하게 하였다. - ≪新唐書
食貨志≫에 나옴 -

1) 〔頭註〕使司：勸農使司也라

   使司는 勸農使司이다.

○ 更(경)命長從宿衛之士曰彍(확)騎[1]라하고 分隷十二衛하니 總十二萬人이라

爲六番²⁾하다 〈出兵志〉

황제가 長從宿衛하는 親軍의 이름을 바꾸어 彍騎라 하고 나누어 12衛에 예속시키니, 모두 12만 명이었다. 여섯으로 나누어 번갈아 番을 서게 하였다. ─ ≪新唐書 兵志≫에 나옴 ─

1) 〔釋義〕 彍騎:彍은 滿張弩也니 彍騎는 一曰射騎라 其法이 十人爲火요 五火爲團이니 皆有酋長^{*)}이라 又擇材勇者하야 爲番頭하야 習弩射하니라

彍은 쇠뇌를 잔뜩 당긴 것이니, 彍騎는 일명 射騎이다. 그 법이 10명을 火라 하고 5火를 團이라 하는데, 모두 우두머리가 있다. 또 재주 있고 용감한 자를 뽑아 番頭로 삼아 쇠뇌로 활쏘기를 익히게 하였다.

*) 十人爲火……皆有酋長:≪新唐書≫〈兵志〉에 "士는 300인을 團이라 하여 團에는 校尉가 있으며, 50인을 隊라 하여 隊에는 正이 있으며, 10인을 火라 하여 火에는 長이 있다.〔士以三百人爲團 團有校尉 五十人爲隊 隊有正 十人爲火 火有長〕"라고 하였고, ≪舊唐書≫와 ≪資治通鑑≫에도 모두 "300인을 團이라 한다." 라고 하여 〔釋義〕와 차이가 있다.

2) 〔釋義〕 爲六番:唐百官志에 八衛各有左右하야 曰左右衛, 曰驍衛, 曰武衛, 曰威衛, 曰領軍, 曰金吾, 曰監門, 曰千牛니 共十六衛라 自左右衛至領軍은 竝掌宮禁宿衛하고 金吾는 掌宮中京城警하고 監門은 掌諸門禁衛하고 千牛는 掌侍衛라 凡五府, 外府^{*)}之番上者는 十二衛受其名簿而配以職하니 除監門, 千牛凡左右四衛하야 不須라 故로 但十二衛라 每衛萬人이니 分爲六番이라 番者는 更(경)代宿衛也라

≪新唐書≫〈百官志〉에 "8衛에 모두 左・右가 있어서 左衛와 右衛, 左驍衛와 右驍衛, 左武衛와 右武衛, 左威衛와 右威衛, 左領軍衛와 右領軍衛, 左金吾衛와 右金吾衛, 左監門衛와 右監門衛, 左千牛衛와 右千牛衛이니, 모두 16衛이다. 左衛와 右衛부터 左領軍衛와 右領軍衛까지는 모두 宮禁의 宿衛를 관장하고, 左金吾衛와 右金吾衛는 宮中과 京城의 경비를 관장하고, 左監門衛와 右監門衛는 여러 문의 禁衛를 관장하고, 左千牛衛와 右千牛衛는 侍衛를 관장한다. 무릇 五府와 外府에서 上番하는 자는 12衛에서 그 名簿를 받아 직무를 배속시키니, 左監門衛・右監門衛와 左千牛衛・右千牛衛 4衛를 제하여 대기시키지 않기 때문에 다만 12衛인 것이다. 매 衛마다 만 명이니, 이것을 여섯으로 나누어 번갈아 番을 서게 하였다. 番은 번갈아 교대하여 宿衛하는 것이다.

*) 五府, 外府:唐나라는 隋나라의 16衛府의 제도를 이어받아 16衛를 두어 宿衛

를 담당하게 하였다. 隋나라의 16衛府는 大業 3년(607)에 煬帝가 개편한 禁軍 조직으로, 위의 12衛와 4府를 합한 것이다. 唐나라 16衛의 명칭은 高宗과 武后 때 여러 차례 고쳤는데, 각각 府兵을 통솔하는 左衛·右衛, 左驍衛·右驍衛, 左武衛·右武衛, 左威衛·右威衛, 左領軍衛·右領軍衛, 左金吾衛·右金吾衛 등 12衛와, 府兵을 통솔하지 않는 左監門衛·右監門衛, 左千牛衛·右千牛衛이다. 府兵은 內府와 外府로 나뉘었는데, 內府는 5府 및 東宮 3府가 통할하는 折衝府 를 말하며, 外府는 그밖에 府兵의 여러 府를 말한다. 5府는 親府·勳一府·勳二府·翊一府·翊二府이며, 3府는 親衛府·勳衛府·翊衛府이다.

○ 張說이 草封禪儀하야 獻之하다

張說이 封禪儀를 초하여 올렸다.

○ 十一月庚寅에 上은 祀昊天上帝於山上하고 群臣은 祀五帝[1])百神於山下 之壇하고 其餘는 倣乾封故事[2)]하다 〈出禮樂志〉

11월 경인일(10일)에 上은 泰山의 頂上에서 昊天과 上帝를 제사하고 여러 신하들은 泰山 아래의 단에서 五帝와 百神을 제사하였으며, 그 나머지는 漢나라 乾封 연간의 故事를 따랐다. - ≪新唐書 禮樂志≫에 나옴 -

1) 〔頭註〕五帝：東方은 靑帝靈威仰이요 南方은 赤帝赤熛怒요 西方은 白帝白招矩요 北方은 黑帝叶光紀요 中央은 黃帝含樞紐라
   東方은 靑帝 靈威仰이고, 南方은 赤帝 赤熛怒이고, 西方은 白帝 白招矩이고, 北方은 黑帝 叶光紀이고, 中央은 黃帝 含樞紐이다.

2) 〔頭註〕乾封故事：乾封은 高宗年號니 丙寅年에 封泰山하고 禪社首하니라
   乾封은 高宗의 연호이니, 高宗이 병인년(666)에 泰山에서 하늘에 제사하고 社首山에서 땅에 제사하였다.

○ 初에 隋末國馬 皆爲盜賊及戎狄所掠이러니 唐初에 纔得牝牡(빈무)三千匹 於赤岸澤하야 徙之隴右하고 命太僕張萬歲하야 掌之하다 萬歲善於其職하야 自 貞觀으로 至麟德[1)]히 馬蕃息하야 及七十萬匹하니 分爲八坊四十八監[2)]하야 各

置使以領之하다 是時에 天下以一縑易一馬러니 垂拱[3]以後에 馬潛耗太半이
라 上이 初卽位에 牧馬有二十四萬匹이러니 以太僕卿王毛仲으로 爲內外閑廏
使[4]하고 少卿張景順으로 副之하다 至是에 有馬四十三萬匹이요 牛羊이 稱是라
上之東封[5]에 以牧馬數萬匹從하야 色別爲群하니 望之如雲錦이라 上이 嘉毛
仲之功하야 加毛仲開府儀同三司[6]하다 〈出兵志〉

　처음에 隋나라 말기에 나라에서 기르던 말이 모두 도적과 오랑캐에게 약탈
당하였는데, 唐나라 초기에 겨우 암수 3천 필을 赤岸澤에서 얻어 隴右(隴西)
로 옮기고 太僕 張萬歲에게 명하여 관장하게 하였다. 張萬歲가 그 직분을 잘
수행하여 貞觀부터 麟德 연간에 이르기까지 말이 번식하여 70만 필에 이르
자, 8坊 48監에 분속시켜 각각 坊使와 監使를 두어 관할하게 하였다. 이때
천하에서는 비단 한 필로 말 한 마리와 바꿀 정도였는데, 垂拱 연간 이후로
는 말이 점점 감소되어 태반이 없어졌다.

　上이 처음 즉위하였을 때 국가에서 기르는 말이 24만 필이었는데, 太僕卿
王毛仲을 內外閑廏使로 삼고 少卿 張景順을 副使로 삼았다. 이때에 이르러
말이 43만 필이었고 소와 양도 이와 비슷하였다. 上이 동쪽으로 泰山에 가서
封禪할 때에 기르는 말 수만 필을 데리고 갔는데, 말의 색깔에 따라 구별하
여 무리를 만드니, 멀리서 바라보면 마치 구름 비단과 같았다. 上이 王毛仲
의 공을 가상히 여겨 王毛仲에게 開府 儀同三司를 가하였다. - ≪新唐書 兵
志≫에 나옴 -

1)〔頭註〕麟德 : 高宗年號라
　麟德은 高宗의 연호이다.

2)〔附註〕四十八監 : 唐制에 凡馬五千匹爲上監이요 三千匹以上爲中監이요 一千匹
　以上爲下監이라 麟德中에 置八使하야 分總監坊이라 秦, 蘭, 原, 渭四州及河曲之
　地에 凡監四十八이니 南使有監十五요 西使有監十六이요 北使有監七이요 鹽州使
　有監八이요 嵐州使有監二라 自京師西屬隴右에 有七坊하니 置隴右三使領之라 歐
　陽脩曰 置八坊하니 隴, 岐, 涇, 寧間에 地廣千里라 一曰保樂이요 二曰甘露요 三
　曰南浦閫이요 四曰北普閫이요 五曰岐陽이요 六曰太平이요 七曰宜祿이요 八曰安

定이라 八坊之田이 千二百(二)〔三〕十頃이니 募民耕之하여 以給蒭秣이라 八坊之馬 爲四十八監이로되 而馬多地狹하야 不能容일새 又(折)〔析〕八監하야 列置河西豊廣之野하니라

唐나라 제도에 무릇 말 5000필을 上監이라 하고 3000필 이상을 中監이라 하고, 1000필 이상을 下監이라 하였다. 麟德 연간에 八使를 두어서 監과 坊을 나누어 관할하였다. 秦州·蘭州·原州·渭州 등 네 州와 河曲 지방에 監이 48명이 었으니, 南使는 15명의 監이 있고, 西使는 16명의 監이 있고, 北使는 7명의 監이 있고, 鹽州使는 8명의 監이 있고, 嵐州使는 2명의 監이 있었다. 京師로부터 서쪽으로 隴右에 이르기까지 7개의 馬坊이 있었는데, 隴右三使를 두어 통솔하게 하였다.

歐陽脩가 말하기를 "8坊을 두었으니, 豳州·岐州·涇州·寧州 지역인데 땅의 넓이가 천 리였다. 첫 번째는 保樂, 두 번째는 甘露, 세 번째는 南浦閑, 네 번째는 北普閑, 다섯 번째는 岐陽, 여섯 번째는 太平, 일곱 번째는 宜祿, 여덟 번째는 安定이다. 8坊의 토지가 1230頃이니, 백성을 모집하여 경작해서 꼴과 말먹이를 공급하였다. 8坊의 말을 48監으로 만들었으나 말은 많고 땅은 좁아 수용할 수가 없으므로 또다시 8監을 쪼개어 河西의 풍요롭고 넓은 들에 두었다.

3)〔頭註〕垂拱 : 武后年號라
　　垂拱은 武后의 연호이다.

4)〔頭註〕內外閑廐使 : 閑은 馬闌也라 內는 謂京師요 外는 謂河隴이라
　　閑은 마구간이다. 內는 京師를 이르고, 外는 河西와 隴右를 이른다.

5)〔頭註〕東封 : 泰山이라
　　東封은 泰山이다.

6)〔頭註〕三司 : 卽三公也라
　　三司는 즉 三公이다.

○ 上還할새 至宋州하야 宴從官於樓上하니 刺史寇泚[1] 預焉이라 酒酣에 上謂張說曰 曩者에 屢遣使臣하야 分巡諸道하야 察吏善惡이러니 今因封禪하야 歷諸州하니 乃知使臣負我多矣로라

上이 돌아오는 도중에 宋州에 이르러 수행한 관원들에게 누대 위에서 잔치를 베풀었는데, 刺史 寇泚가 연회에 참여하였다. 주흥이 무르익었을 때 上이

張說에게 이르기를 "예전에 내가 使臣을 자주 파견해서 여러 도를 순행하여 관리의 우열을 고찰하게 하였는데, 지금 封禪하는 기회에 여러 州를 지나면서 보니, 이제 使臣이 나를 많이 기만하였음을 알겠다." 하였다.

1) 〔頭註〕寇泚 : 上顧刺史寇泚曰 比亦屢有以酒饌不豊으로 訴於朕者하니 知卿不借譽於左右也라하고 自擧酒賜하니라

　　上이 宋州刺史 寇泚를 돌아보고 말하기를 "근래에 또한 술자리가 풍성하지 않다는 이유로 여러 번 짐에게 卿을 헐뜯는 자가 있었으니, 卿이 좌우의 측근들에게 칭찬을 구하지 않아서임을 알겠다." 하고, 직접 술잔을 들어 하사하였다.

【戊辰】十六年이라

　　開元 16년(무진 728)

改彍騎하야 爲左右羽林軍飛騎하다 〈出兵志〉

　　彍騎를 고쳐 左右羽林軍飛騎라 하였다. - 《新唐書 兵志》에 나옴 -

【己巳】十七年이라

　　開元 17년(기사 729)

宇文融이 性精敏하야 應對辯給[1]이러니 以治財賦로 得幸於上에 始廣置諸使[2]하야 競爲聚斂이라 由是로 百官이 寖失其職하고 而上心益侈하니 百姓이 皆怨苦之러라 爲人이 疎躁多言하고 好自矜伐하야 在相位에 謂人曰 使吾居此數月이면 則海內無事矣라하더니 凡爲相百日而罷하다 是後에 言財利以取貴仕者 皆祖於融하니라 〈出本傳〉

　　宇文融이 성질이 정밀하고 민첩하여 응대할 적에 말을 잘하였는데, 財政과 賦稅를 잘 다스려 上에게 총애를 받게 되자, 비로소 여러 使를 널리 두어서 다투어 聚斂하게 하였다. 이로 말미암아 백관들이 점차 그 직책을 잃고 上의

마음이 더욱 사치해지니, 백성들이 모두 원망하고 괴로워하였다. 宇文融은 사람됨이 엉성하고 조급하고 말이 많으며 스스로 공로를 자랑하기를 좋아하였다. 정승의 지위에 있을 적에 사람들에게 말하기를 "내가 만약 이 직책을 몇 달만 맡으면 온 천하가 무사태평할 것이다." 하였는데, 정승이 된 지 100일 만에 파면되었다. 이후로 財利를 말하여 귀한 벼슬을 취하는 것이 모두 宇文融에게서 비롯되었다. - ≪新唐書 宇文融傳≫에 나옴 -

1) 〔頭註〕辯給 : 口捷也라
   辯給은 말을 잘하는 것이다.
2) 〔釋義〕置諸使 : 王氏曰 時置立括田等使二十九人하니라
   王氏가 말하였다. "宇文融이 이 당시에 括田使 등 29명의 使를 두었다."

【庚午】十八年이라

開元 18년(경오 730)

四月에 以裴光庭으로 兼吏部尙書하다 先是에 選司注官호되 惟視其人之能否하야 或不次超遷하고 或老於下位하며 有出身二十餘年에 不得祿者하고 又州縣에 亦無等級하야 或自大入小하고 或初近後遠하야 皆無定制러니 光庭이 始奏하야 用循資格하야 各以罷官若干選而集[1]호되 官高者選少하고 卑者選多하야 無問能否하고 選滿則注하며 限年躡級하야 毋得踰越하고 非負譴者면 皆有升無降하니 其庸愚沈滯者는 皆喜하야 謂之聖書로되 而才俊之士는 無不怨歎이라 宋璟爭之호되 不能得이러라 〈出選擧志及光庭傳〉

4월에 裴光庭에게 吏部尙書를 겸하게 하였다. 이에 앞서 관리를 선발하는 관서(吏部)에서 관원을 注擬할 때에 오직 그 사람의 능력 여부를 살펴보아, 혹은 관작의 차례를 뛰어넘어 파격적으로 승진하기도 하고 혹은 낮은 지위에서 늙어 심지어는 出身한 지 20여 년이 되도록 녹봉을 얻지 못한 자도 있었다. 또한 州縣에서도 등급이 없어 혹은 큰 고을에서 작은 고을로 들어가기도

하고, 혹은 처음에는 도성에서 가까운 곳에 관원이 되었다가 뒤에는 먼 곳에 調用되어 모두 일정한 제도가 없었다.

裴光庭이 처음으로 아뢰어 循資格을 사용해서 〈관직이 높은 자든 낮은 자든〉 각각 罷官한 뒤에 銓選을 몇 번 거쳤는가에 따라 모아서 銓選하였는데, 관직이 높은 자는 적게 뽑고 낮은 자는 많이 뽑아서 능력이 어떠한가에 관계없이 선발하는 기한이 차면 注擬하고, 資級마다 일정한 기한을 두어서 〈기한을 채운 뒤에야〉 승진할 수 있고 〈기한을 채우지 않으면〉 자급을 넘지 못하게 하였으며, 譴責을 받은 자가 아니면 모두 승진함만 있고 강등함은 없게 하니, 용렬하고 어리석어 침체된 자들은 모두 기뻐하여 裴光庭의 奏章을 '聖書'라고 말하였으나 재주가 있고 준걸스런 선비들은 원망하고 한탄하지 않는 이가 없었다. 宋璟이 이것을 간쟁하였으나 뜻을 이루지 못하였다. - ≪新唐書≫의 〈選擧志〉와 〈裴光庭傳〉에 나옴 -

1) 〔釋義〕各以罷官若干選而集 : 各以는 謂下文官高者卑者也요 罷官은 謂罷劇就閒者也라 若干은 數未定之辭니 不拘多少하고 爲一選聚集而銓注也라 〔頭註〕又云 一歲爲一選하야 自一選으로 至十二選히 視官品高下하야 以定其數호되 因其功過하야 而增損之하니라

〔釋義〕各以는 아랫글의 '관직이 높은 자와 낮은 자'를 이르고, 罷官은 중요한 직책을 파하고 한직으로 나감을 이른다. 若干은 숫자가 정해지지 않은 말이니, 많고 적음에 구애하지 않고 한 번 선발하여 모아서 銓注하는 것이다. 〔頭註〕≪新唐書≫〈選擧志〉에 또 이르기를 "1년에 한 번 銓選하여 1選으로부터 12選에 이르기까지 官品의 높고 낮음을 보아 숫자를 정하되, 그의 功과 過失에 따라 늘리거나 줄인다." 하였다.

○ 是歲에 天下奏死罪 止二十四人이러라 〈出刑法志〉

이해에 천하에서 사형 죄를 아뢴 것이 단지 24명이었다. - ≪新唐書 刑法志≫에 나옴 -

○ 是時에 上이 頗寵任宦官하야 往往爲三品將軍하야 門施棨戟(계극)[1]하니 奉

使過諸州에 官吏奉之를 惟恐不及하야 所得遺賂 少者不減千緡이라 由是로 京城第舍와 郊畿田園參半²⁾이 皆宦官矣러라 楊思勗, 高力士 尤貴幸하야 思勗은 屢將兵征討하고 力士는 常居中侍衛하야 四方表奏를 皆先呈力士然後에 奏御하고 事小者는 力士卽決之하니 勢傾內外라 然이나 力士小心恭恪이라 故로 上이 終親任之하니라 〈出宦者傳〉

이때에 上이 자못 환관들을 총애하고 신임해서 왕왕 三品將軍으로 삼아 문에 棨戟을 설치하여 儀仗으로 삼으니, 이들이 使命을 받들고 여러 州를 지날 적에 관리들이 이들을 받들기를 행여 미치지 못할까 두려워하여, 이들이 얻은 뇌물이 적을 때에도 千緡을 밑돌지 않았다. 이로 인해 京城의 저택과 郊畿의 田園은 태반이 모두 환관의 것이 되었다. 楊思勗과 高力士가 그중에도 더욱 귀하고 총애를 받아서 楊思勗은 여러 번 군대를 거느리고 출정하여 토벌하였으며, 高力士는 항상 중앙에 있으면서 侍衛하여 사방의 表文과 아뢰는 글을 다 高力士에게 먼저 올린 뒤에 황제에게 아뢰었고 일 중에 작은 것은 高力士가 바로 결정하니, 그의 권세가 조정 內外를 휩쓸었다. 그러나 高力士는 조심하며 공손하고 삼갔으므로 上이 끝내 그를 신임하였다. - ≪新唐書 宦者傳≫에 나옴 -

1) 〔附註〕 棨戟 : 雙枝爲戟이요 單枝爲戈요 有衣曰棨라 漢制에 假棨戟以代斧鉞이라 隋志에 三品以上은 門皆列戟하고 唐制에 勳至上柱國^{*)}이면 則列戟以門하고 表以赤黑繒爲衣하니라
   두 갈래 창을 戟이라 하고, 한 갈래 창을 戈라 하며, 비단으로 감싼 것을 棨라 한다. 漢나라 제도에는 棨戟을 빌려 斧鉞을 대신하였다. ≪隋書≫〈兵志〉에 "3품 이상의 관원은 문앞에 모두 戟을 나열하였다." 하였고, 唐나라 제도에 功勳이 上柱國에 이르면 문앞에 戟을 나열하고 겉을 적흑색 비단으로 감쌌다.
 *) 上柱國 : 唐나라에서 上柱國은 武官 勳爵 중에 가장 높은 등급이었으며 柱國이 그 다음이었다.
2) 〔頭註〕 參半 : 參은 倉含反이니 猶言太半也라 參半者는 或居三分之一하고 或居其半이라
   參은 倉含反(참)이니, 태반이라는 말과 같다. 參半은 혹은 3분의 1을 차지하고

혹은 그 반을 차지한 것이다.

【辛未】十九年이라

開元 19년(신미 731)

三月에 初令兩京諸州로 各置太公廟하야 以張良配饗하고 選古名將하야 以備十哲¹⁾하고 以二八月上戊²⁾로 致祭하야 如孔子禮하다 〈出禮樂志〉

3월에 兩京(洛陽과 長安)과 여러 州로 하여금 각각 姜太公의 사당을 설치하고 張良을 배향하게 하였으며, 옛날 名將을 뽑아 十哲을 구비하되 매년 2월과 8월의 첫 번째 戊日에 제사를 지내어 孔子를 제사하는 禮와 같이 하였다. - ≪新唐書 禮樂志≫에 나옴 -

1) 〔通鑑要解〕十哲^{*)} : 張良, 田穰苴, 孫武, 吳起, 樂毅, 白起, 韓信, 諸葛亮, 李靖, 李勣也라

十哲은 張良·田穰苴·孫武·吳起·樂毅·白起·韓信·諸葛亮·李靖·李勣이다.

*) 十哲 : 10명의 先哲을 이른다. ≪論語≫〈先進〉에 孔子의 제자들을 所長에 따라 네 가지로 분류하여 "德行에는 顔淵·閔子騫·冉伯牛·仲弓이고, 言語에는 宰我·子貢이고, 政事에는 冉有·季路이고, 文學에는 子游·子夏이다." 하였는데, 후세에 이들을 孔門十哲이라 칭하였으며, 孔子를 모신 文廟에도 十哲을 배향하였는 바, 武廟인 太公廟에도 名將들을 뽑아 十哲이라 한 것이다.

2) 〔頭註〕上戊 : 用戊日者는 戊在中極, 勾陳^{*)}之位하야 兵衛之象이라 故로 字從戈하니라

戊日을 사용하는 것은 戊가 北極星과 勾陳星의 자리에 있어서 군대가 호위하는 형상이기 때문에 글자가 戈를 따른 것이다.

*) 中極 勾陳 : 中極은 북극성을 가리키고, 勾陳은 별 이름으로 北極에 가장 가까운 여섯 개 별 중의 하나이다.

溫公曰 經緯天地之謂文¹⁾이요 戡(감)²⁾定禍亂之謂武니 自古로 不兼斯二者而稱聖人은 未之有也라 故로 黃帝, 堯, 舜, 禹, 湯, 文, 武, 伊

尹, 周公이 莫不有征伐之功이요 孔子雖不試나 猶能兵萊夷[3], 却費人[4]
하시고 曰吾戰則克[5]이라하시니 豈孔子專文而太公專武乎아 孔子所以祀
於學者는 禮有先聖先師故也라 自生民以來로 未有如孔子者하니 豈太
公得與之抗衡哉아 古者에 有發[6]이면 則命大司徒하야 教士以車甲하고
贏(裸)股肱[7], 決射御하고 受成獻馘(괵)[8]이 莫不在學하니 所以然者는
欲其先禮義而後勇力也라 君子有勇而無義면 爲亂이요 小人有勇而無
義면 爲盜니 若專訓之以勇力하고 而不使之知禮義면 奚所不爲矣리오 自
孫, 吳[9]以降으로 皆以勇力相勝하고 狙詐相高[10]하니 豈足以數於聖賢
之門而謂之武哉아 乃復誣引하야 以偶十哲之目하야 爲後世學者之師하
니 使太公有神이면 必羞與之同食矣라

溫公이 말하였다.

"天地를 經綸하는 것을 文이라 이르고 禍亂을 안정시키는 것을 武라
이르니, 예로부터 이 두 가지를 겸비하지 않고 聖人이라 일컬어진 경우
는 있지 않았다. 그러므로 黃帝·堯·舜·禹·湯·文·武·伊尹·周公
은 정벌하는 공이 없는 분이 없었고, 孔子는 비록 당시에 쓰이지 못했으
나 오히려 萊夷를 공격하고 費人을 물리치셨고 말씀하기를 '나는 싸우면
이긴다.' 하였으니, 어찌 孔子는 文만 오로지 하고 太公은 武만 오로지
하였겠는가. 孔子를 學宮에서 제사하는 까닭은 禮(禮記) 중에 先聖과
先師에게 제사하는 禮가 있기 때문이다. 사람이 생긴 이래로 孔子와 같
은 분이 있지 않으니, 어찌 太公이 孔子와 대등할 수 있겠는가.

옛날에 군대가 출동하면 大司徒에게 명하여 군사들에게 수레를 몰고
갑옷을 입는 방법을 가르치고, 다리와 팔뚝을 걷어붙이고 활 쏘고 말 타
는 것을 익히며, 이미 이루어진 계책을 받아 출정했다가 돌아와 적의 首
級을 바치는 것을 학궁에서 행하지 않음이 없었으니, 이렇게 하는 까닭
은 禮義를 먼저 하고 勇力을 뒤로 하고자 해서였다. 君子가 勇力만 있고
義가 없으면 난을 일으키고 小人이 勇力만 있고 義가 없으면 도적질을

하니, 만약 오로지 勇力만을 가르치고, 그들로 하여금 예의를 알지 못하게 한다면 무슨 짓인들 하지 않겠는가. 孫武와 吳起 이후로 모두 勇力으로 서로 이기기를 다투고 속임수로 서로 높였으니, 어찌 聖賢에 나열하여 武라고 이를 수 있겠는가. 그런데도 도리어 다시 속여 끌어다가 十哲의 조목에 짝을 맞추어 후세 학자들의 스승으로 삼았으니, 만약 太公이 영혼이 있다면 반드시 이들과 함께 제사를 받는 것을 부끄럽게 여길 것이다."

1) 〔釋義〕 經緯天地之謂文 : 緯는 橫絲也니 南北爲經이요 東西爲緯라 〔頭註〕 經緯天地하야 相錯而成이 如織之成文也라

　〔釋義〕 緯는 베를 짤 때 가로 방향으로 놓인 실(씨실)이니, 남북을 經이라 하고 동서를 緯라 한다. 〔頭註〕 천지를 經緯하여 서로 섞여서 이루어짐이 직물이 무늬를 이루는 것과 같은 것이다.

2) 〔釋義〕 戩 : 勝也라

　戩은 이김이다.

3) 〔釋義〕 兵萊夷 : 萊는 齊東夷也라 孔子相[*1]魯定公하야 會齊侯于夾谷이러니 齊使萊人으로 以兵劫公이어늘 孔子以公退曰 士兵之하라 兩君爲好에 裔夷之俘[*2] 敢以兵亂之하니 非齊君所以命諸侯라하시니 齊侯心怍하니라 〔頭註〕 令士官으로 以兵擊萊夷라

　〔釋義〕 萊는 齊나라 동쪽 오랑캐이다. 孔子가 魯나라 定公을 도와 齊나라 임금과 夾谷에서 회맹하였는데, 齊나라가 萊人을 시켜 병기를 가지고 定公을 위협하자, 孔子가 定公을 모시고 물러가며 말씀하기를 "士官들은 저들을 공격하라. 두 군주가 우호를 닦는데 오랑캐 포로들이 감히 병기를 가지고 어지럽히니, 齊나라 군주가 제후들에게 명령하는 도리가 아니다."라고 하니, 齊나라 임금이 내심 부끄러워하였다. 〔頭註〕 兵은 士官으로 하여금 병기를 가지고 萊夷를 공격하게 한 것이다.

*1) 相 : 禮를 돕는 자를 말한다. ≪周禮≫ 〈秋官 司儀〉의 鄭玄 注에 "국경을 나가 손님을 영접하는 사람을 擯이라 하고 국경에 들어와 예를 돕는 사람을 相이라 한다.〔出接賓曰擯 入贊禮曰相〕" 하였다.

*2) 裔夷之俘 : 裔는 華夏 밖의 지역을, 夷는 華夏 밖의 사람을 가리킨다. 俘는 萊人이 원래 齊나라의 전쟁 포로였기 때문에 이렇게 칭한 것이다.

4)〔附註〕却費人：左定十二年에 仲由爲季氏宰하야 將隳(휴)三都[*1)]할새 公山不狃帥費人攻魯하야 及公側이어늘 仲尼命司寇申句須[*2)]下하야 伐之하니 費人敗走하니라

《左傳》 定公 12년에 仲由가 季氏의 宰(家臣의 우두머리)가 되어 장차 三都를 허물려고 할 적에, 公山不狃가 費邑의 사람들을 거느리고 魯나라를 공격하여 화살이 武子臺에 올라가 있던 定公의 곁에 이르자, 仲尼가 申句須에게 명하여 武子臺를 내려가 치게 하니, 費邑의 사람들이 패주하였다.

　*1) 三都：魯나라 三桓의 采邑인 季孫氏의 費邑, 叔孫氏의 郈邑, 孟孫氏의 成邑을 가리키는 바, 三桓이 노나라의 정권을 독점하여 이들 采邑의 城이 都城에 비길 만하였기 때문에 三都라 한 것이다. 그러나 후에는 三都의 邑宰들이 각각 三都를 장악하고 三家(三桓)를 능멸하였는 바, 公山不狃는 이때 費邑의 邑宰였다.

　*2) 司寇申句須：《左傳》에는 ‘司寇’ 두 글자가 없다. 杜預의 注에 “申句須는 魯나라의 大夫이고 仲尼가 이 당시 司寇였다.”하였다.

5)〔譯註〕吾戰則克：《禮記》〈禮器〉에 “孔子가 말씀하기를 ‘나는 싸우면 이기고 제사하면 복을 받는다.’ 하였으니, 이것은 그 도를 얻었기 때문이다.〔我戰則克 祭則受福 蓋得其道矣〕”하였다.

6)〔釋義〕發：謂徵發也라
　發은 징발함을 이른다.

7)〔頭註〕贏股肱：贏는 與裸通하니 裸衣而出其股肱者는 欲以決勝負하야 而示武勇이라
　贏는 裸와 통하니, 옷을 벗어 팔다리를 드러내는 것은 승부를 결정지어 武勇을 보이고자 한 것이다.

8)〔釋義〕受成獻馘：馘은 所格者之左耳라〔頭註〕受成은 將出兵할새 定兵謀也요 獻馘은 及其反也에 釋奠于學而獻馘也라
　〔釋義〕馘은 때려잡은 자의 왼쪽 귀이다. 〔頭註〕受成은 출병할 적에 學宮에서 군대의 계책을 정하는 것이요, 獻馘은 전쟁에서 돌아왔을 적에 學宮에서 釋奠祭를 지내고 적의 首級을 바치는 것이다.

9)〔頭註〕孫吳[*)]：孫臏, 吳起라
　孫吳는 孫臏과 吳起이다.

　*) 孫吳：孫吳의 孫은 孫武와 孫臏을 함께 칭한 것으로 보인다. 孫武는 春秋時代 吳나라의 名將으로 《孫子兵法》의 저자이고, 孫臏은 戰國時代 齊나라의 명장

으로 孫武의 후손인데 그가 지은 兵法書가 있다.

10) 〔頭註〕狙詐相高 : 各尙權謀也니 言兵法權謀家流 用此巧詐之計라

　　狙詐相高는 각각 권모술수를 높이는 것이니, 兵法家와 權謀家의 부류가 이처럼 교묘하게 속이는 계책을 사용함을 말한다.

【癸酉】二十一年이라

　開元 21년(계유 733)

三月甲寅에 以韓休로 爲黃門侍郎[1], 同平章事하다 休爲人이 峭直[2]하야 不干榮利러니 及爲相에 甚允時望이라 始에 嵩이 以休恬(념)和하야 謂其易制라 故로 引之러니 及與共事에 休守正不阿하니 嵩이 漸惡之하니라 宋璟歎曰 不意韓休乃能如是로다 上이 或宮中宴樂과 及後苑遊獵에 小有過差어든 輒謂左右호되 韓休知否아하야 言終이면 諫疏已至러라 上이 嘗臨鏡하야 默然不樂한대 左右曰 韓休爲相에 陛下殊瘦於舊하시니 何不逐之시니잇고 上歎曰 吾貌雖瘦나 天下必肥리라 蕭嵩은 奏事에 常順旨호되 旣退에 吾寢不安하고 韓休는 常力爭호되 旣退에 吾寢乃安이라 吾用韓休는 爲社稷耳요 非爲身也로라 〈出休等傳〉

　3월 갑인일(16일)에 韓休를 黃門侍郎·同平章事로 삼았다. 韓休는 사람됨이 강직하여 영화와 이익을 추구하지 않았는데, 정승이 되자 당시의 인망에 매우 합당하였다. 처음에 蕭嵩은 韓休가 욕심이 없고 온화하여 제재하기 쉬울 것이라고 생각하였으므로 그를 천거하였는데, 정사를 함께 하게 되자 韓休가 正道를 지키고 아첨하지 않으니, 蕭嵩이 점점 미워하였다. 宋璟이 감탄하기를 "韓休가 끝내 이와 같을 줄은 몰랐다." 하였다.

　上이 혹 궁중에서 잔치를 열어 즐기고 후원에서 놀며 사냥할 적에 조금이라도 잘못이 있으면 그때마다 좌우의 신하들에게 묻기를 "韓休가 이 사실을 아는가?"라고 하였는데, 말이 떨어지기 무섭게 韓休의 간언하는 상소문이 이미 이르곤 하였다.

　上이 일찍이 거울을 마주하고는 묵묵히 아무 말도 하지 않고 즐거워하지

않자, 좌우의 신하들이 아뢰기를 "韓休가 정승이 되자 폐하께서 예전보다 크게 수척해지셨으니, 어찌 그를 축출하지 않으십니까?" 하였다. 上이 한탄하기를 "내 모습은 비록 수척해졌으나 천하는 반드시 살쪘을 것이다. 蕭嵩은 일을 아뢸 적에 항상 나의 뜻에 순응하나 그가 물러간 뒤에 내 잠자리가 편치 못하고, 韓休는 항상 강력하게 간쟁하나 그가 물러간 뒤에 내 잠자리가 편안하다. 내가 韓休를 등용함은 사직을 위해서일 뿐이요, 내 일신을 위한 것이 아니다." 하였다. - ≪新唐書 韓休傳≫ 등에 나옴 -

1) 〔頭註〕黃門侍郞 : 玄宗元年에 改門下爲黃門이라

　　玄宗 開元 원년(713)에 門下省을 고쳐 黃門省이라 하였다.

2) 〔頭註〕峭直 : 峭는 峻峽也라

　　峭는 가파름이다.

○ 六月에 制호되 自今으로 選人¹⁾이 有才業操行²⁾이어든 委吏部하야 臨時擢用하고 流外³⁾奏申에 不復引過門下⁴⁾하라하다 雖有此制나 而有司以循資格이 便於己라하야 猶踵行之하니 是時에 官自三師⁵⁾以下 一萬七千六百八十六員이요 吏自佐史以上이 五萬七千四百一十六員이라 而入仕之塗甚多하야 不可勝紀라라 〈出選擧志〉

　6월에 황제가 조령을 내리기를 "지금부터 選人(후보 관원) 중에 재주와 학업과 지조와 행실이 있는 자가 있거든 吏部에 맡겨서 그때그때 발탁하여 쓰도록 하고, 流外官(9품 이외의 관원)은 아뢴 뒤에 임명할 적에 다시 門下省을 거치지 말라." 하였다. 비록 이러한 조령이 있었으나 有司들은 循資格이 자신들에게 편리하다 하여 원래의 제도를 그대로 따라서 행하였다. 이때 관원은 三師 이하가 1만 7686명이고 아전은 佐史 이상이 5만 7416명이었으며, 관원이 되는 길도 매우 많아서 이루 다 기록할 수 없을 정도였다. - ≪新唐書 選擧志≫ 에 나옴 -

1) 〔譯註〕選人 : 唐나라 때 후보 관원을 選人이라 하였다.

2) 〔頭註〕操行 : 操는 七到切이니 節操也요 行은 去聲이라

操는 七到切(초)이니 절조이고, 行은 去聲(행실)이다.

3) 〔附註〕流外*1）：隋置九品하고 品各有從하며 自四品以下는 每品에 分上下하고 謂之流內*2）라 唐因隋制하되 又置九品하야 自諸衛錄事及五省*3）令(吏)〔史〕始焉하고 謂之流外라 兵部, 禮部擧人에 郎官이 得自主之하고 謂之小選이라

隋나라는 9품의 관직을 설치하고 품마다 각각 從이 있었으며, 4품 이하부터는 매품마다 다시 上·下를 나누고 이를 일러 流內라 하였다. 唐나라는 隋나라 제도를 그대로 따르되 또다시 9품을 설치하여 여러 衛의 錄事부터 五省의 令史에 이르러 시작하였고 이를 일러 流外라 하였다. 流外官은 兵部와 禮部에서 인재를 선발하였는데, 郎官이 스스로 이를 주관하고 이를 일러 小選이라 하였다.

*1）流外 : 정1품에서 종9품까지의 품계인 流品 안에 들어가지 못한 잡직의 품계를 이른다.

*2）流內 : 정1품에서 종9품까지의 품계 안에 드는 벼슬을 이른다.

*3）五省 : 隋나라는 大業 3년(607)에 殿內省·尙書省·門下省·內史省·秘書省 등 다섯 개의 省을 두었으며 唐나라는 隋나라의 제도를 그대로 따랐는데, 다만 殿內省을 殿中省과 內侍省으로 나누어 모두 6省으로 만들었다.

4) 〔譯註〕不復引過門下 : 開元 18년(730) 4월에 裴光庭이 資格을 따르는 제도를 사용할 것을 아뢰면서 流外行署官 역시 門下省의 심사를 거치게 했었는데, 이때에 이것을 폐지한 것이다.

5) 〔通鑑要解〕三師 : 唐은 太師, 太傅, 太保爲三師라

唐나라는 太師·太傅·太保를 三師라 하였다.

○ 十月에 以京兆尹裴耀卿으로 爲黃門侍郎하고 張九齡으로 爲中書侍郎하야 並同平章事하다

10월에 京兆尹 裴耀卿을 黃門侍郎으로 삼고 張九齡을 中書侍郎으로 삼아 두 사람이 함께 同平章事가 되었다.

○ 是歲에 分天下하야 爲京畿, 都畿1）, 關內, 河南, 河東, 河北, 隴右, 山南東道, 山南西道, 劍南, 淮南, 江南東道, 江南西道, 黔中, 嶺南凡十五道하고 各置採訪使하야 以六條로 檢察非法2）하다 〈出地理志〉

이해에 천하를 나누어 京畿, 都畿, 關內, 河南, 河東, 河北, 隴右, 山南東道, 山南西道, 劍南, 淮南, 江南東道, 江南西道, 黔中, 嶺南 등 모두 15개의 道를 두고 각각 採訪使를 두어 여섯 가지 조항으로 관원의 불법 행위를 검찰하였다. - ≪新唐書 地理志≫에 나옴 -

1)〔釋義〕京畿都畿 : 京畿採訪使治京城하고 都畿採訪使治東都하니라
    京畿採訪使는 京城(長安)을 다스리고, 都畿採訪使는 東都(洛陽)를 다스렸다.
2)〔釋義〕以六條檢察非法 : 師古曰 漢官典職儀云 刺史班宣하고 周行郡國할새 以六條問事하니 非條所問이면 即不省也라 一條는 強宗豪右田宅踰制하며 以彊陵弱하고 以衆暴寡요 二條는 二千石*)不奉詔書하고 遵承典制하야 倍公向私하고 旁詔守利하야 侵漁百姓하야 聚斂爲奸이요 三條는 二千石不卹(恤)疑獄하고 風厲殺人하야 怒則任刑하고 喜則淫賞하야 剝截黎元이요 四條는 二千石選署不平하고 苟阿所愛하야 蔽賢寵頑이요 五條는 二千石子弟恃怙(호)榮勢하야 請託所監이요 六條는 二千石違公下比하야 阿附豪強하고 通行貨略하야 割損正令이라
    顔師古가 말하였다. "≪漢官典職儀≫에 이르기를 '刺史가 황제의 뜻을 반포하고 郡國을 순행할 때에 여섯 가지 조항으로 일을 물었으니, 조항에 묻는 내용이 아니면 살펴보지 않았다. 첫째 조항은 강성한 종친과 호족들의 田宅이 정해진 제도를 벗어나며 강한 자가 약한 자를 능멸하고 다수가 소수에게 횡포를 부리는 것이요, 두 번째 조항은 二千石이 詔書를 받들지 않고 典章制度를 따르지 않아서 公義를 저버리고 사리사욕을 따라서 조령을 빙자하여 이익을 챙겨서 백성들을 침탈(聚斂)해서 간악한 짓을 하는 것이요, 세 번째 조항은 二千石이 의심스런 옥사를 살피지 않고 포학하게 사람을 죽여서 노하면 형벌을 마음대로 내리고 기쁘면 상을 지나치게 내려서 백성들을 해치는 것이요, 네 번째 조항은 二千石이 인재의 선발과 등용을 공평하게 하지 않고 사랑하는 사람을 편애하여 어진 이를 엄폐하고 완악한 자를 총애하는 것이요, 다섯 번째 조항은 二千石의 子弟가 영화와 세력을 믿고서 감독하는 부서에 청탁하는 것이요, 여섯 번째 조항은 二千石이 국가의 公義를 어기고 아래로 빌붙어서 豪強한 자에게 붙고 뇌물을 써서 올바른 명령을 해치는 것이다.' 하였다."
*) 二千石 : 漢나라 때에 郡守의 年俸이 2천 석이었는 바, 당시의 九卿과 지방장관이 이에 해당하였는 바, 여기서는 지방관(刺史와 縣令)을 가리킨 것이다.

【甲戌】二十二年이라

開元 22년(갑술 734)

吏部侍郎李林甫 柔佞多狡數¹⁾하야 深結宦官及妃嬪家하야 伺候上動靜하야 無不知之라 由是로 每奏對에 常稱旨하니 上이 悅之하야 擢爲禮部尙書하야 與裴耀卿, 張九齡으로 同中書門下三品하다〈出本傳〉²⁾

吏部侍郎 李林甫가 유순하고 아첨하며 교활함과 술수가 많아 宦官과 妃嬪의 집안과 깊이 결탁하여 上의 動靜을 살펴서 모르는 것이 없었다. 이로 인해 매번 아뢰고 대답할 때마다 항상 上의 뜻에 맞으니, 上이 기뻐하여 禮部尙書로 발탁해서 裴耀卿·張九齡과 함께 同中書門下三品이 되게 하였다. - ≪新唐書 李林甫傳≫에 나옴 -

1)〔頭註〕狡數 : 數는 計數也라
　　數는 계산하는 것이다.
2)〔譯註〕出本傳 : ≪新唐書≫〈姦臣傳〉중 李林甫 조항에 나온다.

【乙亥】二十三年이라

開元 23년(을해 735)

上이 御五鳳樓하야 酺(포)宴¹⁾할새 命三百里內刺史, 縣令하야 帥所部音樂하고 集於樓下하야 各較勝負러니 懷州刺史는 以車載樂工數百하야 皆衣文繡하고 服箱之牛²⁾를 皆爲虎豹犀象之狀호되 魯山令元德秀는 惟遣樂工數人하야 連袂歌于蔿(위)³⁾어늘 上曰 懷州之人은 其塗炭乎인저하고 立以刺史爲散官⁴⁾하다 德秀性介潔⁵⁾質樸하니 士大夫皆服其高러라〈出本傳〉⁶⁾

上이 五鳳樓에 나와 백성들에게 연회를 허락할 적에 300리 이내의 刺史와 縣令에게 명하여 각자 거느리고 있는 음악(악공)들을 인솔하고 樓 아래에 모여서 각각 우열을 겨루게 하자, 懷州刺史는 수레에 악공 수백 명을 태워 모두 비단옷을 입히고 수레를 끄는 소는 모두 호랑이와 표범과 무소와 코끼리 등의 모습으로 만들었으나, 魯山令 元德秀는 오직 악공 몇 사람을 보내어 나란히 서서 함께 于蔿를 노래하게 하였다. 上이 이르기를 "懷州 사람들은 塗炭에 빠졌을 것이다." 하고는 그 자리에서 刺史를 散官으로 삼았다. 元德秀는 성품이 꼿꼿하고 깨끗하고 질박하니, 사대부들이 모두 그의 높은 행실에 탄복하였다. - ≪新唐書 元德秀傳≫에 나옴 -

1) 〔釋義〕酺宴 : 酺는 音蒲니 布也니 王德布하야 大飮酒也라 又漢律에 三人已上이 無故群飮이면 罰金四兩이라 故賜酺하야 得會聚飮食也라 唐無酺禁이어늘 今亦賜酺者는 蓋聚作伎樂하고 高年賜酒麵일새라

酺는 음이 포이니, 폄이니, 王의 德이 펴져서 크게 술을 마시는 것이다. 또 漢나라 형률에 세 명 이상이 이유 없이 모여서 술을 마시면 벌금 4냥을 내게 하였다. 그러므로 酺宴을 하사하여 여러 사람들이 모여 음식을 먹을 수 있게 한 것이다. 唐나라에서는 모여서 술 마시는 것을 금하는 법이 없었는데, 이제 또 酺宴을 하사하였다고 말한 것은 모여서 음악을 연주하고 춤을 추며 나이가 많은 분에게 술과 麵을 하사한 것이다.

2) 〔頭註〕服箱之牛 : 服은 駕也요 箱은 車箱也니 兩轂之間을 謂之箱이라

服은 멍에함이고 箱은 車箱이니, 두 바퀴 사이를 箱이라 이른다.

3) 〔釋義〕于蔿 : 歌名也니 元德秀所作이라 帝聞而異之하고 歎曰 賢人之言哉인저하니라 通鑑考異曰 明皇雜錄에 作于蔿하고 新傳에 作于僞하니 此義未詳이라하니 今從雜錄하노라

于蔿는 노래 이름이니, 元德秀가 지은 것이다. 황제가 이 노래를 듣고 기이하게 여겨 감탄하기를 "어진 사람의 말이로다." 하였다. ≪資治通鑑考異≫에 이르기를 "唐나라 鄭處誨의 ≪明皇雜錄≫에는 '于蔿'로 되어 있고 ≪新傳≫에는 '于僞'로 되어 있으니, 이 뜻이 자세하지 않다." 하였는 바, 이제 ≪明皇雜錄≫을 따른다.

4) 〔頭註〕散官 : 無職事라

散官은 맡은 직임이 없는 것이다.

5) 〔頭註〕介潔 : 介는 特也니 言不與衆同也라

介는 독특함(꼿꼿함)이니, 사람들과 어울리지 않음을 이른다.

6) 〔譯註〕出本傳 : ≪新唐書≫ 〈卓行傳〉 중 元德秀 조항에 나온다.

通鑑節要 卷之四十一

唐 紀

玄宗明皇帝 下

【丙子】二十四年이라

開元 24년(병자 736)

張守珪[1] 使平盧討擊使安祿山으로 討奚, 契丹[2] 叛者할새 祿山이 恃勇輕進이라가 爲虜所敗라 夏四月에 守珪奏請斬之하니 祿山臨刑에 呼曰 大夫不欲滅奚, 契丹耶아 奈何殺祿山고 守珪亦惜其驍勇하야 欲活之하야 乃更執送京師하니 張九齡批[3]曰 昔에 穰苴(양저)誅莊賈[4]하고 孫武斬宮嬪[5]하니 守珪軍令若行이면 祿山不宜免死니이다 上이 惜其才하야 勅令免官하고 以白衣將領하니 九齡固爭曰 祿山이 失律喪師하니 於法에 不可不誅요 且臣觀其貌하니 有反相이라 不殺이면 必爲後患하리이다 上曰 卿勿以王夷甫識石勒[6]으로 枉害忠良하라하고 竟赦之하다 〈出本傳〉

張守珪가 平盧討擊使 安祿山을 시켜 奚와 契丹의 배반한 자들을 토벌할 적에 安祿山이 용맹함을 믿고 경솔하게 진격하다가 오랑캐에게 패하였다. 여름 4월에 張守珪가 安祿山을 참형에 처할 것을 주청하였는데, 安祿山은 형벌을 당하기에 앞서 큰소리로 고함치기를 "大夫는 奚와 契丹을 멸망하고자 하지 않습니까? 어찌하여 이 安祿山을 죽인단 말입니까?" 하니, 張守珪가 그의 날래고 용맹함을 애석하게 여겨 살려 주고자 해서 마침내 다시 가두어 京師로 보냈다. 張九齡이 上奏하여 비판하기를 "옛날에 司馬穰苴는 莊賈를 주벌하였고 孫武는 吳王의 寵姬를 참형에 처했으니, 張守珪의 軍令이 만약 제대로 행해졌다면 安祿山이 마땅히 죽음을 면해서는 안 됩니다." 하였다. 上은 그의 재주를 애석하게 여겨서 勅令을 내려 그의 관직을 파면하고 평민으로서 군대를 거느리게 하니, 張九齡이 굳이 간하기를 "安祿山이 군령을 어기고 패전하였으니 법에 있어 처벌하지 않을 수 없으며, 신이 그의 모습을 살펴보건대 배반할 相이 있습니다. 죽이지 않으면 반드시 後患이 될 것입니다." 하니, 上이 이르기를 "卿은 石勒이 배반할 상이 있음을 알아본 王夷甫의 故事가 있다 하여 억울하게 忠良한 사람을 해치지 말라." 하고 끝내 安祿山을 사면하였다. - ≪唐書 張九齡傳≫에 나옴 -

1) 〔頭註〕 張守珪：幽州節度使라
   張守珪는 幽州節度使이다.

2) 〔頭註〕 奚契丹：契은 音乞이라 奚之先은 東胡니 宇文氏之別種이니 爲契丹所幷이라
   契은 音이 걸이다. 奚의 선조는 東胡이니, 宇文氏의 別種이니, 거란에게 겸병당하였다.

3) 〔頭註〕 批：刊也요 判也라
   批는 깎는 것이고, 비판하는 것이다.

4) 〔釋義〕 穰苴誅莊賈：史記에 司馬穰苴者는 田完之苗裔也라 晏嬰이 薦於齊景公하니 召爲將軍하고 使莊賈監軍이러니 約出師後期어늘 軍法에 後期者斬이라하야 遂斬莊賈하야 以徇三軍하니 軍士股慄이라 乃進復故地하니라
   ≪史記≫에 "司馬穰苴는 田完의 후손이다. 晏嬰이 司馬穰苴를 齊나라 景公에게 천거하니, 景公이 불러서 장군으로 삼고 莊賈로 하여금 군대를 감독하게 하였는데, 출병하기로 약속하고는 기일보다 늦게 오자, 군법에 기한보다 뒤늦게 온 자는 참형에 처하도록 되어 있다 하여 田穰苴가 마침내 莊賈를 참형에 처하여 三軍에 조리돌리니, 군사들은 두려워 다리를 벌벌 떨었다. 이에 진격하여 옛땅을 수복했다." 하였다.

5) 〔釋義〕 孫武斬宮嬪：孫子武者는 齊人也라 以兵法으로 見吳王闔廬한대 闔廬出宮

人爲二隊하고 以寵姬二人爲隊長하야 試習戰法이러니 武乃三令五申而鼓之한대 宮人笑어늘 乃斬隊長以徇하니라

孫子 武는 齊나라 사람이다. 병법을 가지고 吳王 闔廬를 뵙자, 闔廬가 궁녀들을 동원하여 두 隊로 만들고 寵姬 두 명을 隊長으로 임명하여 전투하는 법을 실습하게 하였다. 孫武가 마침내 세 번 명령하고 다섯 번 거듭하고 북을 쳤는데, 궁녀들이 웃고 명령을 따르지 않자, 이에 隊長을 참수하고 조리돌렸다.

6) 〔釋義〕 王夷甫識石勒 : 夷甫는 晉王衍字也요 石勒은 上黨匈奴人이라 衍見之하고 識其有反相하야 將收之할새 勒已去矣러니 後果叛據襄國하야 僭稱後趙하고 卒禍晉室하니라

夷甫는 晉나라 王衍의 字이고, 石勒은 上黨의 흉노 사람이다. 王衍이 石勒을 보고 배반할 相이 있음을 알고는 장차 잡아서 처형하려 하였는데, 石勒이 이미 떠나간 뒤였다. 그후 石勒은 과연 배반하고 襄國을 점거하여 後趙라 참칭하고 끝내 晉나라 皇室에 화를 끼쳤다.

〔史略 史評〕 胡氏曰 祿山敗軍하니 其罪應誅라 九齡이 直以軍法爭論이면 其理自勝이어늘 乃言未來之事하야 斷其後患이라 故로 得以拒之하니 惜哉라

胡氏가 말하였다.

"安祿山이 패전하였으니, 그 죄가 응당 죽어야 한다. 張九齡이 곧바로 軍法을 가지고 간쟁하였다면 이치가 절로 우세하였을 터인데, 마침내 미래의 일을 말하여 後患을 결단하였다. 그러므로 玄宗이 그의 말을 막을 수 있었으니, 애석하다."

○ 秋八月壬子千秋節[1]에 群臣이 皆獻寶鏡이어늘 張九齡以爲 以鏡自照면 見形容이요 以人自照면 見吉凶이라하야 乃述前世興廢之源하야 爲書五卷하고 謂之千秋金鑑錄이라하야 上之한대 上이 賜書褒美하다 〈出本傳〉

가을 8월 임자일(5일) 千秋節에 여러 신하들이 모두 보배로운 거울을 올렸는데, 張九齡이 이르기를 "거울로써 스스로 비춰보면 모습을 알 수 있고, 사람으로써 스스로 비춰보면 길흉을 알 수 있다."라고 하여, 마침내 前代에 흥하고 망한 근원을 기술해서 5권의 책을 만들고 이를 일러 ≪千秋金鑑錄≫

이라 하여 올리자, 上이 편지를 하사하여 칭찬하고 아름답게 여겼다. - ≪唐書 張九齡傳≫에 나옴 -

1) 〔譯註〕 千秋節 : 당나라 황제의 탄신을 이르는 말로, 玄宗 때부터 시작되었는데 뒤에는 天長節로 고쳐 불렀다.

〔史略 史評〕 胡氏曰 忠愛其君者는 必思納諸無過之地하야 而不計一身之安危하고 不忠不愛者는 惟其身之營하야 使君荒怠昏亂而不恤也니 九齡은 可謂愛君矣라 然이나 以違拂對順從하면 則有恭與不恭之似하고 以恣肆對儆戒하면 則有樂與不樂之殊하니 惟聰明睿智之君은 則知違拂之爲恭而順從之爲大不恭也하고 知儆戒之可樂而恣肆之有大不樂也라 若明皇이 稍有持盈守成¹⁾하야 恐及危溢之心하야 使九齡常立于朝면 則放心必收요 禍亂必弭(미)하리니 嗚呼라 九齡은 可謂古之大臣矣로다

胡氏가 말하였다.

"군주에게 충성하고 사랑하는 자는 반드시 군주를 과실이 없는 곳에 넣을 것을 생각하여 자기 한 몸의 安危를 헤아리지 않으며, 군주에게 충성하지 않고 사랑하지 않는 자는 오직 자신만을 營爲하여 가령 군주가 거칠고 게으르고 혼란해도 돌아보지 않으니, 張九齡은 군주를 사랑한다고 이를 만하다. 그러나 군주에게 순종하지 않는 것을 가지고 군주에게 순종하는 것과 상대하면 공손하고 공손하지 않은 유사한 점이 있고, 군주에게 방자한 것을 가지고 군주를 경계하는 것과 상대하면 즐겁고 즐겁지 않은 차이가 있으니, 오직 총명하고 지혜로운 군주는 공손하지 않음이 공손함이 되고 순종함이 크게 불공함이 됨을 알며, 경계함이 즐거울 만하고 방자함이 크게 즐겁지 않음이 있음을 안다. 만약 明皇이 조금이라도 이미 성취한 것을 잘 보전하고 지켜서 행여 위태롭고 넘치는 데에 미칠까 두려워하는 마음이 있어 張九齡으로 하여금 항상 조정에 있게 하였다면 방탕한 마음이 반드시 거두어졌을 것이고 禍亂이 반드시 그쳤을 것이니, 아! 張九齡은 옛날의 大臣이라고 이를 만하다."

1) 〔譯註〕 持盈守成 : 持盈은 이미 성취한 大業을 잘 보전하며 지키는 것을 이르고, 守成은 創業한 뒤를 이어받아 지키는 것을 이른다.

○ 朔方節度使牛仙客이 前在河西하야 能節用度하고 勤職業하니 倉庫充實하고 器械精利라 上이 聞而嘉之하야 欲加尙書한대 張九齡曰 不可하니이다 尙書는 古之納言이라 唐興以來로 惟舊相及揚歷中外有德望者 乃爲之하니 仙客은 本河湟使典1)으로 今驟居淸要하면 恐羞朝廷이니이다 上曰 然則但加實封이 可乎아 對曰 不可하니 封爵은 所以勸有功也라 邊將이 實倉庫, 修器械는 乃常務耳라 不足爲功이니 陛下賞其勤인댄 賜之金帛이 可也요 裂土封之는 恐非其宜니이다 上이 默然이어늘 李林甫言於上曰 仙客은 宰相才也니 何有於尙書2)리잇고 十一月에 賜仙客爵隴西縣公하고 食實封三百戶3)하다 〈出本傳〉

朔方節度使 牛仙客이 예전에 河西 지방에 있을 적에 비용을 절약하고 직임에 부지런히 힘쓰니, 창고가 충실하고 병기가 정밀하고 예리하였다. 上이 이 말을 듣고 가상히 여겨 그를 尙書로 삼고자 하니, 張九齡이 아뢰기를 "안 됩니다. 尙書는 옛날의 納言입니다. 唐나라가 일어난 이래로 오직 옛 정승과 중외의 관직을 역임하고 덕망이 있는 자라야 비로소 尙書가 될 수 있었으니, 牛仙客이 河·湟의 使典(胥吏)으로서 이제 갑자기 淸要職에 거한다면 조정에 수치가 될까 두렵습니다." 하였다. 上이 이르기를 "그렇다면 實封을 가하는 것은 되겠는가?" 하니, 張九齡은 대답하기를 "안 됩니다. 관작을 봉하는 것은 공이 있는 자를 권면하는 것입니다. 변방의 장수가 창고를 충실하게 하고 병기를 수리하는 것은 일상적인 직무일 뿐입니다. 공이 될 수가 없으니, 폐하께서 그의 근면함을 장려하시려면 금과 비단을 하사해 주시면 될 것이요, 땅을 떼어 작위를 봉해 주는 것은 마땅하지 않을 듯합니다." 하였다.

上이 묵묵히 말이 없자, 李林甫가 上에게 아뢰기를 "牛仙客은 재상의 재주이니, 尙書에 임명하는 것이 어찌 불가할 것이 있겠습니까." 하였다. 11월에 牛仙客에게 隴西縣公의 작위를 하사하고 實封 300호를 먹게 하였다. - ≪唐書 張九齡傳≫에 나옴 -

1) 〔釋義〕 河湟使典*) : 河湟二州는 竝河湟地니 牛仙客이 前判涼州別駕故云이라

河州와 湟州는 모두 河水와 湟水 지역이니, 牛仙客이 前 判涼州別駕였기 때문에 이렇게 칭한 것이다.

＊) 河湟使典 : 河湟은 黃河와 湟水의 합칭이고, 또한 黃河와 湟水 사이를 가리킨다. 使典은 胥吏를 가리킨다.

2) 〔頭註〕 何有於尙書 : 何有는 何難之有라

何有는 무슨 어려움이 있겠느냐는 말이다.

3) 〔附註〕 食實封＊)三百戶 : 唐爵九等이라 一曰王이니 食邑萬戶로 正一品이요 二曰郡王이니 食邑五千戶로 從一品이요 三曰國公이니 食邑三千戶로 從〔正〕二品이요 四曰開國郡公이니 食邑二千戶로 正〔從〕二品이요 五曰開國縣公이니 食邑千五百戶로 從二〔正三〕品이요 六曰開國縣侯니 食邑千戶로 從三品이요 七曰開國縣伯이니 食邑七百戶로 正四品上이요 八曰開國縣子니 食邑五百戶로 正五品上이요 九曰開國縣男이니 食邑三百戶로 從五品上이라 食實封者는 得眞戶하야 分食諸州하니 凡戶三丁以上爲率하야 租三之一을 入于朝廷이러니 開元定制하야 以三丁爲限하고 租賦를 全入封家하니라

唐나라의 작위는 9등급이다. 첫 번째는 王이니 食邑이 1만 호로 정1품이고, 두 번째는 郡王이니 食邑이 5천 호로 종1품이고, 세 번째는 國公이니 食邑이 3천 호로 정2품이고, 네 번째는 開國郡公이니 食邑이 2천 호로 종2품이고, 다섯 번째는 開國縣公이니 食邑이 1천 500호로 정3품이고, 여섯 번째는 開國縣侯이니 食邑이 1천 호로 종3품이고, 일곱 번째는 開國縣伯이니 食邑이 700호로 정4품上이고, 여덟 번째는 開國縣子이니 食邑이 500호로 정5품 上이고, 아홉 번째는 開國縣男이니 食邑이 300호로 종5품 上이다. 實封을 먹는다는 것은 실제 封戶를 얻어 여러 州에서 바치는 세금을 나누어 먹는 것이니, 무릇 3丁 이상의 가호를 기준으로 삼아서 조세의 3분의 1을 조정에 바쳤는데, 開元 연간에 제도를 정하여 3丁으로 한정하고 조세를 전부 봉해진 집에 바쳤다.

＊) 實封 : 古代에 封建國家는 名義上 功臣과 貴戚에게 내려주는 食邑의 戶數가 실제로 봉해 주는 숫자와 부합하지 않는 경우가 있었으므로 실제로 주는 封戶를 實封이라고 하였다.

○ 初에 上이 欲以李林甫爲相하야 問於中書令張九齡한대 九齡對曰 宰相은 繫國安危하니 陛下相林甫하시면 切(竊)恐異日에 爲廟社之憂하노이다 上이 不

從하다 時에 九齡이 方以文學으로 爲上所重이라 林甫雖恨이나 猶曲意事之하고
侍中裴耀卿이 與張九齡善하니 林甫幷疾之러라 是時에 上이 在位歲久에 漸肆
奢慾하야 怠於政事하니 而九齡이 遇事에 無細大히 皆力爭之라 林甫巧伺上意
하고 日思所以中傷之하야 日夜에 短九齡於上하니 上이 寢疎之러니 於是에 耀卿,
九齡을 竝罷政事하고 以林甫兼中書令하고 牛仙客爲工部尙書, 同中書門
下三品하다〈出本傳〉

　처음에 上이 李林甫를 정승으로 삼고자 하여 中書令 張九齡에게 묻자, 張
九齡이 대답하기를 "재상은 국가의 안위가 달려 있으니, 폐하께서 李林甫를
재상으로 삼으시면 훗날 종묘사직의 우환이 될까 염려됩니다." 하였으나 上
이 따르지 않았다. 이때 張九齡이 막 文學으로 上에게 중하게 여겨졌으므로,
李林甫가 비록 한스러워하였으나 오히려 뜻을 굽혀 張九齡을 섬겼고, 侍中
裴耀卿이 張九齡과 친하니 李林甫가 그도 아울러 미워하였다.

　이때에 上이 재위한 지 오래되자 점점 사치스러워지고 욕망을 부려 정사를
태만히 하니, 張九齡이 일을 당할 때마다 대소를 막론하고 모두 강력히 간쟁
하였다. 李林甫가 上의 뜻을 교묘히 엿보고 날마다 中傷할 것을 생각하여 밤
낮으로 上에게 張九齡을 헐뜯으니, 上이 차츰 張九齡을 멀리하였다. 이에 裴
耀卿과 張九齡을 모두 정사에서 파하고 李林甫로 中書令을 겸하게 하고 牛仙
客을 工部尙書·同中書門下 3품에 임명하였다. - ≪唐書 張九齡傳≫에 나옴 -

永嘉陳氏曰 忠義는 美名也니 雖甚庸之君이라도 亦知高其名而願致之로되 及
見其人하야는 鮮有合焉은 何也오 畏之也일새라 蓋忠義之士는 識高而見明하
고 慮遠而憂大라 世方無虞하야 若可以少安矣로되 而爲痛哭流涕하야 以發天
下大難之端하고 乘輿無甚失德하야 猶可以爲安也로되 而盡言極諫하야 甚者는
有幽厲桓靈[1]之比하고 百官效職하야 亦無大姦邪未去也로되 而深懼指鹿之禍[2]
發於朝夕하며 嘉祥美瑞는 人主之所罕見而奇焉者也어늘 則視以爲不足信하고
至於一日月之食, 一雨暘之愆하야는 則又從而尤之日 此疵政之招也라하며 射
獵巡幸歌舞之娛는 似未足病於治어늘 則禁而抑之하고 宵旰之勤과 吐握之疲[3]

는 非人所願爲者어늘 則强其必行하니 則人主安得而不畏之耶아 故로 雖漢武帝, 唐明皇之賢으로도 猶有憚於汲黯張九齡之直⁴⁾이라 噫라 視時趨向는 天下之人不少也요 人主方是之畏하니 彼亦孰肯自冒其〈人主之〉所畏하야 而取疎遠擯斥之苦哉아 於是乎爭迎其好而逢其欲이라 是以로 奸欺之患生하니 此武帝明皇之所以不免也라 隕石⁵⁾은 妖也어늘 而士方以爲嘉瑞하고 殺三子⁶⁾는 大亂也어늘 而宰相以刑措受賞⁷⁾하고 大旱之變을 則曰乾封之祥⁸⁾이라하고 雨霖之害를 則曰非禾稼之損⁹⁾이라하니라 武帝, 明皇은 皆英主也니 初豈可以愚弄也哉아 惟其畏節義之士故로 士得以窺其所逆順하야 而售其所喜之說하야 而天下皆幾於危亡하니 吁라 可不鑑哉아

永嘉陳氏(陳傅良)가 말하였다.

"충성과 절의는 아름다운 이름(명예)이니, 비록 매우 용렬한 군주라도 명예를 높일 줄 알아서 충의의 선비를 초치하기를 원하나, 실제로 그러한 사람을 만남에 이르러서는 뜻이 합하는 자가 적음은 어째서인가? 군주가 그를 꺼리기 때문이다. 충성스럽고 의로운 선비는 지식이 높고 견해가 밝으며 생각이 원대하고 우려가 크다. 그러므로 세상에 현재 근심이 없어서 다소 편안히 여겨도 될 듯한데도 통곡하고 눈물을 흘릴 만하다고 하여 천하가 크게 어지러워지게 될 단서라 하고, 乘輿(황제)가 심히 덕망을 잃은 일이 없어서 그래도 편안하다고 할 만한데도 말을 다하고 지극히 간하여 심지어 幽王・厲王과 桓帝・靈帝에 비교하기까지 하고, 백관들이 직책을 잘 수행하고 또한 크게 간사한 자를 제거하지 않음이 없는데도 윗사람을 농락하고 군주를 속여서 권세를 마음대로 부리는 화가 조석으로(당장에) 나올까 깊이 두려워하고, 아름다운 祥瑞는 군주가 드물게 보고 기이하게 여기는 것인데도 상서를 보기를 족히 믿을 것이 못 된다고 하고, 한 번 일식과 월식이 일어나며 한 번 비가 오고 날이 개는 것이 질서를 잃음에 이르면 이로 인해 '이것은 잘못된 정사가 부른 것이다.'라고 허물하고, 활 쏘고 순행하고 가무하는 즐거움은 정치에 해가 되지 않을 듯한데도 이것을 금지하여 억제하고, 날이 채 밝기 전에 옷을 입고 해가 진 후에 저녁밥을 먹는 수고와 먹던 밥을 뱉고 감던 머리를 쥐고 현자를 만나는 노고는 사람들이 행하고 싶어 하는 것이 아닌데도 반드시 이

것을 행할 것을 강요하니, 그렇다면 군주가 어찌 이들을 꺼리지 않을 수 있 겠는가. 그러므로 비록 漢나라 武帝와 唐나라 明皇 같은 어진 군주도 오히려 汲黯과 張九齡의 강직함을 꺼림이 있었던 것이다.

　아! 때를 살펴보아 趨向함은 천하에 이러한 사람이 적지 않고, 군주가 忠 直한 이들을 꺼리니, 저들이 또한 그 누가 기꺼이 군주가 꺼리는 바를 무릅 쓰고서 소원하게 대하고 배척당하는 괴로움을 취하겠는가. 이에 다투어 군주 가 좋아하는 것으로 인도하고 원하는 것을 맞추어 준다. 이 때문에 간사하고 속이는 근심이 생기게 되는 것이니, 이것이 武帝와 明皇이 화를 면치 못하게 된 이유이다. 隕石은 요망한 것인데 선비들이 이것을 아름다운 상서라 하고, 세 아들을 죽인 것은 큰 난리인데 형벌을 폐지하여 쓰지 않는다고 아첨하여 재상들이 상을 받으며, 크게 가뭄이 든 변고를 封禪한 흙을 말리는 상서라 하고, 장마가 내리는 폐해를 농사에 해가 되지 않는다고 하였다. 武帝와 明 皇은 모두 영명한 군주이니, 처음에 어찌 우롱할 수 있었겠는가. 다만 이들 이 節義의 선비를 꺼렸기 때문에 선비들이 그 거슬리고 순함을 엿보아 군주 가 좋아하는 말을 팔아서 천하가 모두 위태로움과 멸망에 빠진 것이니, 아! 鑑戒로 삼지 않을 수 있겠는가.”

1)〔頭註〕桓靈：東漢이라
　　桓靈은 東漢(後漢)의 桓帝와 靈帝를 가리킨다.
2)〔頭註〕指鹿*⁾之禍：指鹿은 趙高指鹿爲馬니 見三卷甲午年이라
　　指鹿은 趙高가 사슴을 가리켜 말이라고 한 것이니, 3권 甲午年條에 보인다.
＊）指鹿：指鹿爲馬의 준말로, 秦나라 趙高가 자신의 권세를 시험하기 위하여 사슴
　　을 가져다가 二世에게 바치며 말이라고 한 데서 유래하였는 바, 군주를 농락하
　　여 권세를 마음대로 함을 비유하는 말로 쓰인다.
3)〔頭註〕吐握*⁾之疲：周公은 一食에 三吐哺하고 一沐에 三握髮이라
　　周公은 한 번 밥을 먹을 때에도 세 번이나 입속에 있는 음식을 뱉고, 한 번 머
　　리를 감을 때에도 세 번이나 감던 머리를 쥐었다.
＊）吐握：吐哺握髮의 준말로, 周公이 어린 成王을 보필할 때 어진 사람을 구하기
　　위하여, 밥을 먹다가도 어진 사람을 만나기 위하여 입속의 밥을 뱉고서 일어났
　　고, 머리를 감다가도 젖은 머리를 움켜쥔 채 일어난 일을 가리킨다.

4) 〔譯註〕漢武帝, 唐明皇之賢 猶有憚於汲黯張九齡之直^{*)} : 汲黯은 漢나라 武帝 때
의 直臣으로 이름이 높은데, 엄함으로 武帝에게 존경을 받았다. 武帝가 汲黯을
불러 中大夫로 삼았으나 자주 직간하였으므로 관직에 오래 있지 못하였다.

＊) 汲黯張九齡之直 : 위의 글은 陳傳良의 〈士論〉에 보이는 바, 陳傳良은 南宋 때 사
람으로 字는 君擧이고 號는 止齋이다. 陳傳良의 〈士論〉에는 ‘汲黯韓休之直’이라
되어 있으나 여기서는 ‘汲黯張九齡之直’이라 하여 張九齡이 재상에서 물러난 기
사 뒤에 붙였다. 韓休는 唐 玄宗 때의 直臣으로, 사람됨이 강직하여 時政의 득
실을 논할 때면 반드시 극진히 하였으므로, 玄宗이 후원에서 크게 놀고 사냥할
때마다 혹 韓休가 알까 두려워하여 좌우의 신하들에게 韓休가 알고 있느냐고
물었다. 玄宗이 일찍이 거울을 보고는 아무 말 없이 좋지 않은 표정을 짓자, 좌
우의 신하들이 아뢰기를, “韓休가 재상이 되고부터는 폐하께서 자못 전보다 수
척해지셨는데, 어찌하여 그를 내쫓지 않으십니까?” 하니, 玄宗이 이르기를, “내
얼굴은 비록 수척해졌으나, 천하는 반드시 살찔 것이다.〔吾貌雖瘦 天下必肥〕”라
고 하였다.

5) 〔頭註〕隕石 : 漢武壬辰年에 隕石^{*)}이라
漢나라 武帝 임진년(B.C.89)에 하늘에서 隕石이 떨어졌다.

＊) 漢武壬辰年 隕石 : ≪前漢書≫ 〈郊祀志〉에 “上(武帝)이 또다시 泰山에 封禪하
자, 검은 두 개의 隕石이 떨어지니, 有司가 아름다운 상서라 하여 宗廟에 올렸
다.” 하였다.

6) 〔頭註〕殺三子^{*)} : 見下丁丑年이라
玄宗이 세 아들을 죽인 일은 뒤의 정축년(737)에 보인다.

＊) 三子 : 세 아들은 太子 李瑛과 鄂王 李瑤와 光王 李琚이다.

7) 〔譯註〕宰相以刑措受賞 : 뒤의 정축년(737) 秋七月條에 보인다.

8) 〔頭註〕大旱之變 則曰乾封之祥 : 漢武辛未年에 封泰山禪한대 壬申夏에 旱하니
公孫卿云云^{*)}하다
漢 武帝 辛未年(B.C.110)에 泰山에 封禪하였는데, 壬申年(B.C.109) 여름에
가뭄이 드니, 公孫卿이 이리이리 말하였다.

＊) 公孫卿云云 : 元封 2년(임신 B.C.109)에 武帝가 가뭄을 걱정하자, 公孫卿이
말하기를 “黃帝 때에 封禪을 하면 날이 가물어서 封土(봉한 흙)를 3년 동안 말
렸습니다.” 하니, 上이 이에 조서를 내리기를 “날씨가 가문 것은 아마도 하늘이
封土를 말리려는 것인가 보다.” 하였다.

9) 〔頭註〕 雨霖之害 則曰非禾稼之損 : 玄宗甲午年에 憂雨傷稼러니 楊國忠云云*)하다
　　玄宗 甲午年(754)에 장맛비가 내려 농사를 망칠까 근심하였는데, 楊國忠이 이
　　리이리 말하였다.

＊) 楊國忠云云 : 玄宗이 장맛비가 내려 농사를 망칠까 근심하자, 楊國忠이 벼 중에
　　좋은 것을 가려 바치고 아뢰기를 "비가 비록 많이 내렸지만 농사에는 폐해가 없
　　습니다.〔雨雖多 不害稼也〕" 하니, 玄宗은 사실이라고 여겼다.

上이 卽位以來로 所用之相에 姚崇은 尙通하고 宋璟은 尙法하고 張嘉貞은 尙吏하
고 張說은 尙文하고 李元紘(굉), 杜暹(섬)은 尙儉하고 韓休, 張九齡은 尙直하니 各
其所長也러라

　上이 즉위한 이래로 등용한 재상 중에 姚崇은 소통함을 숭상하고 宋璟은
法治를 숭상하고 張嘉貞은 吏治(수령의 치적)를 숭상하고 張說은 문학을 숭
상하고 李元紘과 杜暹은 節儉을 숭상하고 韓休와 張九齡은 정직함을 숭상하
였으니, 이는 각각 그들의 장점이었다.

○ 九齡이 旣得罪¹⁾하니 自是로 朝廷之士 皆容身保位하야 無復直言이러라 李
林甫欲蔽塞人主視聽하고 自專大權하야 明召諫官하야 謂曰 今明主在上하시니
群臣이 將順之不暇어니 烏用多言이리오 諸君은 不見立仗馬²⁾乎아 食(사)三品
料³⁾호되 一鳴이면 輒斥去하니 悔之何及이리오 補闕杜璡이 嘗上書言事러라 明日
에 黜爲下邽(규)令⁴⁾하니 自是로 諫爭路絶矣러라 〈出本傳〉

　張九齡이 죄를 얻으니, 이로부터 조정의 선비들이 모두 자기 몸을 용납받고
지위를 보전하여 다시는 直言하는 이가 없었다. 李林甫가 임금의 귀와 눈을
가리고 막아 스스로 大權을 독차지하고자 하여 공공연히 간관을 불러 이르기
를 "지금 聖明한 군주가 위에 계시어 여러 신하들이 순종하기에 겨를이 없어
야 하니, 어찌 많은 말을 할 필요가 있겠는가. 제군들은 立仗馬를 보지 못하
였는가. 3품의 사료를 먹이되 한 번 울면 즉시 쫓겨 가니, 후회한들 무슨 소
용이 있겠는가." 하였다. 補闕 杜璡이 글을 올려 정사를 아뢰었다가 다음 날

쫓겨나 下邽의 縣令이 되니, 이로부터 간쟁하는 길이 끊어졌다. - ≪唐書 李林甫傳≫에 나옴 -

1) 〔頭註〕九齡 旣得罪 : 九齡이 遇事에 無細大히 皆爭之한대 林甫 日夜短九齡於上하니 上浸疎之하야 罷政事하다

　　張九齡이 일을 만날 때마다 크고 작음을 막론하고 모두 간쟁하였는데, 李林甫가 밤낮으로 張九齡을 上에게 헐뜯으니, 上이 점점 張九齡을 멀리하여 정사를 맡은 것을 파하게 하였다.

2) 〔釋義〕立仗馬*1) : 飛龍廐*2)에 日以八馬로 列宮門外하고 號南衙立仗馬라하니라

　　飛龍廐에 날마다 여덟 필의 말을 宮門 밖에 진열하고 南衙立仗馬라고 이름하였다.

*1) 立仗馬 : 儀仗으로 세운 말을 이르는 말로, 전하여 봉록만 축내고 소임을 다하지 않는 관원을 비유한다.

*2) 飛龍廐 : 당나라 때 御廐의 명칭이다.

3) 〔釋義〕食三品料 : 食與飼同이라 唐給九品祿호되 三品은 四百石也라 一作飫三品芻豆*)라

　　食는 飼와 같다. 唐나라는 아홉 품계의 관원에게 녹을 주되 3품은 400석이다. 혹은 '飫三品芻豆'로 되어 있다.

*) 一作飫三品芻豆 : ≪唐書≫〈李林甫傳〉에 李林甫가 간관들에게 이르기를 "그대들은 의장에 서 있는 말들을 보지 못했는가. 종일토록 아무 소리 없이 서 있으면 3품의 꼴과 콩을 실컷 먹지만 한 번 울었다 하면 바로 쫓겨나니, 나중에 비록 울지 않으려 한들 될 수 있겠는가.〔君等獨不見立仗馬乎 終日無聲 而飫三品芻豆 一鳴則黜之矣 後雖欲不鳴 得乎〕"라고 하였다.

4) 〔頭註〕黜爲下邽令 : 唐制에 補闕은 從七品이요 縣令은 從六品이라 以此言之컨댄 則非黜也니 蓋唐人重內官하고 而品高下不論也라

　　唐나라 제도에 補闕은 종7품이고 縣令은 종6품이다. 이로써 말한다면 쫓겨난 것이 아니니, 당나라 사람들은 內官을 중시하고 품계의 高下는 따지지 않은 것이다.

○ 林甫城府1)深密하야 人莫窺其際라 好以甘言啗(담)人而陰中傷之호되 不露辭色하고 凡爲上所厚者를 始則親結之라가 及勢位稍逼이면 輒以計去之하니

雖老奸巨猾²⁾이라도 無能逃其術者러라〈出本傳〉

　李林甫는 성질이 陰險하고 치밀하여 사람들이 그의 속셈을 엿보지 못하였
다. 달콤한 말로 사람들을 유인하고는 은밀하게 중상하기를 좋아하였으나 말
과 안색에 드러내지 않고, 무릇 上에게 두터운 총애를 받는 자와 처음에는
친하게 결탁하였다가 그의 세력과 지위가 점점 자신을 핍박하게 되면 그때마
다 계책으로 제거하니, 비록 노련한 간신과 크게 교활한 자라도 그의 권모술
수를 피할 수 있는 자가 없었다. - ≪唐書 李林甫傳≫에 나옴 -

1)〔頭註〕城府:性之深阻가 有若城府^{*)}라
　　성질이 음험한 것이 城府와 같은 것이다.
*) 城府:城池와 府庫로, 마음속에 딴생각을 갖고 다른 사람에게 터놓지 않는 것을
　　비유하는 말이다.
2)〔頭註〕老奸巨猾:猾은 奸也, 狡也니 韻書에 多詐謂之狡猾이라 如韋堅, 楊愼矜,
　　王銇之類라
　　猾은 간사하고 교활함이니, ≪韻書≫에 "속임수가 많은 것을 일러 狡猾하다고
　　한다." 하였다. 老奸巨猾은 韋堅, 楊愼矜, 王銇 등과 같은 자이다.

【丁丑】二十五年이라

　開元 25년(정축 737)

楊洄又譖¹⁾太子瑛, 鄂王瑤, 光王琚 潛構異謀라하야늘 上이 召宰相謀之하니
李林甫對曰 此는 陛下家事니 非臣等所宜豫(預)니이다 上意乃決하야 廢瑛,
瑤, 琚하야 爲庶人하고 賜死城東驛하다〈出林甫傳〉

　楊洄가 또다시 上奏하여 太子 李瑛과 鄂王 李瑤, 光王 李琚가 은밀히 반역
을 도모한다고 모함하니, 上이 재상들을 불러 상의하였다. 李林甫가 대답하
기를 "이는 폐하의 집안일이니, 신들이 관여할 바가 아닙니다." 하였다. 上의
뜻이 마침내 결정되어 李瑛과 李瑤와 李琚를 폐하여 庶人으로 삼고 城東驛에
서 賜死하였다. - ≪唐書 李林甫傳≫에 나옴 -

1) 〔附註〕楊洄又譖 : 上之在藩也에 趙麗妃生太子瑛하고 皇甫德儀生鄂王瑤하고 劉才人生光王琚러니 及卽位에 幸武惠妃하야 生壽王瑁하니 麗妃等이 愛皆弛라 太子與瑤, 琚 以母失職이라하야 有怨望語라 駙馬都尉楊洄 常伺三子過失하야 以告惠妃하니 泣訴於上이라 上大怒하야 欲廢之한대 九齡이 力諍而止하다 及九齡罷에 楊洄又譖之하다 洄尙咸宜公主하니 惠妃之女라 故로 洄黨於惠妃하니라

　　上이 藩邸(藩王의 第宅)에 있을 적에 趙麗妃가 太子 李瑛을 낳았고 皇甫德儀가 鄂王 李瑤를 낳았고 劉才人이 光王 李琚를 낳았는데, 上이 즉위한 뒤에 武惠妃를 총애하여 壽王 李瑁를 낳자, 趙麗妃 등은 총애가 모두 쇠하였다. 太子와 李瑤, 李琚는 어머니가 직위를 잃었다 하여 원망하는 말을 하였다. 駙馬都尉 楊洄가 일찍이 세 아들의 잘못을 사찰하여 武惠妃에게 고자질하니, 그녀가 上에게 눈물을 흘리면서 호소하였다. 上이 크게 노하여 이들을 폐하고자 하였는데, 張九齡이 강력히 간쟁하여 중지하였다. 張九齡이 파직되자 楊洄가 또다시 그들을 참소하였다. 楊洄는 咸宜公主에게 장가들었으니, 咸宜公主는 武惠妃의 딸이다. 그러므로 楊洄가 武惠妃에게 아당하였다.

○ 秋七月에 大理少卿徐嶠奏호되 今歲에 天下斷死刑이 五十八人이라 大理獄院은 由來相傳에 殺氣太盛하야 鳥雀不棲러니 今有鵲巢其樹하니이다 於是에 百官이 以幾致刑措라하야 上表稱賀한대 上이 歸功宰輔하야 賜李林甫爵晉國公하고 牛仙客豳(빈)國公하다 〈出林甫傳〉

　　가을 7월에 大理少卿 徐嶠가 아뢰기를 "금년에 천하에서 사형수를 단죄한 것이 겨우 58명입니다. 大理獄의 院內에는 예로부터 서로 전해오기를 殺氣가 너무 성하여 새와 참새가 깃들지 않는다고 하였는데, 이제 까치가 大理獄院內의 나무 위에 둥지를 지었습니다." 하였다. 이에 百官들이 거의 죄인이 없어 형벌이 쓰여지지 않게 되었다 하여 表文을 올려 축하하자, 上이 재상들에게 공을 돌려 李林甫에게 晉國公의 爵號를 하사하고 牛仙客에게 豳國公의 작호를 하사하였다. - 《唐書 李林甫傳》에 나옴 -

〔新增〕范氏曰 明皇이 一日殺三子어늘 而李林甫以刑措受賞이라 讒諛得志하

야 天理滅矣니 安得久而不亂乎아

范氏가 말하였다.

"明皇이 같은 날 세 아들을 죽였는데, 李林甫는 죄인이 없어 형벌이 쓰여지지 않게 되었다 하여 상을 받았다. 참소하고 아첨하는 자들이 뜻을 얻어서 天理가 없어졌으니, 어찌 오래가고 혼란하지 않을 수 있겠는가."

【戊寅】二十六年이라

開元 26년(무인 738)

太子瑛이 旣死에 李林甫數勸上立壽王瑁어늘 上以忠王璵(여)年長이요 且仁孝恭謹하고 又好學이라하야 意欲立之호되 猶豫하야 歲餘不決이라 自念春秋寖高에 三子同日誅死하고 繼嗣未定이라하야 常忽忽不樂[1]하야 寢膳爲之減이라 高力士乘間請其故한대 上曰 汝는 我家老奴니 豈不能揣(췌)我意오 力士曰 得非以郎君未定耶잇가 上曰 然하다 對曰 但推長而立이면 誰敢復爭이리잇고 上意遂定하야 六月에 立璵爲太子하다 〈後改名亨이라 出本傳〉

太子 李瑛이 죽은 뒤에 李林甫가 上에게 壽王 瑁를 태자로 세울 것을 여러 번 권하니, 上은 忠王 李璵가 나이가 많고 인자하고 효성스럽고 공경하고 삼가며 또 학문을 좋아한다 하여 마음속으로 그를 세우고자 하였으나 망설여 1년이 넘도록 결정하지 못하였다. 上이 스스로 생각하건대 나이는 점점 많아지는데, 세 아들이 같은 날 죽임을 당하고 후계자를 아직 정하지 못했다 하여 항상 실의하고 즐거워하지 않아서 잠도 제대로 자지 못하고 음식도 제대로 먹지 못하였다.

高力士가 틈을 타서 그 이유를 묻자, 上이 이르기를 "너는 우리 집의 늙은 종인데, 어찌 나의 뜻을 헤아리지 못한단 말이냐."라고 하였다. 高力士가 아뢰기를 "郎君(태자)을 아직 정하지 못하였기 때문이 아닙니까?" 하니, 上이 "그렇다."고 하였다. 高力士가 아뢰기를 "연장자를 추대하여 세운다면 누가 감히 다시 간쟁하겠습니까?"하니, 이로 인해 上의 뜻이 마침내 정해져서 6월에 李璵를 세워 태자로 삼았다. - 璵는 뒤에 이름을 亨으로 고쳤다. ≪唐書 高力士傳≫에 나옴 -

1) 〔頭註〕 常忽忽不樂 : 忽忽은 與惚惚通하니 失意也라
   忽忽은 惚惚과 통하니, 실의한 것이다.

【己卯】二十七年이라

開元 27년(기묘 739)

八月에 追諡孔子하야 爲文宣王하고 南向坐¹⁾하야 被王者之服하고 追贈弟子하야 皆爲公侯伯하다 〈出本紀禮樂志〉

8월에 孔子를 追諡하여 文宣王이라 하고, 孔子의 神位를 남향으로 앉혀 王者의 의복을 입히고 제자들을 追贈하여 모두 公과 侯와 伯으로 삼았다. - ≪舊唐書≫〈玄宗本紀〉와 〈禮樂志〉에 나옴 -

1) 〔通鑑要解〕 南向坐 : 先時에 祀先聖先師할새 周公南向坐하고 孔子東向이러니 制호되 自今으로 孔子南向也라하니라
   전에는 先聖과 先師에게 제사할 때에 周公의 神位는 남쪽을 향하여 앉히고 孔子의 神位는 동쪽을 향하여 앉혔었는데, 玄宗이 制書를 내리기를 "지금부터 孔子의 神位를 남쪽을 향하여 앉혀라." 하였다.

【庚辰】二十八年이라

開元 28년(경진 740)

二月에 張九齡卒하다 上이 雖以九齡忤旨逐之나 然終愛重其人하야 每宰相薦士에 輒問曰 風度¹⁾得如九齡不(否)아하니라 〈出本傳〉

2월에 張九齡이 죽었다. 上이 비록 張九齡이 上의 뜻을 거역했다 하여 축출하였으나 끝내 사람됨을 사랑하고 소중히 여겨서 재상들이 선비를 천거할

때마다 묻기를 "風度가 張九齡과 같은가?" 하였다. - ≪唐書 張九齡傳≫에
나옴 -

1) 〔釋義〕風度:風은 采度量也라
　　風度는 풍채와 도량이다.

○ 是歲에 西京, 東都米斛이 直(値)錢不滿二百이요 絹匹亦如之하니 海內
富安하야 行者雖萬里나 不持寸兵이러라

　이해에 西京과 東都의 쌀 열 말의 값이 채 200전이 못 되고 비단 한 필의
값도 이와 같으니, 온 천하가 부유하고 편안하여 길을 가는 자가 비록 만 리
길이라도 한 치의 무기도 휴대하지 않았다.

【辛巳】二十九年이라

　開元 29년(신사 741)

平盧兵馬使安祿山이 傾巧[1]善事人하야 人多譽之하니 由是로 上益以爲賢이
라 八月에 以祿山으로 爲營州都督하다 〈出本傳〉

　平盧兵馬使 安祿山은 사람됨이 간사하고 교활하고 사람을 잘 섬겨서 사람
들이 다 그를 칭찬하니, 이로 인해 上이 더욱 어질게 여겼다. 8월에 安祿山
을 營州都督으로 삼았다. - ≪唐書 安祿山傳≫에 나옴 -

1) 〔頭註〕傾巧:傾仄機巧라
　　傾巧는 행동이 邪僻하여 바르지 않고 機智가 매우 교묘한 것이다.

【壬午】天寶元年이라

　天寶 元年(임오 742)

正月에 分平盧하야 別爲節度하고 以安祿山으로 爲節度使하다 是時에 天下聲教[1]

所被之州 三百三十一이요 羈縻(기미)之州八百이라〈自太宗平突厥로 蠻夷稍稍
內屬하니 卽其部落하야 列置州縣호되 大者爲都督府라하고 號爲羈縻하니 凡府州八百五十
六이라〉置十節度, 經略使하야 以備邊하니 曰安西, 曰北庭, 曰河西, 河東,
范陽, 平盧, 隴右, 劍南, 嶺南이요 又有長樂經略[2]하니 福州領之하고 東萊
守捉[3]은 萊州領之하고 東牟守捉은 登州領之하니 凡鎭兵이 四十九萬人이요
馬八萬餘匹이라 開元之前에 歲供邊兵衣糧費 不過二十萬이러니 天寶之後에
邊將이 奏益兵寖多하니 每歲에 用衣千二十萬匹이요 糧百九十萬斛이라 公私
勞費하야 民始困苦矣라〈出通典〉

　정월에 平盧를 나누어 따로 節度(藩鎭)를 만들고 安祿山을 節度使로 삼았
다. 이때 조정의 聲敎가 미친 州가 331개이고, 羈縻한 州가 800개였다. ― 太
宗이 突厥을 평정한 뒤로 蠻夷들이 점점 들어와 살면서 복종하자, 그들의 部落
을 나누어 여러 州縣을 설치하되 큰 것을 都督府라 하고 羈縻라 이름하니, 府
와 州가 856개였다. ― 10명의 節度使와 經略使를 두어 변방을 수비하니, 安
西・北庭・河西・河東・范陽・平盧・隴右・劍南・嶺南이요, 이외에 또 長樂
經略이 있으니 福州에서 이를 관할하고, 東萊守捉은 萊州에서 이를 관할하고,
東牟守捉은 登州에서 이를 관할하니, 藩鎭의 병사가 49만 명이고 말이 8만여
필이었다.

　開元 이전에는 해마다 변방을 지키는 병사들의 옷과 양식을 공급하는 비용
이 20만에 불과하였는데, 天寶 연간 이후에는 변방의 장수들이 아뢰어 늘린
병력이 점점 많아져서, 매년 들어가는 옷감이 1020만 필이고 양식이 190만
斛이었다. 조정과 백성들이 모두 수고롭고 허비하여 백성들이 처음으로 곤궁
하고 괴로워하였다. - ≪通典≫에 나옴 -

1)〔釋義〕聲敎 : 聲은 謂風聲이요 敎는 謂敎化라 林氏曰 振擧於此而遠者聞焉이라
　故謂之聲이요 軌範於此而遠者效焉이라 故謂之敎라
　　聲은 風聲을 이르고, 敎는 敎化를 이른다. 林氏가 말하였다. "여기에서 떨치고
　일어나면 먼 곳에 있는 자들이 들으므로 聲이라 이르고, 여기에서 모범이 되면
　먼 곳에 있는 자들이 본받으므로 敎(效)라 이른다."

2)〔頭註〕又有長樂經略 : 長樂은 郡名이라

　　長樂은 郡의 이름이다.

3)〔頭註〕東萊守捉 : 唐制는 兵之戍邊者에 大曰軍이요 小曰守捉이요 曰城曰鎭而總

　　之者曰道라

　　　唐나라 制度는 군대가 변경을 지키는 곳으로 비교적 큰 것을 軍이라 하고 작은
　　것을 守捉이라 하며, 그 아래에는 城과 鎭이 있으니, 이것을 총괄하는 것을 道라
　　한다.

　　東萊呂氏曰 唐之制兵에 其所以處內之制는 何其曲盡이며 處外之制는 何其疏戾
也오 人以爲府衛之法[1]壞而後에 有方鎭之兵이라하니 不知府衛之法成에 而方鎭
之形已具라 府衛壞於內而方鎭遂成於外하야 內兵不足以捍(外)〔內〕患하야 而至
於外倚鎭兵하니 其來非一日之積矣라 蓋太宗이 旣分天下爲十道하고 而以軍鎭
城戍之兵으로 爲十二道하야 而置使處之하고 總之以都督者는 此其爲方鎭[2]已成
之兆니 特待時而張耳라 以天下之極邊으로 爲天下之重鎭하고 而撫之以都督호
되 其品秩이 與十六衛[3]將軍同하야 乃在六尙書之上하야 而與左右僕射爲一流하
니 所謂五大不在邊[4]者 果若是乎아 天寶之際에 沿邊에 置十節度經略使하야 凡
鎭兵四十九萬이요 馬八萬餘匹이어늘 而安祿山이 遂以范陽反하니 當是時하야
府兵之法이 已再壞矣라 其初壞也는 張說이 募兵補之하고 謂之纊騎[5]요 又其壞
也는 折衝[6]諸府에 無兵可交일새 李林甫遂停上下魚書[7]하고 但有兵額存耳하야
而六軍宿衛皆市人하야 不復受甲[8]하니 更(경)此二壞하야 掃地無餘라 於是에 外
兵盛强하야 其反者以鎭兵하고 而討平之者 亦以鎭兵하야 居重馭(어)輕之意가 不
復存矣라 今爲唐兵三變[9]之說者曰 府兵變而爲纊騎라하니 則可謂纊騎變而爲藩
鎭이니 特未之考爾니라

　　東萊呂氏가 말하였다.

　　"唐나라가 兵制를 만들 적에 안에서 대처하는 제도는 어쩌면 그리도 곡진하
하며, 밖에서 대처하는 제도는 어쩌면 그리도 엉성하였는가. 사람들이 말하
기를 '府衛의 법이 파괴된 뒤에 方鎭의 군대가 있게 되었다.'라고 하니, 府衛
의 법이 이루어짐에 方鎭의 형세가 이미 갖추어졌음을 알지 못한 것이다. 府
衛가 안에서 파괴되자 方鎭이 마침내 밖에서 이루어져서, 안의 군대가 內患

을 막을 수가 없으므로 밖으로 鎭兵에 의지함에 이르렀으니, 그 유래가 하루 사이에 누적된 것이 아니다.

太宗이 이미 천하를 나누어 10道를 만들고 軍鎭과 城堡의 병력으로 12道를 만들어서 使를 두어 처리하고 都督으로 총괄하게 한 것은 方鎭이 이미 이루어질 조짐이었으니, 다만 때를 기다려서 커진 것일 뿐이다. 천하의 지극히 먼 변경을 천하의 重鎭으로 삼고, 都督으로 이들을 어루만지게 하되 그 품계가 16衛의 將軍과 같게 하여 마침내 六部(六曹)의 尙書 위에 있어서 左·右僕射와 한 무리가 되게 하였으니, 이른바 '신분이 귀한 다섯 종류의 사람은 변방에 있게 하지 않는다.'는 것이 과연 이와 같겠는가.

天寶 연간에 沿邊에 10명의 節度經略使를 두어 무릇 鎭兵이 49만 명이고 말이 8만여 필이었는데 安祿山이 마침내 范陽을 가지고 배반하였으니, 이때를 당하여 府兵의 法이 이미 두 번 파괴되었다. 처음에 파괴된 것은 張說이 군대를 모집하여 보충하고 이것을 彍騎라 이른 데서였고, 또다시 파괴된 것은 여러 折衝府에 교대할 만한 군대가 없자, 李林甫가 마침내 올리고 내리는 魚符와 勅書를 정지하고 다만 軍額만 남겨 둠으로써 六軍의 宿衛하는 군사들이 모두 시장 사람들이어서 다시는 무기를 받지 않은 데서였다. 이 두 번의 파괴를 겪어 땅을 쓸어 낸 듯이 군대가 다 없어지게 되었다. 이에 밖에 있는 군대가 강성해져서 반란을 일으킨 것도 鎭兵으로써 하고 이들을 토벌하여 평정한 것도 鎭兵으로써 하여, 중한 곳(중앙)에 있으면서 가벼운 곳(지방)을 제어하는 뜻이 다시는 존재하지 않았다. 지금 唐나라 兵制가 세 번 변했다고 말하는 자들이 이르기를 '府兵이 변해 彍騎가 되었다.'고 하지만 이것은 '彍騎가 변하여 藩鎭이 되었다.'고 이를 만하니, 다만 이것을 상고하지 못하였을 뿐이다."

1) 〔頭註〕 府衛之法*) : 府衛는 諸衛府兵이니 見上卷이라
府衛는 여러 衛의 府兵이니, 해설이 上卷에 보인다.
*) 府衛之法 : 西魏에서 시작되어 北周와 隋나라를 거쳐서 唐나라 초기까지 실시된 兵農合一의 군사 제도인 府兵制를 가리킨다. 府兵이 돌아가면서 京師를 宿衛하였기 때문에 府兵을 府衛라 칭하였다. 均田의 농민 중 20세 이상인 장정을 뽑

아 府兵으로 삼아 농한기에 집중적으로 훈련을 받게 하고, 징발할 때에는 각자 병기와 식량을 휴대하게 하였으며, 정기적으로 京師에 宿衛하고 변경을 방수하게 하였다. 당나라는 10개 道에 634개의 府를 설치하고 명칭을 折衝府라 하였으며, 折衝都尉와 果毅都尉 등을 두어 그들을 거느리게 하였다. 折衝府는 府兵制의 기초가 된 것으로, 관내 농민의 징병과 훈련 따위를 맡아보던 지방의 軍部였다.

2) 〔譯註〕方鎭 : 兵權을 쥐고서 한 지방을 鎭守하는 軍의 長官을 가리킨다.

3) 〔頭註〕十六衛*) : 見上卷乙丑年注라

16衛는 해설이 上卷의 을축년(725) 注에 보인다.

*) 十六衛 : ≪新唐書≫〈百官志〉에 "8衛에는 모두 左・右가 있어서 左衛와 右衛, 左驍衛와 右驍衛, 左武衛와 右武衛, 左威衛와 右威衛, 左領軍衛와 右領軍衛, 左金吾衛와 右金吾衛, 左監門衛와 右監門衛, 左千牛衛와 右千牛衛이니, 모두 16衛이다."라고 하였다. 16衛 중에서 左衛와 右衛, 左驍衛와 右驍衛, 左武衛와 右武衛, 左威衛와 右威衛, 左領軍衛와 右領軍衛, 左金吾衛와 右金吾衛 등 12衛는 각각 府兵을 통솔하고, 左監門衛와 右監門衛, 左千牛衛와 右千牛衛 등 4衛는 府兵을 통솔하지 않았다.

4) 〔附註〕五大不在邊 : 左昭十一年에 五大不在邊이요 五細不在廷*1)이라한대 注에 五大는 五官*2)之長也니 專盛過節이면 則不可居邊境이요 如細弱不勝其任도 亦不可居朝廷이라 五官之長은 上古에 金木水火土曰五官이니 如玄鳥氏亦有五요 又五(鳲)〔鳩〕五雉之類*3)니 此言外重內輕之患이라

≪左傳≫ 昭公 11년조에 "신분이 귀한 다섯 종류의 사람은 변방에 있게 하지 않고, 신분이 천한 다섯 종류의 사람은 조정에 있게 하지 않는다." 하였는데, 注에 "五大는 五官의 우두머리이니 너무 성대하여 절도를 넘으면 변경에 거하게 해서는 안 되고, 가늘고 약하여 그 임무를 감당하지 못하는 자도 조정에 거하게 해서는 안 됨을 말한 것이다." 하였다. 五官의 長은 上古 시대에 金・木・水・火・土를 五官이라 하였으니, 玄鳥氏 같은 것도 다섯이 있었으며 또 五鳩와 五雉 따위이니, 이는 지방이 강하고 중앙이 약한 폐단을 말한 것이다.

*1) 五大不在邊 五細不在廷 : 五大는 신분이 존귀한 다섯 종류의 사람을 이르는 바, 太子 및 太子의 同母弟와 임금의 총애를 받는 公子 및 公孫과 여러 대에 걸쳐 正卿이 된 사람 등을 말한다. 五細는 신분이 천한 다섯 종류의 사람을 이르는 바, 천하면서도 귀한 사람을 방해하는 자, 어리면서도 나이 많은 사람을 능

멸하는 자, 사이가 멀면서도 친근한 자를 이간시키는 자, 새로운 사람이면서도 오래된 사람들을 이간시키는 자, 작은 사람이면서도 큰 사람인 체하는 자 등을 말한다.

* 2) 五官 : ≪禮記≫〈曲禮〉에 "天子의 五官은 司徒, 司馬, 司空, 司士, 司寇이다." 하였다.

* 3) 如玄鳥氏亦有五 又五鳩五雉之類 : 옛날 少昊金天氏는 즉위할 때에 봉황새가 이르렀다 하여 새로써 관직명을 삼았다. 玄鳥氏는 제비이니, 이와 같은 관원이 다섯 가지가 있음을 이르는 바, 冊曆을 맡은 鳳鳥氏, 春分과 秋分을 맡은 玄鳥氏, 冬至와 夏至를 맡은 伯鳥氏, 立春과 立夏를 맡은 靑鳥氏, 立秋와 立冬을 맡은 丹鳥氏이다. 五鳩는 司徒인 祝鳩氏, 司馬인 雎鳩氏, 司空인 鳲鳩氏, 司寇인 爽鳩氏, 司士인 鶻鳩氏이며, 五雉는 다섯 가지 工正(工人을 맡은 관원)으로 西方을 맡은 鷷雉, 東方을 맡은 鶅雉, 南方을 맡은 翟雉, 北方을 맡은 鵗雉, 伊水와 洛水의 남쪽을 맡은 翬雉인 바, 이 내용이 ≪春秋左傳≫ 昭公 17年條에 자세히 보인다.

5) 〔譯註〕 彍騎 : 당나라 宿衛兵의 명칭으로 唐 玄宗 開元 11년(723)에 서울을 宿衛하던 府兵들이 대거 도망하자, 재상 張說의 건의를 받아들여 서울 근방의 府兵과 白丁들을 선발 모집하는 방식이 도입되었다. 해마다 두 달만 숙위하면 出征과 鎭守를 위해 변경으로 나가는 부담을 면제해 주었는데, 開元 13년에 府兵을 彍騎라고 개칭하였다.

6) 〔頭註〕 折衝 : 太宗이 改統軍하야 爲折衝都尉하니라
太宗이 統軍을 고쳐 折衝都尉라 하였다.

7) 〔頭註〕 魚書 : 見下己丑年이라 唐世엔 左魚*)之外에 又有勅牒將之라 故로 名魚書라
魚書는 뒤의 己丑年(749)에 보인다. 唐나라 때에는 左魚 외에 또 勅牒이 있어 이것을 받들었기 때문에 魚書라 한 것이다.

*) 左魚 : 左魚符의 약칭으로 물고기 모양으로 된 符契의 왼쪽인데, 당나라 때 魚符를 두 조각으로 갈라 왼쪽은 부임하는 수령에게 주고 오른쪽은 그 고을의 창고에 보관해 두어 수령이 당도하면 왼쪽의 것을 창고의 오른쪽 것과 맞추어보아 진짜 수령임을 증명하는 자료로 삼았다.

8) 〔頭註〕 不復受甲 : 復은 兵志作能이라
'復'이 ≪新唐書≫〈兵志〉에는 '能'으로 되어 있다.

9) 〔譯註〕唐兵三變 : ≪新唐書≫ 〈兵志〉에 "당나라가 천하를 소유한 200여 년 동
    안 兵制가 세 번 변하였으니, 처음에 융성했을 때에는 府兵이 있었고, 府兵이 뒤
    에 폐해지자 彍騎가 있었고, 彍騎가 또 폐해지자 方鎭의 군병이 융성하였다.〔蓋
    唐有天下二百餘年 而兵之大勢三變 其始盛時有府兵 府兵後廢而爲彍騎 彍騎又廢
    而方鎭之兵盛矣〕"라고 하였으므로, 이에 의거하여 당나라의 兵制가 세 번 변했
    다고 본 것이다. 그러나 당나라 초기부터 수도 방위를 위해 禁軍을 설치하고, 지
    방에는 折衝府를 설치하고 국경에는 方鎭을 설치하여, 각 지역에 따라 군제를
    달리하였다. 이후 점차 府兵制가 무너지면서 玄宗 때 張說의 건의로 禁軍의 정
    예화를 위해 募兵制로 전환한 것이 彍騎이고, 국경에만 있던 진이 점차 내륙의
    지방까지 확대되고 절도사의 권한이 강화되면서 중앙의 통제가 이루어지지 않자
    方鎭의 군병이 융성하게 되었다.

三月에 以長安令韋堅으로 爲陝(섬)郡太守하야 領江淮租庸轉運使하다 初에 宇
文融이 旣敗[1]에 言利者稍息이러니 及楊愼矜이 得幸하니 於是에 韋堅, 王鉷(홍)
之徒 競以利進이러라 百司에 有事權[2]者는 稍稍別置使以領之하니 舊官은 充
位而已라 堅이 爲吏에 以幹敏稱이라 上이 使之督江淮租運이러니 歲增巨萬이어늘
上以爲能이라 故로 擢任之하고 王鉷亦以善治租賦로 爲戶部員外郎, 兼侍御
史하다 〈出本傳〉

  3월에 長安令 韋堅을 陝郡太守로 삼아 江淮租庸轉運使를 관장하게 하였
다. 예전에 宇文融이 실패한 뒤에 관리 중에 이익을 말하는 자가 차츰 줄어
들었는데, 楊愼矜이 황제의 총애를 받으니, 이에 韋堅과 王鉷의 무리들이 다
투어 황제에게 이익에 관한 일을 올렸다. 百司 중에 중요한 권한을 쥐고 있
는 관사에서는 차츰차츰 관원을 따로 두어 財務를 주관하니, 옛 관원들은 그
저 자리만 채우고 있을 뿐이었다.
  韋堅은 관리 노릇 함에 일을 잘 처리하고 민첩하다고 일컬어졌다. 上이 그
로 하여금 江淮의 租稅를 운반하는 일을 감독하게 하였는데, 해마다 수입이
巨萬이나 증가하였으므로 上이 재능이 있다고 여겼다. 그러므로 발탁하여 그
를 임용하고, 王鉷 또한 租賦를 잘 다스린다고 여겨 戶部員外郎·兼侍御史를

삼았다. - ≪唐書 韋堅傳≫에 나옴 -

1) 〔頭註〕宇文融 旣敗 : 己巳年에 有飛狀告融隱沒官錢하니 坐流巖州라가 道卒하
   니라
   己巳年(729)에 어떤 자가 匿名의 글을 올려 宇文融이 관청의 돈을 은닉하였
   다고 고발하니, 宇文融이 이로 인해 죄에 걸려서 巖州로 유배가다가 도중에서
   죽었다.

2) 〔釋義〕事權 : 史에 作爭權이라 〔通鑑要解〕事權은 謂所掌事務有權柄者라
   〔釋義〕'事權'이 史書에는 '爭權'으로 되어 있다. 〔通鑑要解〕事權은 관장하는 사
   무에 중요한 권한이 있는 것을 이른다.

○ 李林甫爲相에 凡才望功業이 出己右어나 及爲上所厚하야 勢位將逼己者
는 必百計去之하고 尤忌文學之士하야 或陽與之善이라가 啗以甘言而陰陷之하
니 世謂李林甫는 口有蜜이요 腹有劍[1]이라하니라 〈出本傳〉

　李林甫가 재상이 되자, 무릇 재주와 명망과 功業이 자신보다 뛰어나거나
上에게 두터운 총애를 받아 세력과 지위가 장차 자신을 핍박하게 될 자는
반드시 온갖 방법으로 제거하였고, 문학하는 선비들을 더욱 꺼려서 혹 겉
으로는 그들과 잘 지내는 척하면서 감언이설로 꾀어 은밀히 모함하니, 세
상 사람들이 이르기를 "李林甫는 입속에는 꿀이 있고 뱃속에는 칼이 있다."
하였다. - ≪唐書 李林甫傳≫에 나옴 -

1) 〔通鑑要解〕口有蜜 腹有劍 : 口有蜜은 謂其言甘也요 腹有劍은 謂其志在害人也라
   입속에 꿀이 있다는 것은 그의 말이 달콤함을 이르고, 뱃속에 칼이 있다는 것은
   그의 마음이 사람을 해치는 데에 있음을 이른다.

【癸未】二年이라

　天寶 2년(계미 743)

春正月에 安祿山이 入朝어늘 上이 寵待甚厚하야 謁見無時러라 〈出本傳〉

봄 정월에 安祿山이 조정에 들어오자, 上이 총애하여 매우 후대해서 無時
로 알현하게 하였다. - ≪唐書 安祿山傳≫에 나옴 -

○ 李林甫領吏部尙書하야 日在政府[1]하고 選事를 悉委侍郎宋遙, 苗晉卿하
다 御史中丞張倚 新得幸於上하니 遙, 晉卿이 欲附之라 時에 選人集者以萬
計러니 入等者六十四人에 倚子奭이 爲之首하니 群議沸騰(비등)이라 祿山이 入言
於上한대 上이 悉召入等人하야 面試之하니 奭이 手持試紙하고 終日不成一字라
時人이 謂之曳白[2]이라하니라 〈出本傳〉

李林甫가 吏部尙書를 겸임하고는 날마다 政事堂에 있고, 선비를 선발하는
일은 侍郎 宋遙와 苗晉卿에게 위임하였다. 御史中丞 張倚가 上에게 새로 총
애를 받으니, 宋遙와 苗晉卿이 그에게 붙고자 하였다. 이때 選人(선발에 응
시한 사람)으로 모인 자가 만으로 헤아릴 정도였는데, 급제한 자 64명 중에
張倚의 아들 奭이 수석을 차지하니, 여론이 분분하였다. 安祿山이 들어와 上
에게 아뢰자, 上이 급제한 사람들을 불러 면전에서 시험하였는데, 張奭이 손
에 시험지를 쥐고 종일토록 한 글자도 이루지 못하였다. 당시 사람들이 그를
일러 曳白이라 하였다. - ≪唐書 苗晉卿傳≫에 나옴 -

1) 〔頭註〕日在政府 : 政府는 政事堂이라
   政府는 政事堂이다.
2) 〔譯註〕曳白 : 시험지를 白紙로 내는 것을 이른다.

【甲申】三載라

天寶 3년(갑신 744)

春正月에 改年曰載[1]라하다

봄 정월에 年을 고쳐 載라 하였다.

1) 〔釋義〕載 : 載는 音宰니 年也라 法堯舜時名年曰載하니라

載는 곱이 재이니, 年이다. 堯舜 때 年을 이름하기를 載라 한 것을 본받은 것이다.

○ 三月에 以安祿山으로 兼范陽節度使하다 禮部尙書席建侯 爲河北黜陟使[1]하야 稱祿山公直이어늘 李林甫, 裴寬이 皆順旨稱其美하니 二人이 皆上所信任이라 由是로 祿山之寵이 益固不搖矣러라 〈出本傳〉

3월에 安祿山으로 范陽節度使를 겸하게 하였다. 禮部尙書 席建侯가 河北黜陟使가 되어 安祿山이 공평하고 정직하다고 칭찬하자, 李林甫와 裴寬이 모두 上의 뜻을 따라 安祿山의 아름다운 덕을 칭찬하니, 李林甫와 裴寬 두 사람은 모두 上이 신임하는 자들이었다. 이로 인해 安祿山의 총애가 더욱 확고하여 흔들리지 않았다. - 《唐書 安祿山傳》에 나옴 -

1) 〔釋義〕黜陟使 : 黜은 降也요 陟은 升也라
　　黜은 강등함이요, 陟은 올림이다.

○ 初에 武惠妃[1] 薨에 上이 悼念不已하야 後宮數千에 無當意者러니 或言 壽王妃楊氏[2]之美 絶世無雙이라하야늘 上이 見而悅之하야 乃令妃로 自以其意로 乞爲女官하야 號太眞이라하고 更爲壽王하야 娶左衛郞將韋昭訓女하고 潛內(納)太眞宮中하다 太眞이 肌態豐艶하고 曉音律하고 性警穎[3]하야 善承迎上意하니 不朞(期)歲에 寵遇如惠妃라 宮中號曰娘子라하야 凡儀體를 皆如皇后하니라 〈出貴妃傳〉

이전에 武惠妃가 죽자, 上은 그녀를 슬피 생각하고 마지않아서 수천 명의 후궁 중에 上의 마음에 드는 자가 없었다. 혹자가 말하기를 "壽王의 妃인 楊氏의 아름다움이 세상에 뛰어나 필적할 만한 자가 없습니다."라고 하자, 上이 그녀를 보고 기뻐하여 마침내 壽王의 妃로 하여금 自意로 女官이 되겠다고 청하게 해서 太眞이라 이름하고, 다시 壽王을 위해서는 左衛郞將 韋昭訓의 딸에게 장가들게 한 다음 은밀히 太眞을 궁중에 들어오게 하였다. 太眞은

살결과 태도가 풍만하고 요염하며 음률에 밝고 품성이 기민하고 영특하여 上
의 뜻을 잘 받들고 영합하니, 期年이 못 되어 상에게 총애와 대우를 받음이
惠妃와 같았다. 宮中에서는 娘子라 이름하여 무릇 禮儀와 體制를 모두 皇后
와 같게 하였다. - ≪唐書 楊貴妃傳≫에 나옴 -

1) 〔附註〕武惠妃 : 武惠妃는 武攸止女也라 王皇后廢에 進冊惠妃하고 遂專寵하야
   欲立爲后한대 衛史潘好禮上疏曰 禮에 父母讐는 不共戴天하고 春秋에 子不復讐
   면 不子也하니이다 陛下欲以武氏爲后하시니 何以見天下士니잇고 妃之再從叔三
   思와 從父延秀가 皆干紀亂常하야 天下共疾이니이다 夫惡木垂陰이라도 忠士不息
   하고 盜泉飛溢이라도 廉夫不飲*⁾하나니 匹夫匹婦도 尙相擇이어든 況天子乎잇가
   願愼選華族하야 稱神祇(기)之心하소서 今太子는 非惠妃所生이요 妃有子어늘 若
   一儷宸極이면 則儲位將不安하리니 古人所以諫其漸也니이다하니 乃不立하다
     武惠妃는 武攸止의 딸이다. 王皇后가 폐위되자, 지위를 올려 惠妃에 책봉하고
   마침내 오로지 그녀를 총애하여 그녀를 세워 皇后로 삼고자 하였다. 衛史 潘好禮
   가 상소하기를 " ≪禮記≫에 '부모의 원수와는 같은 하늘 아래에서 함께 살 수 없
   다.'고 하였고, ≪春秋≫에 '자식이 복수하지 않으면 아들이 아니다.'라고 하였습
   니다. 폐하께서 武氏를 皇后로 삼고자 하시니, 어떻게 천하의 선비들을 보실 수
   있겠습니까? 武惠妃의 再從叔인 武三思와 從父인 武延秀가 모두 기강을 범하고
   떳떳한 윤리를 어지럽혀 천하 사람들이 모두 미워하고 있습니다. 惡木이 그늘을
   드리워도 충성스러운 선비는 그 아래에서 쉬지 않고, 盜泉이 넘쳐흘러도 청렴한
   지아비는 그 물을 마시지 않는 법이니, 匹夫와 匹婦도 오히려 서로 가리는데, 하
   물며 天子야 말할 나위가 있겠습니까. 바라건대 名門巨族을 신중히 선발하여 天
   地神明의 마음에 걸맞게 하소서. 지금 太子는 惠妃의 소생이 아니고 惠妃는 자기
   아들이 따로 있는데, 만약 惠妃를 한 번 황제의 배필로 삼는다면 太子의 자리가
   장차 불안해질 것이니, 옛사람들이 이 때문에 조짐을 간한 것입니다."라고 하니,
   마침내 壽王 瑁를 태자로 세우지 않았다.

*⁾ 惡木垂陰 忠士不息 盜泉飛溢 廉夫不飲 : 惡木은 질이 나빠서 재목으로 쓸 수 없
   는 나무이고, 盜泉은 山東省 泗水縣에 있는 샘 이름인데, 惡木과 盜泉은 惡자와
   盜자가 들어있어 모두 이름이 나쁘므로 不義의 뜻으로 쓰인다.

2) 〔頭註〕壽王妃楊氏 : 壽王*⁾은 名瑁니 玄宗第三子也라 楊氏는 故蜀州司戶楊玄琰
   女也라

壽王은 이름이 瑁이니 玄宗의 셋째 아들이다. 楊氏는 故 蜀州司戶 楊玄琰의 딸이다.

*) 壽王 : 武惠妃의 소생이다.

3) 〔頭註〕 警穎 : 警은 悟也요 穎은 卽穎脫*)也라

警은 깨달음이요, 穎은 바로 穎脫이다.

*) 穎脫 : 주머니 속의 송곳 끝이 밖으로 뛰어나온다는 뜻으로, 뛰어나고 훌륭한 재능이 밖으로 드러남을 이른다. 그러나 穎은 밝다는 뜻이 있으므로 굳이 穎脫로 해석할 필요가 없을 듯하다.

〔新增〕 范氏曰 明皇이 殺三子, 納子婦하고 用李林甫爲相하야 使族滅無罪之人하니 三綱絶矣라 其何以爲天下[1]乎아

范氏가 말하였다.

"明皇이 세 아들을 죽이고 며느리를 아내로 들이며 李林甫를 등용하여 정승으로 삼아서 죄 없는 사람을 죽여 三族을 멸하게 하였으니, 三綱이 끊어졌다. 이러하니 어떻게 천하를 다스릴 수 있겠는가."

1) 〔頭註〕 爲天下 : 爲는 治也라

爲는 다스림이다.

上이 從容謂高力士曰 朕이 不出長安이 近十年이로되 天下無事라 朕이 欲高居無爲하야 悉以政事委林甫하노니 何如오 對曰 天子巡守[1]는 古之制也요 且天下大柄은 不可假人이니 彼威勢旣成이면 誰敢復議之者리잇고 上이 不悅하니 力士自是로 不敢深言天下事矣라 〈出本傳〉

上이 조용히 高力士에게 이르기를 "朕이 長安을 나가지 않은 지가 거의 10년이지만 천하가 무사하다. 朕이 높이 임금의 자리에 거하여 하는 일이 없고 모든 정사를 李林甫에게 맡기고자 하니, 어떠한가?" 하니, 高力士가 대답하기를 "천자가 천하를 巡狩하는 것은 옛날의 제도이고, 천하의 큰 權柄은 남에게 빌려 줄 수가 없으니, 저 李林甫의 위엄과 권세가 이미 이루어지고 나면 누가 감히 다시 그를 의논(비난)할 수 있겠습니까?" 하였다. 上

이 기뻐하지 않으니, 高力士가 이때부터 감히 천하의 일을 깊이 말하지 못하였다. - ≪唐書 高力士傳≫에 나옴 -

1) 〔頭註〕巡守：巡所守라
　巡守는 諸侯가 지키는 境內를 天子가 순행하는 것이다.

【乙酉】四載라

　天寶 4년(을유 745)

李林甫欲除不附己者하야 求治獄吏한대 蕭炅(경)이 薦吉溫이어늘 林甫得之甚喜하고 又有羅希奭이 爲吏深刻이어늘 林甫引之하야 遷侍御史하다 二人이 皆隨林甫所欲하야 鍛鍊成獄[1]하니 無能自脫者라 時人이 謂之羅鉗吉網[2]이라하니라 〈出吉溫傳〉

　李林甫가 자신을 따르지 않는 자들을 제거하고자 하여 獄事를 다스릴 獄吏를 구하였는데, 蕭炅이 吉溫을 천거하자 李林甫가 吉溫을 얻고는 매우 기뻐하였고, 또 羅希奭이 옥리가 되어 매우 각박하자 李林甫가 그를 천거하여 승진시켜 侍御史로 삼았다. 두 사람이 모두 李林甫의 원하는 대로 없는 죄를 꾸며서 옥사를 만들어 내니, 스스로 빠져나오는 자가 없었다. 당시 사람들이 이들을 일러 '羅鉗吉網'이라 하였다. - ≪唐書 吉溫傳≫에 나옴 -

1) 〔附註〕鍛鍊成獄：治金者는 旣鍛之以火하고 鍊之以鎚而後에 能成器하나니 舞文巧詆之吏 其折獄也에 威之以笞箠木索*)하고 質之以參伍證佐하야 或弛或張하고 或緩或急以困之하야 使答辯者로 變意易辭하야 惟其所欲以成獄이라 故로 比之鍛鍊也라
　쇠를 다루는 자는 불로 달구고 망치로 단련한 뒤에 그릇을 완성하니, 법조문을 농락하며 교묘하게 무함하는 관리가 옥사를 결단할 적에 笞刑과 刑具로 위협하고 이리저리 짜맞춘 증거를 가지고 대질하여, 혹은 풀어주기도 하고 혹은 조이기도 하며 혹은 늦춰주기도 하고 혹은 급하게 함으로써 곤궁하게 한다. 그리하여 답변하는 자로 하여금 마음을 바꾸고 말을 바꾸게 하여 오직 자신이 원하는 대로 옥사를 만든다. 그러므로 鍛鍊에 견준 것이다.

*) 笞箠木索 : 笞箠는 대나무 따위로 만든 곤장으로 笞刑을 가하는 것이다. 木索은 '三木'과 '繩索'의 줄임말로, 三木은 세 가지 刑具 곧 머리·손·발에 끼우는 칼·차꼬·족쇄를 이르고, 繩索은 죄인을 포박할 때 사용하는 포승줄이다.

2) 〔頭註〕 羅鉗吉網 : 鉗은 以鐵器로 鉗束於項者라
  鉗은 쇠로 만든 기구를 목에 채워 구속하는 것이다.

上이 以戶部郎中王鉷으로 爲戶口色役使[1]하니 鉷이 志在聚斂하야 按籍戍邊六歲之外[2]에 悉徵其租庸하야 有幷徵三十年者로되 民無所訴라 上이 在位久에 用度日侈하고 後宮賞賜無節이요 不欲數於左右藏[3]에 取之라 鉷이 探知上指하고 歲貢額外에 錢帛百億萬[4]을 貯於內庫하야 以供宮中宴賜하고 曰 此는 皆不出於租庸調[5]하니 無豫經費[6]라하다 上이 以鉷爲能富國이라하야 益厚遇之하니 鉷이 務爲割剝以求媚라 中外嗟怨이러라 〈出本傳〉

　上이 戶部郎中 王鉷을 戶口色役使로 삼으니, 王鉷은 聚斂(가렴주구)에 뜻을 두어서 호적을 조사하여 변방에 수자리 사는 6년간을 제외하고는 그 나머지 기간에 대한 租·庸을 모두 징수하여, 심지어 30년 동안의 租·庸을 한꺼번에 징수하였으나 백성들이 하소연할 곳이 없었다. 上이 재위한 지 오래되자, 用度(씀씀이)가 날로 많아지고 후궁들에게 상을 하사하는 것이 절제가 없었고, 左藏과 右藏에서 이것을 취하고자 하지 않았다.

　王鉷이 上의 뜻을 탐지하고는 매년 바치는 定額 외에 돈과 비단 백억만을 內庫에 비축하여 궁중의 잔치와 賞賜에 공급하고 말하기를 "이는 모두 租·庸·調에서 나온 것이 아니니, 국가의 경비와 상관이 없다." 하였다. 上은 王鉷이 나라를 부유하게 한다 하여 더욱 후히 대우하니, 王鉷이 백성들에게 수탈하기를 힘써서 上에게 잘 보이기를 구하였다. 그러므로 중외의 백성들이 한탄하고 원망하였다. - ≪舊唐書 王鉷傳≫에 나옴 -

1) 〔釋義〕 色役使 : 色은 科名也라 使는 去聲이니 主掌諸色雜徭役者라
  色은 세금의 이름이다. 使는 去聲(주관하여 맡음)이니, 각종 명목의 여러 가지 徭役을 주관하는 자이다.

2) 〔附註〕六歲之外 : 舊制에 戍邊者免其租庸하고 六歲而更이러니 時에 邊將取敗하야 士卒死者를 皆不申牒하야 貫籍不除하니 鉷皆以爲避課라하야 六歲之外에 悉徵其租庸하니라

　　옛 제도에 변경에 수자리 사는 자는 租·庸을 면제해 주고 6년마다 교대하였는데, 당시에 변경의 장수들이 패전하여 士卒들이 전사하였으나 전사한 자들을 모두 문서로 보고하지 않아서 호적에서 삭제하지 않으니, 王鉷이 이들이 모두 賦稅를 피했다 하여 6년을 제외한 나머지 기간의 租·庸을 모두 징수한 것이다.

3) 〔頭註〕左右藏*) : 左藏署는 掌錢帛雜彩天下賦調하고 右藏署는 掌金玉珠寶銅鐵骨角齒毛彩畫하니 竝屬府寺라

　　左藏의 府署는 錢帛·雜彩와 천하의 賦調를 맡고, 右藏의 府署는 金玉·珠寶·銅鐵·骨角·齒毛·彩畫를 맡았으니, 모두 府寺에 속하였다.

*) 左右藏 : 左藏과 右藏으로, 帝王의 內庫의 이름이다. 晉나라 때부터 있었던 것으로, 당나라에 이르러서 左藏과 右藏을 설치하고 太府卿에 예속하는 令과 丞을 두었다.

4) 〔譯註〕錢帛百億萬 : 古代에 十萬을 億이라 하였는 바, 百億萬은 錢과 疋이 百萬 내지 十萬에 이른 것이다.

5) 〔釋義〕租庸調 : 高祖武德七年에 初定租庸調*)하니라

　　高祖 武德 7년(624)에 租·庸·調를 처음 정하였다.

*) 租庸調 : 唐나라 때 정비된 조세제도로, 田地가 있으면 租가 있고 집이 있으면 調가 있고 몸이 있으면 庸이 있으니, 租는 토지에 부과하는 세금이고, 庸은 丁男에게 부과하는 노역의 의무이고, 調는 호별로 토산물을 부과하는 것이다.

6) 〔頭註〕無豫經費 : 經은 常也라

　　經은 떳떳함(經常)이다.

【丙戌】五載라

　　天寶 5년(병술 746)

以王忠嗣로 爲河西, 隴右節度使하고 兼知朔方, 河東節度使하다 忠嗣佩四節하야 控制[1]萬里하니 天下勁兵重鎭이 皆在掌握이라 與吐蕃[2]으로 戰於靑海, 積石[3]하야 皆大捷하고 又討吐谷渾[4]於墨離軍[5]하야 虜其全部而歸하다 〈出本傳〉

王忠嗣를 河西·隴右節度使로 임명하고 朔方·河東節度使를 겸하게 하였다. 王忠嗣가 네 개의 符節을 쥐고 만 리의 疆域을 控制하니, 천하의 강한 군대와 중요한 鎭이 모두 그의 손안에 있었다. 吐蕃과 靑海·積石에서 싸워 모두 크게 승리하고, 또 吐谷渾을 墨離軍에서 토벌하여 그 全部를 포로로 사로잡아 돌아왔다. - ≪唐書 王忠嗣傳≫에 나옴 -

1) 〔頭註〕控制 : 控은 引也요 亦制也라
控은 당기는 것이고, 제어하는 것이다.

2) 〔頭註〕吐蕃 : 西羌屬이라
吐蕃은 西羌(서쪽 오랑캐)의 족속이다.

3) 〔釋義〕靑海, 積石 : 靑海는 在臨羌縣西하니 有卑禾海하야 謂之靑海라 地理志에 積石은 在金城河關縣西南羌中하니 今鄯州龍友縣界로 河所經也라
靑海는 臨羌縣 서쪽에 있으니, 卑禾海가 있으므로 靑海라고 이름하였다. ≪漢書≫〈地理志〉에 "積石은 金城 河關縣의 서남쪽 羌中에 있으니, 지금 鄯州의 龍友縣 경계로 황하가 경유하는 곳이다." 하였다.

4) 〔附註〕吐谷渾[*1] : 三十五卷戊寅年注에 其先은 遼東鮮卑라 (徙)〔徒〕河涉歸之長子曰吐谷渾이니 其孫業延이 遂以吐谷渾爲氏하니라 晉四夷傳에 西戎也니 慕容廆之庶兄也라 其父涉歸卒에 廆嗣러니 於是에 乃行西附陰山하니 其子孫이 遂有西零以西하야 極乎白蘭數千里하니 本鐵勒諸部之號라 鐵勒[*2]은 見三十八卷하니라
35권 무인년(618) 註에 "그 先代는 遼東의 鮮卑族이다. 徒河涉歸의 長子가 吐谷渾이니, 그 손자인 業延이 마침내 吐谷渾을 氏로 삼았다." 하였다. 晉나라 ≪四夷傳≫에 "서쪽 오랑캐이니, 慕容廆의 庶兄이다. 아버지 徒河涉歸가 죽자 慕容廆가 그 뒤를 이었다. 이에 마침내 서쪽으로 가서 陰山에 붙으니, 그 자손들이 마침내 西零 이서를 소유하여 白蘭 수천 리에까지 이르렀다. 본래 鐵勒의 여러 부락의 호칭이다." 하였다. 鐵勒은 38권에 보인다.

*1) 吐谷渾 : 徒河涉歸는 아들이 두 명 있었는데, 맏아들은 吐谷渾이고 작은 아들은 若洛廆였다. 徒河涉歸가 죽자 若洛廆가 계승하여 부락을 통솔하고 따로 慕容氏가 되었다.

*2) 鐵勒 : 바로 勅勒이니, 勅勒은 元魏(北魏) 때에 高車部라고 이름하였는데, 그 뒤에 나누어 흩어져서 薛延陀·回紇·都播·骨利幹·多覽葛·同羅·僕固·拔野古·思結·渾·解薛·奚結·阿跌·契苾·白霅 등 15部가 되었으니, 이를 총

칭하여 勅勒이라 하고 또 鐵勒이라고도 하였다.

5) 〔釋義〕墨離軍 : 括地志云 瓜州西北千里에 有墨離軍하니 卽其地也라

≪括地志≫에 이르기를 "瓜州 서북쪽 천 리에 墨離軍이 있으니, 바로 그 지역이
다." 하였다.

【丁亥】六載라

天寶 6년(정해 747)

以范陽平盧節度使安祿山으로 兼御史大夫하다 祿山이 體充肥하야 腹垂過膝
하니 嘗自稱重三百斤하니라 外若癡直이나 內實狡黠(힐)[1]하야 在上前에 應對敏
給[2]하고 雜以詼諧[3]러라 上이 嘗戲指其腹曰 此胡[4]腹中에 何所有완대 其大
乃爾오 對曰 更無餘物이오 止有赤心耳니이다하니 上이 悅하다 祿山이 得出入禁
中하야 因請爲貴妃兒라 上與貴妃共坐러니 祿山이 先拜貴妃어늘 上問 何故오
對曰 胡人은 先母而後父니이다 上이 悅하다 〈出本傳〉

范陽・平盧節度使 安祿山에게 御史大夫를 겸하게 하였다. 安祿山은 몸에
살이 쪄서 뱃살이 늘어져 무릎까지 내려올 정도였는데, 일찍이 체중이 300
근이나 된다고 자칭하였다. 安祿山은 겉으로는 미련하고 정직한 듯하였으나
속으로는 실로 교활하고 약아서 上의 앞에 있을 적에 응대함에 민첩하고 해
학을 곁들었다. 上이 일찍이 그의 배를 가리키며 농담하기를 "이 오랑캐의
뱃속에는 무엇이 들었기에 이렇게 큰가?"하니, 대답하기를 "다시 딴 물건이
없고 오직 赤心(忠心)만이 있을 뿐입니다."하니, 上이 기뻐하였다.

安祿山이 궁중을 출입할 수 있게 되자 이로 인해 貴妃의 아들이 되기를 청
하였다. 上이 貴妃와 함께 앉아 있는데, 安祿山이 貴妃에게 먼저 절을 하였
다. 上이 무슨 이유냐고 묻자, 安祿山이 대답하기를 "胡人은 어머니에게 먼
저 절하고 아버지에게 뒤에 절합니다."하니, 上이 기뻐하였다. - ≪唐書 安
祿山傳≫에 나옴 -

1) 〔頭註〕內實狡黠 : 狡黠은 謂狂狡桀黠也라

狡黠은 교활하고 음흉함을 이른다.

2) 〔頭註〕 應對敏給 : 給은 口捷也라

給은 말을 잘하는 것이다.

3) 〔頭註〕 雜以詼諧 : 詼는 譏戲也요 諧는 和合也라

詼는 놀리고 희롱하는 것이요, 諧는 화합함이다.

4) 〔頭註〕 此胡 : 祿山은 營州柳城胡種也라

安祿山은 營州 柳城의 오랑캐 종족이다.

○ 十二月에 命百官하야 閱視天下歲貢物於尙書省이러니 旣而요 悉以車載하야 賜李林甫家하다 上이 或時에 不視朝면 百司悉集林甫第門하니 臺省이 爲空[1]이라 陳希烈[2]이 雖坐府나 無一人入謁者러라

12월에 백관에게 명하여 천하에서 해마다 국가에 바치는 貢物을 尙書省에서 열람해 보게 하였는데, 이윽고 모두 수레에 실어서 李林甫의 집에 하사하였다. 上이 혹시 조회를 보지 않으면 百司들이 모두 李林甫의 집 문 앞에 모이니, 御史臺와 尙書省이 이 때문에 텅 비었다. 陳希烈이 비록 相府에 앉아있으나 한 사람도 들어와 뵙는 자가 없었다.

1) 〔頭註〕 臺省爲空 : 臺省은 尙書御史謁者三臺와 中書門下兩省也라 爲는 去聲이라

臺省은 尙書臺·御史臺·謁者臺와 中書省·門下省이다. 爲는 去聲이다.

2) 〔附註〕 陳希烈 : 同平章事也라 以講老莊으로 得進하야 取媚於上하니 林甫以上所愛요 且柔佞易制라 故로 引以爲相이러니 凡政事를 一決於林甫하고 希烈은 但給唯諾書名而已하니라

陳希烈은 同平章事이다. 老莊을 강하는 것으로 출세하여 上에게 잘 보이니, 李林甫가, 陳希烈은 上이 총애하는 바이며 유순하고 아첨하여 제재하기 쉬운 인물이라고 여겼다. 그러므로 천거하여 정승으로 삼았는데, 모든 정사를 일체 李林甫에게 결재받고 陳希烈은 단지 대답이나 하고 署名만 할 뿐이었다.

○ 自唐興以來로 邊帥를 皆用忠厚名臣호되 不久任하고 不遙領[1]하고 不兼統하고 功名著者는 往往入爲宰相하고 其四夷之將은 雖才略이 如阿史那社爾[2],

契苾(결필)何力³⁾이라도 猶不專大將之任하고 皆以大臣爲使하야 以制之러니 及開元中하야 天子有呑四夷之志하야 爲邊將者를 十餘年不易하야 始久任矣요 皇子則慶, 忠諸王⁴⁾과 宰相則蕭嵩, 牛仙客이 始遙領矣요 蓋(합)嘉運⁵⁾, 王忠嗣專制數道하야 始兼統矣러라 李林甫欲杜邊帥入相之路하야 以胡人不知書라하야 乃奏言호되 文臣爲將이면 怯當矢石하니 不若用寒族胡人이니이다 胡人則勇決習戰하고 寒族則孤立無黨하니 陛下誠以恩洽其心하시면 彼必能爲朝廷盡死하리이다 上이 悅其言하야 始用安祿山이러라 至是에 諸道節度使를 盡用胡人하고 精兵이 咸戍北邊하니 天下之勢偏重이라 卒使祿山傾覆天下는 皆出於林甫專寵固位之謀也하니라 〈出本傳〉

　唐나라가 건국한 이래로 변방의 장수를 모두 忠厚하고 명망있는 신하를 등용하였는데, 오랫동안 임무를 맡기지 않고 멀리서 遙領하지 못하게 하고 다른 鎭을 겸하여 관할하지 못하게 하고, 功名이 드러난 자는 들어와 재상이 되게 하였으며, 四夷의 장수는 비록 재주와 지략이 阿史那社爾와 契苾何力과 같더라도 오히려 대장의 임무를 전담하지 못하게 하고 모두 대신을 使로 삼아서 그들을 제재하게 하였다. 開元 연간에 이르러 천자가 四夷를 병탄할 뜻을 두어서 변방의 장수가 된 자들을 10여 년 동안 바꾸지 아니하여 비로소 오랫동안 임무를 맡겼고, 皇子는 慶王과 忠王 등 여러 왕과 宰相은 蕭嵩과 牛仙客이 비로소 멀리서 遙領하게 하였고, 蓋嘉運과 王忠嗣가 여러 道를 전적으로 통제하여 비로소 다른 藩鎭을 겸하여 관할하게 하였다.

　李林甫는 변방의 장수들이 조정에 들어와 정승이 되는 길을 막고자 해서 '胡人들은 글을 알지 못한다.'고 하여 마침내 아뢰기를 "文臣이 장군이 되면 화살과 돌을 맞는 것을 겁내니, 출신이 한미한 胡人들을 등용하는 것만 못합니다. 胡人들은 용맹하게 결단하고 전투에 익숙하며, 출신이 한미한 가문은 고립되어 黨이 없으니, 폐하께서 진실로 은혜로써 그들의 마음을 흡족하게 하신다면 저들은 반드시 조정을 위하여 死力을 다할 것입니다." 하였다. 上이 그 말을 기뻐하여 비로소 安祿山을 등용하였다.

이때에 이르러 여러 道의 節度使에 胡人들을 모두 등용하고 정예병이 모두 북쪽 변방을 지키니, 천하의 형세가 북쪽으로 편중되었다. 그리하여 安祿山으로 하여금 천하를 전복하게 하였으니, 이는 모두 李林甫가 은총을 독차지하고 지위를 견고히 하려는 계책에서 나온 것이었다. - ≪唐書 安祿山傳≫에 나옴 -

1) 〔譯註〕遙領 : 멀리서 거느린다는 뜻으로, 중앙에 앉아서 멀리 지방의 직무를 겸임하고 있음을 말한다.

2) 〔頭註〕阿史那社爾 : 阿史那는 突厥三字姓이라
　阿史那는 突厥의 세 글자로 된 姓이다.

3) 〔原註〕契苾何力 : 契는 音乞이니 契苾은 虜複姓이요 何力은 其名也라
　契는 音이 걸이니, 契苾은 오랑캐의 複姓이고 何力은 그 이름이다.

4) 〔釋義〕慶, 忠王 : 慶王은 名琮이요 忠王은 卽肅宗也니 名亨이라 並領節度호되 不出閤하니라
　慶王은 이름이 琮이고 忠王은 바로 肅宗이니 이름이 亨이다. 모두 節度(藩鎭)를 관할하였으나 궁궐을 나가지 않았다.

5) 〔頭註〕蓋嘉運 : 蓋은 音盍이니 凡姓並同이라
　蓋은 음이 합이니, 무릇 姓일 경우에는 모두 같다.

【戊子】 七載라

天寶 7년(무자 748)

度(탁)支郎中兼侍御史楊釗(소)[1] 善窺上意所愛惡而迎之하야 以聚斂驟遷하야 歲中에 領十五餘使하니라 〈出本傳〉

　度支郎中 兼侍御史 楊釗가 上의 마음속에 사랑하고 미워하는 바를 잘 엿보아 영합해서 聚斂하는 것으로 갑자기 승진하여 한 해 동안에 15개가 넘는 使의 직책을 관할하였다. - ≪唐書 楊國忠傳≫에 나옴 -

1) 〔頭註〕楊釗 : 貴妃之從兄也니 下庚寅年에 賜名國忠하니라
　楊釗는 楊貴妃의 사촌 오라비이니, 뒤의 庚寅年(750)에 國忠이라는 이름을 하

사하였다.

【己丑】 八載라

天寶 8년(기축 749)

春二月에 引百官하고 觀左藏하야 賜帛有差하다 是時에 州縣이 殷富[1]하고 倉庫에
積粟帛하야 動以萬計라 上이 以國用豐衍이라 故로 視金帛을 如糞壤하야 賞賜貴
寵之家 無有限極이러라 〈出食貨志〉

봄 2월에 백관들을 거느리고 左藏을 시찰한 다음 비단을 하사하되 차등이
있게 하였다. 이때에 州와 縣이 매우 풍족하고 창고에 곡식과 비단이 쌓여
있어 번번이 만으로 헤아려졌다. 上은 국가의 재용이 풍족하다고 여겼으므로
금전과 비단을 보기를 거름처럼 여겨서 권문귀족과 총애하는 집에 하사하는
것이 한도가 없었다. - 《舊唐書 食貨志》에 나옴 -

1) 〔頭註〕殷富 : 殷은 盛也라
   殷은 풍성함이다.

○ 先是에 折衝府皆有木契銅魚[1]하야 朝廷徵發에 下勅書契魚하면 都督, 郡
府 參驗皆合然後에 遣之러니 自募置彍騎로 府兵이 日益墮(휴)壞하야 死及逃
亡者를 有司不復點補하고 其橐駝(탁타)[2]馬牛器械糗(구)糧[3]이 耗散略盡이러
라 府兵이 入宿衛者를 謂之侍官하니 言其爲天子侍衛也라 其後에 本衛多以
假人하야 役使를 如奴隸[4]하니 長安人이 羞之하야 至以相詬病[5]하고 其戍邊者
又多爲邊將苦使하야 利其死而沒其財[6]하니 由是로 應爲府兵者 皆逃匿이러
니 至是에 無兵可交라 五月에 李林甫奏停折衝府上下魚書하니 是後에 府兵이
徒有官吏而已요 其折衝, 果毅를 又歷年不遷하니 士大夫亦恥爲之라 其彍
騎之法이 天寶以後로 稍亦變廢하야 應募者皆市井[7]負販[8]無賴子弟로 未
嘗習兵이라 時에 承平日久하야 議者多謂中國兵을 可銷라하니 於是에 民間挾兵

器者를 有禁하고 子弟爲武官이면 父兄이 擯而不齒⁹⁾라 猛將精兵이 皆聚於西北邊하야 中國에 無武備矣러라〈出兵志〉

이전에는 折衝府에서 木契와 銅魚를 모두 소유하고 있어서 朝廷에서 군대를 징발할 경우 勅書와 木契와 銅魚를 내리면 都督과 郡府가 참고하여 木契와 銅魚를 징험해서 모두 부합한 뒤에야 병력을 보냈는데, 백성들을 모집하여 彍騎를 설치한 뒤로 府兵이 날이 갈수록 더욱 파괴되어 죽은 자와 도망한 자를 유사가 다시 점검하여 보충하지 않고, 낙타와 마소와 기계(병기)와 양식이 소모되고 흩어져 거의 다 없어졌다.

府兵으로서 들어와 宿衛하는 자를 侍官이라 이르니, 이는 천자를 侍衛함을 말한다. 그런데 나중에는 本衛에서 대부분 사람을 빌려 노예처럼 사역하니, 長安 사람들이 이를 부끄럽게 여겨서 심지어는 서로 모욕하기까지 하였다. 변경에 수자리 간 자들은 또 대부분 변방의 장수에게 고통스럽게 사역당하여 그들이 죽으면 그 재산을 몰수하는 것을 이롭게 여기니, 이로 인해 모집에 응하여 府兵이 된 자들이 모두 도망하여 숨었다. 그리하여 이때에 교대할 만한 병력이 없었다.

5월에 李林甫가 折衝府에 오르내리는 銅魚와 勅書를 정지하게 하니, 이후로 府兵은 단지 관리만 있을 뿐이었고, 折衝都尉와 果毅都尉 등 軍官 또한 여러 해가 지나도 승진되지 않으니, 사대부들은 이러한 관직을 맡는 것을 부끄러워하였다. 彍騎의 法도 天寶 연간 이후로 차츰 쇠퇴하고 폐지되어 응모하는 자가 모두 市井의 등짐장사 하는 자들과 무뢰한 자제들이어서 일찍이 병기 운용을 익힌 적이 없었다. 이때 천하가 태평한 지가 오래되었으므로 의논하는 자들이 대부분 말하기를 "中原의 兵力을 줄일 만하다." 하니, 이에 민간에서 병기를 보유하는 것을 금지하였으며, 자제가 군관이 되면 부형들이 배척하고 끼워주지 않았다. 용맹한 장수와 정예병들이 모두 서북쪽 변경에 모여서 중원에 武備가 없게 되었다. - 《唐書 兵志》에 나옴 -

1)〔頭註〕木契銅魚 : 唐制에 符寶는 卽掌符節하니 曰木契者는 所以重鎭守, 愼出納이요 銅魚符者는 所以起軍旅, 易守長이라

唐나라 제도에 符寶가 곧 符節을 관장하니, 木契는 鎭守를 소중히 하고 出納을 신중히 한 것이요, 銅魚符는 군대를 일으키고 守長을 바꿀 때 사용하였다.

2) 〔頭註〕橐駝 : 能負橐故로 名하니 負千斤하고 日行三百里라

橐駝가 전대를 잘 지기 때문에 橐駝라고 이름하였으니, 천 근을 지고 하루에 300리를 간다.

3) 〔頭註〕糗糧 : 糗는 熬米也라

糗는 볶은 쌀이다.

4) 〔頭註〕奴隷 : 隷는 賤稱이니 屬著於人者라 人有五等하니 王臣公하고 公臣大夫하고 大夫臣士하고 士臣皂하고 皂臣輿라

隷는 천한 자의 칭호이니, 사람에게 속하여 따르는 자이다. 사람은 다섯 등급이 있으니, 王의 신하는 公이고, 公의 신하는 大夫이고, 大夫의 신하는 士이고, 士의 신하는 皂이고, 皂의 신하는 輿이다.

5) 〔釋義〕詬病 : 詬는 音遘니 詬病은 猶恥辱也라

詬는 음이 구이니, 詬病은 치욕과 같다.

6) 〔譯註〕利其死而沒其財 : 則天武后 이후로 천하가 태평한 지가 오래되자 府兵의 제도가 점점 무너져서 사람들이 천하게 여겨 백성들이 府兵이 되는 것을 부끄럽게 여겼다. 그런데 牛仙客이 재물을 모아 재상이 된 뒤로 邊將들이 이를 본받아 戍卒을 꾀어 비단을 府庫에 맡기게 하고 낮에는 苦役을 시키고 밤이면 地牢(땅굴)에 묶어두어 그들이 죽으면 그 재산을 몰수하는 것을 이롭게 여기니, 戍卒 중에 돌아온 자가 열 명 중에 한두 명도 없었다.

7) 〔附註〕市井 : 古者에 二十畝爲一井하고 因爲市交易이라 故로 稱市井이라 本由井田之中에 交易爲市라 故로 國都之市를 亦曰市井이라 一井八家니 家有私田百畝라 公田〔八〕十畝니 餘二十畝로 以爲井廬舍라 故로 言二十畝耳라

옛날에 20묘를 1井이라 하고 인하여 시장을 만들어 교역하였다. 그러므로 市井이라 칭한 것이다. 본래 井田 가운데에 교역하여 시장을 만든 것을 따른 것이다. 그러므로 서울의 시장을 또한 市井이라 한다. 1井은 8가호이니 가호마다 私田 100묘씩을 소유하였다. 公田은 80묘이니 나머지 20묘로 井의 농막을 만들었으므로 20묘라 한 것이다.

8) 〔頭註〕負販 : 販은 買賤賣貴者라

販은 값이 싼 것은 사들이고 값이 비싼 것은 파는 자이다.

9) 〔頭註〕擯而不齒 : 擯은 斥也라 齒는 列也, 錄也라

擯은 싫어하여 배척하는 것이다. 齒는 나열하고 기록하는 것이다.

【庚寅】九載라

天寶 9년(경인 750)

五月에 賜安祿山爵東平郡王하니 唐將帥封王이 自此始라라 〈出本傳〉

5월에 安祿山에게 東平郡王의 작호를 하사하니, 唐나라 장수가 왕에 봉해진 것이 이로부터 시작되었다. - ≪新唐書 安祿山傳≫에 나옴 -

○ 楊釗以圖讖에 有金刀라하야 請更名한대 上이 賜名國忠하다

楊釗가 圖讖書에 金刀라는 글자가 있다 하여 이름을 고칠 것을 청하자, 上이 國忠이라는 이름을 하사하였다.

【辛卯】十載라

天寶 10년(신묘 751)

春正月에 上이 命有司하야 爲安祿山하야 起第於親仁坊하고 勅令호디 但窮壯麗요 不限財力이러니 旣成에 具帷帟(역)[1] 器皿하야 充物其中[2]하니 雖禁中服御之物이라도 殆不及也러라 祿山生日에 上及貴妃 賜衣服寶器酒饌이 甚厚하고 後三日에 召祿山入禁中하야 貴妃以錦繡로 爲大襁褓[3]하야 裹祿山하고 使宮人으로 以綵輿昇(역)之[4]하다 上이 聞後宮諠笑하고 問其故한대 左右以貴妃三日洗祿山兒對어늘 上이 自往觀之하고 喜하야 賜貴妃洗兒金銀錢[5]하고 復厚賜祿山하고 盡歡而罷하니 自是로 祿山이 出入宮掖[6]不禁이라 或與貴妃對食하고 或通宵不出하야 頗有醜聲聞於外호디 上亦不疑也러라 〈出本傳〉

봄 정월에 上이 有司에게 명하여 安祿山을 위해 親仁坊에 집을 짓게 하고, 칙령을 내리기를 "다만 지극히 웅장하고 화려하게 하고 재력과 물력을 한정

하지 말라." 하였다. 집이 이루어지자, 각종 장막과 器皿들을 구비하여 집안을 꽉 채우니, 비록 궁중에서 사용하는 물건이라도 거의 이에 미치지 못하였다. 安祿山의 생일에 上이 貴妃와 함께 의복과 寶器와 酒饌을 매우 후하게 하사하고, 3일 뒤에 安祿山을 불러 궁중으로 들어오게 하여 貴妃가 錦繡로 큰 포대기를 만들어 安祿山을 싸고 궁녀들로 하여금 채색 수레에 태우고 마주 들게 하였다. 上이 후궁들의 떠들고 웃는 소리를 듣고 그 이유를 묻자, 좌우에서 모시는 자가 "貴妃가 태어난 지 3일에 祿山 아이를 씻기는 것입니다." 하고 대답하니, 上이 가서 보고 기뻐하여 貴妃에게 洗兒錢으로 금과 은을 하사하고 다시 安祿山에게 후하게 하사한 다음 몹시 즐거워하고 파하였다. 이후로 安祿山이 궁중을 출입하는 것을 금하지 않았다. 혹은 양귀비와 함께 밥을 먹고, 혹은 밤새도록 궁중에서 나오지 않아 자못 추악한 소문이 외부에 알려졌으나 上은 의심하지 않았다. - ≪新唐書 安祿山傳≫에 나옴 -

1) 〔頭註〕幄帟 : 上下四方悉周曰幄이요 以布爲之平帳曰帟이라
   上下와 四方을 모두 다 둘러친 것을 幄이라 하고, 베로 평평한 장막을 만든 것을 帟이라 한다.

2) 〔通鑑要解〕充牣其中 : 牣은 音刃이니 滿也라
   牣은 음이 인이니, 가득함이다.

3) 〔釋義〕爲大襁褓 : 襁은 擧兩反이요 褓는 音保니 負兒衣也라
   襁은 擧兩反(강)이고 褓는 音이 보이니, 襁褓는 아이를 업을 때 쓰는 포대기이다.

4) 〔頭註〕以綵輿昇之 : 昇는 對擧也라
   昇는 마주 드는 것이다.

5) 〔譯註〕洗兒金銀錢 : 洗兒錢은 아이를 낳은 지 3일, 혹은 1개월 만에 아이를 목욕시킬 때 친우들이 모여 경하하고 아이에게 주는 돈을 말한다.

6) 〔頭註〕宮掖 : 旁舍也라
   宮掖은 궁전 곁에 딸린 부속 건물이다.

〔史略 史評〕范氏曰 明皇이 不信其子而寵胡人하야 以爲戲하고 至使出入宮禁而不疑하니 其褻慢神器[1] 亦甚矣라 豈天奪其明하야 將啓戎狄以亂華歟아 何

其惑之甚也오

范氏가 말하였다.

"明皇이 자기 자식을 믿지 않고 胡人(安祿山)을 총애하여 놀이를 하고 심지어는 궁궐에 출입하게 하여 의심하지 않았으니, 神器를 설만함이 또한 심하다. 어찌 하늘이 明皇의 총명을 빼앗아서 장차 오랑캐를 계도하여 中華를 어지럽히려는 것이 아니겠는가. 어쩌면 그리도 미혹됨이 심하단 말인가."

1) 〔譯註〕神器 : 나라를 대표하는 기물로 옥새나 솥을 이르는 바, 引伸하여 帝王의 자리를 이른다.

○ 祿山이 旣兼領三鎭¹⁾하야 賞刑己出하니 日益驕恣라 自以曩時에 不拜太子²⁾라하야 見上春秋高하고 頗內懼하며 又見武備墮(隳)弛³⁾하고 有輕中國之心이러라 〈出本傳〉

安祿山이 이미 세 鎭의 節度使를 겸하여 관할해서 상벌이 자신에게서 나오니, 날로 교만하고 방자하였다. 스스로 예전에 태자에게 절하지 않았다 하여, 上의 春秋가 높은 것을 보고 자못 속으로 두려워하였으며, 또 武備가 해이해진 것을 보고 中原을 경시하는 마음이 있었다. - 《新唐書 安祿山傳》에 나옴 -

1) 〔頭註〕兼領三鎭 : 祿山이 爲平盧節度使하고 又兼范陽, 河東二節度使하니라
   安祿山이 平盧節度使가 되고, 또 范陽과 河東의 節度使를 겸하였다.
2) 〔譯註〕不拜太子 : 《資治通鑑》의 天寶 6년조(747)에 다음과 같은 내용이 보인다. 玄宗이 일찍이 安祿山에게 명하여 太子를 뵙게 하였는데, 安祿山이 太子에게 절을 하지 않으니, 좌우의 사람들이 절을 하라고 재촉하였다. 安祿山이 두 손을 마주 잡고 서서 아뢰기를 "신은 胡人이라서 조정의 예의를 알지 못하니, 알지 못하겠으나 太子는 어떤 관직입니까?" 하니, 上이 이르기를 "이는 儲君이니 朕이 죽은 뒤에 朕을 대신하여 너의 임금이 될 자이다." 하였다. 安祿山이 아뢰기를 "신은 어리석어서 전부터 오직 陛下 한 분이 계신 것만 알 뿐이요, 마침내 다시 儲君이 있는 것은 모릅니다." 하고는 마지못해 절을 하니, 上이 더욱 총애하였다.

3)〔通鑑要解〕墮弛 : 目作隳라

　'墮'자가 《資治通鑑綱目》에는 '隳'자로 되어 있다.

【壬辰】十一載라

　天寶 11년(임진 752)

三月에 改吏部爲文部하고 刑部爲憲部하다〈出百官志〉

　3월에 吏部를 고쳐 文部라 하고, 刑部를 憲部라 하였다. - 《唐書 百官志》에 나옴 -

○ 十一月에 李林甫薨하다 上이 晩年에 自恃承平하야 以爲天下無復可憂라하고 遂深居禁中하야 專以聲色自娛하고 悉委政事於林甫하다 林甫媚事左右하고 迎合上意하야 以固其寵하며 杜絶言路하고 掩蔽聰明하야 以成其姦하며 妬賢嫉能하고 排抑勝己하야 以保其位하며 屢起大獄하야 誅逐貴臣[1]하야 以張其勢[2]하니 自皇太子以下로 畏之側足[3]이러라 凡在相位十九年에 養成天下之亂호되 而上이 不之悟也러라〈出本傳〉

　11월에 李林甫가 죽었다. 上은 말년에 스스로 태평함을 스스로 믿어 천하에 다시는 우려할 만한 일이 없다고 여기고, 마침내 禁中에 깊이 거처하여 오로지 음악과 여색으로써 스스로 즐기고 정사를 모두 李林甫에게 맡겼다. 李林甫는 上의 左右에서 아첨하여 섬기고 上의 뜻에 영합하여 은총을 견고히 하였으며, 言路를 막고 끊고 上의 聰明(귀와 눈)을 엄폐하여 그의 간사한 계책을 이루었으며, 어진 자를 시기하고 유능한 자를 질투하고 자기보다 나은 자를 배척하고 제압하여 자신의 지위를 보전하였으며, 여러 번 큰 옥사를 일으켜 존귀한 신하들을 죽이고 축출함으로써 권세를 확장하니, 皇太子로부터 이하의 사람들이 그를 두려워하여 걸음도 제대로 떼지 못하였다. 李林甫가 재상의 자리에 있었던 19년 동안 천하의 난리를 빚어 내었으나 上은 이를 깨

단지 못하였다. - ≪唐書 李林甫傳≫에 나옴 -

1) 〔頭註〕 誅逐貴臣 : 殺李邕, 皇甫惟明, 韋堅, 楊愼矜하고 罷王鉷하고 貶裴寬等하니라

  李邕, 皇甫惟明, 韋堅, 楊愼矜을 죽이고, 王鉷을 파면하고, 裴寬 등을 좌천시켰다.

2) 〔頭註〕 以張其勢 : 張은 去聲이니 自侈大也라

  張은 去聲이니, 스스로 張大하게 하는 것이다.

3) 〔頭註〕 畏之側足 : 恐懼而傾側하야 足立不正也라

  두려워하여 몸을 기울여서 발로 똑바로 서지 못하는 것이다.

○ 以楊國忠으로 爲右相國하다 忠爲人이 彊辯而輕躁하야 無威儀러니 旣爲相에 以天下爲己任하야 裁決幾務하야 果敢不疑하고 居朝廷에 攘袂(메)扼腕하니 公卿以下 頤指[1]氣使하야 莫不震慴[2]이러라 自侍御史로 至爲相히 凡領四十餘使라 臺省官이 有才行時名하고 不爲己用者를 皆出之러라 或이 勸陝郡進士張彖(단)謁國忠하야 曰 見之면 富貴를 立可圖니라 彖曰 君輩倚楊右相을 如泰山이나 吾以爲冰山耳로니 若皎日旣出이면 君輩得無失所恃乎아하고 遂隱居嵩山하니라 〈出楊國忠傳〉

  楊國忠을 右相國으로 삼았다. 楊國忠은 사람됨이 强辯하여 끝까지 변명하며 경솔하고 조급하여 威儀가 없었는데, 정승이 된 뒤에 천하의 일을 자신의 책임으로 여겨 국가의 機務를 결단할 때에 과감하고 의심하지 않으며, 조정에 있을 적에 소매를 걷어붙이고 팔을 휘두르니, 公卿 이하의 대신들을 턱짓으로 부려서 그를 두려워하지 않는 이가 없었다. 侍御史로부터 정승에 이르기까지 무려 40여 개의 使를 겸임하였다. 臺省의 관원 중에 재주와 행실이 있고 당시에 명망이 있으면서 자기에게 쓰여지지 않는 자들은 모두 축출하였다.

  혹자가 陝郡 進士 張彖에게 楊國忠을 배알하라고 권하면서 말하기를 "그를 만나면 富貴를 당장 도모할 수 있다." 하니, 張彖이 말하기를 "그대들은

楊右相을 泰山처럼 의지하나 나는 冰山으로 여길 뿐이니, 만약 밝은 해가
나오면 그대들은 믿는 바를 잃지 않겠는가." 하고는 마침내 嵩山에 은거하
였다. - ≪唐書 楊國忠傳≫에 나옴 -

1) 〔頭註〕頤指 : 但動頤而指揮니 言不勞也라
　　頤指는 단지 턱을 움직여 지휘하는 것이니, 수고롭지 않음을 말한다.
2) 〔頭註〕莫不震慴 : 慴은 音疊이니 懼也라
　　慴은 음이 첩(섭)이니 두려워하는 것이다.

【癸巳】十二載라

天寶 12년(계사 753)

安祿山이 以林甫狡猾踰己라 故로 畏服[1]之러니 及楊國忠爲相에 祿山이 視
之蔑如也하니 由是로 有隙이라 國忠이 屢言 祿山有反狀이라호되 上이 不聽이어늘
國忠이 以隴右節度使哥舒翰[2]이 與祿山不協이라하야 欲厚結翰하야 與共排
祿山하야 奏以翰兼河西節度使하니 是時에 中國盛强하야 自安遠門으로 西盡
唐境히 凡萬二千里[3]라 閭閻相望하고 桑麻翳野하니 天下에 稱富庶者 無如
隴右라 翰이 每遣使入奏에 常乘白槖駝하고 日馳五百里러라〈出楊國忠等傳〉

　安祿山은 李林甫가 자기보다 더 교활하다고 여겼으므로 그를 두려워하고
복종했었는데, 楊國忠이 정승이 되자 安祿山이 楊國忠을 무시하니, 이로 인
해 틈이 생겼다. 楊國忠은 上에게 安祿山이 배반하려는 형상이 있다고 여러
번 아뢰었으나 上이 듣지 않았다. 楊國忠은 隴右節度使 哥舒翰이 安祿山과
사이가 좋지 않다 하여 哥舒翰과 깊이 결탁해서 그와 함께 安祿山을 배척하
고자 하여 上에게 아뢰어서 哥舒翰에게 河西節度使를 겸임하게 하였다.
　이때에 중국이 강성하여 長安城의 安遠門으로부터 서쪽으로 당나라 국경 끝
까지가 1만 2천 리였다. 여염집들이 서로 이어지고 뽕나무와 삼밭이 들에 가
득하니, 천하에 백성이 많고 살림이 넉넉한 곳을 일컬을 적에 隴右만 한 곳이
없었다. 哥舒翰이 매번 사신을 보내어 들어와 아뢸 적마다 항상 흰 낙타를 타

고 하루에 500리를 달리곤 하였다. - ≪唐書 楊國忠傳≫ 등에 나옴 -

1) 〔附註〕 畏服: 祿山이 見林甫에 雖盛冬이나 必汗하며 在范陽에 其下自長安來하
면 必問曰 十郞何言고하야 得美言則喜하고 或云 語安大夫하야 須好點檢이라하
면 則曰 噫噫라 我死矣라하니라

安祿山은 李林甫를 뵐 적에 비록 한겨울이라도 반드시 땀을 흘렸으며, 范陽에
있을 적에 그 부하가 장안에서 오면 반드시 묻기를 "十郞(李林甫)이 무슨 말씀을
하던가?"라고 하여, 좋은 말을 들으면 기뻐하고, 혹자가 이르기를 "安大夫에게
말하여 부디 잘 점검하라고 했습니다."라고 하면 즉시 말하기를 "아! 나는 죽었
구나." 하였다.

2) 〔頭註〕 哥舒翰: 哥舒^{*)}는 虜突騎施別部之號니 後因爲氏焉하니라

哥舒는 오랑캐인 突騎施 別部의 칭호이니, 뒤에 이로 인해 哥舒를 姓氏로 삼
았다.

*) 哥舒: 複姓이다. 唐나라 때 突騎施에 哥舒部가 있어 대대로 安西에 살았고, 또
한 部落의 이름을 姓氏로 삼았다.

3) 〔譯註〕 自安遠門 西盡唐境 凡萬二千里: 長安城 서쪽의 첫 번째 관문이 安遠門이
니, 본래 隋나라의 開遠門이다. 서쪽으로 당나라 국경 끝까지 1만 2천 리라는
것은 西域의 여러 屬國까지 아울러 말한 것이다.

【甲午】 十三載라

天寶 13년(갑오 754)

正月에 安祿山이 入朝하다 是時에 楊國忠이 言祿山必反이라하고 且曰 陛下試召
之하소서 必不來하리이다 上使召之하니 祿山이 聞命卽至라 上이 由是로 益親信祿
山하니 國忠之言이 不能入矣¹⁾라 太子亦知祿山必反하고 言於上호되 上不聽하다

정월에 安祿山이 들어와 조회하였다. 이때에 楊國忠은 安祿山이 반드시 반
란을 일으킬 것이라고 말하고, 또 아뢰기를 "폐하께서 한 번 그를 불러 보소
서. 반드시 오지 않을 것입니다." 하였다. 上이 사람을 시켜 安祿山을 부르
니, 安祿山이 명을 듣고 즉시 왔다. 上이 이로 말미암아 安祿山을 더욱 친애

하고 신임하니, 楊國忠의 말이 전혀 먹혀들지 않았다. 태자 또한 安祿山이 반드시 배반할 것임을 알고 上에게 아뢰었으나 上이 듣지 않았다.

1) 〔通鑑要解〕 國忠之言 不能入矣 : 祿山卽至하야 見上하고 泣曰 臣은 本胡人이이늘 陛下寵擢至此러니 爲國忠所疾하니 臣死無日矣로이다하니 上이 憐之하야 賞賜巨萬하다 由是로 國忠之言이 不能入矣하니라

安祿山이 즉시 도착하여 上을 뵙고 울면서 아뢰기를 "臣은 본래 胡人인데 폐하께서 총애하여 발탁해 주시어 여기에 이르렀는데, 楊國忠에게 미움을 받으니, 신은 언제 죽을지 알 수가 없습니다." 하니, 上이 불쌍히 여겨 수만금을 상으로 내렸다. 이로 말미암아 楊國忠의 말이 전혀 먹혀들지 않았다.

〔史略 史評〕 胡氏曰 祿山之憚林甫者는 以林甫智術이 足以御之也일새라 若林甫 明以祿山兵多勢大하야 將生變亂이라하야 開悟上意하고 移之他鎭하야 消未然之患이면 則身雖多罪나 亦有可贖이어늘 乃姑欲示以精神하고 脅以氣勢하야 使之畏己而已하니 其罪를 可勝言哉아

胡氏가 말하였다.

"安祿山이 李林甫를 두려워한 것은 李林甫의 智謀와 術策이 자신을 충분히 제어할 수 있다고 여겼기 때문이다. 만약 李林甫가 분명히 安祿山이 군대가 많고 세력이 커서 장차 변란을 일으킬 것이라고 하여 임금의 뜻을 깨우치고 安祿山을 다른 鎭으로 옮겨서 미연에 화를 사라지게 했더라면 몸이 비록 죄가 많으나 또한 속죄할 수 있었을 것이다. 그런데 마침내 우선 정신으로 보여주고 기세로 위협하여 그로 하여금 자신을 두려워하게 할 뿐이었으니, 그 죄를 이루 말할 수 있겠는가."

○ 侍御史李宓(밀)[1]이 將兵七萬하고 擊南詔[2]라가 全軍이 皆沒이어늘 楊國忠이 隱其敗하고 更以捷聞하고 益發中國兵하야 討之하니 前後死者 幾二十萬이로되 人無敢言者러라 上이 嘗謂高力士曰 朕이 今老矣라 朝事는 付之宰相하고 邊事는 付之諸將이면 夫復何憂리오 力士對曰 臣聞雲南에 數喪師하고 又邊將이 擁兵大(太)盛하니 陛下는 將何以制之리잇고 臣恐一旦禍發이면 不可復救니 何

謂無憂也잇고 上曰 卿勿言하라 朕徐思之호리라

侍御史 李宓이 7만 명의 將兵을 거느리고 南詔를 공격하다가 全軍이 모두 敗沒하였는데, 楊國忠이 패전한 사실을 숨기고 바꾸어서 승리했다고 上에게 보고하고, 中原의 군대를 더 징발하여 南詔를 토벌하게 하니, 전후로 전사한 자가 거의 20만 명에 이르렀으나 사람들이 감히 진실을 말하는 자가 없었다.

上이 일찍이 高力士에게 이르기를 "짐이 이미 늙었으니, 조정의 일은 재상에게 맡기고 변방의 일은 여러 장수들에게 맡긴다면 다시 무엇을 근심하겠는가?" 하니, 高力士가 대답하기를 "신이 들으니 雲南에서 여러 번 군대를 잃었고, 또 변방의 장수들이 병력을 너무 많이 보유하고 있으니, 폐하께서 장차어떻게 제지하려 하십니까. 신은 하루아침에 화가 일어나면 다시 구원할 수없을까 두려우니, 어찌 근심이 없다고 말씀하십니까." 하였다. 上이 이르기를 "卿은 말하지 말라. 朕이 천천히 생각해보겠다." 하였다.

1) 〔頭註〕侍御史李宓*⁾ : 宓은 音密이라
   宓은 음이 밀이다.
*⁾ 李宓 : 楊國忠이 劍南節度使가 되어 李宓로 하여금 劍南留後가 되게 하였다.
2) 〔頭註〕南詔*⁾ : 南蠻國名이라
   南詔는 남쪽 오랑캐 나라 이름이다.
*⁾ 南詔 : 현재의 雲林省 지역이다.

范祖禹曰 管子有言호되 堂上遠於百里하고 堂下遠於千里하고 君門遠於萬里[1]라하니 言壅蔽之爲害深也라 明皇이 信一楊國忠하야 喪師二十萬而不得知하야 以敗爲勝하니 其不亡이 豈不幸哉아 是時에 明皇享國이 四十餘年이라 自以爲太平하야 有萬世之安이라하야 而不知禍亂將發於朝夕하니 由置相非其人也니 可不戒哉아

范祖禹가 말하였다.

"≪管子≫에 이르기를 '堂上이 백 리보다 멀고 堂下가 천 리보다 멀고 군주의 문이 만 리보다 멀다.' 하였으니, 이는 군주의 총명을 가리는 폐해가 심함을 말한 것이다. 明皇이 일개 楊國忠을 믿어서 20만 명의 군대를 잃었는데도

알지 못하여 패전한 것을 승리하였다고 하였으니, 망하지 않은 것이 어찌 요행이 아니겠는가. 이 당시 明皇이 나라를 누린 지가 40여 년이 되자, 스스로 태평하여 만세토록 편안할 것이라고 여겨서 장차 아침저녁 사이에 禍亂이 생겨날 줄을 알지 못하였다. 이는 정승을 둔 것이 적임자가 아니었기 때문이니, 경계하지 않을 수 있겠는가."

1) 〔譯註〕管子有言……君門遠於萬里 : ≪管子≫〈法法〉에 "堂上遠於百里 堂下遠於千里 門廷遠於萬里"라고 보인다.

【乙未】十四載라

天寶 14년(을미 755)

二月에 安祿山이 奏請호되 以蕃將三十二人으로 代漢將이어늘 上命立進畫[1]하야 給告身하다 韋見素謂楊國忠曰 祿山이 久有異志러니 今又有此請하니 其反이 明矣니이다 明日에 見素入見한대 上이 迎謂曰 卿等이 有疑祿山之意耶아 見素因極言호되 祿山이 反已有迹하니 所請을 不可許니이다 上이 不悅하고 竟從其請하다

2월에 安祿山이 蕃將 32人으로 漢人 장수를 대신할 것을 奏請하자, 上이 中書省에 명하여 즉시 發勅을 만들어서 나아가 御畫를 청하여 告身帖을 주게 하였다. 韋見素가 楊國忠에게 말하기를 "安祿山이 오랫동안 딴마음을 품고 있었는데 이제 또다시 이러한 청이 있으니, 배반하려는 것이 분명합니다." 하였다. 다음 날 韋見素가 들어가 뵙자 상이 맞이하여 이르기를 "경들이 安祿山의 뜻을 의심함이 있는가?" 하였다. 韋見素가 인하여 지극히 간하기를 "安祿山이 이미 배반한 자취가 있으니 그가 청하는 바를 허락해서는 안 됩니다."라고 하였으나 上이 기뻐하지 않고 끝내 安祿山의 청을 따랐다.

1) 〔附註〕進畫 : 進畫者는 命中書爲發(目)〔日〕勅하야 進請御畫而行之라 唐制에 中書掌王言하니 其制有七[*]이라 其四曰發(目)〔日〕勅이니 謂御畫發(目)〔日〕勅也니 增減官員하고 廢置州縣하며 除免官爵하고 授六品以下官에 則用之하니라
進畫은 中書省에 명하여 發日勅을 만들어서 나아가 御畫를 청하여 행하는 것이

다. 唐나라 제도에 中書省에서 임금의 말씀을 관장하였으니, 그 제도가 일곱 가지가 있다. 그 네 번째가 發日勑이니 御畫發日勑을 이르는 바, 관원을 늘리거나 줄이며 주현을 폐하거나 설치하며 관작을 제수하고 면직하며 6품 이하의 관직을 제수할 때에 이것을 사용하였다.

*) 中書掌王言 其制有七 : ≪舊唐書≫ 〈職官志 二〉에 "당나라 제도에 임금의 말씀은 일곱 가지가 있으니, 첫 번째가 冊書, 두 번째가 制書, 세 번째가 忍勞制書, 네 번째가 發勅(發日勑), 다섯 번째가 勅旨, 여섯 번째가 論事勅書, 일곱 번째가 勅牒이다.〔凡王言之制有七 一曰冊書 二曰制書 三曰忍勞制書 四曰發勅 五曰勅旨 六曰論事勅書 七曰勅牒〕"라고 하였다.

朱黼曰 古之所謂聰明睿智者는 必見人之所不見하고 知人之所未知也라 夫豺狼之不可邇와 禽獸之不可狎과 泰阿[1]之不可倒持와 帷薄之不可溷褻(혼설)[2]은 雖愚夫稚子라도 固能知之어늘 明皇獨不知는 何哉오 祿山은 柳城孼胡[3]요 平盧僨將[4]이니 不獨張九齡知其有反相이요 明皇固已知之矣라 以智略則卑下凡猥[5]하야 不足以籌邊이요 以器局則淺陋庸愚하야 不足以辦事어늘 連組累節[6]로 極爵崇品하고 玉食甲第[7]를 濫頒瀆賞하야 在諸王將相所不能得者를 一以此施之는 謂之何哉오 龍樓雞障[8]之嚴은 尊卑所以定位요 桂掖椒房[9]之邃는 內外所以別嫌이어늘 賜坐而不之疑하고 出入而不之禁하야 凡有血氣者 俱爲不平이로되 明皇獨無怍色하니 其又何哉아 夫僭擬無涯之念이 每啓於權位之極하고 畔渙[10]不軌之謀가 多出於才力之雄이라 今祿山이 養壯士八千餘人과 家僮百餘人하야 皆以一當百하고 且擁三道兵馬矣라 於是에 精兵이 極天下之選하고 財用이 極天下之富하야 爵賞皆出其門하고 將帥皆其私屬이니 其必反之謀는 不特楊國忠知之요 路人無不知라 至是하야 復請以蕃將代漢將하니 其姦謀畢露矣로되 而明皇猶不之悟하야 卒至於竄身失國[11]而不悔라 詩曰 啜其泣矣어늘 何嗟及矣[12]리오하니 明皇之謂歟인저

朱黼가 말하였다.

"옛날에 이른바 총명하고 지혜로운 자란 반드시 사람들이 보지 못하는 바를 보고 사람들이 알지 못하는 바를 알았다. 豺狼을 가까이할 수 없음과 禽獸를 친압할 수 없음과 泰阿를 거꾸로 잡을 수 없음과 帷薄을 더럽히고 설만

할 수 없음은 비록 어리석은 지아비와 어린아이라도 진실로 아는 것인데, 明皇이 유독 알지 못함은 어째서인가?

安祿山은 柳城의 孼胡이고 平盧府의 패한 장수이니, 유독 張九齡이 그에게 배반할 相이 있음을 알았을 뿐만 아니라 明皇도 진실로 이미 이것을 알고 있었다. 지략으로 말하면 낮고 범속해서 변경을 개척할 수가 없고, 기국으로 말하면 비루하고 용렬해서 일을 다스릴 수가 없는데, 연달아 印綬를 차고 여러 개의 節度使를 겸하여 관작을 지극히 하고 품계를 높였으며, 玉食과 甲第를 함부로 나누어 주고 상을 남발하여 諸王과 將相도 얻지 못하는 것을 한결같이 그에게 베풀어줌은 어째서인가?

龍樓와 鷄幘을 엄격하게 함은 존비가 자리를 정하는 것이기 때문이요, 桂掖과 椒房을 깊숙하게 함은 내외가 혐의를 구별하는 것이기 때문인데, 安祿山에게 자리에 앉게 허락하고 의심하지 않으며 궁중을 출입해도 금하지 않아서 모든 血氣가 있는 자들이 다 불평하는데, 明皇만은 홀로 부끄러워하는 기색이 없었으니, 이는 또 어째서인가?

참람하여 넘치게 윗사람과 견주는 끝없는 생각은 언제나 권세와 지위가 지극한 데에서 나오고, 강하고 방자하여 반역을 꾀함은 대부분 재주와 힘이 강대한 데에서 나온다. 지금 安祿山이 壯士 8천여 명과 家僮 1백여 명을 길러 모두 한 명이 백 명을 당해내고 또 3道의 兵馬를 보유하였다. 이에 정예병은 천하의 선발을 지극히 하고 財用은 천하의 부유함을 지극히 하여, 관작과 상이 모두 그의 문에서 나오고 장수가 모두 그의 私屬이었으니, 그가 반드시 배반할 계책을 세우리라는 것을 비단 楊國忠이 알았을 뿐만 아니라 길 가는 사람도 모르는 이가 없었다. 그런데 이때에 이르러 또다시 蕃將으로 漢將을 대신할 것을 청하였으니, 그의 간악한 계책이 모두 드러났다. 그런데도 明皇은 오히려 이를 깨닫지 못하여 마침내 몸을 도망하고 나라를 잃기까지 하였으나 뉘우치지 않았다. 《詩經》에 이르기를 '줄줄 눈물을 흘리니, 슬퍼한들 어찌 미칠 수 있으리오.'라고 하였으니, 이는 明皇을 두고 말한 것이다."

1) 〔頭註〕泰阿 : 楚有三劍하니 曰龍泉, 泰阿, 工市요 吳有二劍하니 曰干將, 鏌邪(야)요 越有二劍하니 曰純鉤, 湛盧니 皆良劍이라

楚나라에 세 자루의 名劍이 있었으니 龍泉・泰阿・工市이고, 吳나라에 두 자루의 名劍이 있었으니 干將과 鏌邪이고, 越나라에 두 자루의 名劍이 있었으니 純鉤와 湛盧인 바, 모두 좋은 명검이다.

2) 〔頭註〕帷薄之不可溷褻 : 賈誼傳에 大臣有坐汚穢淫亂者를 不曰汚穢하고 曰帷薄不修*)라하니라 溷은 亂濁也라

《漢書》〈賈誼傳〉에 "大臣 중에 더럽고 음란하여 남녀간에 분별이 없는 죄에 걸린 자를 더럽고 지저분하다고 말하지 않고 '帷薄(휘장)이 닦여지지 못했다'고 한다." 하였다. 溷은 어지럽고 혼탁함이다.

*) 帷薄不修 : 옛날에 士大夫를 禮遇하여 죄가 있어도 바로 죄명을 말하지 않고 체면을 세우기 위해 가문에 淫行이 있을 경우 帷薄不修라 하니, 이는 閨門의 장막과 발〔簾〕이 정돈되지 못하였다는 말이다.

3) 〔譯註〕柳城孼胡 : 安祿山을 가리킨 말이니, 그는 원래 營州 柳城 출신의 胡人이다.

4) 〔頭註〕平盧僨將 : 僨은 僵也라 祿山이 爲虜所敗하니 見上丙子年이라

僨은 실패함이다. 祿山이 오랑캐에게 패하였으니, 上文의 丙子年(736)에 보인다.

5) 〔頭註〕猥 : 鄙也라

猥는 비루함이다.

6) 〔通鑑要解〕連組累節 : 謂兼領三鎭*)也라

連組累節은 3개의 鎭을 겸임함을 이른다.

*) 三鎭 : 河東, 范陽, 平盧를 이른다.

7) 〔頭註〕玉食甲第*) : 玉食은 謂珍寶之食이라

玉食은 진귀한 음식을 이른다.

*) 甲第 : 훌륭한 집, 제일가는 집을 이른다.

8) 〔附註〕龍樓*)雞障 : 障은 坐(幢)〔障〕也니 畫金雞爲(節)〔飾〕이라 上이 嘗宴勤政樓할새 百官列坐樓下하고 獨爲祿山하야 於御座東間에 設金雞障하고 置榻하야 使坐其前하고 仍命捲簾하야 以示榮寵하니라

障은 坐障이니, 金鷄를 그려 꾸몄다. 上이 일찍이 勤政樓에서 잔치할 적에 백관들은 누각 아래에 죽 벌여서 앉고 오직 安祿山을 위해서 御座의 동쪽 사이에 金鷄障을 설치하고 榻을 두어 그 앞에 앉게 한 다음 명하여 주렴을 걸게 함으로써 은총을 보였다.

*) 龍樓 : 漢나라 太子宮의 문 이름으로 태자가 거처하는 곳을 이른다.

9) 〔頭註〕桂掖椒房 : 皇后所居也라 掖은 見上이라 椒房은 以椒和泥塗壁하니 取其
   溫煖而芳하고 辟除惡氣하며 又取其蕃實之義라

   桂掖椒房은 皇后가 거처하는 곳이다. 掖은 上文에 보인다. 椒房은 산초를 진흙에
   섞어 벽에 바르니, 산초의 따뜻하고 향기로움을 취하고 나쁜 기운을 물리쳐 없애
   며, 또 산초는 열매가 많이 열리므로 子女를 많이 生育하는 뜻을 취한 것이다.

10) 〔頭註〕畔渙 : 强恣貌라

   畔渙은 세력이 강하고 방자한 모양이다.

11) 〔頭註〕竄身失國 : 謂幸蜀*)也니 見下卷丙申年이라

   竄身失國은 蜀으로 행차한 것을 이르니, 下卷의 丙申年條(756)에 보인다.

*) 幸蜀 : 唐 玄宗 至德 元年(756)에 安祿山이 洛陽을 함락시키고 이듬해 長安까
   지 쳐들어오자, 玄宗이 蜀으로 피난하였다.

12) 〔頭註〕啜其泣矣 何嗟及矣*) : 啜은 泣貌라

   啜은 우는 모양이다.

*) 啜其泣矣 何嗟及矣 : 이 내용은 《詩經》〈王風 中谷有蓷〉에 보인다.

安祿山이 專制三道하야 陰畜異志 殆將十年이로되 以上待之厚라하야 欲俟上
晏駕然後에 作亂이러니 會에 楊國忠이 與祿山不相悅이라 屢言祿山且反호되 上
不聽하니 國忠이 數以事激之하야 欲其速反하야 以取信於上이라 祿山이 由是로
決意遽反이러라 會에 有奏事官이 自京師還이어늘 祿山이 詐爲勅書하야 悉召諸
將하야 示之하고 曰 有密旨하야 令祿山將兵入朝하야 討楊國忠하니 諸君은 宜卽
從軍하라 衆愕然相顧하고 莫敢異言이러라 〈出本傳〉

  安祿山이 河東·范陽·平盧 3道를 마음대로 통제하여 은밀히 딴마음을 품
은 지가 거의 10년이 되었으나, 上이 후하게 대우한다 하여 上이 별세하기를
기다린 뒤에 난을 일으키고자 하였다. 그런데 마침 楊國忠이 安祿山과 서로
사이가 좋지 않아서, 安祿山이 장차 반란할 것이라고 자주 말했으나 上이 듣
지 않자, 楊國忠은 여러 번 일로써 安祿山을 격노시켜 그가 빨리 배반하게
해서 자신이 上에게 신임을 받고자 하였다. 安祿山이 이로 인해 속히 모반할

것을 결심하였다.

마침 奏事官이 京師로부터 돌아오자, 安祿山이 거짓으로 칙서를 만들어 여러 장수들을 모두 불러 그들에게 칙서를 보이고 이르기를 "上의 密旨가 있어서 나로 하여금 병력을 인솔하고 조정에 들어가 楊國忠을 토벌하게 하였으니, 제군들은 마땅히 즉시 종군하라." 하였다. 여러 사람들이 놀라 서로 돌아보고 감히 딴말을 하지 못하였다. - ≪唐書 安祿山≫에 나옴 -

○ 十一月甲子에 祿山이 發所部十五萬衆하고 反於范陽하야 引兵而南하다 時에 海內久承平하야 百姓이 累世不識兵革이러니 猝聞范陽兵起하고 遠近震駭라 河北은 皆祿山統內라 所過州縣이 望風瓦解[1]하야 守令이 或開門出迎하고 或棄城竄匿하고 或爲所擒戮하야 無敢拒之者라 〈出本傳〉

11월 甲子日(9일)에 安祿山이 자신이 통솔하고 있는 15만의 병력을 징발하여 范陽에서 배반하여 병력을 인솔하고 南進하였다. 이때 온 천하가 오랫동안 태평하여 백성들이 여러 대 동안 兵革(전쟁)을 알지 못하였는데, 갑자기 范陽에서 병력을 일으켜 반란했다는 말을 듣고는 원근이 진동하고 놀랐다. 河北은 安祿山이 관할하는 지역이므로 그들이 지나는 곳의 州와 縣이 모두 소문만 듣고도 스스로 와해되어 守令들이 혹은 성문을 열고 나와 맞이하고 혹은 성을 버리고 도망해 숨고 혹은 사로잡히고 죽임을 당하여 감히 항거하는 자가 없었다. - ≪唐書 安祿山傳≫에 나옴 -

1) 〔釋義〕瓦解 : 言自分散也라
   瓦解는 저절로 분산됨을 말한다.

〔史略 史評〕胡氏曰 明皇至是하야 知祿山必反而不爲備하니 可謂愚而不悟者矣로다 或曰 祿山兵精하니 雖爲之備라도 亦安能禦之乎아 曰 顏杲(고)卿, 張巡[1]之徒 以一縣一郡으로도 尙能倉卒立功이어든 況據四海全盛之勢乎아 苟變易其思慮하고 澡雪其精神하야 蒐(수)兵擇將하야 立有區處런들 比其稱兵이 尙在數月之後하니 縱河北傲擾나 亦安有播遷之辱哉리오 蓋其蠱(고)惑之深하야 神志昏

奪하야 以至於此하니 可不戒哉며 可不懼哉아

胡氏가 말하였다.

"明皇이 이때에 이르러 安祿山이 반드시 배반할 줄 알았으면서도 대비하지 않았으니, 어리석어서 깨닫지 못한 자라고 이를 만하다. 혹자가 말하기를 '安祿山의 군대가 정예하니, 비록 대비를 했더라도 또한 어찌 그를 막을 수 있겠는가.' 하기에, 나는 대답하기를 '顔杲卿과 張巡의 무리는 한 縣과 한 郡을 가지고도 오히려 창졸간에 공을 세웠는데, 더구나 四海가 全盛한 형세를 점거함에 있어서랴. 만일 생각을 바꾸고 정신을 깨끗하게 하여 군대를 모으고 장수를 가려서 당장 변통하여 조처하였더라면 安祿山이 군대를 일으켜 반란한 것이 오히려 몇 달 뒤에 있었으니, 비록 河北 지방이 첫 번째로 소요하였으나 또한 어찌 播遷하는 치욕이 있었겠는가. 明皇이 蠱惑됨이 깊어서 정신이 어둡고 뜻을 빼앗겨 이런 지경에까지 이르렀으니, 경계하지 않을 수 있으며 두려워하지 않을 수 있겠는가.' 하였다."

1) 〔譯註〕顔杲卿, 張巡 : 唐 玄宗 때 安祿山이 반란을 일으켰는데, 이때 顔杲卿은 常山太守로 常山을 지키다가 殉節하고, 張巡은 睢陽城을 지키다가 순절하였다.

○ 上이 聞祿山已反하고 乃使封常淸으로 乘驛하고 詣東京募兵하야 旬日에 得六萬餘人하야 乃斷河橋하고 爲守禦之備하다 祿山이 至藁城하니 常山太守顔杲卿[1]이 力不能拒하야 與長史袁履謙으로 往迎之한대 祿山이 輒賜杲卿金紫[2]하고 質其子弟하야 使仍守常山하다 杲卿이 歸할새 途中에 指其衣하고 謂履謙曰 何爲著(착)此[3]리오 履謙이 悟其意하고 乃陰與杲卿으로 謀起兵討祿山하다 〈出本傳〉

上이 安祿山이 이미 배반했다는 소식을 듣고 마침내 封常淸으로 하여금 역말(파발마)을 타고 東京인 洛陽에 가서 병력을 모집하게 하였는데, 열흘 만에 6만 명을 얻어 마침내 황하의 다리를 끊고 守禦할 대비를 하였다. 安祿山이 藁城에 이르니, 常山太守 顔杲卿이 힘으로 항거할 수 없으므로 長史 袁履謙과 함께 가서 맞이하였는데, 安祿山이 곧 顔杲卿에게 金章(金印)과 紫綬를 하사하고 子弟들을 인질로 삼은 다음 그대로 常山을 지키게 하였다. 顔杲卿

이 돌아올 때 자신의 옷을 가리키며 袁履謙에게 말하기를 "내 어찌 이런 것을 착용하겠는가." 하였다. 袁履謙이 그 뜻을 깨닫고 마침내 은밀히 顔杲卿과 함께 병력을 일으켜 安祿山을 토벌할 것을 모의하였다. - ≪唐書 顔杲卿傳≫에 나옴 -

1) 〔譯註〕顔杲卿 : 자는 昕(흔)이며, 顔眞卿의 종형이다. 安祿山의 난이 일어나자 불리한 상황 속에서도 6일 동안 밤낮으로 격전을 벌이다가 마침내는 식량과 화살이 떨어져 성이 함락되고 포로로 붙잡혔는데, 갖은 惡刑을 받으면서도 끝까지 굴복하지 않고 혀가 끊어질 때까지 준열하게 꾸짖다가 죽음을 당하였다.
2) 〔頭註〕金紫 : 金章紫綬也라
  金紫는〈고관대작들이 사용하는〉금으로 만든 印章과 붉은색의 인끈이다.
3) 〔釋義〕何爲著此 : 謂著祿山所賜金紫也라
  安祿山이 하사한 金章과 紫綬을 착용함을 이른다.

○ 丙子에 以郭子儀로 爲朔方節度大使하고 出內府錢帛하야 於京師募兵하야 十一萬이 旬日而集하니 皆市井子弟也러라

  병자일(21일)에 郭子儀를 朔方節度大使로 삼고 內府에 있는 돈과 비단을 내어 京師에서 병력을 모집해서 11만 명이 열흘 만에 모이니, 모두 市井의 자제들이었다.

○ 初에 平原太守顔眞卿이 知祿山且反하고 因霖雨하야 完城浚濠하고 料丁壯하고 實倉廩이러라 祿山이 以其書生易之러니 及祿山反牒에 眞卿이 以平原, 博平兵七千人으로 防河津하다 眞卿이 遣平原司兵李平하야 間道奏之하다 上이 始聞祿山反에 河北郡縣이 皆風靡하고 歎曰 二十四郡에 曾無一人義士耶아하더니 及平至에 大喜曰 朕이 不識顔眞卿作何狀이러니 乃能如是[1]로다하다 眞卿이 使親客으로 密懷購賊牒하야 詣諸郡하니 由是로 諸郡에 多應者라 眞卿은 杲卿之從弟[2]也라〈出本傳〉

  平原太守 顔眞卿은 安祿山이 장차 배반하려 한다는 것을 알고는 장마로 인

해 성을 완전히 보수하고 참호를 깊이 파고 장정을 헤아려서 배치하고 창고를 충실하게 하였다. 安祿山은 그를 일개 書生이라 여겨 하찮게 대하였는데, 安祿山이 배반하자 顔眞卿에게 통첩을 보내어 平原과 博平에 있는 7천 명의 병력으로 河水의 나루를 막게 하였다. 顔眞卿이 平原司兵 李平을 보내어 샛길로 가서 이 사실을 아뢰었다. 上은 安祿山이 배반함에 河北의 郡縣들이 모두 바람에 휩쓸리듯 무너졌다는 말을 듣고, 한탄하기를 "24개 郡 중에 일찍이 한 명의 의사도 없단 말인가?" 하였는데, 李平이 이르자 上이 크게 기뻐하며 이르기를 "朕은 顔眞卿이 어떤 인물인지 알지 못하는데, 그는 마침내 이와 같이 훌륭한 일을 하는구나." 하였다. 顔眞卿이 친한 문객으로 하여금 은밀히 역적을 잡는 일에 현상을 내건 문서를 품고서 여러 郡에 나아가게 하니, 여러 郡에서 호응하는 자가 많았다. 顔眞卿은 顔杲卿의 從弟이다. - ≪唐書 顔眞卿傳≫에 나옴 -

1)〔頭註〕不識顔眞卿作何狀 乃能如是 : 本傳에 不識眞卿何如人 所爲乃若此也라
   本傳에는 '顔眞卿이 어떠한 인물인지 몰랐는데, 하는 바가 마침내 이와 같단 말인가.〔不識眞卿何如人 所爲乃若此〕'로 되어 있다.

2)〔頭註〕從弟 : 兄弟之子가 相謂爲從父昆弟니 言本同祖어늘 從父而別也라
   형제의 자식들이 서로 이르기를 從父昆弟라고 하니, 본래 할아버지는 같은데 아버지를 따라서 나누어짐을 말한다.

○ 安祿山이 陷滎(형)陽하다 封常淸所募兵이 皆白徒[1]로 未經訓練이라 屯武牢하야 以拒賊이러니 賊以鐵騎蹂之하니 官軍이 大敗라 丁酉에 祿山이 陷東京하다

　安祿山이 滎陽을 함락하였다. 封常淸이 모집한 병사는 모두 白徒들로서 훈련을 거치지 않았다. 武牢에 주둔하여 적을 막았는데, 적이 鐵騎兵으로 유린하니, 官軍이 대패하였다. 丁酉日(12월 12일)에 安祿山이 東京인 洛陽을 함락하였다.

1)〔頭註〕白徒 : 素非軍旅니 猶曰白丁[*]이라
   白徒는 본래 군인이 아니니, 白丁이란 말과 같다.

*) 白丁 : 임시로 징집되어 훈련을 전혀 받지 않은 병사를 이른다.

○ 是時에 朝廷이 徵兵호되 諸道皆未至라 關中이 恟懼러니 會에 祿山이 方謀稱帝하야 留東京不進이라 故로 朝廷이 得爲之備하고 兵亦稍集이러라

이때에 조정에서 병사를 징발하였는데 여러 道에서 모두 이르지 않으므로 關中 지방이 흉흉하여 두려워하였는데, 마침 安祿山이 막 황제를 칭할 것을 도모하여 東京에 머물고 전진하지 않았다. 그러므로 조정에서 대비할 수가 있었고 병력도 다소 모였다.

○ 顔眞卿이 召募勇士하니 旬日에 至萬餘人이라 諭以擧兵討安祿山하고 繼以涕泣하니 士皆感憤이러라

顔眞卿이 勇士를 불러 모으니, 열흘 만에 만여 명에 이르렀다. 그들에게 군대를 일으켜 安祿山을 토벌할 것을 설득하고 이어서 눈물을 흘리니, 군사들이 모두 감격하여 분발하였다.

○ 以哥舒翰으로 爲兵馬副元帥하야 將八萬하고 軍于潼關하다

哥舒翰을 兵馬副元帥로 삼아 8만 명의 병력을 거느리고 潼關에 주둔하게 하였다.

○ 顔杲卿이 將起兵할새 命崔安石等하야 徇諸郡[1]云호되 大軍이 已下井陘(형)하니 朝夕當至하야 先平河北諸郡하리니 先至者賞하고 後至者誅리한대 於是에 河北諸郡이 響應하야 凡十七郡이 皆歸朝廷하야 兵合二十餘萬이라 其附祿山者는 唯范陽, 盧龍, 密雲, 漁陽, 汲, 鄴六郡而已러라 〈出本傳〉

顔杲卿이 군대를 일으키려 할 적에 崔安石 등에게 명하여 여러 郡을 순행하며 이르기를 "大軍이 이미 井陘을 함락하였으니, 머지않아 마땅히 도착하여 먼저 河北의 여러 郡을 평정할 것이다. 먼저 이르는 자는 상을 주고 뒤늦게 오는 자는 죽이겠다." 하였다. 이에 河北의 여러 郡이 메아리처럼 호응해

서 무릇 17개의 郡이 모두 조정에 歸附하여 병사가 도합 20여 만이었다. 安
祿山에게 붙은 것은 다만 范陽, 盧龍, 密雲, 漁陽, 汲郡, 鄴郡 여섯 郡뿐이었
다. - ≪唐書 顔杲卿傳≫에 나옴 -

1) 〔頭註〕徇諸郡 : 巡師宣令也라
　　군대를 순행하고 명령을 베푸는 것이다.

故事成語・熟語

通鑑節要 卷之三十七

○ 妄爲妖言 : 11
함부로 요망한 말을 함을 이른다.

○ 被疾有徵 法不當坐 : 11
병(정신병)을 앓는 징후가 있으므로 법에 의거하여 처벌하는 것은 온당치 않음을 이른다.

○ 情在阿縱 按事不實 : 11
아첨하여 놓아주려는 데에 마음이 있어서 사실을 조사하는 것이 진실하지 못함을 이른다.

○ 協力同心 : 12
힘을 합하고 마음을 함께하여 國事에 盡心竭力함을 이른다. 〔同義語〕戮力同心

○ 徹樂減膳 : 15
음악을 폐하고 반찬 수를 줄이는 것으로, 옛날에는 나라에 災異가 있거나 사람을 형벌할 적에 군주가 근신하는 뜻으로 음식의 가짓수를 줄이고, 나라의 일로 음악을 써야 할 때에 음악을 폐하고 쓰지 않았다. 〔同義語〕減膳徹樂, 減膳徹懸, 避殿減膳

○ 情在可矜 : 15
情理로 헤아려 볼 때에 정상이 불쌍히 여길 만함을 이른다.

○ 治國如治病 : 17
나라를 다스리는 것이 병을 치료하는 것과 같음을 이른다.

○ 四夷俱服 : 17
사방의 오랑캐들이 모두 복종함을 이른다.

○ 自古所希(稀) : 17
　예로부터 드문 일임을 이른다.

○ 日愼一日 唯懼不終 : 17
　날마다 더욱 삼가서 행여 끝마치지 못할까 두려워하는 것으로, 안일에 빠지지 않
　기 위해 삼감을 이른다.

○ 居安思危 : 17
　편안히 있을 때에 위태로운 상황을 미리 생각해야 함을 이른다.〔同義語〕居安慮危

○ 家給人足 : 19
　집집마다 넉넉하고 사람들마다 풍족한 것으로 백성들이 풍요롭게 생활함을 이른
　다.〔同義語〕人足家給

○ 供頓勞費 : 19
　여행하고 잔치하는 데 드는 인력과 비용을 이른다.

○ 煙火尙希 蒮莽(환무)極目 : 19
　불을 지펴 밥을 해 먹는 집이 아직 드물어서 시야 가득히 갈대와 잡초가 우거져
　있는 것으로, 전란을 겪어 人家가 드문 것을 이른다.

○ 須殺此田舍翁 : 23
　반드시 이 시골 영감을 죽이고 말겠다는 뜻으로, 시골 영감은 魏徵을 가리킨다.
　唐 太宗이 노하여 이르기를 "반드시 이 시골 영감을 죽이고 말겠다." 하므로 長孫
　皇后가 "누구 말입니까?" 하고 물으니, 太宗이 이르기를 "魏徵이 매번 조정에서
　나를 욕보인다." 하였다. 황후가 물러가 朝服을 갖추어 입고 뜰에 나와 서 있자,
　太宗이 놀라서 그 이유를 물으니, 황후가 대답하기를 "첩이 들으니, '군주가 현명
　하면 신하가 정직하다.'고 하였습니다. 지금 魏徵이 직언하는 것은 폐하가 현명
　하기 때문입니다. 그러니 妾이 감히 축하하지 않을 수 있겠습니까." 하니, 太宗
　이 마침내 기뻐하였다.

○ 主明臣直 : 23
　군주가 현명하면 신하가 직언을 함을 이른다.

○ 中外乂安 : 23
　나라 안팎이 다스려지고 편안함을 이른다.

○ 盡心所事 : 24
　자신이 섬기고 있는 사람에게 마음을 다함을 이른다.

○ 庸何傷 : 24

　무슨 상관이 있겠느냐는 뜻으로, 전혀 거리낄 것이 없음을 이른다.

○ 爾無面從 退有後言 : 24

　너희들은 면전에서는 복종하는 체하고 물러가서는 뒷말하지 말라는 뜻으로, ≪書經≫〈益稷〉에 "나의 잘못을 그대들이 바로잡아 주어야 할 것이니, 그대들은 나의 면전에서만 순종하는 체하고 물러가서는 뒷말하는 일이 없도록 하라."고 한 데에서 유래하였다. 〔同義語〕陽奉陰違

○ 更覺嫵(무)媚 : 24

　嫵媚는 마음에 들어 사랑하고 기뻐함을 이른다. 魏徵이 자신의 간하는 말을 太宗이 들어주지 않으면 太宗의 말에 호응하지 않음으로써 반대의 뜻을 강력히 보였는데, 太宗이 "우선 호응하고 다시 간한다면 무슨 상관이 있겠는가." 하니, 魏徵이 대답하기를 "옛날 舜임금이 신하들에게 경계하기를 '너희들은 면전에서 복종하는 체하고 물러가서 뒷말하지 말라.'고 하였습니다. 신이 마음속으로 그것이 잘못임을 알면서 입으로 폐하에게 호응한다면 이는 면전에서 복종하는 체하는 것이니, 어찌 后稷과 契(설)이 舜임금을 섬긴 뜻이겠습니까." 하였다. 이에 太宗은 크게 웃으며 이르기를 "사람들이 말하기를 '魏徵은 행동거지가 거만하다.'고 하지만 내가 그를 보면 볼수록 더욱 마음에 기쁨을 느끼는 것은 바로 이 때문이다." 하였다.

○ 功成慶善樂 : 26

　慶善은 唐 太宗이 태어난 故宅인 慶善宮으로, 太宗이 일찍이 慶善宮에 행차하여 貴臣들과 연회하고 詩를 지었는데, 起居郎 呂才가 이것을 管絃樂에 실어 '功成慶善樂'이라 명명하고는 童子들로 하여금 八佾(일)로 九功舞를 추게 해서 큰 연회에 '破陳樂'과 함께 모두 뜰에서 연주하였다.

○ 汝何功 在我上 : 26

　네가 무슨 功이 있기에 내 위에 있는가라는 뜻이다. 尉遲敬德은 唐 太宗이 潛邸에 있을 때부터 수행하며, 竇建德・王世充・劉黑闥 등을 정벌한 猛將인데, 아랫사람을 지극히 사랑하였으나 자부심이 너무 강해 재상과 대신들을 깔보며 모욕을 가하였다. 尉遲敬德이 연회에 참여하였는데, 班列이 그의 위에 있는 자가 있자, 尉遲敬德이 노하여 말하기를 "네가 무슨 功이 있기에 내 위에 있는가." 하였다.

○ 意常尤之 : 26

겉으로는 내색하지 않으나 속으로는 항상 나쁘게 여김을 이른다.

○ 非分之恩 不可數(삭)得 勉自修飭 無貽後悔 : 26

분수에 맞지 않은 은혜는 자주 얻을 수 없으니, 힘써 자신을 닦고 삼가서 후회하
는 일이 없도록 하라는 뜻으로, 唐 太宗이 尉遲敬德을 꾸짖은 말이다. 尉遲敬德
은 이로 말미암아 비로소 두려워하고 자신을 단속하였다.

○ 志在節儉 求諫不倦 : 28

절약하고 검소함에 뜻이 있고 諫言을 구하기를 게을리 하지 않음을 이른다.

○ 拊掌大笑 : 28

손뼉을 치고 크게 웃음을 이른다. 〔同義語〕拍掌大笑, 拍笑

○ 誠有是事 : 28

진실로 이러한 사실이 있었다고 실토하는 말이다.

○ 七德舞 : 32

唐 太宗 때 만들어진 樂舞로 본래 이름은 秦王破陣樂인데, 후에 이름을 고쳐 七德
舞라 하였다. 七德은 太宗의 武功의 일곱 가지 덕을 기린 것으로, ≪春秋左傳≫에
"武에는 일곱 가지 德이 있다."는 뜻을 취한 것인데, 七德은 포악함을 금하고〔禁
暴〕전쟁을 그치게 하고〔戢兵〕높은 자리를 보전하고〔保大〕공업을 세우고〔定功〕
백성을 편안히 하고〔安民〕무리를 화합하게 하고〔和衆〕재물을 풍성하게 하는〔豐
財〕일곱 가지의 일이다.

○ 偃武修文 : 32

무기를 창고에 넣어 두고 文教를 닦는다는 뜻으로, 武功을 억제하고 교화에 힘씀
을 이르는 말이다.

○ 爲官擇人 惟才是與 : 35

官職을 위하여 사람을 선택해서 오직 재주 있는 자에게 관직을 줌을 이른다.

○ 胡越一家 自古未有 : 36

북쪽의 胡와 남쪽의 越나라가 한 집안이 된 것은 예로부터 없었던 일이라는 뜻으
로, 唐 太宗이 上皇(高祖)을 따라 옛날 漢나라의 未央宮에서 주연을 베풀 적에,
上皇이 突厥의 頡利可汗에게 명하여 일어나 춤을 추게 하고 또 南蠻의 酋長인 馮
智戴에게 명하여 詩를 읊게 하고는 이윽고 웃으며 말하기를 "북쪽의 胡와 남쪽의
越나라가 한 집안이 된 것은 예로부터 일찍이 있지 않았던 일이다." 하였다. 〔同
義語〕四海一家

○ 奉觴上壽 : 36

장수를 비는 뜻으로 술잔을 받들어 올림을 이른다.

○ 妄自矜大 : 36
망령되이 스스로 자랑하고 잘난 체함을 이른다.

○ 生長深宮 : 37
깊은 궁궐에서 生長함을 이른다.

○ 怫意觸忌 : 37
임금의 뜻을 거스르고 禁忌하는 것을 범함을 이른다.

○ 借之辭色 : 37
말과 얼굴빛을 온화하게 하는 것이다.

○ 與群臣相親 如一體 : 38
군주가 신하들과 서로 친근하여 한 몸처럼 여김을 이른다.

○ 未得其人 : 38
적임자를 얻지 못하였음을 이른다.

○ 俗好高髻(계) 宮中所化 : 39
세속의 풍속이 높게 틀어 올린 상투(다리머리)를 좋아하니, 이는 宮中에서 교화
시킨 것이라는 뜻으로, ≪後漢書≫〈馬廖傳〉에 "도성 안에서 높게 틀어 올린 상
투를 좋아하자 사방(지방)에서 덩달아 흉내 내어 상투 높이가 한 자나 되었고,
도성 안에서 눈썹이 넓은 것을 좋아하자 사방에서는 눈썹이 이마의 거의 절반이
나 되었고, 도성 안에서 소매가 넓은 옷을 좋아하자 사방에서는 비단 한 필을 온
전히 다 썼다.〔城中好高髻 四方高一尺 城中好廣眉 四方且半額 城中好大袖 四方
全匹帛〕"라고 보이는 바, 윗사람이 무엇을 좋아하면 아랫사람들이 무조건적으로
그것을 흉내 내어 나쁜 풍속이 이뤄짐을 이른다. 馬廖는 馬援의 아들이다.

○ 狂夫之言 聖人擇焉 : 39
狂夫의 말도 聖人은 채택한다는 뜻으로, 못난 사람의 의견도 취할 점이 있음을
이른다.

○ 勉彊含容 : 39
억지로 포용해 줌을 이른다.

○ 政出多門 : 40
정사가 여러 門에서 나온다는 뜻으로, 군주의 권력이 약화되어서 정치에 관여하
는 사람이 많음을 이른다.

○ 威福在己 : 40
위엄과 복이 자신에게 있다는 뜻으로, 때로는 위세로 사람을 억압하고, 때로는 관직이나 상을 내려주어서 사람을 자기 마음대로 회유함을 이른다.

○ 功高不賞 : 41
공이 높은데 그에 상응하는 상을 받지 못함을 이른다.

○ 不可以利誘 不可以死脅 : 41
이익으로도 유인할 수 없고 죽음으로도 위협할 수 없다는 뜻으로, 어떤 것에도 굴복하지 않는 충성스럽고 강직한 신하를 이른다.

○ 疾風知勁草 板蕩識誠臣 : 41
세찬 바람 속에서 굳센 풀을 알 수 있고 세상이 혼란할 때 충성스러운 신하를 알 수 있다는 뜻으로, 아무리 어려운 일을 당해도 뜻이 흔들리지 않는 사람을 비유하는 바, 唐 太宗이 蕭瑀를 칭찬하여 하사한 詩에 나오는 내용이다.

○ 善惡太明 : 41
善과 惡을 구분함이 지나치게 분명함을 이른다.

○ 違衆孤立 : 41
여러 사람들의 뜻을 어겨 혼자서 고립됨을 이른다.

○ 仁孝儉素 : 42
성품이 인자하고 효성스럽고 검소함을 이른다.

○ 刑無枉濫 : 42
형벌을 신중히 행하여 억울하거나 남용하는 일이 없음을 이른다.

○ 奇謀秘計 未嘗宣泄 : 42
사람됨이 신중하여 기이한 모책과 비밀스런 계책을 누설한 적이 없음을 이른다.

○ 苟無大故 願勿棄之 : 42
만일 큰 잘못이 없으면 버리지 말라는 뜻이다.

○ 親君子 遠小人 : 42
군자를 가까이하고 소인을 멀리하는 것으로, 군자를 가까이하고 소인을 멀리하면 나라가 흥하고 융성해지며, 소인을 가까이하고 군자를 멀리하면 나라가 위태로워지고 망하니, 국가의 治亂이 여기에 달려 있다.

○ 納忠諫 屛讒慝 : 42
충성스러운 간언을 받아들이고 간사한 말을 물리침을 이른다.

○ 省(생)徭役 止遊畋(전) : 42

부역을 줄이고 유람과 사냥을 그침을 이른다.

○ 女則 : 43

唐 太宗의 皇后인 長孫皇后가 예로부터 내려오는 婦人들의 잘한 일과 잘못한 일을 채집하여 찬한 책이다. 長孫皇后는 글읽기를 좋아하였으며 恭順하고 禮가 있어서 太宗이 중히 여겼다.

○ 若昭陵則臣固見之矣 : 44

昭陵이라면 臣이 진즉에 보았습니다라는 뜻으로, 魏徵이 황후를 잃고 상심하는 唐 太宗을 깨우친 고사이다. 太宗은 어진 長孫皇后가 죽자 못내 그리워하여, 황후의 능인 昭陵이 잘 보이는 宮苑에 누각을 지어 놓고 여기에 올라가 바라보곤 하였다. 한번은 魏徵을 데리고 같이 누각에 올라가 昭陵을 보여 주었는데, 魏徵이 눈이 흐려 잘 안 보인다고 하자 太宗은 昭陵을 손가락으로 가리키니, 그제야 魏徵은 "신은 폐하께서 獻陵을 말씀하시는 줄 알았습니다. 昭陵은 진작 보았습니다." 하였다. 이에 太宗은 그 本意를 짐작하고 눈물을 흘리면서 누각을 헐었다. 獻陵은 太宗의 아버지인 高祖의 능이다. 〔同義語〕獻陵之對

○ 中國旣安 四夷自服 : 45

中國이 안정되자 사방 오랑캐들이 자연히 복종함을 이른다.

○ 抵璧於山 投珠於谷 : 46

璧玉을 산에 던져버리고 진주를 골짝에 던졌다는 뜻으로, 財寶를 소중하게 여기지 않고 버려서 자신의 음란하고 간사한 욕심을 막음을 이른다.

○ 斷獄平允 : 48

옥사를 결단하는 것이 공평하고 진실함을 이른다.

○ 結怨於民 : 49

임금이 궁궐을 짓고 동산을 만들어 백성들에게 원망을 삼을 이른다.

○ 內爲詔諛 外蔽聰明 : 49

간사한 자들이 안으로 君主에게 아첨하고 밖으로 君主의 총명을 가림을 이른다.

○ 善始者多 克終者寡 : 49

시작을 잘하는 자는 많지만 끝을 잘 맺는 자는 적음을 이른다. 〔同義語〕靡不有初 鮮克有終

○ 殷(隱)憂則竭誠以盡下 安逸則驕恣而輕物 : 49

근심할 때에는 정성을 다하여 아랫사람들을 대하고, 안락할 때에는 교만하고 방자하여 사람들을 경시함을 이른다.

○ 胡越同心 : 49

北胡와 南越이 한마음이 된다는 뜻으로, 北胡와 南越은 서로 적대 관계이지만 정성을 다하여 대하면 서로 원수끼리도 마음이 합함을 이른다. 〔同義語〕胡越一家, 胡越同舟, 吳越同舟

○ 六親離德 : 49

六親들의 마음이 떠나 고립된다는 뜻으로, 남을 경시하면 父母와 兄弟와 妻子의 마음이 떠남을 이른다.

○ 十思疏 : 50

魏徵이 太宗에게 올린 글로서, 그 내용은 황제가 마땅히 생각해야 할 열 가지 조목을 열거하여 경계한 것이다.

○ 貴不期驕 富不期侈 : 51

지위가 귀해지면 교만하기를 기약하지 않아도 저절로 교만해지고, 祿을 많이 받아 부유해지면 사치하기를 기약하지 않아도 저절로 사치스러워짐을 이른다.

○ 賦役無窮 征伐不息 : 51

부역이 끝이 없고 정벌을 쉬지 않음을 이른다.

○ 鑒(鑑)形莫如止水 鑒敗莫如亡國 : 51

사람의 모습을 비춰보는 것은 잔잔한 물만 한 것이 없고 실패를 비춰보는 것은 멸망한 나라만 한 것이 없음을 이른다.

○ 去奢從約 親忠遠佞 : 51

사치를 버리고 검약을 따르며 충신을 가까이하고 간신을 멀리함을 이른다.

○ 取之實難 守之甚易 : 51

천하를 취하기는 실로 어렵고 천하를 지키기는 매우 쉬움을 이른다.

○ 同言而信 信在言前 同令而行 誠在令外 : 52

똑같이 말을 하는데도 믿어주는 것은 믿음이 말하기 이전에 있기 때문이요, 똑같이 명령을 하는데도 행해지는 것은 정성이 명령 밖에 있기 때문임을 이른다.

○ 才非經國 慮不及遠 : 52

재주가 국가를 경영할 만하지 못하고 생각이 심원한 데 미치지 못함을 이른다.

○ 置之几案 以比弦韋 : 52

마땅히 이것을 几와 책상 위에 두어서 가죽과 활줄에 견주겠다는 뜻으로, 魏徵이 十思疏를 올리자, 唐 太宗이 칭찬하기를 "公의 간하는 말을 들으니, 朕이 과실을 알겠다. 마땅히 이것을 几와 책상 위에 두어서 가죽과 활줄에 견주겠다."고 한 데서 온 말이다. '가죽과 활줄'은 바로, 戰國時代 魏나라 西門豹가 성질이 너무 급하였으므로 부드러운 가죽[韋]을 몸에 차서 스스로 너그러워지도록 경계했던 일과, 春秋時代 晉나라 董安于가 성질이 너무 느긋하였으므로 항상 활시위[弦] 를 몸에 차서 스스로 급해지도록 노력했다는 고사를 이른다.

○ 端拱無爲 : 55
지방관을 잘 선발하여 등용한다면 군주가 단정히 앉아서 팔짱을 끼고 함이 없어 도 천하가 다스려짐을 이른다.

○ 桀犬吠(폐)堯 : 57
桀王의 개가 堯임금을 향하여 짖는다는 뜻으로, 桀은 지극히 포악하고 堯는 지극 히 어진데 桀王의 개가 堯임금을 보고 짖었다는 것은, 자기 군주에게 충성을 바 칠 뿐 그가 어진지 포악한지는 따지지 않음을 비유하는 말이다. 〔同義語〕跖之狗 吠堯, 跖犬吠堯

○ 倒戈之志 : 57
倒戈는 周나라 武王이 牧野에서 殷나라 군대와 싸울 때, 殷나라 紂王의 군대가 周나라의 어진 정사에 감복하여 싸울 마음이 없어서 군대의 선두에 있는 군사들 이 창을 거꾸로 들고 스스로 후미를 공격함을 이른다.

○ 歲寒之心 : 57
歲寒은 해가 저물어 추워지는 것으로, 孔子는 "해가 저물어 추워진 뒤에야 소나 무와 측백나무가 뒤늦게 마름을 안다.〔歲寒然後知松柏之後凋也〕"하여, 곤궁함 을 당하여도 변치 않는 志士의 지조를 비유하였다.

○ 經營天下 : 58
천하를 경영함을 이른다.

○ 繩愆糾繆 : 59
군주의 허물을 바로잡고 잘못을 규찰함을 이른다. 〔同義語〕繩愆糾違, 繩愆糾謬

○ 畏威慕德 : 59
위엄을 두려워하고 德을 사모함을 이른다.

○ 德義日新 : 59
德義가 날로 새로워짐을 이른다.

○ 人苦不自知 : 59

　　사람은 자기 자신을 스스로 알지 못하는 것이 병통이라는 뜻이다.

○ 得之於艱難 失之於安逸 : 61

　　어려운 가운데에서 얻고 안일한 가운데에서 잃는다는 뜻으로, 얻기는 어렵고 잃
　　기는 쉬움을 이른다.

○ 出百死 得一生 : 61

　　백 번 죽을 고비를 벗어나 한 번 살아난다는 뜻으로, 죽을 고비를 여러 차례 겪
　　고 겨우 살아남을 비유하는 말이다. 〔同義語〕 九死一生, 十死一生

○ 驕奢生於富貴 禍亂生於所忽 : 61

　　교만과 사치는 부귀함에서 생겨나고, 禍와 亂은 소홀히 하는 바에서 생겨남을
　　이른다.

○ 援引事類 : 62

　　일을 논할 때에 비슷한 종류의 일을 인용함을 이른다.

○ 揚搉(각)古今 : 62

　　옛날과 지금의 事例를 나열함을 이른다.

○ 會文切理 : 62

　　요점을 들고 번잡한 것을 삭제하여 모아서 문장을 이루고 이치에 절실함을 이
　　른다.

○ 一字不可增 亦不可減 : 62

　　문장이 간결하면서도 정확하고 합당하여 한 글자를 더 보탤 수도 없고 한 글자를
　　뺄 수도 없음을 이른다. 〔同義語〕 一字不可增減

○ 聽之靡靡 令人忘倦 : 62

　　그의 말을 들어보면 마음이 쏠려서 사람으로 하여금 권태감을 잊게 함을 이른다.

　　通鑑節要 卷之三十八

○ 上表固讓 : 66

　　表文을 올려 굳이 사양함을 이른다.

○ 漸不克終 : 79

　　唐 太宗이 가뭄으로 인해 5품 이상의 관원에게 國事에 대해 말하라고 명하자,
　　魏徵은 太宗이 貞觀 초기의 훌륭한 정치와는 달리 세월이 갈수록 사치와 쾌락을

추구하여 점점 처음만 못해져서 끝을 잘 마치지 못하게 될 열 가지 일을 경계한
‘十漸不克終疏’를 올렸다. 君主가 소홀히 하면 작은 일이 점점 커져 큰 禍가 되므
로 漸이라 하였는 바, 검소하고 德音을 듣는 것 등 열 가지 일이다.

○ 守而勿失 : 80
군게 지키고 잃지 않음을 이른다.

○ 終始弗渝 : 80
처음부터 끝까지 변치 않고 한결같음을 이른다. 〔同義語〕始終不變, 終始若一,
始終如一

○ 淸靜寡欲 : 80
맑고 깨끗하여 욕심이 적음을 이른다.

○ 化被方外 : 80
교화가 국경 밖의 먼 지방에까지 미침을 이른다.

○ 萬里遣使 市索駿馬 幷訪珍怪 : 80
멀리 만리 밖에 사신을 내보내어 駿馬를 사오고 아울러 진귀한 물건을 찾는다는
뜻으로, 사치를 일삼음을 이른다.

○ 漢文帝却千里馬 : 80
漢나라 文帝 때 어떤 사람이 千里馬를 獻上하자, 文帝가 말하기를 “鸞旗가 앞에
있고 屬車가 뒤에 있으며, 吉行은 하루 50리를 가고 師行(군대의 행군)은 30리
를 간다. 내가 천리마를 타고 혼자 앞서서 어디를 가겠는가.” 하고 물리쳤다.

○ 晉武帝焚雉頭裘 : 80
晉나라 武帝 때 太醫인 司馬程據가 꿩 머리털로 짜서 만든 갖옷인 雉頭裘를 바치
자, 武帝는 기이한 재주와 의복은 典禮에서 금하는 것이라고 하여 궁전 앞에서
이것을 불태웠다.

○ 無事則爲驕 勞役則易使 : 80
백성은 일이 없으면 안일에 빠져 교만해지고, 힘들게 부역을 시키면 선한 마음이
생겨 부리기가 쉬움을 이른다.

○ 役己以利物 : 80
자신을 수고롭게 하여 남을 이롭게 함을 이른다.

○ 縱欲以勞人 : 80
군주가 욕심을 부려 백성들을 수고롭게 함을 이른다.

○ 輕蔑小人 禮重君子：80

소인들을 경시하여 하찮게 여기고 군자를 예우하여 중시함을 이른다.

○ 近之莫見其非 遠之莫見其是：80

소인을 가까이하면 그의 잘못을 보지 못하고 군자를 멀리하면 그의 옳음을 보지
못한다는 뜻으로, 군자의 옳음을 보지 못하면 이간질하기를 기다리지 않아도 소
원해지고, 소인의 잘못을 보지 못하면 때로 친하게 됨을 이른다.

○ 不貴異物 不作無益：80

기이한 물건을 귀하게 여기지 않고, 무익한 일을 하지 않음을 이른다.

○ 難得之貨 雜然竝進 玩好之作 無時而息：80

얻기 어려운 寶貨를 이것저것 함께 올리고 玩好物을 만들어 조금도 쉴 때가 없음
을 이른다.

○ 求士如渴：82

목마를 때 물을 찾듯이 인재를 찾는 데에 부지런함을 이른다.

○ 以衆賢擧而用 以一人毁而棄：82

여러 賢者들의 천거로 인해 사람을 등용했다가 한 사람의 훼방으로 인해 버리는
것으로, 국가를 위하여 공적으로 사람을 취하거나 버리지 않고 사사로이 자신의
좋아하고 싫어하는 감정을 따름을 이른다.

○ 高居深拱：82

帝王이 帝位에 높이 앉아 팔짱을 끼고 가만히 앉아 있다는 뜻으로, 聖君이 옷을
늘어뜨리고 팔짱을 낀 채 아무 일도 하지 않으면서 세상이 잘 다스려지게 함을
이른다. 〔同義語〕無爲而治, 無爲之治

○ 變起不測：82

變亂이 예측하지 못한 가운데 뜻밖에 일어남을 이른다.

○ 孜孜治道 常若不足：82

治道에 부지런히 힘써서 항상 자만하지 않고 부족한 듯이 여김을 이른다.

○ 長傲縱欲 無事興兵：82

군주가 오만한 마음을 자라게 하고 욕심을 부리며, 일없이 군대를 일으켜서 백성
들이 폐해를 입음을 이른다.

○ 携老扶幼：83

天災地變이나 전쟁으로 인해 백성들이 늙은 부모를 부축하고 어린 자식을 끌고

서 뿔뿔이 흩어짐을 이른다.

○ 死不携貳 : 83

죽어도 배반하지 않음을 이른다.

○ 禍福無門 惟人所召 : 84

禍와 福은 들어오는 문이 따로 있는 것이 아니라 오직 사람이 부르는 대로 온다는 뜻으로, 사람이 선한 일을 하거나 악한 일을 함에 따라서 각각 禍와 福을 받음을 이른다.

○ 人無釁焉 妖不妄作 : 84

사람에게 잘못이 없으면 요망한 재앙이 함부로 일어나지 않는다는 뜻으로, 하늘이 재변을 내리는 것은 군주가 정사를 잘못 다스리고 백성들이 원망하기 때문임을 이른다.

○ 旱燠(한)之災 遠被郡國 凶醜之孼 起於轂下 : 84

가뭄의 재앙이 멀리 郡國에까지 미치고 흉악한 오랑캐 무리들이 바로 도성 아래에서 일어난다는 뜻으로, 이는 군주를 경계시키기 위해 上天이 위엄을 보여 災變을 내림을 이른다.

○ 千載休期 : 84

천 년 만에 한 번 만날 수 있는 좋은 기회를 이른다. 〔同義語〕千載一遇, 千載一逢, 千載一會, 千載奇遇, 千載難逢, 千載難遇, 千載一時

○ 雲集京師 : 85

사방에서 많은 사람이 구름처럼 京師(서울)로 모여듦을 이른다.

○ 孔穎達 撰定五經疏 : 86

孔穎達은 衡水 사람으로 자는 仲遠이며, 시호는 憲이다. 孔子의 32대손으로 어려서부터 총명하였으며, 문장에 뛰어났다. 太宗 때 國子祭酒로 있으면서 魏徵과 함께 ≪隋書≫를 편찬하였으며, 太宗의 명을 받들어 당시의 대표적인 학자 21명과 함께 ≪五經正義≫를 편찬하였다.

○ 不恒其德 : 89

마음을 일정하게 갖지 않고 이랬다저랬다 함을 이른다.

○ 治安則驕侈易生 驕侈則危亡立至 : 89

나라가 다스려지고 편안하면 군주의 교만함과 사치함이 생겨나기 쉽고, 군주가 교만하고 사치하면 위태로움과 멸망이 당장 이름을 이른다.

○ 令行禁止 : 90

명령하는 것이 행해지고 금하는 것이 중지되는 것으로, 사람들이 법령을 잘 따르고 지킴을 이른다.

○ 夷民懷服 : 90

오랑캐 백성들이 마음으로 복종함을 이른다.

○ 虛心采納 : 90

군주가 마음을 비우고 신하들의 말을 採納함을 이른다.

○ 徇國者寡 愛身者多 : 90

국가를 위해 희생하려는 자는 적고, 자기 몸을 아끼는 자는 많음을 이른다.

○ 禹拜昌言 : 90

昌言은 善言으로, ≪書經≫〈皐陶謨〉에 "禹가 昌言에 절하며 '너의 말이 옳다.' 했다.〔禹拜昌言 曰兪〕"라고 보이며, ≪孟子≫〈公孫丑 上〉에는 "禹임금은 善言을 들으면 절하셨다.〔禹聞善言則拜〕"하였다.

○ 禹不矜伐 : 91

禹임금은 재능을 자랑하지 않으며 공로를 과시하지 않았다는 뜻으로, ≪書經≫〈大禹謨〉에 "네가 자랑하지 않으나 천하에 너와 능함을 다툴 자가 없으며, 네가 과시하지 않으나 천하에 너와 공을 다툴 자가 없다.〔汝惟不矜 天下莫與汝爭能 汝惟不伐 天下莫與汝爭功〕"라고 한 데에서 유래하였다.

○ 撥亂反正 : 91

난리를 평정하여 올바른 데로 돌아오게 함을 이른다.

○ 校功爭能 : 91

功을 비교하고 능력을 다툼을 이른다.

○ 事不稽古 義理乖僻 : 92

일이 옛것에 근거하지도 않고 의리에도 어긋남을 이른다.

○ 多言或中 : 92

말을 많이 하여 간혹 맞을 때가 있음을 이른다.

○ 長平坑卒 未聞共犯三刑 : 92

戰國時代에 秦나라 장수 白起가 趙나라를 공격했을 때에 趙나라 군대가 長平에 주둔하고 있었는데, 秦나라가 趙나라 장수 趙括을 죽이고 항복한 병졸 40만 명을 묻어 죽였는 바, 長平에 매장당한 병사들이 모두 三刑을 범했다는 말을 듣지 못하였다는 뜻으로, 같은 해에 태어나 福祿이 같은데도 貴賤이 크게 다르고, 命運이 같은데도 壽夭가 다른 경우가 있으니, 이는 인간의 길흉화복이 모두 정해진 운명이 있는 것은 아님을 이른다.

○ 南陽貴士 何必俱當六合 : 92

南陽의 귀한 선비들이 어찌 반드시 모두 六合의 운명을 타고났겠느냐는 뜻으로, 인생의 盛衰・禍福・壽夭・貴賤 등이 모두 운명에 의해 결정된다는 것은 믿을 것이 못 됨을 이른다. 南陽은 光武帝 劉秀의 고향으로, 光武帝 때에 이 지방에서 名士가 많이 배출되었다.

○ 同年同祿而貴賤懸殊 共命共胎而夭壽更異 : 92

같은 해에 태어나 福祿이 같은데도 貴賤이 크게 다르고, 命運이 같고 한 어머니의 뱃속에서 태어났는데도 夭壽가 각기 다른 경우가 있음을 이른다.

○ 傷教敗禮 莫斯爲甚 : 92

教化를 손상시키고 禮俗을 무너뜨림이 이보다 더 심한 것이 없다는 뜻으로, 무덤의 方位와 地形의 좋고 나쁨이 사람의 禍福에 관계가 있다 하여 術士를 불러다가 매장할 年月을 가리고 혹은 묏자리를 보면서 곤궁하고 영달하고 장수하고 요절함이 모두 葬地와 葬日을 점친 소치라고 하는 것을 비판한 말이다.

○ 備記善惡 : 97

군주가 감히 그른 일을 하지 못하게 하기 위해 史官이 군주의 말씀과 행동을 자세히 기록함을 이른다.

○ 橫加威怒 欲蓋彌彰 : 98

군주가 자신이 저지른 잘못을 혹 사람들이 알까 두려워하여 멋대로 위엄과 노여움을 가해서 허물을 덮고자 하지만 더욱 드러나 숨길 수 없음을 이른다.

○ 當今國家 何事最急 : 98

현재 국가에 어떤 일이 가장 시급한지 묻는 말이다.

○ 四方無虞 : 98

사방에 근심할 일이 없어 무사태평함을 이른다.

○ 今方自咎 : 99

앞서 바른 말로 권면하였으나 그 말을 따르지 않다가 나중에야 비로소 자신을 탓함을 이른다.

○ 止有二策 : 101

다만 두 가지 계책만이 있을 뿐임을 이른다.

○ 兵凶戰危 : 101

병기는 흉하고 전쟁은 위험하니 되도록 평화를 추구하는 것이 좋음을 이른다.

○ 輕徭薄賦 : 102

세금을 적게 거두고 賦役을 줄임을 이른다.

○ 動靜以聞 : 102

동정을 살펴서 아룀을 이른다.

○ 以銅爲鑑 可正衣冠 以古爲鑑 可知興替 以人爲鑑 可明得失 : 102

唐 太宗 때의 명신인 魏徵은 특히 직간을 잘하여 太宗을 적극 보좌했으므로, 그
가 죽은 뒤에 太宗이 한번은 조정에서 탄식하여 이르기를 "사람이 구리로 거울을
삼으면 衣冠을 단정하게 할 수 있고, 옛 역사로 거울을 삼으면 흥망을 알 수 있
고, 사람으로 거울을 삼으면 자신의 得失을 알 수 있다."라고 한 데서 유래한 말
이다.

○ 朕亡一鑑 : 103

魏徵이 죽은 뒤에 太宗이 탄식하기를 "朕은 일찍이 세 거울을 가지고 있어 자신
의 잘못을 대비했었는데, 이제 魏徵이 죽었으니 짐은 거울 하나를 잃었다."라고
한 데서 유래한 말로, 전하여 賢相의 죽음을 이른다. 세 거울이란, 구리로 만든
거울과 옛 역사, 사람을 이른다.

○ 舜造漆器 諫者十餘人 : 103

舜임금이 漆器를 만들자, 이를 만들지 말 것을 간한 자가 십여 명이나 되었다고
한다.

○ 忠臣愛君 必防其漸 : 103

忠臣은 君主를 사랑함에 반드시 그 조짐을 막으니, 만약 禍亂이 이미 이루어지면
다시 간할 수가 없게 되므로 禍亂이 싹트기 전에 미리 간해야 함을 이른다.

○ 凌煙閣 : 104

唐나라 때 功臣들의 畫像을 보관한 功臣閣의 이름이다. 太宗은 천하를 통일한 다
음에 長孫無忌 등 24명의 공신의 초상을 그려 이곳에 보관하게 하였는 바, 이후
로 後漢 때의 麒麟閣과 함께 공신들의 화상을 보관해 두는 곳의 대명사로 쓰이게
되었다.

○ 反形已具 : 106

모반의 형상이 이미 갖추어졌음을 이른다.

○ 傳諸子孫 永爲後法：107
자손에게 전하여 영원히 후세의 법칙으로 삼게 함을 이른다.

○ 翦鬚和藥：110
李勣이 갑작스레 병에 걸리자, 唐 太宗이 직접 자신의 수염을 잘라 불에 태워서
약에 섞어 먹게 한 고사가 전한다.

○ 齧(설)指出血：110
손가락을 깨물어 피를 내어 이로써 맹세함을 이른다.

○ 民猶水也 君猶舟也：111
백성은 물과 같고 임금은 배와 같다는 뜻으로, ≪荀子≫〈王制〉에 "임금은 배이
고 庶人은 물이니, 물은 배를 싣기도 하고 배를 엎기도 한다.〔君者舟也 庶人者水
也 水則載舟 水則覆舟〕"라고 한 데에서 유래하였다.

○ 木從繩則正 君從諫則聖：111
나무는 먹줄을 따르면 바르게 되고 군주는 간언을 따르면 聖君이 된다는 뜻으로,
≪書經≫〈說命〉에 보인다.

○ 史官不虛美 不隱惡：113
史官은 사실에 근거하여 기록할 뿐, 헛되이 칭찬하지도 않고 악을 숨기지도 않음
을 이른다.

○ 知前日之惡 爲後來之戒：114
전일의 악을 알아 후일의 경계로 삼음을 이른다.

○ 周公誅管蔡以安周 季友鴆叔牙以存魯：114
周나라 초기 周公이 섭정할 때에 周公의 형인 管叔과 아우인 蔡叔이 紂王의 아들
武庚을 끼고 반란을 일으키자, 周公이 이들을 죽여서 周나라 왕실을 안정시켰으
며, 春秋時代 魯나라 莊公의 아우인 叔牙가 莊公을 시해하려는 생각을 굳히자,
叔牙의 아우인 季友가 叔牙에게 鴆毒을 먹고 자살하게 하였음을 이른다. 房玄齡
이 許敬宗 등과 함께 ≪高祖實錄≫과 ≪今上實錄≫을 刪削하여 책을 만들어 올
렸는데, 太宗이 즉위하기 전에 맏형 李建成과 아우 李元吉을 살해한 일을 기록한
부분에 모호한 내용이 많자, 太宗이 房玄齡에게 이르기를 "옛날에 周公은 管叔과
蔡叔을 죽여 周나라를 안정시켰고, 季友는 叔牙에게 鴆毒을 먹여 魯나라를 보존
하였으니, 朕이 행한 것도 이와 같거늘 史官은 어찌하여 숨겼는가."라고 하고,
즉시 불필요한 말을 삭제해 버리고 곧바로 그 일을 쓰도록 명하였다.

○ 削去浮辭 直書其事：114

불필요한 말을 삭제해 버리고 사실 그대로 씀을 이른다.

○ 指麾則中原淸晏 顧眄(반)則四夷讋(섭)服 : 115

唐 太宗이 고구려를 정벌하는 것을 만류하기 위하여 褚遂良이 아뢰기를 "폐하께서 지휘하시면 중국이 깨끗이 평안하고, 돌아보시면 사방 오랑캐들이 두려워하고 복종해서 위엄과 명망이 큽니다. 그런데 이제 마침내 바다를 건너가서 멀리 작은 오랑캐를 정벌하시다가 만일 차질이 있게 되면 위엄과 명망을 손상하게 될 것입니다. 그리고 작은 일을 참지 못하고 분노하여 군대를 출동하신다면 국가의 安危를 측량하기 어렵습니다."라고 하였으나 太宗이 듣지 않았다.

○ 傷威損望 : 115

위엄과 명망을 손상함을 이른다.

○ 上下懸絶 : 117

상하가 현격하게 다름을 이른다.

○ 至愚而對至聖 以極卑而對極尊 : 117

지극히 어리석은 몸으로 지극히 성스러운 분을 대하고 지극히 비천한 몸으로 지극히 높은 분을 대한다는 뜻으로, 군신 간에 현격하게 차이가 남을 이른다.

○ 凝旒以聽其言 虛襟以納其說 : 117

군주가 면류관의 술을 움직이지 않고 간언하는 말을 경청하며, 흉금을 비우고 간언하는 말을 받아들임을 이른다.

○ 飾辭以折其理 引古以排其議 : 117

말을 꾸며서 상대방의 논리를 꺾고, 옛것을 인용하여 상대방의 의론을 배척함을 이른다.

○ 多記則損心 多語則損氣 : 117

기억을 많이 하면 마음을 손상시키고, 말을 많이 하면 기운을 손상시킴을 이른다.

○ 心氣內損 形神外勞 : 117

마음과 기운이 안에서 손상되고, 형체와 정신이 밖에서 수고로움을 이른다.

○ 非慮無以臨下 非言無以述慮 : 117

생각이 아니면 아랫사람에게 임할 수가 없고 말이 아니면 생각을 펼 수 없음을 이른다.

○ 今聞讜言 虛懷以改 : 117

지금 곧은 말을 들었으니, 겸허히 마음을 비우고 받아들여 고치겠다는 뜻이다.

○ 人苦不自知其過 : 119
사람의 큰 병통은 스스로 자신의 잘못을 알지 못하는 것임을 이른다.

○ 將順之不暇 : 119
군주의 뜻을 받들어 따르기에도 겨를이 없음을 이른다.

○ 非其所長 : 119
자신의 뛰어난 부분이 아님을 이른다.

○ 涉獵古今 : 119
古今의 많은 책을 널리 읽음을 이른다.

○ 臨難不改節 當官無朋黨 : 119
危難에 임해서도 절개를 변치 않고, 관직을 맡았으면서도 朋黨하지 않음을 이른다.

○ 所乏者 骨鯁規諫耳 : 119
부족한 점은 직언으로 規諫하는 것이라는 뜻으로, 骨鯁은 일을 만났을 때에 과감하게 풍자하고 반대하여 순순히 따르지 않는 것인데, 一說에는 직언을 받아들이기 어려운 것이 마치 물고기 가시가 목구멍에 걸린 것과 같음을 비유한 것이라 한다.

○ 言辭辯捷 善和解人 : 119
언변이 뛰어나고 민첩하여 사람들과 잘 어울림을 이른다.

○ 性行純和 : 119
성품과 행실이 순수하고 온화함을 이른다.

○ 性質敦厚 文章華贍 : 119
성질이 돈후하고 문장이 화려함을 이른다.

○ 見事敏速 性甚貞正 : 119
일을 봄에 민첩하고 신속하며 성품이 매우 곧고 바름을 이른다.

○ 飛鳥依人 人自憐之 : 119
太宗이 褚遂良을 평하기를 "그대는 학문이 뛰어나고 성품 또한 꿋꿋하고 발라서 매번 충성을 기울여 朕을 친근히 따르니, 비유하면 나는 새가 사람에 의지함에 사람이 절로 사랑하게 되는 것과 같다."라고 한 데에서 온 말이다.

○ 臨危制變 料敵設奇 一將之智有餘 萬乘之才不足 : 122

'위기에 임하여 변통을 잘하고 적을 헤아려 기이한 계책을 썼으니, 한 장군으로 서의 지혜는 유여하고 帝王으로서의 재주는 부족하다.'는 뜻으로 唐 太宗이 三國 時代 魏나라의 수도였던 鄴城에 이르러 魏나라 太祖인 曹操를 제사한 祭文의 내용이다.

○ 負土塡塹 : 123
병사들이 흙을 져다가 구덩이를 메움을 이른다.

○ 莫不感動 : 123
감동하지 않는 이가 없음을 이른다.

○ 所向無敵 : 124
향하는 곳마다 승리하여 대적할 자가 없음을 이른다.

○ 數百里 無復人煙 : 124
수백 리 이내에 다시는 밥 짓는 연기가 없는 것으로, 전란 등을 겪어 人家가 없음을 이른다.

○ 駐驛山 : 124
지금의 遼寧省 遼陽縣 서남쪽에 있는 산으로, 일명 首山이라고도 한다. 貞觀 19년(645)에 고구려의 別將 高延壽 등이 이곳에서 항복하였으므로, 唐 太宗이 駐驛山이라고 이름하고 돌에 전공을 새겨 기록하였다.

○ 魏徵若在 不使朕有是行 : 127
魏徵은 생전에 자주 직간하였는데, 太宗이 고구려를 치러 갔다가 패하고 돌아오는 길에 뉘우치고 탄식하며 "魏徵이 만약 살아있었다면 짐으로 하여금 이번에 出征하지 않게 했을 것이다."라고 말하였다.

○ 流殃構禍 : 128
후대에 殃禍를 남김을 이른다.

○ 混元以降 : 128
混元은 元氣가 뒤섞여 있다는 뜻으로, 天地가 開闢한 이후를 가리킨다.

○ 雪耻酬百王 除兇報千古 : 130
치욕을 설욕하여 역대 제왕들에게 보답하고 흉적을 제거하여 千古에 보답했다는 뜻으로, 唐 太宗이 靈州에 행차했을 때 북방 오랑캐인 勅勒에게 항복받은 것을 크게 기뻐하여 지은 詩의 구절이다.

○ 朋黨不忠 執權膠固 : 131

사람들과 朋黨을 지어 군주에게 충성하지 않고 권력을 견고히 지키려 함을 이른다.

○ 捨其所短 取其所長 : 131

사람을 쓸 때에는 그의 단점은 버리고 그의 장점을 취해야 함을 이른다.

○ 君臨天下 富有四海 : 131

지위는 천하에 군림하고 부유함은 온 천하를 소유함을 이르는 바, 부유하고 귀함이 지극한 제왕을 이른다.

○ 承歡膝下 永不可得 : 131

어버이가 이미 돌아가셨기 때문에 슬하에서 어버이를 받들며 기쁘게 해드리고 싶어도 영원히 할 수가 없음을 이른다. 〔同義語〕風樹之嘆

○ 負米之恨 : 131

子路가 말하기를 "옛날에 내가 양친을 섬길 적에는 가난하여 항상 명아주잎과 콩잎국을 먹었으며, 어버이를 위해 백리 밖에서 쌀을 져 왔는데, 어버이가 돌아가신 뒤에 남쪽으로 楚나라에 가서 벼슬하여 뒤따르는 수레가 백 대나 되고 쌓인 곡식이 萬鍾이나 되니, 이제 비록 명아주와 콩잎을 먹고 부모를 위하여 쌀을 져 오고자 하나 다시는 할 수가 없다." 하였다. 〔同義語〕子路負米

○ 冒死決策 : 132

죽음을 무릅쓰고 큰 계책을 결단함을 이른다.

○ 選賢立政 : 132

賢者를 능력에 따라 선발해서 국가의 정사를 확립함을 이른다.

○ 善屬文 名振京師 : 134

글을 잘 지어서 명성이 京師에 진동함을 이른다.

○ 帝王多疾勝己者 : 134

帝王은 대체로 자기보다 나은 자를 시기하여 미워함을 이른다.

○ 見人之善 若己有之 : 135

남의 선을 보면 그 善을 자신이 소유하고 있는 것처럼 기뻐함을 이른다.

○ 常棄其所短 取其所長 : 135

사람이 덕행과 능력을 모두 겸비하기 어려우므로 사람을 쓸 때에 항상 사람들의 부족한 점을 버리고 뛰어난 점을 취해야 함을 이른다.

○ 賢者則敬之 不肖者則憐之 : 135

어진 자를 보면 공경하고, 불초한 자를 보면 가련하게 여김을 이른다.

○ 憂形於色 發言流涕 : 137

얼굴에 수심이 가득하여 말을 하면서 눈물을 흘림을 이른다.

○ 五岳陵霄 四海亘(긍)地 納汚藏疾 無損高深 : 137

五岳은 하늘 높이 솟아있고 四海는 사방으로 육지 끝까지 뻗어 있어서 더러운 것을 받아들이고 나쁜 것을 감추되 五岳과 四海의 높고 깊음에 어떠한 손상도 없다는 뜻으로, 도량이 산과 바다처럼 넓고 커서 모든 것을 포용함을 이른다.

○ 尺霧障天 不虧於大 寸雲點日 何損於明 : 137

한 자의 안개가 하늘을 가리지만 큰 하늘에 아무런 해가 없고, 한 치의 구름이 해를 가리지만 밝은 해에 아무런 해가 없다는 뜻으로, 미미하여 전혀 영향을 미치지 못함을 이른다.

○ 帝範 : 138

唐 太宗이 지어서 太子에게 내린 책인데, 제왕으로서 모범이 되어야 할 조목을 〈君體〉, 〈建親〉, 〈求賢〉, 〈審官〉, 〈納諫〉, 〈去讒〉, 〈戒盈〉, 〈崇儉〉, 〈賞罰〉, 〈務農〉, 〈閱武〉, 〈崇文〉 등 12편으로 나누어 기록하였다.

○ 取法於上 僅得其中 取法於中 不免爲下 : 138

上等에서 법을 취하면 겨우 中等을 얻고 中等에서 법을 취하면 下等이 됨을 면치 못한다는 뜻으로, 위로 높은 것을 본받아도 중간 정도 밖에 안 되는데, 낮은 것을 본받는다면 무엇이 되겠느냐는 말이다.

○ 弘濟蒼生 其益多 肇造區夏 其功大 : 138

蒼生들을 널리 구제하여 그들에게 유익함이 많고, 大唐을 창건하여 그 공이 크다는 뜻으로, 唐 太宗이 자신을 평한 말이다.

○ 益多損少故 人不怨 功大過微故 業不墮(휴) : 138

나라를 다스림에 유익한 일이 많고 해로운 일이 적기 때문에 백성들이 원망하지 않으며, 공로가 크고 허물이 적기 때문에 王業이 훼손되지 않았다는 뜻으로, 唐 太宗이 자신을 평한 말이다.

○ 竭力爲善則國家僅安 驕惰奢縱則一身不保 : 138

군주가 나라를 다스림에 힘을 다하여 善을 행하면 국가가 겨우 편안하고, 교만하고 게으르고 사치하고 방종하면 제 몸 하나도 보전하지 못한다는 말이다.

○ 成遲敗速者國也 失易得難者位也 : 138

성공은 더디고 실패는 빠른 것은 나라이고, 잃기는 쉽고 얻기는 어려운 것은 제왕의 지위라는 말이다.

○ 窮髮之地 : 140

북방의 不毛地를 이른다. 땅은 풀과 나무를 모발로 삼는데, 북방은 날씨가 매우 추워서 풀과 나무가 자라지 못하기 때문에 窮髮이라고 하는 것이다.

○ 以有盡之農功 塡無窮之巨浪 圖未獲之他衆 喪已成之我軍 : 140

唐 太宗이 동쪽으로는 고구려를 정벌하고 서쪽으로는 龜玆를 토벌하며, 궁궐을 계속하여 짓고 服飾과 玩好를 자못 화려하게 하자, 太宗의 후궁인 賢妃 徐惠가 상소하여 "유한한 농사의 수입으로 무한한 토목공사에 드는 비용을 메우려 하고, 얻지 못할 다른 나라의 무리들을 도모하다가 이미 이루어진 우리나라 군대를 잃게 된다."고 간하였다.

○ 秦皇幷呑六國 反速危亡之基 晉武奄有三方 翻成覆敗之業 : 140

秦始皇은 六國을 병탄하였으나 도리어 나라가 위태롭고 멸망하는 基業을 자초하였고, 晉나라 武帝는 魏・蜀・吳 三國을 곧바로 차지하였으나 도리어 실패하고 멸망하는 基業을 이루었다는 뜻으로, 太宗의 후궁인 賢妃 徐惠가 올린 상소에 나오는 내용이다.

○ 矜功恃大 : 140

공업을 자랑하고 강대함을 믿음을 이른다.

○ 棄德輕邦 : 140

덕을 버리고 나라를 경시함을 이른다.

○ 圖利忘危 : 140

이익을 도모하고 위태로움을 잊음을 이른다.

○ 肆情縱欲 : 140

정욕을 방종하게 부림을 이른다.

○ 珍玩技巧 乃喪國之斧斤 珠玉錦繡 實迷心之酖(鴆)毒 : 140

진귀한 노리개와 기교는 바로 나라를 망하게 하는 도끼와 자귀이며, 珠玉과 錦繡는 실로 마음을 혼미하게 하는 鴆毒이라는 뜻으로, 사치를 경계한 말이다.

○ 作法於儉 猶恐其奢 作法於奢 何以制後 : 140

법을 만들 때에 검소하게 하더라도 오히려 사치스럽게 될까 두려운데, 법을 만들 때에 사치스럽게 한다면 어떻게 후세를 제재하겠느냐는 말이다.

○ 何物女子 乃爾勇健 : 142

唐 太宗 때 민간에 전하는 ≪秘記≫에 "唐나라는 三代가 지난 뒤에 女主 武王이
李氏를 대신하여 천하를 소유할 것이다."라고 하니, 太宗이 이를 싫어하였다. 太
宗이 여러 무신들과 궁중에서 연회할 적에 酒令을 행하여 각각 자신의 어렸을 적
이름을 말하게 하니, 左武衛將軍 李君羨이 스스로 자신의 이름이 五娘이라고 말
하였다. 太宗이 놀라고 인하여 웃으며 말하기를 "무슨 놈의 여자가 마침내 이와
같이 용맹하고 건장한가."라고 하였는 바, 娘은 여자란 뜻이므로 太宗이 '용맹한
여자'라고 말한 것이다. 太宗은 李君羨의 官稱이 武威將軍이고, 封邑이 武連縣이
어서 모두 武字가 들어 있으므로 예언에서 말한 女主 武王은 정말 여자가 아니라
여자 이름에 武字의 관직과 봉읍이 있는 자라고 여겨 李君羨을 처형하였다.

○ 仰稽天象 俯察曆數 : 143
　위로 天象을 상고하고 아래로 曆數를 살핌을 이른다.

○ 知而不言 死有餘責 : 144
　알면서도 말하지 않는다면 죽어도 남은 죄책이 있음을 이른다.

○ 肝腦塗地 : 144
　참혹한 죽임을 당하여 肝臟과 腦髓가 땅에 널려 있다는 뜻으로, 나라를 위하여
　자신의 목숨을 돌아보지 않음을 이른다.

○ 所存者小 所損者大 : 144
　보존되는 것은 작고 손해되는 것은 큼을 이른다.

○ 死且不朽 : 144
　죽어도 그 은혜를 잊지 않음을 이른다. 〔同義語〕 至死不忘

○ 握手與訣 悲不自勝 : 144
　손을 잡고 영결하며 슬픈 마음을 금치 못함을 이른다.

○ 徘徊顧望 : 148
　결단을 내리지 못하고 주저하며 머뭇거림을 이른다.

○ 吾死何恨 : 150
　죽어도 여한이 없음을 이른다. 〔同義語〕 死無餘恨

　通鑑節要 卷之三十九

○ 同心輔政 : 159
　마음을 합하여 정사를 보필함을 이른다.

○ 起於草茅 : 163
草茅는 草野와 같은 말로 평민 출신임을 이른다.

○ 無汗馬之勞 致位至此 : 163
汗馬之勞는 말이 땀을 흘리며 戰場을 오간 공이라는 뜻으로, 전쟁터에서 싸워 승리한 공로도 없으면서 이렇게 높은 지위에 올랐다는 말이다. 〔同義語〕汗馬功勞

○ 稱疾不入 : 163
부름을 받았으면서 병이 있다고 핑계 대고 들어가지 않음을 이른다.

○ 言猶在耳 : 163
예전에 들었던 말이 아직도 귀에 쟁쟁하게 남아 있음을 이른다.

○ 經事先帝 衆所共知 天下耳目 安可蔽也 : 163
일찍이 先帝를 섬겼음을 사람들이 모두 알고 있으니, 天下 사람들의 귀와 눈을 어떻게 엄폐할 수 있겠느냐는 말이다. 武氏는 형주도독 武士彠의 딸인데, 나이 14세 때 太宗의 후궁으로 들어와서 才人이 되었다. 太宗이 붕어한 뒤에 武氏는 비구니가 되었는데, 高宗이 절에 행차하였다가 그를 보고는 데려와서 후궁으로 삼은 다음 昭儀에 제수하였다. 하루는 高宗이 長孫無忌 등을 불러서 이르기를 "王皇后는 아들이 없고 武昭儀는 아들이 있으니, 이제 武昭儀를 세워 황후로 삼고자 하는데 어떻겠는가?" 하니, 褚遂良은 "武氏가 일찍이 先帝를 섬겼던 것은 여러 사람들이 다 아는 바이니, 천하 사람들의 귀와 눈을 어떻게 가릴 수 있겠습니까." 하고 반대하였다.

○ 願留三思 : 163
유념하여 여러 번 생각함을 이른다.

○ 放歸田里 : 163
벼슬을 박탈하고 제 고향으로 내쫓던 형벌로 유배보다는 한 등급 가벼운 형벌이다.

○ 何不撲殺此獠(료) : 163
唐 高宗이 皇后 王氏를 폐하고 昭儀 武氏를 皇后로 세우려고 하였으나 褚遂良이 심하게 반대하자, 武昭儀가 주렴 안에 있다가 큰소리로 말하기를 "어찌하여 이 오랑캐 놈을 쳐 죽이지 않습니까." 하였다. 서남쪽의 오랑캐를 獠라 하니, 褚遂良이 杭州 사람이기 때문에 이렇게 말한 것이다.

○ 有罪不可加刑 : 163
先王의 顧命을 받은 신하는 죄가 있어도 형벌을 가할 수 없음을 이른다.

○ 因間奏事 泣涕極諫 : 163
기회를 엿보아 일을 아뢸 적에 눈물을 흘리면서 지극히 간함을 이른다.

○ 陛下家事 何必更問外人 : 165
唐 高宗이 武昭儀를 皇后로 세우려고 하였으나 褚遂良 등의 반대가 심하자 司空 李勣에게 물으니, "폐하의 집안일이니, 하필 外人에게 다시 물을 것이 있겠습니까."라고 하니, 高宗의 뜻이 마침내 결정되었다.

○ 田舍翁多收十斛麥 尙欲易婦 : 165
唐 高宗 때 許敬宗은 武后에 빌붙어 褚遂良을 내쫓고 長孫無忌를 죽인 간신인데, 許敬宗이 조정에서 공공연히 말하기를 "시골 늙은이가 10斛의 보리를 더 많이 수확하더라도 아내를 바꾸고자 하는데, 하물며 천자가 皇后 하나 세우는 것이 다른 사람의 일에 무슨 상관이 있기에 함부로 이의를 제기한단 말인가." 하였다.

○ 狡險忌克 : 168
사람됨이 교활하고 음험하며 시기하고 이기기를 좋아함을 이른다.

○ 笑中有刀 : 168
唐나라 李義府는 용모가 온화하고 공손하여 남과 말할 때에 반드시 기뻐하고 미소를 지었으나 內心은 교활하고 음험하며 시기하고 이기기를 좋아하였으므로 당시 사람들이 李義府를 일러 "웃음 속에 칼이 숨어 있다."고 하였다.

○ 李貓 : 168
李義府가 충직한 사람을 모함하고 죄 없는 사람을 살육하니, 당시 사람들이 李貓(이고양이)라고 칭했던 데서 온 말이다.

○ 不奪農時 則國人皆有餘食矣 不奪蠶要 則國人皆有餘衣矣 : 169
唐 高宗이 侍臣들에게 백성을 기르는 방도를 묻자, 來濟가 대답하기를 "옛날에 齊나라 桓公이 出遊하였다가 굶주리고 추위에 떠는 늙은이를 보고 명하여 그에게 음식을 하사하게 하니, 노인은 사양하며 말하기를 '임금이 백성들의 농사철을 빼앗지 않으면 나라 사람들이 모두 남은 식량이 있을 것이요, 누에를 치는 중요한 시기를 빼앗지 않으면 나라 사람들이 남은 옷감이 있을 것입니다.' 하였습니다. 임금이 백성을 기름은 세금과 부역을 줄이는 데 달려 있을 뿐입니다." 하였다.

○ 潛謀不軌 : 169
몰래 반역을 도모함을 이른다.

○ 涉獵文史 : 170
文集과 史書 등을 널리 읽음을 이른다.

○ 權與人主侔 : 170
高宗이 風眩 증세로 인해 눈이 잘 보이지 않자, 武后로 하여금 정사를 결정하게
하였는데, 고종의 뜻에 맞게 일을 처리하였다. 이에 모든 정사를 武后에게 맡기
니, 이로부터 武后의 권력이 임금과 동등하였다.

○ 屈身忍辱 : 170
목적한 바를 이루기 위해 몸을 굽혀 겸손하게 처신하고 치욕을 참음을 이른다.

○ 專作威福 : 170
상벌을 마음대로 시행함을 이른다.

○ 政無大小 皆預聞之 : 170
모든 크고 작은 정사에 관여함을 이른다.

○ 中外謂之二聖 : 170
二聖은 高宗과 武后를 이르는 바, 천하의 大權이 모두 武后에게 돌아가서 高宗이
무슨 일을 하려고 할 때마다 번번이 황후에게 제재를 받으니, 中外에서 이를 두
고 두 임금이 있다고 말하였다.

○ 九世同居 : 171
張公藝는 唐나라 壽張 사람으로, 집안을 매우 잘 다스려 친족끼리 分家하지 않고
9대가 한 집에 同居하여 우애가 돈독한 집안으로 알려졌다. 高宗이 泰山에 封禪
하고 돌아오는 길에 그의 집을 방문하고 9대가 동거하는 要訣을 묻자, 忍字를
100여 개를 써서 올리니, 高宗이 크게 칭찬하였다.

○ 遭値聖明 致位三公 : 172
聖明한 군주를 만나 三公의 지위에 이르렀음을 이른다.

○ 脩短有期 : 172
장수하고 단명하는 것은 정해진 수명이 있어 바꿀 수 없음을 이른다.

○ 志氣不倫 交遊非類 : 172
志氣가 형편없고 나쁜 사람과 교유함을 이른다.

○ 有謀善斷 : 174
智謀가 있고 결단을 잘함을 이른다.

○ 從善如流 : 174
물이 흐르듯이 다른 사람의 善言을 따름을 이른다.

○ 人思致死 所向克捷 : 174

부하들이 死力을 다할 것을 생각하여 향하는 곳마다 승리함을 이른다.

○ 薄命之人 不足與成功名 : 174

唐 高宗 때 李勣이 장수를 선발할 때에 반드시 외모가 풍만하고 복이 많아 보이는 사람을 골라 뽑아 보내므로 어떤 사람이 그 까닭을 물으니, 답하기를 "운명이 기박한 사람은 더불어 功名을 이룰 수가 없다." 하였다.

○ 煮粥爇(설)鬚 : 174

李勣은 閨門이 화목하고 엄격하였는데, 그 누이가 일찍이 병을 앓자, 李勣이 이미 재상인 僕射가 되었으나 직접 누이를 위하여 죽을 끓이다가 바람이 불어 그의 수염과 귀밑머리를 태웠다. 누이가 "종과 첩이 다행히 많은데, 어찌하여 이와 같이 스스로 고생하는가?" 하니, 李勣이 말하기를 "시킬 만한 사람이 없기 때문이 아닙니다. 생각해보건대 누님이 늙었고 나 또한 늙었으니, 내가 비록 오래도록 누님을 위하여 죽을 끓이고자 하나 어찌 될 수 있겠습니까." 하였다. 〔同義語〕 煮粥焚鬚, 手足之愛

○ 身言書判 : 176

唐나라 때 관리를 선발하던 네 가지 기준으로, 첫 번째는 身이니 체모가 풍후하고 큰 것이고, 두 번째는 言이니 말이 분명하고 바른 것이고, 세 번째는 書이니 楷書를 쓰는 법이 굳세고 아름다운 것이고, 네 번째는 判이니 文理가 뛰어난 것이다.

○ 告身 : 176

告身帖으로 조정에서 내리는 벼슬아치의 임명장을 이른다.

○ 裴行儉知人之鑑 : 177

知人之鑑은 사람을 잘 알아보는 藻鑑(식견)을 이른다. 王勮의 아우인 王勃과 華陰의 楊炯과 范陽의 盧照隣과 義烏의 駱賓王은 모두 문장으로 성대한 명망이 있어 初唐四傑이라 일컬어졌는데, 李敬玄이 더욱 이들을 소중히 여겨 반드시 현달할 것이라고 말하였다. 그러나 裴行儉은 이르기를 "선비가 원대함을 이룩하려면 마땅히 器局과 識見을 먼저 하고 才藝를 뒤에 해야 하니, 王勃 등이 비록 화려한 문장력이 있으나 부황하고 조급하고 천박하고 드러나니, 어찌 爵祿을 누릴 수 있는 器局이겠는가. 楊子(楊炯)는 세 사람에 비해 약간 침착하고 고요하니 응당 縣令·縣長에 이를 것이요, 나머지는 제 명에 죽으면 다행이다." 하였는데, 얼마 뒤에 王勃은 바다를 건너다가 물에 빠져 죽었고, 楊炯은 盈川令으로 생을 마쳤고, 盧照隣은 몹쓸 병이 낫지 않아 물에 투신하여 죽었고, 駱賓王은 모반하다가 죽임을 당하여 裴行儉의 말과 같이 되었다.

○ 菽粟不稔 餓殍(표)相望 : 179
콩과 곡식이 제대로 여물지 않아서 굶어 죽는 자가 속출함을 이른다.

○ 四夷交侵 兵車歲駕 : 179
사방의 오랑캐들이 번갈아 침입하여 兵車가 해마다 출동함을 이른다.

○ 恭默思道 以禳災譴 : 179
군주가 공손하고 묵묵히 다스리는 방도를 생각하여 하늘의 재앙과 견책을 물리침을 이른다.

○ 廣營宮室 勞役不休 : 179
宮室을 크게 경영하여 勞役이 그치지 않음을 이른다.

○ 鳳鳴朝陽 : 179
봉황새가 해 뜨는 동산에서 운다는 뜻으로, 충직한 신하가 敢言하는 것을 가리킨다. 唐나라 褚遂良 등의 諫臣이 죽은 뒤로 감히 직간하는 신하가 없었는데, 李善感이 어느 날 직간을 하므로 사람들이 '조양에서 봉황새가 우는 것과 같다.'고 한 고사에서 유래하였다.

○ 相顧失色 : 182
서로 돌아보고 아연실색함을 이른다.

○ 密謀廢立 : 190
임금을 폐위하고 다른 사람을 세울 것을 은밀히 도모함을 이른다.

○ 人人自危 衆心憤惋(완) : 191
사람마다 자신의 지위를 위태롭게 여기고, 여러 사람의 마음이 분하게 여김을 이른다.

○ 包藏禍心 竊窺神器 君之愛子 幽之於別宮 賊之宗盟 委之以重任 : 191
李勣의 손자인 李敬業이 군대를 동원하여 武后를 치자, 駱賓王이 그를 위하여 武后의 죄상을 밝히는 檄文를 지었는데, 그 내용에 "조정에 임어한 武氏는 천하에 화를 끼치려는 마음을 품고 남몰래 神器(帝位)를 엿보아 임금님의 사랑하는 아들(睿宗)을 별궁에 유폐하고 역적의 종족에게 중임을 맡겼다."하였다.

○ 一抔(부)之土未乾 六尺之孤何在 : 191
황제를 매장하여 봉분의 한 줌의 흙이 채 마르기도 전에 뒤를 이른 어린 아들이 어디에 있느냐는 뜻으로, 이는 駱賓王이 지은 檄文의 내용이다. 武后는 자신을 비판하는 檄文을 읽다가 이 부분에 이르자 놀라서 이르기를 “이는 재상의 잘못이다. 이런 재주 있는 사람이 있었는데도 뜻을 얻지 못한 채 불우하게 하였단 말인가.” 하였다. 그 후 李敬業이 패하였는데, 駱賓王이 피살되었다고도 하고, 혹은 망명하였다고도 하고, 혹은 靈隱寺의 중이 되었다고도 한다.

○ 內行不正 : 195
부녀자가 가정에서의 몸가짐이나 행실이 바르지 못함을 이른다.

○ 不次除官 : 195
不次는 官階의 차례를 밟지 않고 발탁하여 관직에 임용하는 것으로, 추천의 절차를 밟지 않고 임금이 직접 벼슬을 내리는 것을 이른다.

○ 重足屛息 : 195
두려워하여 발자국을 포개어 서고, 겁이 나서 소리를 내지 못하고 숨을 죽이는 것으로, 매우 두려워함을 말한다.

○ 羅織經 : 195
唐나라 武后 때에 혹독한 법관인 來俊臣과 萬國俊이 지은 책이다. 羅織은 그물처럼 얽어 짠다는 뜻으로, 허구로 날조하고 안배하여 죄상을 엮어 만드는 방법을 기술하였다.

○ 網羅無辜 織成反狀 構造布置 皆有支節 : 195
唐나라 武后 때에 밀고하는 문로를 크게 열어 놓으니, 來俊臣과 索元禮 등의 酷吏들이 무고한 자의 언행을 널리 수집하여 모반한 죄상을 엮어서 만들고, 허구로 날조하고 안배하여 죄상을 변조시켜 모두 支節(曲折)이 있게 하였다.

○ 定百脈 突地吼 死猪愁 求破家 反是實 : 195
이는 모두 가혹한 형벌의 명칭으로, 定百脈은 죄인을 주리 틀어 온몸의 맥을 바꿔 놓는 것이고, 突地吼는 고문 받은 죄인이 땅에서 벌떡 일어나 고함을 치는 것이고, 死猪愁는 죄인이 돼지가 죽을 때에 신음소리를 내는 것처럼 하는 것이고, 求破家는 자신의 가문을 패망하게 할 내용을 허위로 자백하는 것이고, 反是實은 사실과 완전히 반대되는 것을 허위 자백하는 것이다.

○ 入獄者 非死不出 : 198
감옥에 들어간 자들이 혹독한 형벌을 당하여 죽지 않으면 나오지 못함을 이른다.

○ 道路以目 : 198
武后 때에 사람들이 무고하게 죄에 걸릴까 두려워하여 서로 만날 적에 감히 말을 나누지 못하고 도로에서 눈짓만 교환할 뿐임을 이른다.

○ 遇來侯必死 遇徐杜必生：198
來侯는 來俊臣과 侯思正을 가리키고, 徐杜는 徐有功과 杜景儉을 가리킨다. 武后 때에 법관들이 다투어 까다롭고 혹독하였으나 오직 司刑丞 徐有功과 杜景儉만은 공평하고 용서하는 마음을 간직하니, 피고들이 모두 말하기를 "來俊臣과 侯思正을 만나면 반드시 죽고, 徐有功과 杜景儉을 만나면 반드시 산다." 하였다.

○ 以寬爲治 不施敲扑(고복)：198
관대함으로 정사를 다스리고 刑杖을 사용하지 않음을 이른다.

○ 不杖一人 職事亦修：198
唐나라 徐有功이 관대함으로 정사를 다스리고 刑杖을 사용하지 않으니, 관리들이 서로 약속하기를 '徐司法에게 죄를 지어 刑杖의 형벌을 범하는 자가 있으면 여럿이 함께 배척하자.'고 하였다. 그리하여 임기가 차도록 한 사람도 매질하지 않았으나 직무가 잘 닦여졌다.

○ 前後所活 數十百家：198
전후로 살려 준 것이 수십 가호 내지 백 가호에 이름을 말한다.

○ 元禮不離刑曹 此囚終無生理 日知不離刑曹 此囚終無死法：198
司刑少卿 索元禮가 한 죄수를 죽이고자 하였는데, 李日知가 불가하다 하여 쌍방 간에 두서너 차례 옥신각신 다투었다. 索元禮가 노하여 말하기를 "내가 刑曹를 떠나지 않는 한 이 죄수는 끝내 살 수 있는 이치가 없다." 하니, 李日知가 말하기를 "내가 刑曹를 떠나지 않는 한 이 죄수는 끝내 사형시킬 수 있는 법이 없다." 하였다. 마침내 두 사람의 문서를 나란히 올렸는데, 李日知가 과연 옳았다.

○ 四時仕宦：200
唐나라 제도에 文武官 3품 이상은 자주색, 4품은 짙은 홍색, 5품은 옅은 홍색, 6품은 짙은 녹색, 7품은 옅은 녹색, 8품은 짙은 청색, 9품은 옅은 청색의 관복을 입었다. 侍御史 傅遊藝가 1년 동안에 크게 등용되어 청색・녹색・홍색・자주색의 관복을 두루 입으니, 당시 사람들이 이를 일러 四時仕宦이라 하였다.

○ 何事不承：202
무슨 일인들 승복하지 않겠느냐는 뜻으로, 잔인하게 고문을 가하여 자복을 받아냄을 이른다.

○ 請兄入此甕：202
혹자가 周興이 모반했다고 고하자, 武后가 來俊臣에게 周興을 국문하도록 명하였다. 來俊臣이 이에 周興과 함께 안건을 심리하다가 마주앉아 밥을 먹을 적에

周興에게 말하기를 "죄수들 중에 승복하지 않는 자가 많으니, 마땅히 무슨 방법을 써야 합니까?" 하니, 周興이 대답하기를 "이는 매우 간단하다. 큰 독을 가져다가 숯불을 사방 둘레에 피워놓고 죄수들로 하여금 그 속으로 들어가게 하면 무슨 일인들 자복하지 않겠는가." 하였다. 來俊臣은 마침내 周興이 말한 방법대로 큰 독을 구해다가 사방 둘레에 불을 피워놓고 周興에게 말하기를 "조정에서 형을 추국하라고 요구하니, 형께서는 이 독 속으로 들어가시오." 하였다. 周興이 두려워하여 머리를 찧으며 죄를 자복하였다. 이후로 자신이 가르쳐준 방법으로 도리어 자신이 처벌당함을 이른다.〔同義語〕請君入甕

○ 叩頭服罪 : 202

머리를 찧으며 죄를 자복함을 이른다.

○ 無問賢愚 悉加擢用 : 203

어질고 어리석음을 따지지 않고 모두 발탁하여 등용함을 이른다.

○ 補闕連車載 拾遺平斗量 : 203

唐나라 武后 때 인재의 賢否를 따지지도 않고 제멋대로 등용하여 벼슬아치들이 넘쳐나니, 당시 사람들이 이르기를 "補闕은 수레 몇 대에 실을 정도로 많고 拾遺는 말〔斗〕로 헤아릴 정도로 많다." 하였다.

○ 櫂槌(구추)侍御史 盌(완)脫校書郞 : 203

侍御史는 갈퀴로 긁어모을 수 있을 정도로 많고 校書郞은 틀에서 똑같이 찍어낸 사발처럼 모두 비슷하다는 뜻으로, 관직을 많이 제수한 것이 마치 갈퀴(쇠스랑)로 물건을 긁어모으듯이 많고, 관직에 임명된 자들이 마치 모형에서 찍어낸 사발이나 잔과 같아 모두 비슷하여 적임자를 얻지 못하였음을 이른다.

○ 麨䐃(糊)心存撫使 眯(미)目聖神皇 : 203

唐나라 武后가 存撫使(各地를 按撫하러 보낸 사자)가 천거한 자들을 인견해서 어질고 어리석음을 따지지 않고 모두 발탁하여 등용하니, 沈全交가 이르기를 "풀을 바른듯 모호한 것은 存撫使이고, 눈에 티가 들어간 듯 어두운 것은 聖神皇(則天武后)이다."라고 하였다.

○ 任用酷吏 : 205

잔혹한 관리를 임용함을 이른다.

○ 鬼朴又來 : 205

鬼朴은 귀신이 될 재료라는 뜻으로, 즉 얼마 가지 않아서 죽게 될 것임을 이른다. 唐나라 때 武后가 酷吏를 임용하여 宗室, 貴戚을 마구 죽이므로 매양 한 관원이 제수될 때마다 宮門을 지키는 시녀들이 몰래 서로 말하기를 "귀신이 될 탈이 또 왔다."고 하면, 과연 한 달이 못 되어 은밀하게 체포되어 삼족이 죽임을 당하곤 했던 고사에서 온 말이다.

○ 公直敢言 : 205

공정하고 정직하여 간언을 하는 데 과감함을 이른다.

○ 寬厚淸愼 犯而不校 : 206

성품이 관후하고 청렴하고 근신하며 남이 잘못을 범해도 따지지 않음을 이른다.

○ 備位宰相 : 206

備位는 벼슬자리나 갖추고 있을 뿐 직책은 다하지 못한다는 뜻으로 관리가 자기를 낮추어 이르는 말인 바, 宰相의 자리만 차지하고 있음을 이른다.

○ 榮寵過盛 : 206

영화와 은총이 지나치게 성대함을 이른다.

○ 安金藏流血被地 : 207

唐나라 睿宗이 태자로 있을 때 혹자가 태자가 은밀히 모반한다고 무고하자, 武后가 來俊臣을 시켜 그 사실을 추국하도록 하니, 좌우가 모두 그 고초를 이기지 못하여 허위로 자백하고자 하였으나 오직 安金藏만은 태자의 결백함을 밝히기 위해 차고 있던 칼을 꺼내어 배를 가르니, 五臟이 튀어나와 피가 땅을 뒤덮었다. 이에 武后가 국문을 중지시켜 睿宗이 화를 면할 수 있었다.

○ 遠近聞者 無不相賀 : 209

원근에서 소식을 들은 자들이 모두 축하함을 이른다.

○ 宜加赤族之誅 以雪蒼生之憤 : 209

唐나라 武后 때의 酷吏인 來俊臣이 棄市刑에 처해지자, 원수의 집안들이 다투어 그 살을 먹어 삽시간에 다 없어졌다. 武后는 천하 사람들이 그를 미워함을 알고 마침내 조서를 내려 그의 죄악을 열거하고, 또 말하기를 "마땅히 종족을 모두 죽이는 주벌을 가하여 蒼生들의 분한 마음을 풀어주어야 한다." 하였다.

○ 眠者背始帖(첩)席 : 209

酷吏인 來俊臣이 棄市刑에 처해지자, 백성들이 이르기를 "이제부터는 잠을 잘 때 비로소 등을 자리에 붙이고 편안히 잘 수 있겠다." 하였다.

○ 櫛風沐雨 親冒鋒鏑 : 210

머리털을 바람으로 빗질하고 몸을 빗물로 목욕하며, 몸소 적의 칼날과 화살을 무릅쓴다는 뜻으로, 오랜 세월을 객지에서 방랑하며 전쟁터에서 온갖 고생을 다함을 이르는 말이다.

○ 依阿取容 : 211
남에게 아첨하여 용납되기를 구함을 이른다.

○ 處事不欲明白 但摸稜(막릉)持兩端 : 211
唐나라의 蘇味道가 몇 년간 재상의 지위에 있었으나 發明한 바가 없고 사람들
에게 아부하여 용납되기만을 구하며 이르기를 "일을 처리할 때에는 입장을 명
백히 밝히려 하지 말고, 다만 애매모호하게 양쪽 입장을 다 견지하는 것이 좋
다." 하였다. 摸稜은 모릉으로도 읽는다.

○ 蘇摸稜 : 211
摸稜은 책상 모서리를 만진다는 뜻으로, 일이 잘못되면 자신에게 그 책임이 돌아
올까 두려워 견해를 명백히 밝히지 않는 사람을 비유하는 말이다. 蘇味道가 재상
이 되었을 때에 혹자가 陰陽을 조화시킬 방법을 묻자, 蘇味道가 대답하지 않고
다만 손으로 책상 모서리만 만졌다는 고사에서 유래하였다. 옛날 재상은 陰陽을
조화시켜 雨順風調하고 기후가 철에 맞는 것을 직임으로 여겼다.

○ 沈厚寬恕 : 212
성품이 침착하고 후중하고 너그러우며 남을 잘 이해함을 이른다.

○ 羅織紛紜 : 212
羅織은 그물처럼 얽어 짠다는 뜻으로, 허위로 날조하고 안배하여 죄상을 엮어 사
람을 해치는 일이 분분함을 이른다.

○ 謂之國老而不名 : 213
武后가 狄仁傑을 신임하고 소중히 여겨 항상 그를 國老라 칭하고 이름을 부르지
않았다. 國老는 본래 연로하여 사직하고 물러나는 卿·大夫 등을 가리키나 여기
서는 덕이 높고 명망이 중한 늙은 신하에 대한 敬稱으로 쓰였다.

○ 面引廷爭 : 213
신하가 군주의 면전에서 직언하고 조정에서 간쟁함을 이른다. 〔同義語〕面折廷爭

○ 屈意從之 : 213
뜻을 굽혀 상대방의 의견을 따름을 이른다.

○ 天下桃李 悉在公門 : 213
唐나라 狄仁傑이 천거한 사람이 모두 名臣이 되었으므로 당시 사람들이 이르기
를 "천하의 복숭아와 오얏이 모두 공의 문하에 있다."라고 한 데에서 유래하였다.
桃李는 준수한 人材를 이르는 바, 趙簡子가 陽虎에게 이르기를 "오직 현자만이

은혜에 보답할 수 있고, 불초한 자는 보답하지 못한다. 복숭아와 오얏나무를 심은 자는 여름에는 그늘에서 휴식할 수 있고 가을에는 그 열매를 먹을 수 있지만, 蒺藜(납가새)를 심은 자는 여름에도 휴식하지 못하고 가을에도 그 가시만을 얻는 법이다. 그런데 지금 자네가 심은 것은 蒺藜이다." 하였는 바, 후세에 천거된 선비를 桃李라고 칭하는 것은 여기에서 근원하였다.

○ 薦賢爲國 非爲私 : 213

狄仁傑이 천거한 사람이 모두 名臣이 되었으므로 당시 사람들이 이르기를 천하의 인재들이 모두 狄仁傑의 문하에 있다고 칭찬하자, 狄仁傑이 대답하기를 "현자를 천거함은 나라를 위한 것이지 내 개인의 사사로움을 위한 것이 아니다."라고 하였다.

○ 欽先聖之顧託 受嗣子之推(퇴)讓 : 216

則天武后가 先王인 高宗의 顧命을 공손히 받들고 嗣子인 中宗의 사양을 받아 왕위에 올랐음을 이른다.

○ 敬天順人 : 216

하늘의 뜻을 공경하고 사람의 마음을 따름을 이른다.

○ 年德俱盛 : 217

나이도 많고 덕도 성대함을 이른다.

○ 鍾鳴漏盡 : 217

늙고 병들었는데도 벼슬에서 물러날 줄 모르는 사람을 비유한 말이다. ≪三國志≫ 〈魏志 田豫傳〉에 "70세가 넘었는데도 자리를 차지하고 있는 것은 비유하자면 늦은 시각을 알리는 종이 울리고 물시계의 물이 다하였는데도 밤길을 걸어 쉬지 않는 것과 같으니, 이는 바로 죄인이다.〔年過七十而居位 譬猶鐘鳴漏盡 而夜行不休 是罪人也〕"라고 한 데에서 유래하였다.

○ 物極則反(返) : 217

厄運과 吉運이 각각 극점에 이르면 반대로 되돌아오는 원리에 입각해서 세상일의 성쇠와 운명의 順逆이 서로 극에 이르면 뒤바뀌게 되는 것을 말한다.

○ 器滿則傾 : 217

그릇에 물이 가득 차면 기우는 것으로 부귀도 극에 이르면 패망하게 됨을 비유한다. 孔子가 周나라 太廟를 구경할 적에 欹(기)라는 기물이 있었는데, 子路로 하여금 물을 가져다가 시험해보게 하니, 그릇이 가득 차면 한쪽으로 엎어지고 중간쯤 차면 반듯하게 서 있고 그릇이 비면 한쪽으로 기울어졌다. 孔子가 말씀하기를

"세상에 어찌 가득 차고서도 엎어지지 않는 것이 있겠는가." 하였다.

○ 承乏宰相 : 218

承乏은 마땅한 인재가 없어서 재능이 없는 사람이 벼슬을 맡고 있다는 뜻으로, 宰相이 자신의 任官에 대한 겸사로 쓴다. 〔同義語〕備位宰相

○ 名義至重 鬼神難欺 : 219

명분과 의리가 지극히 중하니, 사람은 속일 수 있을지 모르나 귀신을 속이기는 어렵다는 말이다.

○ 黨邪陷正 以求苟免 : 219

간사한 자에게 편당하여 올바른 사람을 모함해서 구차히 화를 면하기를 구함을 이른다.

○ 萬代瞻仰在此擧 : 219

宋璟과 張說이 함께 鳳閣舍人으로 재직할 때, 武后의 寵臣인 張易之가 御史大夫 魏元忠을 모함하면서 張說을 증인으로 끌어들이자, 宋璟이 張說에게 御前에서 결코 僞證하지 말도록 당부하면서 "萬古의 사람들에게 우러름을 받는 것이 이번 일에 달려 있다."고 하였다.

○ 無汚靑史 : 219

靑史를 더럽히지 말라는 뜻으로, 靑史는 역사상의 기록을 이르는 바, 예전에 종이가 없을 때 푸른 대나무를 불에 구워 푸른빛을 없애고 진을 뺀 다음 史實을 기록한 데서 유래하였는바, 이것을 汗靑이라 한다.

○ 反覆小人 : 219

언행이 이랬다저랬다 일정하지 않은 小人을 이른다.

○ 方今第一人 : 221

지금의 제일가는 인물이라는 뜻이다.

○ 才劣位卑 : 221

재주가 용렬하고 지위가 낮음을 이른다.

○ 詔媚取容 : 222

아첨하는 것으로 사람들에게 용납되기를 구함을 이른다.

○ 面似高麗 : 222

楊再思는 재상이 되어 아첨을 잘하여 지위를 보존하려 하였다. 武后의 寵臣인 張易之의 형인 張同休가 일찍이 公卿들을 불러 잔치할 적에 술에 취하여 재상인 楊

再思를 놀리기를 "楊內史의 얼굴이 고구려 사람 같다."고 하자, 楊再思가 기뻐하면서 즉시 종이를 오려 두건에 붙이고 자주색 도포를 뒤집어 입고서 고구려의 춤을 추니, 온 좌중의 사람들이 크게 웃었다.

○ 六郎面似蓮花 : 222
　唐나라 則天武后 때 張氏의 형제 중 다섯 번째인 張易之를 五郎이라 하고 여섯 번째인 張昌宗을 六郎이라 칭하였는데, 張昌宗이 용모가 매우 아름다워서 武后에게 총애를 받으므로, 당시 아부를 잘하던 楊再思가 매양 말하기를 "사람들은 六郎의 얼굴이 연꽃과 같다고 하지만, 나는 연꽃이 육랑과 같다고 여기고 육랑이 연꽃과 같다고 여기지 않는다."라고 한 데서 온 말이다.

○ 斬關而入 : 223
　관문을 부수고 진입함을 이른다.

○ 備嘗艱危　情愛甚篤 : 229
　온갖 어려움과 위험을 함께 겪어서 사랑하는 정이 매우 돈독함을 이른다.

○ 惟卿所欲　不相禁禦 : 229
　中宗은 高宗의 아들이며 則天武后의 소생으로, 즉위한 다음 측천무후에게 폐위당하여 廬陵王으로 강등된 후 房州로 쫓겨났다가 측천무후 말년에 다시 복위되었다. 中宗이 일찍이 韋后와 은밀히 맹세하기를 "후일 다행히 다시 하늘의 태양을 보게 되면 마땅히 그대가 하고 싶은 대로 하게 할 것이요, 제한하지 않겠다." 하였는데, 妃 韋氏가 다시 황후가 되자 마침내 조정의 정사에 관여하기를 武后가 高宗 때에 하던 것과 똑같이 하였다. 卿은 中宗이 韋氏를 높여 칭한 것이다.

○ 産祿猶在　去草不去根　終當復生 : 229
　잡초를 제거할 때에 뿌리를 제거하지 않으면 마침내 잡초가 다시 나오듯이, 좋지 않은 일의 원인이 되는 요소를 완전히 없애 버리지 않으면 나중에 다시 그러한 일이 또 생김을 이른다. 産祿은 漢나라 呂太后의 친정 조카인 呂産과 呂祿을 이르는 바, 唐나라 武后의 조카인 武三思에 비유한 것이다. 唐나라 則天武后가 자신의 아들인 中宗을 폐위하고 조카인 武三思를 세워 태자로 삼으려 하자, 승상인 張柬之가 武后의 무리인 張易之와 張昌宗 등을 죽이고 中宗을 복위시키면서 武三思만은 남겨두어 中宗이 죽이기를 기다렸는데, 薛季昶 등이 張柬之에게 이르기를 "풀을 제거하면서 뿌리를 뽑지 않으면 뒤에 반드시 다시 나옵니다. 張易之와 張昌宗은 비록 죽었으나 武三思가 아직 살아있으니, 公들은 마침내 장사 지낼 곳이 없게 될 것입니다. 만약 일찍이 도모하지 않으면 후회해도 소용없을 것입니다.” 하였다. 張柬之 등이 그의 말을 따르지 않고 말하기를 “큰 일이 이미 정해졌으니 저 武三思는 도마 위의 고기와 같을 뿐이다.”라고 하였는데, 후에 武三思가 과연 張柬之 등을 죽이고 中宗도 시해당하였다.

○ 机(궤)上肉 : 230

도마 위에 오른 고기라는 뜻으로, 어찌할 수 없게 된 운명을 이르는 말이다. 〔同義語〕 俎上肉

○ 噬臍(서제)無及 : 230

배꼽을 물어뜯으려 해도 입이 닿지 않는다는 뜻으로, 후회하여도 이미 때가 늦었음을 이르는 말이다. 〔同義語〕 噬臍, 噬臍莫及

○ 用事於中 : 231

궁중에서 권력을 행사함을 이른다.

○ 居傍點籌 : 231

唐나라 中宗은 황후인 韋氏가 武三思를 궁중에 끌어들여 雙陸을 두면 자신은 옆에 있으면서 그들을 위하여 산대(주판)를 잡아 숫자를 계산해 주었다. 〔同義語〕 點籌郎

○ 恃功專權 : 232

공로를 믿고 권력을 전횡함을 이른다.

○ 依勢用事 請謁受賕 : 234

권세에 의지하여 用事해서 청탁을 받고 뇌물을 거둠을 이른다.

○ 墨勅斜封 : 234

朱色의 印信을 찍지 않고 그냥 먹으로 써서 비스듬히 봉한 辭令書를 이르는 바, 唐나라 中宗 때 安樂公主와 長寧公主 및 韋后의 여동생인 邠國夫人과 上官婕妤 등이 시정배들에게 돈을 받고 관작을 팔았는데, 노비라도 30만 전을 뇌물로 쓰면 모두 별도로 墨勅을 내려 관직을 제수하니, 당시 사람들이 斜封官이라 일컬었다.

○ 搖頭轉目 備諸醜態 : 238

머리를 흔들고 눈알을 굴리며 온갖 추태를 다 부림을 이른다.

○ 五經掃地盡 : 238

學者의 존엄함을 완전히 상실했음을 이른다. 唐나라 中宗 때 國子祭酒로 있던 祝欽明이 五經을 두루 통달하였는데, 中宗이 近臣들에게 酒宴을 베풀 때에 八風舞를 춘답시고 온갖 추태를 다 부리자, 盧藏用이 탄식하여 말하기를 “祝公의 五經

이 쓸어낸 듯 다 없어졌다."고 한 데서 온 말이다.

○ 天星散落如雪 : 240
하늘의 별이 눈발처럼 흩어져 떨어지는 것으로, 나라에 변란이 있을 징조라 한다.

○ 天意如此 時不可失 : 240
唐나라 睿宗 때 臨淄王 李隆基가 韋后와 安樂公主의 음모를 물리치고 아버지 相王(睿宗)을 복위시킨 뒤에 태자로 즉위하니, 이가 곧 玄宗이다. 李隆基가 社稷을 광복할 것을 도모할 적에 微服 차림으로 劉幽求 등과 宮苑 가운데에 들어 갔는데, 2更이 될 무렵 하늘의 별이 눈발처럼 떨어지니, 劉幽求가 말하기를 "하늘의 뜻이 이와 같으니 때를 놓쳐서는 안 됩니다." 하며 군사작전을 결행토록 한 고사가 있다.

○ 照鏡畫眉 : 240
거울을 보며 눈썹을 그리는 것이다.

○ 疑不能決 : 241
망설이고 결정하지 못함을 이른다.

○ 國家安則先嫡長 國家危則先有功 : 241
唐나라 睿宗의 嫡長子인 李成器는 宋王에 봉해진 뒤에 태자 책립 문제가 거론되었을 때에, 睿宗을 復位시키는 등 공이 많은 동생인 隆基에게 태자의 지위를 양보하면서 "태자의 자리는 천하의 公器이니, 국가가 편안하면 嫡長子를 우선 하고, 국가가 위태로우면 공이 있는 자를 우선 하여 태자로 삼아야 합니다."라고 말한 고사가 전한다. 公器는 公共의 기물이란 뜻으로 帝王의 자리를 이른다.

○ 除天下之禍者 當享天下之福 : 241
천하의 禍를 제거한 자는 마땅히 천하의 福을 누려야 함을 이른다.

○ 拯社稷之危 救君親之難 : 241
社稷의 위태로움을 구원하고 군주와 어버이의 患難을 구원하였다는 뜻으로, 아버지 睿宗을 復位시킨 李隆基의 공을 말한다.

○ 論功莫大 語德最賢 : 241
공을 논하면 이보다 더 클 수가 없고 덕을 논하면 가장 어짊을 이른다.

○ 沈敏多權略 : 241
침착하고 민첩하며 권모술수가 많음을 이른다.

○ 請託不行 綱紀修擧 : 242

청탁이 행해지지 아니하여 국가의 기강이 닦여지고 정사가 거행됨을 이른다.

通鑑節要 卷之四十

○ 擅權用事：246
권력을 독점하여 권세를 부림을 이른다.

○ 黃衣廩食 守門傳命：246
황색 관복을 입고 녹을 먹으며 문을 지키고 명령을 전달한다는 뜻으로, 환관을
가리킨다.

○ 傾心奉之：246
마음을 다하여 받들어 섬김을 이른다.

○ 勵精爲治：248
마음을 가다듬어 오로지 정치에 정성을 쏟음을 이른다.

○ 應答如響：248
메아리처럼 신속히 응답함을 이른다.

○ 抑權倖 愛爵賞 納諫諍 却貢獻：248
唐나라 때 姚崇은 玄宗의 전폭적인 신임을 받아 총애받는 權臣을 억제하고 관작
과 상을 아끼며 간쟁을 받아들이고 보물을 바치는 것을 물리치게 하여 천하가 다
스려지도록 하였다.

○ 牽復之悔：249
과실을 뉘우치고 함께 이끌어서 正道를 회복함을 이른다.

○ 法行自近：249
법을 시행할 적에 가까운 신하부터 시행해야 함을 이른다.

○ 更(경)相用事 班序荒雜：249
小人들이 번갈아 권세를 부려 반열의 순서가 난잡해짐을 이른다.

○ 批逆鱗 犯忌諱：249
신하가 임금의 위엄이나 꺼리는 것을 범하면서 직간함을 이른다. 批逆鱗은 용의
턱밑에 있는 비늘을 건드린다는 뜻으로, ≪韓非子≫〈說難〉에 "용의 턱 아래에
거꾸로 난 비늘이 있는데 이것을 건드리면 용이 크게 노한다." 하였다.

○ 新總萬機：252
새로 萬機를 직접 다스린다는 뜻으로, 萬機는 임금이 살피는 여러 가지 政務를

이른다. 〔同義語〕始親萬機

○ 面加可否 : 252

　면전에서 가부를 표시함을 이른다.

○ 精曉音律 : 254

　음률에 정통하고 밝음을 이른다.

○ 皇帝梨園弟子 : 254

　唐 玄宗은 음률에 정통하여 坐部伎의 子弟 300명을 선발하여 직접 梨園에서 法曲을 가르치고 이를 '皇帝梨園弟子'라 이름하였으며, 궁녀 수백 명을 또한 梨園弟子라 하여 宜春北院에 두었다.

○ 長枕大被 : 256

　긴 베개를 함께 베고 큰 이불을 함께 덮는다는 뜻으로, 형제간의 우애를 비유하는 말이다. 玄宗은 우애가 지극하여 처음 즉위하자 큰 이불과 긴 베개를 만들어 여러 형제들과 함께 잠을 잤다.

○ 五王帳 : 256

　唐 玄宗은 형제간의 우애가 돈독하여 대궐 안에 다섯 개의 장막을 설치하고 諸王에 봉해진 여러 형제들과 번갈아 가면서 이곳에서 머물고는 이를 일러 五王帳이라 하였다.

○ 回飆(표)吹火 誤熱(설)上須(鬚) : 256

　唐 玄宗은 형제 중 薛王 李業이 병이 들었을 때에 친히 약을 달이다가 바람에 수염을 태우자, 좌우의 신하들이 놀라서 불을 껐는데, 玄宗은 이르기를 "薛王이 이 약을 마시고 병이 낫기만 한다면 수염을 어찌 아까워하겠는가." 하였다.

○ 花蕚(악)相輝之樓 : 258

　唐 玄宗은 興慶宮 서남쪽에 花蕚相輝之樓를 세우고 諸王에 봉해진 여러 형제들과 함께 이 누각에 올라서 서로 즐기며 우애 있게 지냈는데, 花蕚相輝는 ≪詩經≫〈小雅 常棣〉에 "상체의 꽃이여 꽃받침이 환하게 빛나는구나. 무릇 지금 사람들은 형제만한 이가 없다.〔常棣之華 鄂不韡韡 凡今之人 莫如兄弟〕"라는 뜻을 취한 것으로, 형제가 화목하게 모여 술을 마시며 즐기는 것을 읊은 내용이다.

○ 勤政務本之樓 : 258

　唐 玄宗이 궁궐 서남쪽에 세운 樓臺로, 서쪽의 것은 花蕚相輝之樓이고 남쪽의 것은 勤政務本之樓인데, 勤政務本之樓는 정사에 부지런하고 국가의 근본인 농업을 중시한다는 뜻을 취한 것이다. 玄宗은 수시로 여기에 올라 형제들과 화락하게 즐

겼다고 한다.

○ 賞賚優渥 : 258
상을 매우 많이 내려줌을 이른다.

○ 淸謹儉素 不營貲産 : 260
청렴하고 근신하고 검소하여 재산을 경영하지 않음을 이른다.

○ 不蔽風雨 : 260
집이 허술하여 비바람도 제대로 가리지 못함을 이른다.

○ 坐鎭雅俗 : 260
姚崇과 盧懷愼은 唐 玄宗 때의 명재상인데, 姚崇은 정사를 잘 처리하는 반면 盧懷愼은 청렴하고 근신하였다. 한번은 요숭이 아들의 喪을 당하여 10여 일 동안 조정에 나오지 못하여 처리해야 할 공무가 잔뜩 밀리자, 노회신이 이를 처결하지 못하고 玄宗에게 사죄하였다. 이에 玄宗은 이르기를 "짐이 천하의 일은 姚崇에게 맡기고, 卿에게는 가만히 앉아서 고아함과 속됨을 진정시키게 하였을 뿐이다." 하였다. 그 후 요숭이 다시 나와 공무를 보자, 삽시간에 밀렸던 정사가 다 처리되었다.

○ 頗有德色 : 260
남에게 고마운 일을 하고 그것을 자랑하는 기색을 띰을 이른다.

○ 救時之相 : 260
한 시대를 구원할 수 있는 재상을 이른다. 姚崇이 재상이 되어 管仲과 晏嬰으로 자처하자, 齊澣이 말하기를 "管仲과 晏嬰의 법은 후세에 영원히 시행되지는 못하였으나 그래도 그들의 생전에는 시행될 수 있었습니다. 公이 만든 법은 수시로 고쳐야 하니, 두 사람에게 미치지 못하는 듯하며 한 시대를 구원하는 재상이라고 이를 만합니다."라고 하였다.

○ 伴食宰相 : 260
伴食은 모시고 함께 밥을 먹는다는 뜻으로, 唐 玄宗 때 盧懷愼은 姚崇과 함께 재상이 되었는데, 자신의 재능이 姚崇에게 미치지 못함을 스스로 인정하여 모든 일의 결단을 姚崇에게 미루니, 당시 사람들이 그를 伴食宰相이라고 일컬었다. 이후로 재상 지위에 있으면서 무능하여 아무 일도 하지 못하는 사람을 가리키는 말로 쓰인다.

○ 焚香膜(모)拜 : 263
膜拜는 합장한 손을 이마에 대고 땅에 엎드려 하는 절로, 불교 의식에서 온 것이다. 唐 玄宗 때 山東 지방에 蝗蟲의 재앙이 크게 발생하니, 사람들이 혹 밭두둑가에서 향을 태우고 膜拜를 하며 제사를 지내고 감히 죽이지 못하였다.

○ 流亡殆盡 : 263
백성들이 流離하여 거의 다 없어짐을 이른다.

○ 恐傷和氣 : 263
살생을 많이 하여 和氣를 손상시킬까 두려워함을 이른다.

○ 楚莊吞蛭(질)而愈疾 : 263
蛭은 물에 사는 벌레(거머리)이다. 楚나라 莊王이 날채소를 먹다가 거머리가 나오자, 좌우의 신하들이 이것을 보고 음식을 감독한 자를 처형하지 않으면 법을 폐지하게 될까 두려워하여 마침내 그것을 삼켰는데, 令尹이 축하하며 아뢰기를 "왕께서 仁德이 있으시니 하늘이 도우실 것입니다." 하였다. 이날 밤에 莊王은 토하여 거머리가 나왔고, 오래 앓던 병이 나았다.

○ 孫叔殺蛇而致福 : 263
孫叔敖가 어렸을 적에 머리가 둘 달린 뱀을 보고 죽여서 묻고는 집에 돌아와 눈물을 흘렸다. 어머니가 그 까닭을 묻자, 孫叔敖가 대답하기를 "제가 들으니 머리가 둘 달린 뱀을 본 자는 죽는다고 하였기 때문입니다. 다른 사람이 또 뱀을 볼까 두려워서 이미 죽여서 묻었습니다." 하니, 어머니가 말하기를 "내가 들으니 陰德이 있는 자는 하늘이 복으로 보답한다고 하였다. 너는 죽지 않을 것이다." 하였는데, 장성하여 楚나라의 令尹이 되었다.

○ 班生此行 何異登仙 : 266
唐나라 揚州采訪使 班景倩이 大理寺 少卿에 임명되어 內職으로 들어가게 되자, 倪若水가 그와 전별할 적에 떠나는 행렬을 바라보고 관속들에게 이르기를 "班生의 이번 걸음이 어찌 하늘에 올라가 신선이 되는 것과 다르겠는가." 하며 부러워하였다.

○ 修德以禳之 : 266
德을 닦아서 災異를 제거함을 이른다.

○ 德不勝妖 : 266
덕이 요망함을 이기지 못한다는 뜻이다.

○ 妖不勝德 : 266
요망함이 덕을 이기지 못한다는 뜻이다.

○ 隨材授任 : 268

재능에 따라 임무를 맡김을 이른다.

○ 犯顔正諫 : 268

군주의 노여움을 무릅쓰고 바른말로 간함을 이른다.

○ 旰食 : 268

해가 진 뒤에야 저녁밥을 먹는다는 뜻으로, 임금이 국사에 바빠 겨를이 없음을
비유하는 말이다. 〔同義語〕 宵衣旰食, 宵旰

○ 不世之功 : 268

세상에 좀처럼 나타나지 않을 만큼 뛰어난 공을 이른다.

○ 應變成務 : 269

임기응변을 잘하여 일을 이룸을 이른다.

○ 守法持正 : 269

법을 지켜 公正함을 유지함을 이른다.

○ 協心輔佐 : 269

합심하여 보좌함을 이른다.

○ 賦役寬平 : 269

賦役을 너그럽고 공평하게 함을 이른다.

○ 刑罰淸省 : 269

형벌이 투명하고 줄어듦을 이른다.

○ 百姓富庶 : 269

백성들이 부유하고 많아짐을 이른다.

○ 前稱房杜 後稱姚宋 : 269

房杜는 唐나라 太宗 때의 명재상인 房玄齡과 杜如晦를 가리키는 바, 두 사람이
함께 재상의 자리에 있으면서 합심하여 임금을 도왔으므로 세상에서 어진 정승
을 말할 때에는 房杜라 일컬었다. 姚宋은 玄宗 때의 명재상인 姚崇과 宋璟을 가
리킨다.

○ 諫官御史 風聞言事 : 273

唐나라 則天武后 때에 諫官과 御史가 사실을 조사하지 않고 풍문에 근거하여 일
을 아룀을 이른다.

○ 巧僞甚衆 : 275

교묘하게 허위로 꾸민 자가 매우 많음을 이른다.

○ 虛張其數 : 275
唐 玄宗 때 宇文融이 장부에 수록되지 않은 隱匿田인 羨田과 逃戶를 색출해 내고
자수하게 하여 6년간 세금을 면제해 줌으로써 80여만 호와 이에 상응한 세금을
얻었으나 실은 州縣에서 實戶를 客戶로 등록하는 등 그 수를 부풀려 보고하였으
므로 실효가 없었다.

○ 政尙寬簡 : 276
정사함에 너그럽고 간략함을 숭상함을 이른다.

○ 苟淸其源 何憂不治 : 277
만약 그 근원을 맑게 한다면 어찌 말단이 다스려지지 않음을 근심할 것이 있겠느
냐는 말이다.

○ 長從宿衛 : 280
唐 玄宗 때 府兵 및 白丁 12만 명을 선발하고 이들을 일러 長從宿衛라 하여 매
년 번갈아 가면서 두 차례 번을 서게 하되 州縣에서 이들을 다른 徭役에 부리지
못하게 하였다.

○ 多張虛數 : 281
州縣에서 보고할 때 虛數를 부풀려 보고함을 이른다.

○ 所得不補所失 : 282
다소 얻는 바가 있으나 소득이 손실을 보충하지 못함을 이른다.

○ 望之如雲錦 : 286
唐 玄宗이 처음 즉위하였을 때 국가에서 기르는 말이 24만 필이었는데, 王毛仲
과 張景順 등을 閑廐使로 삼아 십여 년간 사육한 결과 43만 마리로 불어났다. 玄
宗이 동쪽으로 泰山에 가서 제사할 때에 수만 필의 말을 털빛에 따라 대열을 지
어 놓으니, 멀리서 이것을 바라보면 마치 구름 비단처럼 보였다.

○ 應對辯給 : 288
응대할 적에 민첩하게 말을 잘함을 이른다.

○ 疎躁多言 好自矜伐 : 288
사람됨이 엉성하고 조급하고 말이 많으며, 스스로 자기 공로를 자랑하기를 좋아
함을 이른다.

○ 不次超遷 : 289
관작의 차례를 뛰어넘어 파격적으로 승진됨을 이른다.

○ 老於下位 : 289

　승진하지 못하고 오랫동안 낮은 지위에 있음을 이른다.

○ 循資格 : 289

　唐 玄宗 때 裴光庭이 만든 관료 승진의 年功序列法으로, 아무리 賢能하더라도 일정한 年限에 달하기까지는 계급을 뛰어 승진하지 못하고, 年限이 차면 현명한 자나 우매한 자를 막론하고 일체 승진시키는 銓衡制度인데, 적체되어 있던 관리들의 문제는 해소하였으나, 뒤에 인재를 얻는 방법이 아니라고 하여 폐지되었다.

○ 惟恐不及 : 291

　행여 미치지 못할까 두려워함을 이른다.

○ 勢傾內外 : 291

　권세가 조정의 內外를 휩쓸 정도임을 이른다.

○ 小心恭恪 : 291

　조심하며 공손하고 삼감을 이른다.

○ 爲人峭直不干榮利 : 296

　사람됨이 강직하여 영화와 이익을 추구하지 않음을 이른다.

○ 甚允時望 : 296

　당시의 인망에 매우 합당함을 이른다.

○ 守正不阿 : 296

　正道를 지키고 아첨하지 않음을 이른다.

○ 韓休知否 : 296

　韓休는 張九齡과 함께 唐 玄宗 때 直臣으로 유명하다. 玄宗이 궁중에서 연회를 베풀거나 後苑에서 사냥할 때 조금이라도 지나친 점이 있다 싶으면 좌우 사람들을 돌아보면서 "韓休가 아는가?" 하고 물었고, 말을 마치면 곧바로 韓休의 간쟁하는 상소가 올라오곤 하였다.

○ 吾貌雖瘦 天下必肥 : 296

　唐 玄宗이 일찍이 거울을 마주하고는 묵묵히 아무 말도 하지 않고 즐거워하지 않자, 좌우의 신하들이 아뢰기를 "韓休가 정승이 되자 폐하께서 예전보다 훨씬 수척해지셨으니, 어찌 그를 축출하지 않으십니까?" 하였다. 玄宗이 한탄하기를 "나는 비록 수척해졌으나 천하는 반드시 살쪘을 것이다. 蕭嵩은 일을 아뢸 적에 항상 나의 뜻에 순응하나 그가 물러간 뒤에 나는 잠자리가 편치 못하고, 韓休는 항

상 강력하게 간쟁하나 그가 물러간 뒤에 나는 잠자리가 편안하다. 내가 韓休를 등용함은 사직을 위해서일 뿐이요, 내 일신을 위한 것이 아니다.”하였다.

○ 才業操行 : 297
재주와 학업과 지조와 행실이 있음을 이른다.

○ 不可勝紀 : 297
이루 다 기록할 수 없을 정도로 매우 많음을 이른다.

○ 柔佞多狡數 : 300
유순하고 아첨하며 교활함과 술수가 많음을 이른다.

○ 各較勝負 : 300
각각 승부를 겨루는 것을 이른다.

○ 介潔質樸 : 300
성품이 꼿꼿하고 깨끗하며 질박함을 이른다.

通鑑節要 卷之四十一

○ 恃勇輕進 : 302
자신의 용맹을 믿고 경솔하게 진격함을 이른다.

○ 穰苴(양저)誅莊賈 : 302
穰苴는 春秋時代 齊나라 장수로 姓은 田氏인데, 司馬 벼슬을 하였으므로 司馬穰苴라고도 한다. 莊賈는 景公이 총애하던 신하였다. 晉나라와 燕나라가 제나라를 침공하자, 司馬穰苴는 景公의 명령을 받고 출정하면서 莊賈를 監軍으로 임명하고 다음 날 정오에 전장병이 모이기로 약속하였다. 그런데 莊賈가 會期를 어기자, 司馬穰苴는 그의 신분을 돌아보지 않고 목을 베어 군령을 엄하게 하니, 晉나라와 燕나라가 齊軍의 군령이 엄숙하다는 말을 듣고 스스로 철수하였다.

○ 孫武斬宮嬪 : 302
孫武는 齊나라 사람으로, 병법을 가지고 吳王 闔廬를 뵙자, 闔廬가 궁녀들을 동원하여 두 隊로 만들고 寵姬 두 명을 隊長으로 임명하여 전투하는 법을 실습하게 하였다. 孫武가 마침내 세 번 명령하고 다섯 번 거듭하고 북을 쳤는데, 궁녀들이 웃고 명령을 따르지 않으니, 孫武는 마침내 隊長을 참수하고 조리돌렸다. ≪孫子兵法≫은 바로 孫武의 저서이다.

○ 失律喪師 : 302

군령을 어기고 군대를 상실함을 이른다.

○ 枉害忠良 : 302
형벌을 남용하여 충성스럽고 어진 사람을 억울하게 해침을 이른다.

○ 以鏡自照 見形容 以人自照 見吉凶 : 304
거울로써 스스로 비춰보면 자신의 모습을 알 수 있고, 사람으로써 스스로 비춰보면 자신의 길흉을 알 수 있다는 말이다.

○ 千秋金鑑錄 : 304
唐 玄宗의 탄신일을 千秋節이라 하고 여러 신하들은 각각 寶鑑을 바쳐 축하의 뜻을 표하였는데, 張九齡은 이르기를 "거울로써 스스로 비춰보면 자신의 모습을 알 수 있고 사람으로써 스스로 비춰보면 자신의 길흉을 알 수 있다."라고 하여, 정치에 거울이 될 만한 前代의 事跡을 저술하고 《千秋金鑑錄》이라 이름하여 올렸다.

○ 賜書褒美 : 304
군주가 친서를 내려 칭찬함을 이른다.

○ 倉庫充實 器械精利 : 306
창고가 충실하며 병기가 정밀하고 예리함을 이른다.

○ 宰相繫國安危 : 307
누구를 재상으로 임명하느냐에 따라 국가의 안위가 달려 있음을 이른다.

○ 曲意事之 : 308
뜻을 굽혀 윗사람을 섬김을 이른다.

○ 巧伺上意 : 308
윗사람의 뜻을 교묘히 살펴서 기회를 엿봄을 이른다.

○ 容身保位 無復直言 : 312
조정의 신하들이 모두 자기 몸을 보전하고 지위를 보전하기 위해서 다시는 直言하는 이가 없음을 이른다.

○ 不見立仗馬 : 312
立仗馬는 儀仗으로 세운 말을 이른다. 唐 玄宗 때 張九齡이 일이 있을 때마다 대소를 막론하고 모두 강력히 간쟁하다가 죄를 얻으니, 이로부터 李林甫가 임금의 귀와 눈을 가리고 막고 스스로 大權을 독차지하고자 하여 공공연히 간관을 불러 이르기를 "지금 聖明한 군주가 위에 계시어 여러 신하들이 순종하기에 겨를이 없어야 하니, 어찌 많은 말을 할 필요가 있겠는가. 그대들은 의장에 서 있는 말들을 보지 못했는가. 종일토록 아무 소리 없이 서 있으면 3품의 꼴과 콩을 실컷 먹지만 한 번 울었다 하면 바로 쫓겨나니, 나중에 비록 울지 않으려 한들 될 수 있겠는가."라고 하였다.

○ 悔之何及 : 312

아무리 후회하여도 다시 어찌할 수가 없음을 이른다. 〔同義語〕追悔莫及, 後悔莫及, 悔之無及

○ 城府深密 人莫窺其際 : 313

城府는 城池와 府庫로, 마음속에 딴생각을 갖고 다른 사람에게 터놓지 않는 것을 비유하는 말이다. 唐 玄宗 때의 奸臣인 李林甫는 성질이 陰險하고 치밀하여 사람들이 그의 속내를 엿보지 못하였다.

○ 甘言啗(담)人 : 313

달콤한 말로 사람들을 유인함을 이른다.

○ 不露辭色 : 313

가슴속의 생각을 말과 안색에 드러내지 않음을 이른다.

○ 以計去之 : 313

계책을 꾸며 제거함을 이른다. 〔同義語〕百計去之

○ 老奸巨猾 : 314

노련한 간신과 매우 교활한 자를 이른다.

○ 潛構異謀 : 314

은밀히 반역을 도모한다고 모함함을 이른다.

○ 陛下家事 非臣等所宜豫(預) : 314

태자가 은밀히 반역을 도모한다고 모함하자, 玄宗이 태자를 폐위시키고자 하여 재상을 불러 상의하였는데, 李林甫가 말하기를 "이는 폐하의 집안일이니 저희들이 관여할 문제가 아닙니다."라고 하자, 玄宗이 마침내 태자를 폐하여 庶人으로 삼고 城東驛에서 賜死하였다.

○ 殺氣太盛 鳥雀不棲 : 315

殺氣가 너무 성하여 새와 참새가 깃들지 않는다는 뜻으로, 예로부터 전해오는 말에 刑獄을 맡은 관서인 大理獄의 院內에는 殺氣가 크게 성한 탓으로 새들도 깃들지 않는다고 하였다.

○ 鵲巢其樹 : 315

唐 玄宗 때 大理少卿 徐嶠가 아뢰기를 "금년에 천하에서 사형을 시킨 자가 58명 밖에 되지 않습니다. 大理獄의 院內에는 전부터 殺氣가 너무 성해 새들도 깃들지 않는다고 하였는데, 지금 까치가 大理獄 院內의 나무 위에 둥지를 지었습니다." 하고 경하하자, 玄宗이 이를 자신의 공으로 삼지 않았다.

○ 幾致刑措 : 315

죄를 짓는 사람이 없어 형벌을 폐지하고 쓰지 않게 됨을 이른다.

○ 歲餘不決 : 316

1년이 넘도록 망설이고 결정하지 못함을 이른다.

○ 忽忽不樂 : 316

실망스럽고 뒤숭숭하여 마음이 즐겁지 않음을 이른다.

○ 我家老奴 : 316

玄宗이 高力士를 일러 우리 집의 늙은 종이라 하였는 바, 자기 집의 사정을 잘 아는 아랫사람을 친숙하게 부르는 말이다.

○ 風度得如九齡不(否) : 317

張九齡은 唐 玄宗 때의 直臣으로 유명한데, 玄宗이 비록 張九齡이 자신의 뜻을 거역했다 하여 축출하였으나 끝내 그의 사람됨을 좋아하고 소중히 여겨서 재상들이 선비를 천거할 때마다 "風度가 張九齡과 같은가?" 하고 물었다.

○ 海內富安 : 318

온 천하가 부유하고 편안함을 이른다.

○ 不持寸兵 : 318

온 천하가 무사태평하여 길을 가는 자가 자신의 신변을 보호하기 위해 작은 무기도 휴대하지 않음을 이른다.

○ 傾巧善事人 : 318

사람됨이 간사하고 교활하여 상대방의 비위를 잘 맞춰줌을 이른다.

○ 充位而已 : 324

그저 자리만 채우고 책임을 다하지 않음을 이른다.

○ 百計去之 : 325

수단 방법을 가리지 않고 모든 계책을 동원하여 제거함을 이른다. 〔同義語〕以計去之

○ 陽與之善 : 325
속으로는 해치려는 생각을 품었으면서 겉으로는 친한 척하는 것을 이른다.

○ 口有蜜 腹有劍 : 325
겉으로는 달콤한 말을 하면서 속으로는 해치려는 생각을 품음을 이른다. 唐 玄宗 때의 간신인 李林甫는 文學하는 선비를 몹시 꺼리어 겉으로는 친한 체하면서 그를 감언이설로 속여 은밀히 모함하곤 하였으므로, 세상에서는 그를 일러 "입에는 꿀을 머금고 뱃속에는 칼을 품었다."고 하였다. 〔同義語〕 口蜜腹劍

○ 寵待甚厚 謁見無時 : 325
군주가 총애하여 매우 후대해서 특별히 정한 때가 없이 아무 때나 알현하게 함을 이른다.

○ 群議沸騰(비등) : 326
여론이 비등함을 이른다.

○ 曳白 : 326
科場에서 글을 짓지 못하고 시험지를 白紙를 내는 것을 이른다. 唐 玄宗 때 苗晉卿이 選擧를 맡았는데 권력자인 張倚의 아들 奭이 장원을 차지하였다. 여론이 비등하자, 玄宗이 급제한 사람들을 불러 다시 면전에서 시험하였는데, 장석이 종이와 붓을 들고 종일토록 한 글자도 이루지 못하고 白紙를 제출하였으므로, 당시 사람들이 이를 曳白이라 하였다.

○ 悼念不已 : 327
죽은 사람을 그리워하여 슬픈 마음을 금할 수 없음을 이른다.

○ 絶世無雙 : 327
세상에 서로 견줄 만한 것이 없을 정도로 매우 뛰어남을 이른다.

○ 肌態豐艶 : 327
아름다운 여인을 가리키는 말로, 살결과 태도가 풍만하고 요염함을 이른다.

○ 高居無爲 : 329
帝王이 帝位에 높이 앉아 아무 일을 하지 않으면서도 세상이 잘 다스려지는 無爲之治를 뜻하는 말이다.

○ 天下大柄 不可假人 : 329
천하를 다스리는 군주의 큰 권한은 함부로 남에게 위임할 수 없음을 이른다.

○ 鍛鍊成獄 : 330

쇠를 다루는 자가 불로 달구고 망치로 단련한 뒤에 그릇을 완성하듯이, 혹독한 관리가 여러 가지 교묘한 방법으로 罪案을 얽어서 사람을 죄에 빠뜨리는 것을 이른다.

○ 羅鉗吉網 : 330

唐나라 때 酷吏인 羅希奭과 吉溫은 간신인 李林甫가 원하는 대로 없는 죄를 얽어 옥사를 꾸며서 사람을 죄에 빠뜨렸으므로 당시 사람들이 羅鉗吉網이라고 칭하였다. 鉗은 목에 가하는 형구이고, 網은 罪網을 이른다.

○ 志在聚斂 : 331

세금을 많이 거두어들이는 데에 뜻을 둠을 이른다.

○ 用度日侈 : 331

사치하여 씀씀이가 날로 많아짐을 이른다.

○ 中外嗟怨 : 331

서울과 지방의 백성들이 한탄하고 원망함을 이른다.

○ 腹垂過膝 : 334

살이 많이 쪄서 뱃살이 늘어져 무릎까지 내려옴을 이른다.

○ 外若癡直　內實狡黠(힐) : 334

겉으로는 미련하고 정직한 듯하지만 속으로는 교활하고 약아서 겉과 속이 다른 사람을 이른다.

○ 應對敏給　雜以詼諧 : 334

언변이 뛰어나 민첩하게 응대하고, 해학을 곁들여 남을 웃기려고 일부러 우스운 말이나 행동을 함을 이른다.

○ 更無餘物　止有赤心 : 334

玄宗이 일찍이 安祿山의 배를 가리키며 농담하기를 "이 오랑캐의 뱃속에는 무엇이 들었기에 이렇게 큰가?" 하니, 安祿山이 대답하기를 "다시 딴 물건이 없고 오직 赤心(忠心)만이 있을 뿐입니다." 하니, 玄宗이 기뻐하였다.

○ 勇決習戰 : 336

용맹하게 결단하고 전투에 익숙함을 이른다.

○ 孤立無黨 : 336

고립되어 도와줄 수 있는 黨與가 없음을 이른다. 〔同義語〕孤立無援

○ 專寵固位 : 336

은총을 독차지하고 자신의 지위를 견고히 함을 이른다.

○ 動以萬計 : 338

물건을 헤아릴 때 매번 만으로 헤아릴 정도로 많음을 이른다.

○ 視金帛如糞壤 : 338

금은과 비단을 보기를 거름처럼 여긴다는 뜻으로, 사치함을 이른다.

○ 木契銅魚 : 338

木契는 나무로 만든 信符이고, 銅魚는 銅魚符로 지방관이 차는 구리로 만든 물고기 모양의 信符인 바, 이는 모두 옛날에 병사를 징발하는 데에 사용하던 符信이다.

○ 耗散略盡 : 338

소모되고 흩어져 거의 다 없어짐을 이른다.

○ 無兵可交 : 338

교대할 만한 병력이 없음을 이른다.

○ 承平日久 : 338

천하가 태평을 누린 지가 오래되었음을 이른다.

○ 擯而不齒 : 339

배척하고 끼워주지 않음을 이른다.

○ 洗兒錢 : 341

아이를 낳은 지 3일, 혹은 1개월 만에 아이를 목욕시킬 때 친우들이 모여 경하하고 아이에게 주는 돈을 말한다. 唐 玄宗 때 安祿山은 玄宗의 총애를 받아 궁중을 자주 드나들고 楊貴妃에게도 총애를 받아 그녀의 양자가 되었다. 安祿山의 생일에 玄宗이 楊貴妃와 함께 安祿山에게 의복과 寶器와 酒饌을 후하게 하사하였다. 3일 뒤에 楊貴妃가 安祿山을 궁중으로 불러들여 자신이 만든 큰 비단 포대기로 安祿山을 싸서 궁녀들이 채색 수레에 태우고 다니게 하니, 후궁들이 이것을 보고 모두 웃고 떠들어대었다. 玄宗이 그 이유를 묻자, 좌우에서 모시는 자가 "貴妃가 3일 만에 祿山 아이를 씻기는 것입니다." 하고 대답하니, 玄宗이 가서 보고 기뻐하여 貴妃에게 洗兒錢을 하사하였다.

○ 通宵不出 : 341

밤새도록 나오지 않음을 이른다. 安祿山이 궁중을 무상출입하여 혹은 楊貴妃와 함께 밥을 먹고 혹은 밤새도록 궁중에서 나오지 않아서 추한 소문이 밖에까지 알려졌다.

○ 賞刑己出 日益驕恣 : 343

安祿山이 세 鎭의 節度使를 겸해서 상벌의 권한이 자신에게서 나오자, 권세를 믿고 날이 갈수록 교만하고 방자하였다.

○ 天下無復可憂 : 344

오랜 세월 태평을 누리다보니 안일함에 빠져서 천하에 다시는 우려할 만한 일이 없을 것이라고 여김을 이른다.

○ 聲色自娛 : 344

聲色은 음악과 여색을 이르는 바, 음악과 여색을 스스로 즐김을 이른다.

○ 媚事左右 迎合上意 : 344

임금의 측근을 아첨하여 섬기고, 임금의 뜻에 영합함을 이른다.

○ 杜絶言路 掩蔽聰明 : 344

임금에게 간언을 올릴 수 있는 길을 막으며 임금의 귀와 눈을 가림을 이른다.

○ 妬賢嫉能 排抑勝己 : 344

자신의 지위를 보전하기 위해서 어진 자를 시기하고 유능한 자를 질투하며, 자기보다 나은 자를 배척하고 억제함을 이른다.

○ 屢起大獄 誅逐貴臣 : 344

여러 번 큰 옥사를 일으켜 존귀한 신하들을 죽이고 축출함으로써 자신의 권세를 확장함을 이른다.

○ 彊辯而輕躁 : 345

强辯하여 끝까지 변명하며 경솔하고 조급하여 위의가 없음을 이른다.

○ 裁決幾務 果敢不疑 : 345

국가의 機務를 결단할 때에 과감하고 의심하지 않음을 이른다.

○ 攘袂(메)扼腕 : 345

소매를 걷어붙이고 팔을 휘두른다는 뜻으로, 앞뒤를 살피지 않고 나서는 모양이다.

○ 頤指氣使 : 345

단지 턱을 움직여 지휘하는 것으로, 사람을 자유자재로 부림을 말한다.

○ 富貴立可圖 : 345

富貴를 당장에 도모할 수 있음을 이른다.

○ 視之蔑如 : 346

업신여겨 깔봄을 이른다.

○ 閭閻相望 桑麻翳野 : 346
여염집이 서로 이어지고 뽕나무와 삼밭이 들에 가득하다는 뜻으로, 천하에 백성이 많고 살림이 넉넉함을 이른다.

○ 聞命卽至 : 347
명령을 듣고는 즉시 달려옴을 이른다.

○ 全軍皆沒 : 348
전쟁에 패배하여 全軍이 모두 전사함을 이른다.

○ 無敢言者 : 348
감히 진실을 말하는 자가 없음을 이른다.

○ 一旦禍發 不可復救 : 348
사전에 미리 대비하지 않다가 어느 날 갑자기 예상 밖의 화가 일어나게 되면 다시는 어찌해 볼 도리가 없음을 이른다.

○ 陰畜異志 殆將十年 : 354
은밀히 딴마음을 품은 지가 거의 10년이 되었다는 뜻으로, 安祿山은 玄宗이 후대한다 하여 玄宗이 죽기를 기다린 뒤에 난을 일으키려 하였다.

○ 決意遽反 : 354
속히 모반할 것을 결심하였다는 뜻이다. 楊國忠은 安祿山과 사이가 좋지 않았으므로 安祿山이 장차 반란할 것이라고 자주 말했으나 玄宗이 듣지 않자, 여러 번 일로써 安祿山을 격노시켜 그가 빨리 배반하게 해서 자신이 玄宗에게 신임을 받고자 하였다. 安祿山이 이로 인해 속히 모반할 것을 결심하였다.

○ 愕然相顧 莫敢異言 : 354
여러 사람들이 놀라 서로 돌아보고 감히 딴말을 하지 못함을 이른다.

○ 不識兵革 : 355
온 천하가 오랫동안 태평하여 백성들이 여러 대 동안 兵革(전쟁)을 알지 못함을 이른다.

○ 遠近震駭 : 355
원근의 사람들이 진동하고 놀람을 이른다.

○ 所過州縣 望風瓦解 : 355
지나는 곳의 州와 縣이 모두 소문만 듣고도 스스로 와해됨을 이른다. 〔同義語〕 望風奔北(배), 望風奔潰

○ 開門出迎 : 355

　성문을 열고 나와 항복하여 적을 맞이함을 이른다.

○ 棄城竄匿 : 355

　성을 버리고 적을 피해 도망하여 숨음을 이른다.

○ 完城浚濠 : 357

　난이 일어날 때를 대비하여 성을 완전히 보수하고 참호를 깊이 파놓음을 이른다.

○ 間道奏之 : 357

　샛길로 가서 보고함을 이른다.

○ 二十四郡 曾無一人義士 : 357

　安祿山이 배반하자, 玄宗은 河北의 郡縣들이 모두 바람에 휩쓸리듯 무너졌다는 말을 듣고는 한탄하기를 "24개 郡 중에 일찍이 한 명의 의사도 없단 말인가." 하였다.

○ 未經訓練 : 358

　임시로 징집되어 훈련을 전혀 받지 않은 병사를 이른다.

○ 士皆感憤 : 359

　군사들이 모두 감격하고 분발하여 결사적으로 싸움을 이른다.

○ 先至者賞 後至者誅 : 359

　군령을 내려 먼저 이르는 자는 상을 주고 뒤늦게 오는 자는 죽임을 이른다.

唐王室 世系圖(李氏)

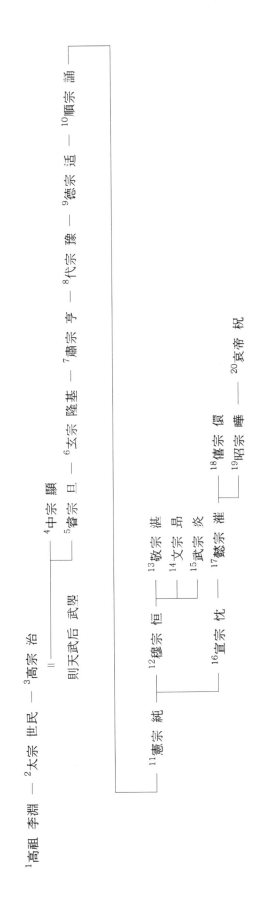

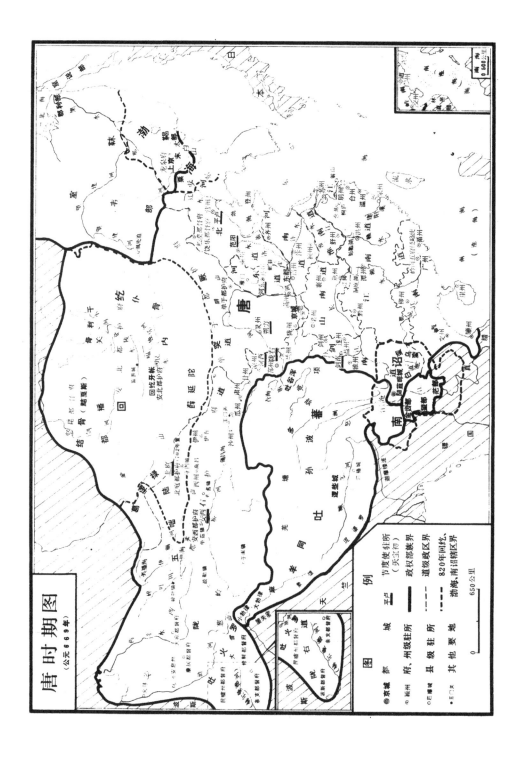

譯者 略歷

忠南 禮山 出生
家庭에서 父親 月山公으로부터 漢文 修學
月谷 黃璟淵 瑞巖 金熙鎭 先生 師事
民族文化推進會 國譯研修院 修了
高麗大學校 教育大學院 漢文教育科 修了
한국고전번역원 부설 고전번역교육원 漢學教授(現)
傳統文化研究會 副會長(現)
古典國譯賞 受賞

論文 및 譯書

艮齋의 性理說小考
燕岩의 學問思想研究
宣祖實錄 宋子大全 高峯集 茶山集 退溪集
獨谷集 牛溪集 旅軒集 藥泉集 百戰奇法 武臣須知
四書集註 詩經集傳 書經集傳 周易傳義 등 數十種 國譯

東洋古典譯註叢書 32
譯註 通鑑節要 7

2008년 12월 30일 초판 발행
2009년 4월 30일 초판 2쇄

譯 註 成百曉
編 輯 古典國譯編輯委員會
發行人 李啓晃

發行處 社團法人 傳統文化研究會
서울시 종로구 낙원동 284-6 낙원빌딩 411호
전화 : (02)762-8401   전송 : (02)747-0083
전자우편 : juntong@juntong.or.kr
홈페이지 : juntong.or.kr
사이버書堂 : cyberseodang.or.kr
등록 : 1989. 7. 3. 제1-936호

인쇄처 : 한국법령정보주식회사(02-462-3860)

ISBN 978-89-91720-27-5 94910
89-85395-71-8(세트)

정가 18,000원

도서목록

기초한문교재
成百曉 譯註

懸吐完譯 四字小學 (4,000원)　　習字敎本 (2,000원)
〃 推句·啓蒙篇 (3,500원)　　習字敎本 (2,000원)
〃 明心寶鑑 (5,000원)
〃 童蒙先習·擊蒙要訣 (8,500원)
〃 註解千字文 (6,000원)　　習字敎本 (2,000원)

東洋古典國譯叢書

懸吐完譯 論語集註 (成百曉 譯註 20,000원)－개정증보판
〃 孟子集註 (成百曉 譯註 22,000원)－개정증보판
〃 大學·中庸集註 (成百曉 譯註 7,000원)－개정증보판
〃 詩經集傳 上下 (成百曉 譯註 각 17,000원)
〃 書經集傳 上下 (成百曉 譯註 각 20,000원)
〃 周易傳義 上下 (成百曉 譯註 각 25,000원)
〃 小學集註 (成百曉 譯註 18,000원)
〃 古文眞寶 後集 (成百曉 譯註 18,000원)
〃 通鑑節要 1 (金都鍊·鄭 珉 譯註 17,000원)
〃 海東小學 (成百曉 譯註 10,000원)
〃 孝經大義 (鄭太鉉 譯註 7,000원)
校勘直譯 黃帝內經素問 (洪元植 校譯 20,000원)
〃 黃帝內經靈樞 (洪元植 校譯 20,000원)
譯註 어우야담 1·2·3 (玄惠卿 외 譯註 각 15,000원)

東洋古典譯註叢書

譯註 春秋左氏傳 1·2·3·4·5 (鄭太鉉 譯 각 18,000원)
〃 莊 子 1·2 (安炳周·田好根 共譯 각 16,000원)
〃 莊 子 3·4 (安炳周·田好根 共譯 각 18,000원)
〃 古文眞寶 前集 (成百曉 譯 16,000원)
〃 戰國策 1 (林東錫 譯 16,000원)
〃 戰國策 2 (林東錫 譯 18,000원)
〃 心經附註 (成百曉 譯 18,000원)
〃 近思錄集解 1·2·3 (成百曉 譯 각 16,000원)
〃 禮記集說大全 1 (辛承云 譯 18,000원)
〃 國 語 1 (許鎬九 외 譯 16,000원)
〃 國 語 2 (許鎬九 외 譯 18,000원)
〃 通鑑節要 1·2·3·4·5·6 (成百曉 譯 각 18,000원)

漢字漢文敎育叢書

漢字敎育新講　　　　　李應百 鄭愚相 외 10,000원
新漢文科敎育論　　　　　　　鄭愚相 외 28,000원
漢字部首解說　　　　　　　　　李忠九 10,000원
敎授用 指導書 四字小學　　　　咸賢贊 6,000원
〃　　　　推句·啓蒙篇　　　　咸賢贊 6,000원
〃　　　　明心寶鑑　　　　　李明洙 6,000원
〃　　　　童蒙先習　　　　　田好根 6,000원
〃　　　　擊蒙要訣　　　　　咸賢贊 10,000원
袖珍本 懸吐 基礎漢文敎材　　　　　　　7,000원
袖珍本 懸吐 論語·大學·中庸　　　　　　7,000원
〃　　　孟 子　　　　　　　　　7,000원
〃　　　小學·孝經　　　　　　　10,000원
〃　　　古文眞寶 前集　　　　　　7,000원
〃　　　古文眞寶 後集　　　　　　10,000원
〃　　　詩經·書經·周易　　　　각 9,000원
교양인을 위한 한자·한문　　　裵源龍 外 12,000원
형성자 중심 한자교육 시험백과　　　金鐘赫 25,000원
講讀用四書集註　　　　　　　　　　25,000원
실용교양한문　　　　　　　　李相鎭 15,000원
四書성독테이프　　　　　　　　　　50,000원
한자놀이 이야기　　　　　　　이강렬 12,000원

서울특별시교육감 인정도서 (96－065～8)
초등학교 漢字 1～4단계

저자 : 정우상 안재철 정우인 한은수
정가 : 1단계 3,750원　2단계 3,550원
　　　3단계 3,550원　4단계 3,500원

동양문화총서

한문이란 무엇인가 (김도련·유영희 저 8,000원)
先賢들의 字와 號 (申用浩·姜憲圭 저 8,000원)
漢詩形式論 (申用浩 編述 10,000원)
동양사상 (정규훈 외 12,000원)
훈민정음의 세계 문자화 (방석종 12,000원)

경전으로 본 세계종교　　　　60,000원

편저자 : 길희성 김영경 김용표 이기동
　　　　이강수 이정배 홍성엽